D1690533

Oberlichter
Beleuchtung als Geschenk des Himmels

Oberlichter

Licht und Sehen

Tageslicht und Globalstrahlung

Materialien und Herstellung

Planung und Dimensionierung

Spezielle Objekte

Dr.-Ing. Udo Fischer, Jahrgang 1936

Studium der Elektrotechnik / Nachrichtentechnik an der Technischen Universität Berlin, promovierte über „Grenzen der Leuchtdichtemessung"

Wissenschaftlicher Assistent am dortigen Institut für Lichttechnik, danach Aufbau und Leitung des Lichtlabors der Röhm GmbH in Darmstadt innerhalb der Anwendungstechnik Kunststoffe und technische Beratung (Schwerpunkte: Tageslicht, Lichtwerbung, Kunststoffe für die Kerntechnik).

Nebenberuflich einige Jahre Lehrauftrag „Lichttechnik für Architekten" an der TH Darmstadt, Bestellung als Sachverständiger für Lichttechnik, 25 Jahre Vorsitzender der Bezirksgruppe Hessen der Deutschen Lichttechnischen Gesellschaft (LiTG), Obmann des FNL 6 „Innenraumbeleuchtung mit Tageslicht", Mitarbeit in vielen Fachgremien.

Fast 200 Veröffentlichungen, Vortragstätigkeit im In- und Ausland, derzeit Aktivitäten in den Bereichen Tageslichttechnik, Lichtwerbung und Leuchtdioden in Deutschland, Großbritannien und Hong Kong.

Fischer, Udo

Oberlichter – Beleuchtung als Geschenk des Himmels

ISBN 3-87414-093-8 U. Fischer

© Dr.-Ing. Udo Fischer, Darmstadt, 2003

Herausgeber: F. H. Kleffmann Verlag GmbH, Bochum

1. Auflage, 2003.
Der Inhalt dieses Buches ist urheberrechtlich geschützt.
Nachdruck und/oder fotomechanische Vervielfältigung auch auszugsweise bedürfen der schriftlichen Genehmigung des Autors.
Dies gilt insbesondere für die Speicherung auf Datenträger und die Verwendung in Datenverarbeitungsanlagen. Für Fehler und Unrichtigkeiten kann Schadenersatz nicht geleistet werden.
Alle Rechte vorbehalten.

Herstellung: Schwan Public Relations GmbH im Marketinghaus, Mülheim an der Ruhr

Inhaltsverzeichnis

1 Einleitung 8

2 Oberlichter 12
Vorteile • Bauformen • Fotogalerie zur Gestaltungsvielfalt

Licht und Sehen

3 Strahlung und Licht 26
Optische Strahlung und sichtbarer Spektralbereich • Licht als vom Auge bewertete Strahlung • Entstehung von Strahlung bzw. Licht • geradlinige Ausbreitung • Brechung, Interferenz und Beugung • spektrale Strahlungsverteilungen • Wirkungsfunktionen

4 Auge und Sehen 34
Das menschliche Auge • physiologisch-optische Kenngrößen • gute Sehbedingungen durch zweckmäßige Gestaltung der Beleuchtung • Vermeiden von Blendung • Tageslicht vorteilhafter als Kunstlicht

5 Tageslicht und Gesundheit 40
Tageslicht wirkt gesundheitsfördernd • reduzierte Unfallgefahren • besserer Lernerfolg in Schulen • mehr Tageslicht für die Arbeitsplatzbeleuchtung.

6 Größen und Einheiten 44
Raumwinkel und Raumwinkelprojektion–wichtige Begriffe für die Lichttechnik • strahlungsphysikalische, spektrale und lichttechnische Größen und Einheiten • Zusammenhänge zwischen den lichttechnischen Größen auf der Basis des „Photometrischen Grundgesetzes" • ältere und ausländische Einheiten für Leuchtdichte und Beleuchtungsstärke • Wirkungsgrade • Tageslichtquotient • Temperaturbegriffe

Tageslicht und Globalstrahlung

7 Astronomische und meteorologische Grundtatsachen 52
Kenndaten der Sonne • Ermittlung und Darstellung des Sonnenstands • „Sonnenuhr" für Modellstudien • zeitabhängige Schattenkonstruktion • Horizontoskop • Sonnenscheinwahrscheinlichkeit • Trübungsfaktor

8 Tageslicht 60
Leuchtdichteverteilungen des bedeckten und des klaren Himmels • Beleuchtungsstärken auf beliebig ausgerichteten ebenen Flächen • Abhängigkeit von Ort, Tages- und Jahreszeit • atmosphärische Trübung • mittlerer Himmel

9 Globalstrahlung 68
Bestrahlungsstärken auf beliebig ausgerichteten ebenen Flächen • Einfluß von Ort, Himmelszustand sowie Tages- und Jahreszeit • Grundlagen für wärmetechnische und solartechnische Untersuchungen

Materialien und Herstellung von Oberlichtern

10 Lichttechnische Kennzeichnung von Baustoffen 72

Stoffkennzahlen keine reinen Materialkonstanten • Reflexionsgrad von lichtundurchlässigen Baustoffen • Transmissionsgrad und Streuvermögen bzw. Halbwertswinkel von lichtdurchlässigen Materialien • normgerechte Kennzahlen ermöglichen Produktvergleiche • Rechenvorschriften für Mehrfachverglasungen • diffuse Beleuchtung verringert Transmissionsgrad • Korrektur der Nennwerte für die Projektierung

11 Strahlungsdurchgang durch Verglasungsmaterialien 82

Gesamtenergiedurchlassgrad • Treibhauseffekt verhindern

12 Materialbedingte geometrische Grenzen für Oberlichter 86

Herstellbare Abmessungen • auszuhaltende Belastungen • Brandschutzvorschriften • Tabellen der maximalen Abmessungen • Aufteilung in einzelne Elemente • schnelle Dimensionierungshilfe für Glas, Acrylglas (PMMA) und Polycarbonat (PC)

13 Beständigkeit von Verglasungsmaterialien 94

Materialabhängige Veränderungen durch Temperaturunterschiede • UV-Bestrahlung, Niederschläge, Immissionen und ungeeignete Reinigungsmittel • mögliche Veränderungen bei Planung berücksichtigen • Transmissionsgradreduzierung und Vergilbung • Kondenswasser • Beratung durch Hersteller nutzen • Reinigungshinweise

14 Herstellung und Einbau von Oberlichtern 100

14.1 Oberlichter aus Halbzeugen 100
14.2 Einbaufertige Oberlichter 102
14.3 Werkseitig konfektionierte Oberlichter 105
14.4 Sonderkonstruktionen 106
14.5 Einbau von Oberlichtern nach Bauordnung 108
14.6 Einbauplanung 110

Wellplatten und Hohlkammerprofilplatten • Lichtkuppeln • vorgefertigte Lichtbänder • biaxial gerecktes Acrylglas • bauaufsichtliche Zulassung und zugelassene Produkte • gewerkeübergreifende Planung

Planung und Dimensionierung

15 Gütekriterien für die Beleuchtung durch Oberlichter 112

Räume mit Oberlichtern unter 2.000 m² benötigen Ausblick-Fenster • mittlere Tageslichtquotienten 4 % < D_m < 10 % für ausreichende Helligkeit bei erträglicher Erwärmung • Fußboden und Decke möglichst hell • Sonnenschutzmöglichkeiten vorsehen

16 Rahmenbedingungen der Tageslichtplanung 114

Gebäudeform folgt aus Bauherrenwunsch und Vorschriften • Gebäudezweck bestimmt Tageslichtquotient • Tageslichtquotient und Gleichmäßigkeit bestimmen • Größe und Anordnung der Oberlichter • Shed-Oberlichter mit Nordorientierung vermeiden Blendung • Lichtkuppeln und andere kleinflächige Oberlichter schaffen hohe Gleichmäßigkeit • lange Lichtbänder zur optischen Führung • Brandschutz-Vorschriften, Energieeinsparverordnung und Rastermaße der Bauelemente beeinflussen die Planung

17	Berechnung der Beleuchtung mit Tageslicht durch Oberlichter	120
	17.1 Einzelne Oberlichter	120
	17.2 Vergleich Oberlicht – Fenster	122
	17.3 Tageslichtquotienten-Verteilung unter mehreren Oberlichtern	125
	17.4 Mittlerer Tageslichtquotient (Wirkungsgradverfahren)	128
	17.5 Mittlerer Tageslichtquotient (vereinfachte Bestimmung)	130
	17.6 Ermittlung der Besonnbarkeit	133
	17.7 Rechenprogramme und Planungshilfsmittel	135
	17.8 Nutzungszeit und Nutzbelichtung	140

Tageslichtquotient grundlegende Größe • punktweise Berechnung seines Himmelslichtanteils • Vergleich von Oberlichtern • Überlegenheit der Oberlichter hinsichtlich Beleuchtung in Raumtiefe und Gleichmäßigkeit • drei Rechenverfahren • Besonnbarkeit als Qualitätsmerkmal • handelsübliche Rechenprogramme • Hilfsmittel und Quellen für weitergehende Informationen • Bestimmung von Nutzungszeit und Nutzbelichtung

18	Wärmedurchgang durch Oberlichter	142

Berechnung für viele Parameter • Wärmebilanzen von Einstrahlung und Wärmeleitung • Anforderungen der Energieeinsparungsverordnung halten Oberlichter fast immer ein

19	Sonnenschutz und Lichtlenkung	146

Schutz gegen Blendung und Erwärmung • bei Oberlichtern nur relativ kleine Zahl prinzipieller Möglichkeiten • spezielle Materialien und zusätzliche Vorrichtungen

20	Mögliche Kosteneinsparungen durch Tageslicht	154

Amortisation von Oberlichtern nach wenigen Jahren durch Einsparungen beim Kunstlicht • zusätzliche Vorteile durch bessere Seh- und Gesundheitsbedingungen

21	Messung der Beleuchtung mit Tageslicht	158

Messgeräte für Beleuchtungsstärke, Leuchtdichte, Tageslichtquotient und einige Kennzahlen der Verglasung • einige Messgeräte-Hersteller • praktische Einsatzhinweise

Oberlichter in der Praxis

22	Vorstellung einiger spezieller Objekte	162
	22.1 Teilbare Sporthallen mit unterschiedlichen Oberlichtern	162
	22.2 Tennishallen	168
	22.3 Lichtdurchlässige Stadiondächer	169
	22.4 Hillside Escalator Cover	172
	22.5 Lichtdurchlässige Lärmschutz-Einhausungen	173
	22.6 Solares multifunktionales Gebäudesystem	175
	22.7 Großflächige Überdachungen	178

Beispiele unterschiedlicher Anwendungen von Oberlichtern • Anregungen zur Gestaltung von Zweckbauten mit Oberlichtern • Fotogalerie

Inhalt der beiliegenden CD	182
Glossar	186
Literaturverzeichnis	196
Schlagwortverzeichnis	206

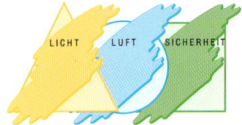

TAGESLICHTTECHNIK

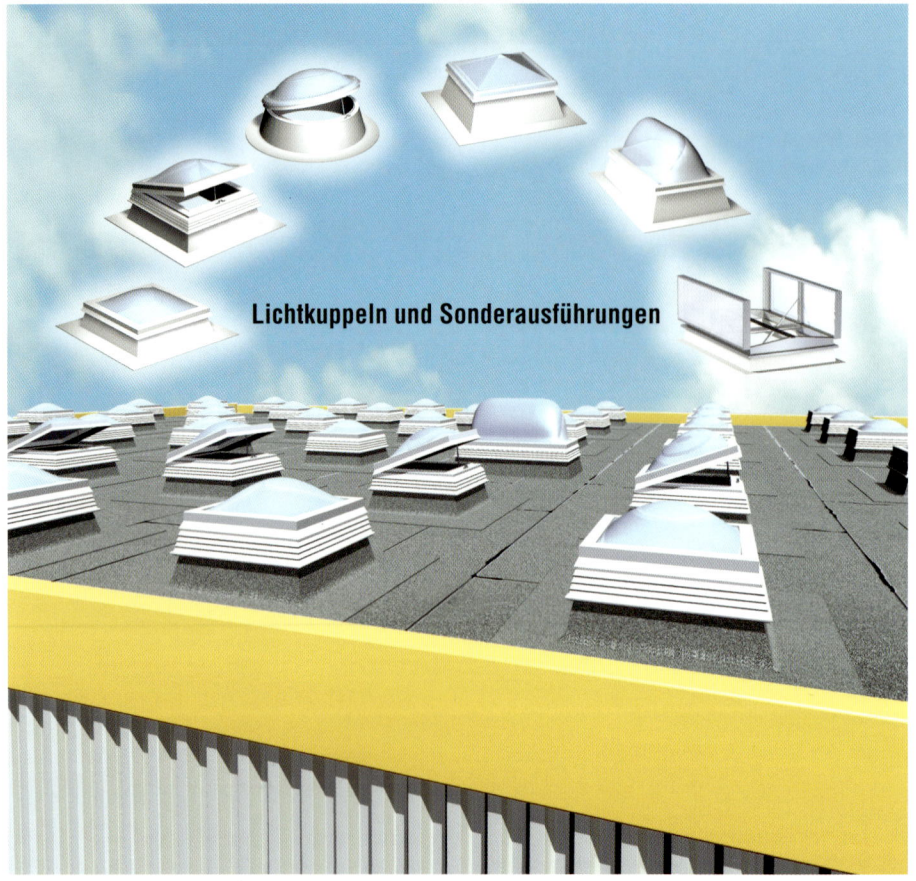

Lichtkuppeln und Sonderausführungen

Lichtbandkonsruktionen

ESSMANN
△ LICHT ○ LUFT ■ SICHERHEIT

Unser Lieferprogramm:

- Lichtkuppelausführungen mit Sicherheitsrahmen
- Lichtkuppel-Sonderformen
- Nordlichtkuppeln
- Pyramiden-Lichtkuppeln
- Lichtkuppel-Sanierungs-Sets
- Aufsetzkränze
- Sanierungsaufsetzkränze
- Aufstellaggregate
- Lichtbandkonstruktionen gewölbte Ausführung
- Sattel-Lichtbandsysteme
- Creativ-Lichtbänder
- Lichtpyramiden
- Sicherheitssysteme für Lichtbandausführungen
- Rauchschutz-Systeme
- Rauch- und Wärmeabzugsanlagen
- Be- und Entlüftungssysteme
- Wind- und Regenmeldeanlagen
- RWA-Klappen
- RWA-Steuerungen
- RWA-Zentralen
- RWA-Zuluftgeräte
- RWA-Doppelklappen und Lamellenlüfter

ESSMANN

Der kompetente Partner für Architekten, Planer, Investoren und Verarbeiter, wenn es um professionelle Tageslichttechnik, Sicherheitssysteme auf dem Flachdach, Rauchschutz- und Entlüftungssysteme geht.

ESSMANN
△ LICHT ○ LUFT ■ SICHERHEIT

RAUCHSCHUTZ-SYSTEME

Rauchschutz-Systeme für den vorbeugenden Brandschutz

MULTI-SICHERHEITSSYSTEME FÜR ALLE LICHTBANDAUSFÜHRUNGEN

Ab sofort können sicherheitsbewußte Bauherren, Architekten und Dachdecker für alle marktbekannten Lichtbandausführungen mehr Sicherheit auf dem Dach gewährleisten!

FÜR NEUBAU UND SANIERUNG

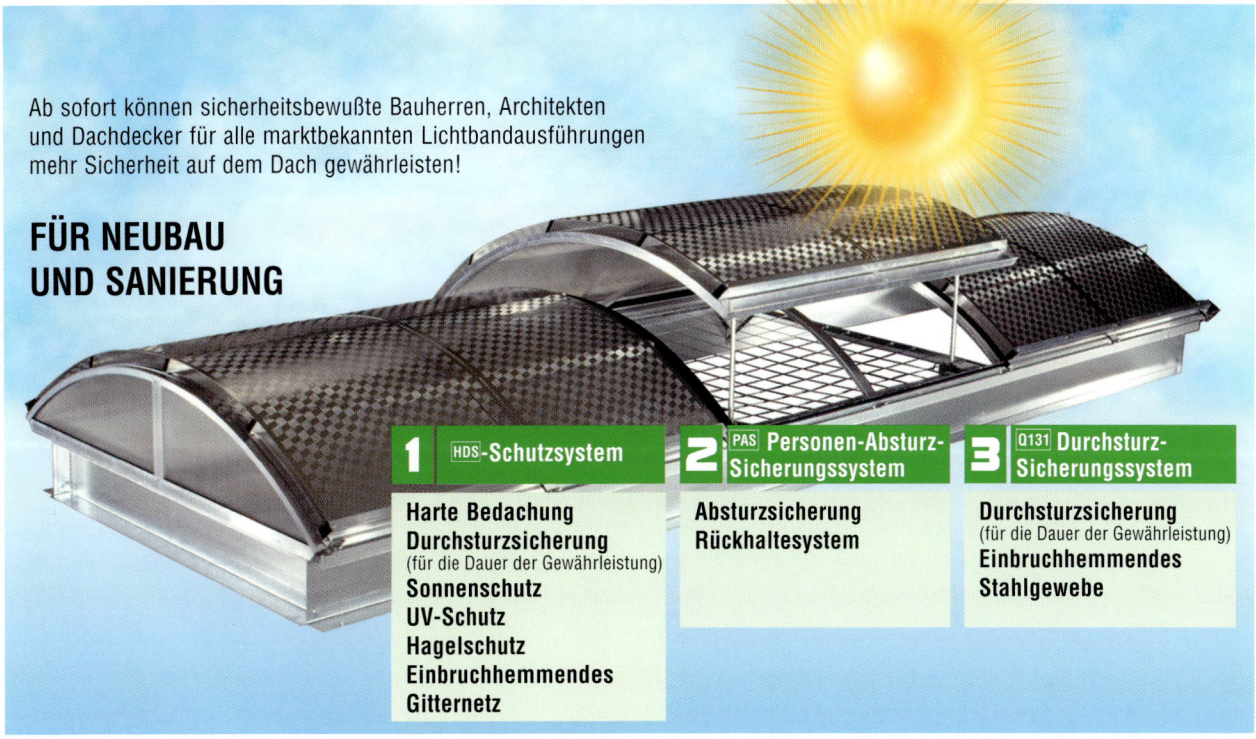

1 HDS-Schutzsystem
Harte Bedachung
Durchsturzsicherung
(für die Dauer der Gewährleistung)
Sonnenschutz
UV-Schutz
Hagelschutz
Einbruchhemmendes
Gitternetz

2 PAS Personen-Absturz-Sicherungssystem
Absturzsicherung
Rückhaltesystem

3 Q131 Durchsturz-Sicherungssystem
Durchsturzsicherung
(für die Dauer der Gewährleistung)
Einbruchhemmendes
Stahlgewebe

Essmann GmbH & Co. KG · Im Weingarten 2 · D-32107 Bad Salzuflen/Postfach 32 80 · D-32076 Bad Salzuflen · Tel. (0 52 22) 7 91-0 · Fax 79 12 36
Internet: www.essmann.de · E-Mail: info@essmann.de

Vorwort

Oberlichter – ein Geschenk des Himmels

Woran denken wir, wenn wir das Wort „Oberlicht" hören? An eine Lichtkuppel aus Acrylglas über einer Dachgeschoßwohnung, an die Reihung langgestreckter Oberlichttraupen über einer stählernen Bahnhofshalle, an weit gespannte, transparente Kuppeln über einem Spaßbad? Es gibt viele Möglichkeiten für Oberlichter und vielfältig sind auch ihre Konstruktionen.

Räume in linearen, schlanken Gebäuden werden im allgemeinen ausreichend durch Fenster mit Tageslicht versorgt, doch sobald sie tiefer werden, müssen diese zusätzlich mit Oberlichtern aufgehellt werden.

Tageslicht, das von oben in einen Raum gelangt, ist intensiver als Licht, das durch Fenster von der Seite einfällt, denn Oberlichter nutzen das Sonnenlicht als Lichtquelle am effizientesten. Auf den Boden auffallendes Tageslicht wird auf die Deckenuntersichten reflektiert und hellt diese auf.

Die kleinste Einheit eines Oberlichtes ist heute eine handelsübliche, gewölbte Lichtkuppel aus Acrylglas, die über der Öffnung eines Flachdaches auf einem Aufsatzkranz montiert wird. Anfangs erlaubten die Produktionsmöglichkeiten noch keine größeren Scheibenformate. Im Laufe der Jahrzehnte wurden die Oberlichtkonstruktionen technisch verbessert, die Dichtungen perfekt und dauerhaft.

Neben Glas wurden später auch Kunststoffe für Oberlichter entwickelt, wie z.B. Acrylglas, das leicht, umformbar und langlebig ist und sich an unterschiedliche Gegebenheiten anpassen lässt. Acrylglas ist von Natur aus sogar noch transparenter als Glas. Durch ein Oberlicht kann man das Blau des Himmels, die Wolken, Baumkronen oder auch andere Teile eines Gebäudes sehen. Es öffnet dem Raum zum Himmel. Damit wird über die Funktion der Beleuchtung das Eingebundensein des Einzelnen in einen übergeordneten, höheren Zusammenhang erkennbar.

Im Laufe der Zeit kamen weitere Anforderungen an Oberlichter hinzu: Sonnenschutz, Blendschutz, Lüftungsmöglichkeiten, Brandschutz, Rauchabzug, Schallschutz, Einbruchschutz, Schutz vor ultravioletten Strahlen, Verdunkelungsmöglichkeiten. Eine optimale und möglichst gleichmäßige Lichtausbeute mit Hilfe von Oberlichtern bleibt jedoch die wichtigste Aufgabe.

Das Licht von oben hat in unseren Bauten schon immer einen hohen Stellenwert gehabt. Dazu einige Beispiele von Anlagen, die von unserem Büro geplant wurden:

Im Olympiapark München überdeckt eine vorgespannte Seilnetzkonstruktion mit einer Eindeckung aus gereckten Arcylglastafeln (mit Achsmaßen von 3 x 3 m und einer Dicke von 4 mm) die Wettkampfstätten sowie Teile der Landschaft. Die Überdachung ist wie ein großer Schirm über dieser gestalteten Landschaft und übernimmt den Schutz vor Regen, Wind und Schnee. Das Dach sollte so leicht und immateriell wie möglich wirken. Es wurde seinerzeit in Zusammenarbeit mit Frei Otto und Leonhardt + Andrä entwickelt und geplant. Der Autor dieses Buches unterstützte dabei durch lichttechnische Beratung.

Seit Anfang der siebziger Jahre haben wir über Schulhallen - beispielsweise in der Realschule und im neuen Gymnasium in Lorch im Remstal - ausgedehnte Oberlichter eingebaut, um diese mit Tageslicht zu versorgen. In diesen Gebäuden bilden die Hallen den Mittelpunkt des Schulgeschehens. Alle von außen ankommenden Wege münden in diesen Hallen. Die Hallen sind die Orte, wo jeder jeden sehen kann, wo man sich trifft oder versammelt. Und über ein Oberlicht ist man dort mit dem Himmel verbunden.

Im Museum für Kommunikation in Frankfurt am Main verknüpft ein großer Glaskörper die Ausstellungsräume unter dem Garten mit den aufgehenden Geschossen an der Südwest-Seite des Grundstücks. Das Oberlicht erweckt dabei den Eindruck, als würde man aus dem Gebauten heraustreten und sich in einem klimageschützten Freibereich aufhalten. Durch die Verglasung geht der Blick zu den großen Bäumen im Garten, zur alten Villa, über die Mainauen bis zur Silhouette der Stadt. Es war Julius Posener, der uns seinerzeit anläßlich seines Besuches in diesem Museum sagte, das, was die Architekten der Moderne in den 20-er Jahren wollten, aber technisch noch nicht herstellen konnten, sei hier verwirklicht.

Im ehemaligen Plenarsaal des Deutschen Bundestages in Bonn tagte das Parlament in einer leichten Mulde am Ufer des Rheins. Über die Glaswände des Foyers und durch das Glasdach verbindet sich das Innere dieses Raumes mit der eindrucksvollen landschaftlichen Situation. Das Innere des Saales hat Teil an Himmel, Wolken, Sonne, Tages- und Jahreszeiten. Kontrolliert und gefiltert durch weite Dachüberstände, durch Lamellen und Gitter vor und hinter den Glasflächen der Fassaden und durch computergesteuerte Prismen aus Acrylglas über sowie weitere Prismen aus Gußglas unter den gläsernen Dachflächen verbinden sich Außenwelt und Innenwelt.

Durch die technisch höchst ausgeklügelte Oberlichtkonstruktion wird erreicht, dass im Inneren ähnliche Lichtverhältnisse und Stimmungen herrschen wie im Außenbereich. Man fühlt sich daher unter dem großen Oberlicht fast wie im Freien, aber geschützt vor den Unbilden unseres Klimas.

Wir wünschen diesem Buch, dass seine zahlreichen Detailinformationen von unseren Kollegen und allen Interessierten als Hilfsmittel bei der Gestaltung ihrer eigenen Projekte mit Oberlichtern nach Kräften genutzt werden.

Stuttgart, im November 2003
Prof. Dr. E. h. Günter Behnisch

1 Einleitung

■ Dieses Buch entstand auf Anregung des FVLR Fachverband Lichtkuppel, Lichtband und RWA e. V. Es möchte Architekten, Energieberatern und anderen „Leuten vom Bau", aber auch Studenten einschlägiger Fachrichtungen anschaulich nahe bringen, warum und wie Oberlichter aus lichttechnischer Sicht zweckmäßig für die Beleuchtung von Innenräumen mit Tageslicht eingesetzt werden.

Unter Oberlichtern sind hier alle Arten von Tageslichtöffnungen in nahezu waagerechten Dächern zu verstehen, also vor allem rechteckige und runde Lichtkuppeln, sattel- und raupenförmige Lichtbänder, einseitig orientierte Shed- oder Sägezahndächer, Atrium- und Innenhof-Überdachungen sowie – quasi als extreme Bauformen - lichtdurchlässige Raumhüllen und Dächer, jedoch keine Dachflächenfenster oder senkrechte Fensterteile, die oberhalb von Kämpfern liegen.

Die Bildbeispiele im Kapitel 2 verdeutlichen die Vielfalt der Oberlichter, ihre Einsatzmöglichkeiten und ihre Wirkung. Sie zeigen aber auch, dass die Übergänge zwischen den einzelnen Bauformen manchmal recht fließend sein können. Bevor ab Kapitel 15 detailliert zu Nutzen, Planung, Wirkungsweise, Dimensionierung und Verteilung von Oberlichtern Stellung genommen wird, sollen allgemeine Grundlagen erläutert werden:

- Strahlung und Licht, Auge und Sehen, Tageslicht und Gesundheit, Größen und Einheiten,

- Sonnenstand und Wetter, Tageslicht und Globalstrahlung,

- Materialeigenschaften sowie Formate, Herstellung und Einbau von Oberlichtern.

Ziel ist dabei, die vielfältigen Wechselwirkungen aufzuzeigen, die zwischen den physiologisch-optischen, den astronomischen, den meteorologischen und den materialtechnischen Gegebenheiten einerseits und der stets wechselnden Beleuchtung von Räumen durch Oberlichter andererseits bestehen. Einige für den Nicht-Lichttechniker ungewohnte Ausdrücke sind zumindest bei erstmaliger Erwähnung **fett** gesetzt. Den Abschluss bildet die Darstellung einer Reihe ausgeführter Beispiele, die sehr unterschiedliche Teilaspekte der tageslichttechnischen Gestaltung von Oberlichtern darstellt, erläutert und kritisch betrachtet.

Alle Kapitel sind so konzipiert, dass man sie weitgehend unabhängig voneinander lesen, verstehen und nutzen kann. Der Leser kann daher durchaus auch nur die ihn interessierenden Abschnitte des Buches aus dem Inhaltsverzeichnis auswählen. Danach wird er unter Benutzung eines umfassenden Sachregisters leicht zusätzliche und weiterführende Erläuterungen finden.

Die Ableitung der Formeln unterbleibt weitgehend, weil nicht ein Lehrbuch, sondern vielmehr ein Nachschlagewerk entstehen sollte. Man kann sie im Bedarfsfall der jeweils angegebenen Literatur entnehmen. In den meisten Fällen wird die Aussage der jeweiligen Formel außerdem auch in einer graphischen Darstellung oder einer Tabelle veranschaulicht.

Um das Buch nicht mit umfangreichen erklärenden Darstellungen zu überfrachten, sind notwendig erscheinende Rechenergebnisse, einige Präsentationen, Ergänzungen und Erläuterungen auf der beiliegenden CD zusammengefasst. Das Zeichen ⊙... weist an der jeweiligen Textstelle sowie im Sachregister darauf hin, dass und in welcher Datei es dort zusätzliche Informationen gibt. Zusätzlich zu den angegebenen WORD-Dateien (*.DOC) gibt es entsprechende *.PDF-Dateien, so dass sie auch mit Hilfe des Acrobat Reader gelesen werden können. Hinweise auf den Inhalt der beiliegenden CD und Angaben zu Internet-Adressen, also auf die erforderliche Nutzung eines PC, sind jeweils blau markiert. Alle Bilder des Buches kann man der CD ebenfalls entnehmen. Dadurch ist eine detaillierte Betrachtung möglich. Eine Benutzung oder

Verwendung der Bilder bedarf der ausdrücklichen Zustimmung bzw. Genehmigung des Autors oder des Inhabers der Urheberrechte.

Wie viele andere technische Disziplinen hat auch die Lichttechnik ihre eigene Fachsprache entwickelt, deren Vokabeln von Nicht-Spezialisten oft nicht ohne weiteres verstanden werden können und daher erläutert werden müssen; dazu dient ein Glossar. Ein umfassendes Literaturverzeichnis erleichtert das Auffinden weiterführender Arbeiten. Warenzeichen- und patentrechtliche Dinge bleiben - wie es bei Nachschlagewerken üblich ist - außer Betracht.

Sonderbriefmarken dienen dazu, wichtige Ereignisse oder Dinge zu ehren. Der Autor hat als Hobby-Philatelist eine ganze Reihe deutscher Briefmarken zur Illustration in das Manuskript eingebunden, die sich mit Teilen des Inhalts dieses Buches befassen.

Ein besonderer Dank für das reichlich zur Verfügung gestellte Bildmaterial gilt den Mitgliedsunternehmen des FVLR sowie - in alphabetischer Reihenfolge - den Firmen Bayer Polymer Sheet Europe GmbH, BOMIN SOLAR GmbH, Foto Friese, Foto Heilmann, General Electric Plastics - Structured Products (Abbildungen 12.6 und 13.4), Hans Börner GmbH & Co. KG, Röhm GmbH & Co. KG, TALIS Tageslichtsysteme GmbH, The Pacific Gas and Electric Company und dem Verlag Technik & Information e. K. Viele Aufnahmen sowie die erläuternden Zeichnungen hat der Autor selbst angefertigt.

Oberlichter | Licht und Sehen | Tageslicht und Globalstrahlung | Materialien und Herstellung | Planung und Dimensionierung | Spezielle Objekt

2 Oberlichter

Oberlichter bieten bei der Beleuchtung von Innenräumen mit Tageslicht eine ganze Reihe von Vorteilen. Sie

- erlauben – anders als lichtdurchlässige Öffnungen in Wänden – die gleichmäßige Ausleuchtung von Räumen mit großer Grundfläche bzw. großer Raumtiefe,
- können im Idealfall das ganze Himmelsgewölbe als Lichtquelle nutzen, Fenster dagegen maximal nur das halbe,
- erhalten dabei bevorzugt das hellere Zenit-Licht, Fenster dagegen das dunklere Horizont-Licht,
- werden bei gleich hoher Verbauung wesentlich weniger in ihrer Beleuchtungswirkung beeinträchtigt als Fenster,
- verursachen weniger Blendung als Fenster,
- vermeiden den beim Blick auf helle Fenster störenden Silhouetteneffekt,
- verursachen weniger winterliche Wärmeverluste als Fenster,
- ermöglichen eine zugfreie Lüftung,
- benötigen nur einen geringen Wartungsaufwand,
- ermöglichen auch in der Raumtiefe leicht die aus medizinischen Gründen empfohlenen höheren Beleuchtungsstärken.

Darüber hinaus bieten Räume mit Oberlichtern – im Gegensatz zu Räumen, die nur mit Kunstlicht ausgeleuchtet werden – Grundlagen z. B. für bessere Lernerfolge in Schulen oder höhere Umsätze in Geschäften.

■ Oberlichter haben viele Vorteile gegenüber Fenstern. In einer großen Zahl von Fotos (Seiten 14-25) spiegelt sich die mögliche Vielfalt der Gestaltung auch innerhalb der einzelnen Bauformen. Es gibt flache Verglasungen, Lichtkuppeln unterschiedlicher Geometrie, gewölbe- oder raupenförmige Oberlichter oder Überdachungen, walmdachartige, sattelförmige und Shed-Oberlichter ...

Vor der detaillierten Behandlung dieser und anderer Argumente seien hier zunächst einige Bauformen der Oberlichter sowie ihre Verwendung und ihre Wirkung in Gebäuden dargestellt, ohne dass schon jetzt umfassende Erläuterungen dazu gegeben werden. Auf den nächsten Seiten sind daher Aufnahmen zu finden, die die unterschiedlichen Arten der Oberlichter zunächst als einzelne Bauelemente zeigen. Es folgen Bilder, die im Wesentlichen demonstrieren sollen, wie das einzelne Oberlicht auf dem Dach oder im Raum wirkt. Schließlich wird die Wirkung von mit Oberlichtern ausgestatteten Gebäuden in Außen- und Innenansichten wiedergegeben.

Die Bilder werden zeigen, dass es manchmal nicht ganz einfach ist, ein Oberlicht einer bestimmten Bauform zuzuordnen. Deutlich wird das beispielsweise, wenn ein relativ kleinflächiges Oberlicht einen Aufsetzkranz wie eine Lichtkuppel hat, jedoch mit einer nur in einer Richtung gewölbten Abdeckung – wie bei einem Lichtband – versehen ist. Bild 2.1 versucht, solche „Verwandtschaften" zwischen den Oberlichtarten aufzuzeigen. Zeilenweise sind sie dabei wie Punkt – Linie – Fläche sortiert, während die Spalten etwa der Stufung flach – gewölbt – schräg – sattelförmig entsprechen. Der Leser mag danach selbst beurteilen und entscheiden, welche Bauform er für ein Projekt als besonders geeignet ansieht oder aus gestalterischen Gründen bevorzugt.

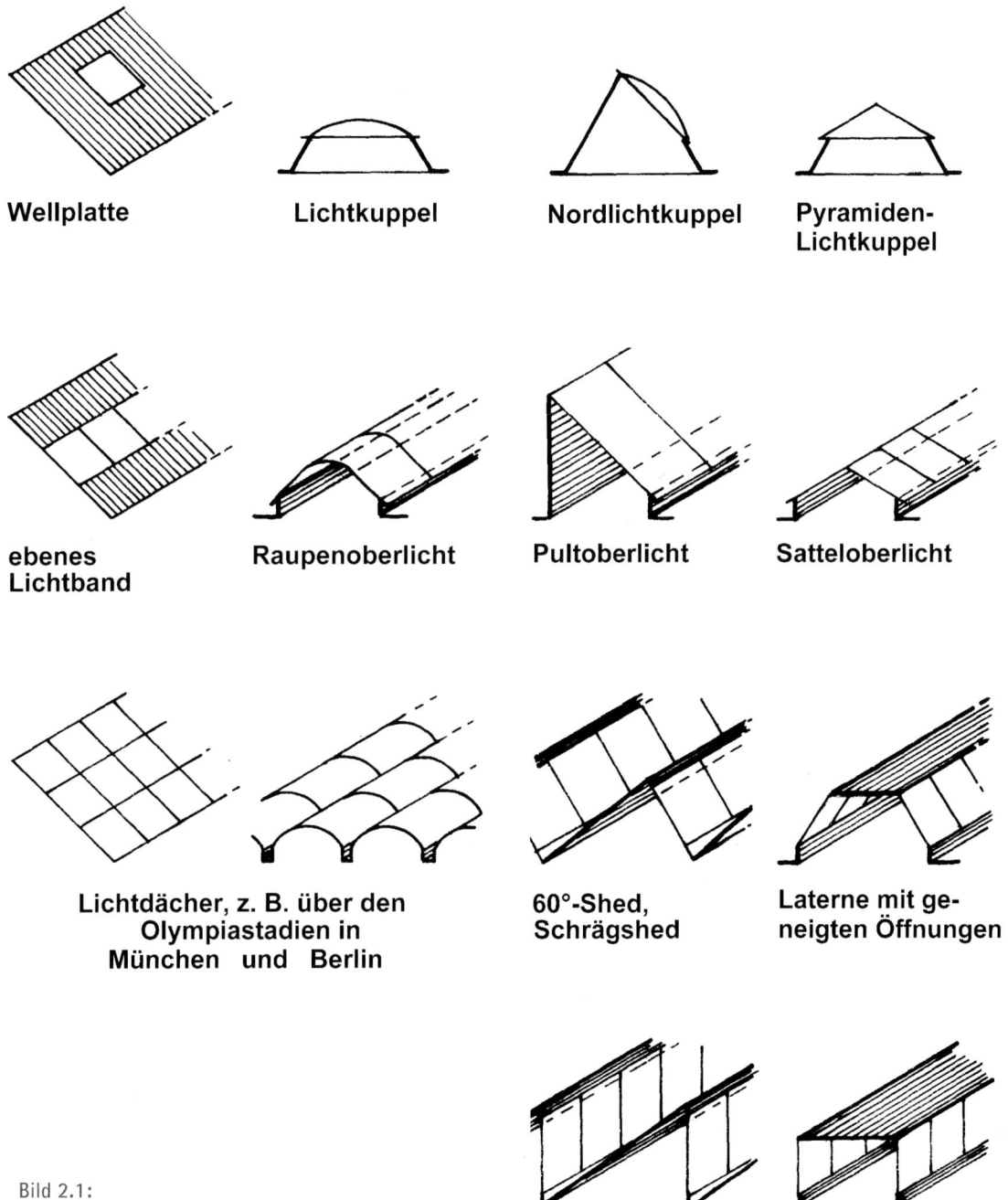

Bild 2.1:
„Verwandtschaften" zwischen verschiedenen Bauformen von Oberlichtern

Oberlichter | Licht und Sehen | Tageslicht und Globalstrahlung | Materialien und Herstellung | Planung und Dimensionierung | Spezielle Objekt

Ebene Verglasungen sind die einfachste Oberlichtform. Bündig mit der Außenoberfläche der Dachhaut und völlig waagerecht dürfen sie jedoch nie eingesetzt werden, damit Schwierigkeiten bezüglich Entwässerung, Dichtigkeit und Verschmutzung vermieden werden. Die wohl einfachste Variante ist die alternierende Verlegung lichtdurchlässiger und lichtundurchlässiger Wellplatten. Der Extremfall ist die komplett lichtdurchlässige Überdachung zum Schutz vor Witterungseinflüssen, z. B. über Lager-, Aufenthalts- oder Wartebereichen (Bilder 2.2-2.8).

Bilder 2.2-2.8:
Beispiele für die Wirkung flacher, dachbündiger Oberlichter und Überdachungen

Mit Hilfe von Druckluft oder Vakuum thermisch geformte Lichtkuppeln gibt es mit quadratischem, rechteckigem, dreieckigem, polygonalem oder rundem Rand, fest oder beweglich als Lüftungs- bzw. Wärme- und Rauchabzugsklappe. Zur Herstellung werden spezielle Rahmenwerkzeuge benötigt. Lichtkuppeln werden auf Aufsetzkränze montiert, die in ihrem Flansch an die jeweiligen Einbaubedingungen angepasst werden können.

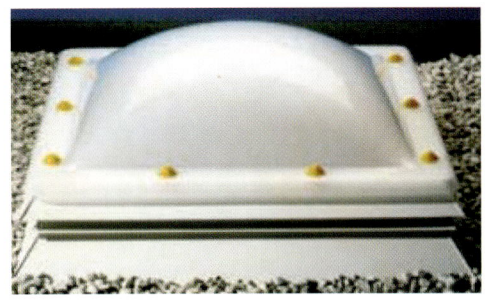

Bilder 2.9–2.15: Frei geformte Lichtkuppeln

Oberlichter | Licht und Sehen | Tageslicht und Globalstrahlung | Materialien und Herstellung | Planung und Dimensionierung | Spezielle Objekte

Spezielle Formen von Lichtkuppeln – oft in großflächiger Ausführung – werden aus mehreren Elementen zusammengesetzt. Es gibt solche mit tragenden Unter- bzw. Rahmenkonstruktionen aus Metall, aber auch mit recht unauffällig aufgeklebten Versteifungen aus Acrylglas.

Großflächige Überdachungen mit Lichtkuppeln setzen addierbare Grundrisse voraus, als gleichseitige Dreiecke, Quadrate, Rechtecke oder Sechsecke. Das Bild unten links zeigt beispielsweise eine Lösung, bei der jeweils drei Kuppeln an einem zentralen Mast befestigt sind.

Bilder 2.16–2.20: Spezielle Lichtkuppel-Bauformen

Gewölbe- oder raupenförmige, d. h. durch einachsige Krümmung ausgesteifte Oberlichter gibt es in einer riesigen Vielfalt. Fast immer sind sie aus Kunststoff. Mit relativ geringen Materialdicken und zumeist ohne thermische Umformung kann man recht große Spannweiten statisch sicher überbrücken. Kreuzgewölbe und Durchdringungen sind vorstellbar.

Oberlichter | Licht und Sehen | Tageslicht und Globalstrahlung | Materialien und Herstellung | Planung und Dimensionierung | Spezielle Objek

Bilder 2.21–2.35: Beispiele gewölbe- oder raupenförmiger Oberlichter

Offene Überdachungen zeigen prinzipiell die gleichen Bauformen. Die einfachen, schnell zu errichtenden Bogenkonstruktionen mit meist kalt eingebogenen Kunststoffplatten werden über Bahnsteigen, Haltestellen und Tankstellen, als Wetterschutz-Vordächer an Gebäuden und über Verbindungsgängen zwischen Gebäuden eingesetzt.

Oberlichter | Licht und Sehen | Tageslicht und Globalstrahlung | Materialien und Herstellung | Planung und Dimensionierung | Spezielle Objekt

Bilder 2.36–2.44:

Offene Überdachungen in Gewölbeform

Eine Übergangsform zwischen gewölbe- und sattelförmigen Oberlichten ist in den Bildern 2.45 und 2.46 dargestellt

Bilder 2.45 und 2.46:

Oberlichtband aus Stegdoppelplatten

Kleinere Kunststoff-Pyramidenkuppeln werden durch thermische Umformung mit speziellen Rahmenwerkzeugen hergestellt, größere aus entsprechenden Zuschnitten – auch aus Glas – zusammengesetzt.

Oberlichter | Licht und Sehen | Tageslicht und Globalstrahlung | Materialien und Herstellung | Planung und Dimensionierung | Spezielle Objekt

Bilder 2.47–2.58:

Pyramidenkuppeln unterschiedlichster Art und Größe

Wird der höchste Punkt einer pyramidenförmigen Lichtkuppel zur Linie, ergibt sich der Übergang zu walmdachartigen Oberlichtern.

Bilder 2.59 und 2.60: Walmdachartige Oberlichter

Sattelförmige Oberlichter haben lichtdurchlässige oder lichtundurchlässige Giebelflächen und können auch mit beweglichen Lüftungsklappen ausgeführt werden.

Oberlichter | Licht und Sehen | Tageslicht und Globalstrahlung | Materialien und Herstellung | Planung und Dimensionierung | Spezielle Objekt

Bilder 2.61–2.73: Sattelförmige Oberlichter

Shed-Oberlichter sind meist 60° oder 90° gegen die Horizontale geneigte, mit der lichtdurchlässigen Fläche nach Norden gerichtete und daher praktisch blendfreie Tageslichtöffnungen. Der gegenüberliegende Shed-Rücken ist dabei lichtundurchlässig ausgeführt.

Bilder 2.74 - 2.77: Shed-Oberlichter

3 Strahlung und Licht

Innerhalb des Bereichs der optischen Strahlung (100 nm < λ < 1,0 mm) liegt der für den Menschen sichtbare Spektralbereich zwischen 380 und 780 nm. Erst dessen Bewertung durch das Auge gemäß V(λ) ergibt Licht. Das Entstehen von optischer Strahlung und damit von Licht sowie die Erscheinungen von geradliniger Ausbreitung, Brechung, Interferenz und Beugung werden beschrieben. Spektrale Strahlungsverteilungen und Wirkungsfunktionen werden aufgelistet und erläutert.

■ Martin Luther war offensichtlich kein Physiker. Seine Übersetzung des dritten Verses des Alten Testaments ist nämlich weder mit deutschen noch mit internationalen lichttechnischen Normen in Einklang zu bringen. Da Gott erst am sechsten Schöpfungstag die Menschen erschaffen hat, kann er nicht schon am ersten Tag der Schöpfung gesprochen haben: „Es werde Licht!" Vermutlich hat er gesagt: „Es werde Strahlung!", denn Licht ist mit dem menschlichen Auge bzw. mit dessen relativem spektralem Hellempfindlichkeitsgrad für das Tagessehen V(λ) bewertete optische Strahlung (Bild 3.1, [1], ◉3A.DOC).

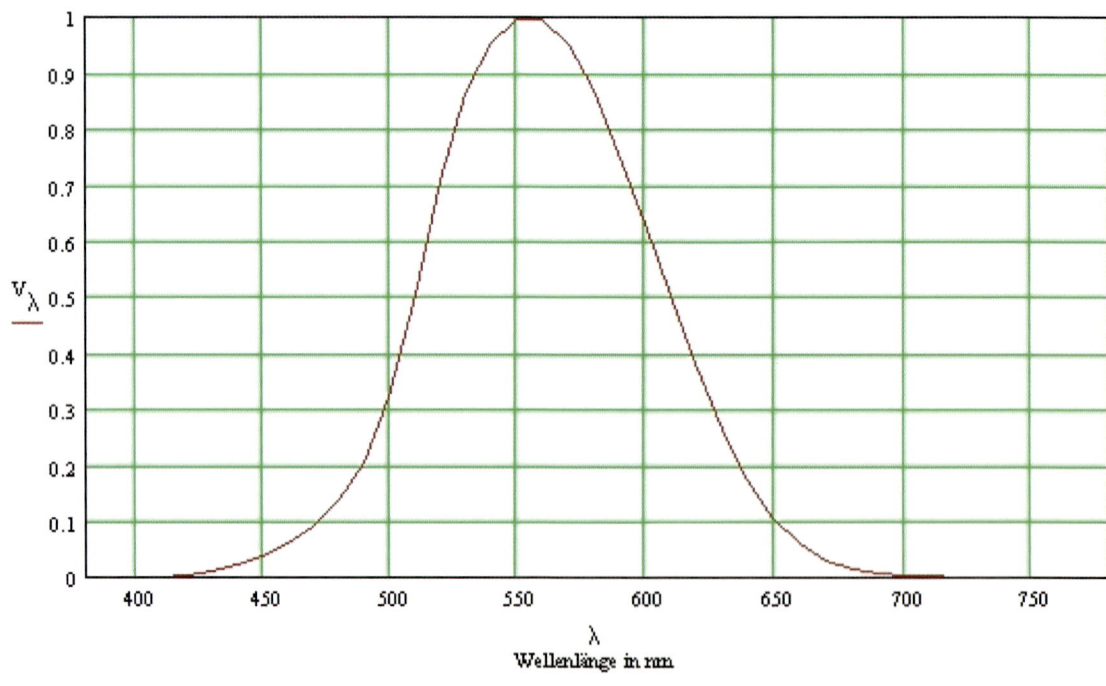

Bild 3.1:

Relativer spektraler Hellempfindlichkeitsgrad des menschlichen Auges für das Tagessehen V(λ)

Einige Grundlagen zum Themenkreis Strahlung und Licht sollen im Folgenden zusammengestellt werden. Das Spektrum der elektromagnetischen Strahlung reicht von den Gammastrahlen bis zu den Langwellen, d. h. von etwa 10^{-14} m bis etwa 10^6 m bzw. von 10^{-5} nm bis 10^{15} nm. Es hat also eine Bandbreite von 20 Zehnerpotenzen! Darin liegt die hier interessierende **optische Strahlung**, also ultravioletter, sichtbarer und infraroter Spektralbereich, zwischen 10^{-7} m und 10^{-3} m (Bild 3.2, Tabelle 1, [1], ⊚3B.DOC). Sie wird bei verschiedenen Vorgängen emittiert, also von Materie abgegeben:

- Temperaturstrahlung (Sonne, Flamme, Glühlampenwendel)
- Lumineszenz (Fluoreszenz von Leuchtstoffen, z. B. in Leuchtstofflampen, Phosphoreszenz nachleuchtender Anstriche) und
- Gasentladung (Glimmlampen, Leuchtstofflampen, Metalldampflampen)

Tabelle 1:

Bereiche der optischen Strahlung

Ultraviolett-Strahlung	UV-C	100 nm bis 280 nm
	UV-B	280 nm bis 315 nm
	UV-A	315 nm bis 380 nm
Sichtbare Strahlung	(Licht)	380 nm bis 780 nm
Infrarot-Strahlung	IR-A	780 nm bis 1,4 µm
	IR-B	1,4 µm bis 3,0 µm
	IR-C	3,0 µm bis 1,0 mm

Das gemeinsame Kennzeichen aller Arten der Strahlungs- und damit auch der Lichterzeugung ist das Zurückfallen von Elektronen eines Atoms auf eine tiefere, stabilere Umlaufbahn um den Kern nach ihrem vorherigen Anheben auf ein höheres Niveau durch Zufuhr von Energie, vor allem von Wärme.

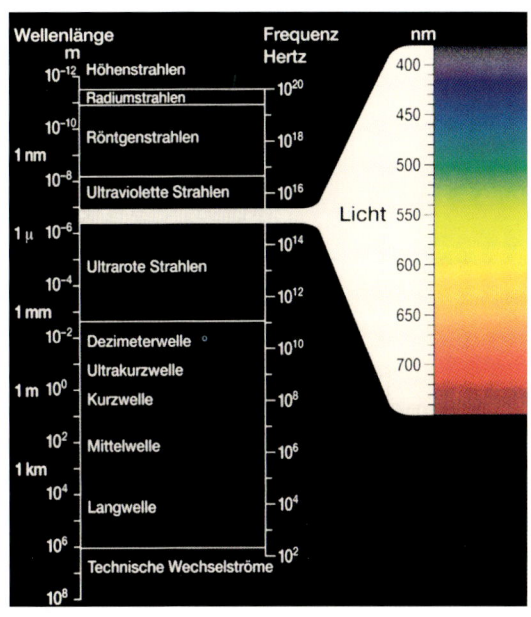

Bild 3.2:

Wellenlängen elektromagnetischer Wellen

Mit der Naturkonstante

$$h = 6{,}626176 \cdot 10^{-34} \text{ W·s}^2$$
$$= 4{,}135 \cdot 10^{-15} \text{ eV·s} \quad (1)$$

dem Planckschen Wirkungsquantum, lässt sich nach dem von Einstein formulierten Masse-Energie-Äquivalenzprinzip der Relativitätstheorie mit der Formel

$$E = m \cdot c^2$$
$$= h \cdot \nu$$
$$= h \cdot c / \lambda \quad (2)$$

der Zusammenhang zwischen frei werdender Energie E, der Masse m des Elektrons, der Lichtgeschwindigkeit c (im Vakuum) und der Frequenz ν bzw. der Wellenlänge $\lambda = c/\nu$ der ausgesandten Strahlung berechnen. Dabei sind:

$$m = 9{,}11 \cdot 10^{-28} \text{ g} \quad (3)$$
$$c = 299.792.458 \text{ m/s} \approx 300.000 \text{ km/s} \quad (4)$$

Wird die Energie E in eV (Elektronenvolt) angegeben, kann man die Wellenlänge in µm (Mikrometer; 10^{-6} m) oder nm (Nanometer; 10^{-9} m) berechnen mit Hilfe der reziproken Beziehung

$$1 \text{ eV} = 1{,}24 \text{ µm} \quad (0{,}5 \text{ eV} = 2{,}48 \text{ µm usw.}) \quad (5)$$

Dies bedeutet: Je kürzer die Wellenlänge einer Strahlung ist, desto energiereicher ist sie.

Oberlichter | **Licht und Sehen** | Tageslicht und Globalstrahlung | Materialien und Herstellung | Planung und Dimensionierung | Spezielle Objekte

Bild 3.3-3.5:
Erinnerungs-Briefmarken
„Max Planck" und
„Albert Einstein"

Die erwähnten Erkenntnisse der Physiker Planck und Einstein wurden auch durch Erinnerungs-Briefmarken gewürdigt. (Bilder 3.3-3.5)

Optische Strahlung unterliegt der Brechung. Man versteht darunter die Änderung des prinzipiell geradlinigen Strahlenverlaufs an der Grenze zweier Medien. Eine Brechungserscheinung ist beispielsweise der Regenbogen, der entsteht, wenn eine sich in Tropfen auflösende Wolke von der Sonne beschienen wird. Er erscheint stets als Kreis unter 42,5°, dessen Mittelpunkt der jeweilige Gegenpunkt der Sonne am Himmelsgewölbe ist. Andere Brechungserscheinungen sind die atmosphärische Reflexion und die Fata Morgana. Bei der atmosphärischen Reflexion wird der Strahl von einem Stern in der Atmosphäre so gebrochen, dass man ihn noch sieht, obwohl er eigentlich schon längst unter dem Horizont verschwunden ist. Die Fata Morgana ist eine Luftspiegelung, die dann auftritt, wenn tiefere Luftschichten eine geringere Dichte und damit eine kleinere Brechzahl haben als höhere.

Die Lichtgeschwindigkeit c hat den oben angegebenen Wert nur im Vakuum. Die Ausbreitungsgeschwindigkeit v in einem anderen Medium ergibt sich aus dessen zwei Eigenschaften, nämlich der relativen Dielektrizitätskonstante ε_r und der relativen Permeabilität μ_r

$$v = c / \sqrt{\varepsilon_r \cdot \mu_r} \qquad (6)$$

Daraus ergibt sich die für jedes Material typische, mit der Wellenlänge abnehmende Brechzahl

$$n = c / v$$
$$= \sqrt{\varepsilon_r \cdot \mu_r} \qquad (7)$$

Da alle durchsichtigen Materialien nahezu unmagnetisierbar sind, gilt für sie $\mu_r \approx 1$. Damit ergibt sich die Maxwell-Relation

$$n = \sqrt{\varepsilon_r} \qquad (7a)$$

Demnach wirken zumindest die festen, stark lichtdurchlässigen Materialien elektrisch isolierend.

Mit der **Brechzahl** ist auch die Lichtgeschwindigkeit in einem Material bekannt. Aus (2) und (7) sowie aus der Tatsache, dass die Frequenz ν konstant sein muss, ergibt sich, dass die jeweilige Ausbreitungsgeschwindigkeit des Lichts $v = c / n$ ist, in Wasser mit der Brechzahl n = 1,333 also nur noch etwa 225.000 km/s beträgt. Demzufolge ist die Wellenlänge λ in einem dichteren, stärker brechenden Material das 1/n-fache des ursprünglichen Wertes. Aus der Brechzahl von Wasser oder Glas bzw. Kunststoff mit n ≈ 1,5 resultiert, dass eine Wellenlänge von 600 nm im Vakuum zu einer Wellenlänge von 450 nm in Wasser und zu einer solchen von 400 nm in Glas bzw. Kunststoff wird.

Die Brechzahl des Vakuums und in guter Näherung auch die der Luft ist n = 1. Mit Hilfe der Brechzahlen n_1 und n_2 zweier aneinander grenzender Materialien, etwa Luft und Glas oder Kunststoff (n = ca. 1,5), lässt sich aus dem Einfallswinkel ε_2 der Brechungswinkel β (jeweils bezogen auf die Senkrechte zur Grenzfläche) berechnen, unter dem der Strahl im zweiten Material seinen Weg fortsetzt. Es gilt das Brechungsgesetz [2]:

$$n_1 \cdot \sin \varepsilon_2 = n_2 \cdot \sin \beta \qquad (8)$$

Wegen der höheren Brechzahl des dichteren Materials wird der Strahl darin zum Lot hin gebrochen, wie es in Bild 3.6 für n = 1,5 (Kunststoff, Glas) gezeigt wird.

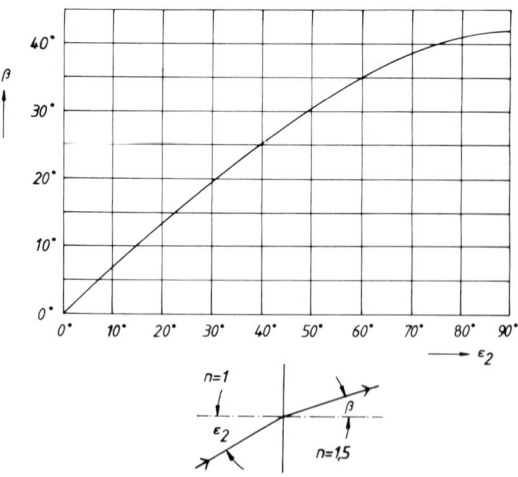

Bild 3.6:

Zusammenhang zwischen Einfallswinkel ε_2 und Brechungswinkel β für die Brechzahlen n_1 = 1 (Luft) und n_2 = 1,5 (Glas, Kunststoff)

Für den Strahleneintritt aus Luft vereinfacht sich (8) zu

sin β = sin ε₂ / n₂ bzw.
    β = arcsin (sin ε₂ / n₂)   (9)

Ein Beispiel aus dem Alltag: Blickt man schräg auf die Wasseroberfläche, so ist der Fisch im Wasser näher am Beobachter, als dieser ihn sieht.

Die Brechzahl n ist bei jedem Material unterschiedlich und hängt von der Wellenlänge λ ab. Beispielsweise gilt für Acrylglas (PMMA) in guter Näherung mit λ in nm (vgl. Bild 3.7):

n(λ) = 1,476 + (69 / λ)²   (10)

Erzeugung (**Emission**) und Vernichtung (**Absorption**) von optischer Strahlung und Licht sind quantenhafte und damit unstetige Vorgänge. Sie dauern jeweils etwa 10^{-8} s, so dass sich mit der Lichtgeschwindigkeit leicht berechnen lässt, dass ein Lichtquant einem Wellenzug von einigen Metern Länge entspricht – es ist also eine durchaus „handliche" Größe! Alle Arten der Lichterzeugung beruhen letztlich auf einem „Abbremsen" von zuvor auf höhere Energieniveaus, d. h. auf kernfernere Bahnen im Atom angehobenen Elektronen.

Beim Abbremsen auf niedrigere, energieärmere Elektronenbahnen sind abhängig vom Atomaufbau des Materials und von der Temperatur entweder sehr unterschiedliche oder nur ganz spezifische Energiesprünge möglich. Es können also auch Quanten vieler unterschiedlicher oder nur sehr weniger Wellenlängen entstehen. Je wärmer ein Material ist, desto kontinuierlicher wird das Spektrum der erzeugten Strahlung. Beispielsweise zeigt die relativ kalte Natriumdampf-Niederdrucklampe ein Linienspektrum, während die heiße Natriumdampf-Hochdrucklampe ein

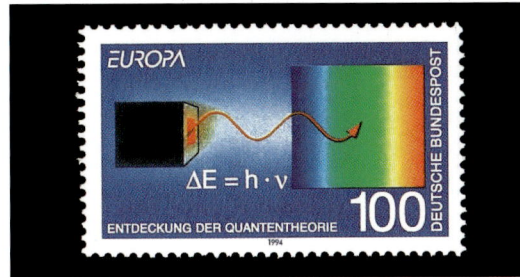

Bild 3.8:
Entdeckung der Quantentheorie

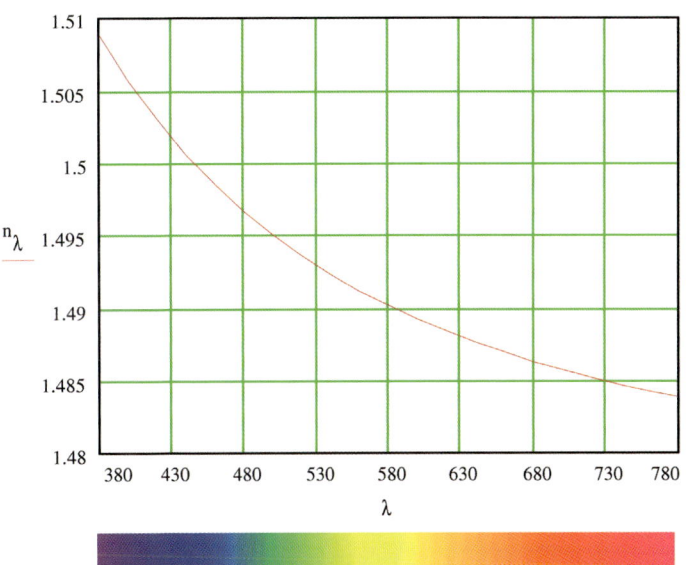

Bild 3.7: Brechzahl von PMMA in Abhängigkeit von der Wellenlänge

deutliches Kontinuum aufweist. Die Sonne als kontinuierliche Quelle des Tageslichts hat eine Oberflächentemperatur von etwa 6.000 K; das ist ungefähr das Doppelte der Schmelztemperatur von Wolfram, also des irdischen Materials mit dem höchsten Schmelzpunkt.

Interferenz entsteht, wenn sich kohärente, d. h. in sich zusammenhängende, von der gleichen Quelle ausgehende Wellenzüge überlagern, also miteinander interferieren. Stimmen Phasenlage und Amplitude – also maximale Wellenhöhe- und Wellenlänge – überein, tritt eine Verstärkung auf. Bei gegenseitiger Verschiebung der Amplitude um eine halbe Wellenlänge kommt es dagegen zu einer Auslöschung. Bei weißem Licht sind die entstehenden Interferenzstreifen farbig, weil sich die zu den einzelnen Wellenlängen gehörenden Streifen geringfügig unterschiedlich überlagern. Beispiele sind die regenbogenartigen Reflexe auf CDs, das Schillern von Öl auf Wasser usw. Auch die Newtonschen Ringe, die sich an zwei sehr nahe aneinander liegenden Glasscheiben oder bei Diapositiven bilden, sind eine Interferenzerscheinung.

Beugung nennt man die Abweichung von der – für elektromagnetische Strahlung typischen – geradlinigen Ausbreitung von Lichtwellen. Sie tritt auf an Spalten und Löchern, deren Abmessungen von der Größenordnung der jeweiligen Wellenlängen sind. Trifft eine Wellenfront auf

Oberlichter | Licht und Sehen | Tageslicht und Globalstrahlung | Materialien und Herstellung | Planung und Dimensionierung | Spezielle Objekte

einen solchen Spalt, so wird ein Teil durch ihn hindurch treten und von allen Punkten des Spalts – quasi als neuer Quelle – als Elementarwellen in alle Richtungen weitergehen (Huygenssches Prinzip). Diese neuen Wellen können danach miteinander interferieren.

Polarisation optischer Strahlung wird beobachtet, wenn es bevorzugte Schwingungsrichtungen der Wellenzüge gibt, wie man sie etwa von den transversalen Schwingungen eines Seiles kennt. Sie kann bereits bei der Lichterzeugung, aber auch bei Reflexion, Brechung oder Beugung entstehen. Bei natürlichem Licht ist ein Polarisationsgrad in aller Regel nicht beobachtbar, weil die Polarisationsebenen – die Schwingungsebenen – der einzelnen Wellenzüge völlig ungeordnet sind. Fresnel hat genaue Formeln zur Ermittlung von Reflexionsgraden durchsichtiger Körper für die beiden Polarisationshauptrichtungen (senkrecht und parallel zur Einfallsebene) in Abhängigkeit vom Einfallswinkel der Strahlung und von der Brechzahl angegeben [2]. Bild 3.9 gilt für die Brechzahl n = 1,5. Der Minimalwert ist $\bar{\rho}$ = 0,04 = 4%.

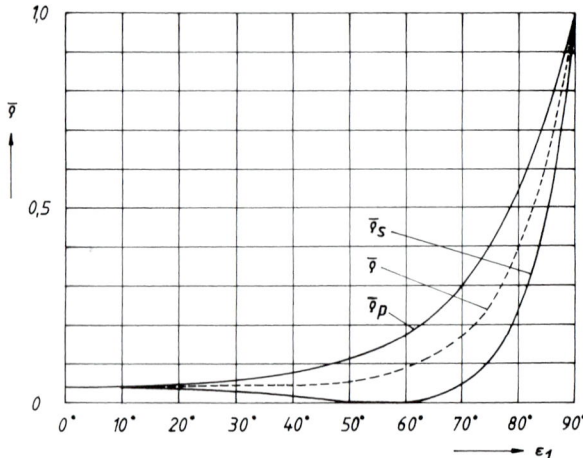

Bild 3.9:
Fresnelsche Reflexionsgrade einer Grenzfläche für
n = 1,5 (Glas oder Kunststoff gegen Luft)

$\bar{\rho}_p$ für parallel zur Einfallsebene schwingende elektrische Feldstärke

$\bar{\rho}_s$ für senkrecht zur Einfallsebene schwingende elektrische Feldstärke

$\bar{\rho} = (\bar{\rho}_p + \bar{\rho}_s) / 2$

Demnach reflektiert jede Grenzfläche Glas-Luft oder Kunststoff-Luft mindestens jeweils 4 % des auftreffenden Lichtstroms. Das gilt selbst für schwarzes Material. Das im sichtbaren Spektralbereich praktisch absorptionsfreie farblose Acrylglas hat daher bei senkrechtem Lichteinfall einen Reflexionsgrad von circa 2 x 4 % = 8 % = 0,08 und somit einen maximalen Transmissionsgrad von 92 % = 0,92.

Elliptisch oder zirkular polarisiertes Licht kann man sich entstanden denken aus der Überlagerung von zwei senkrecht zueinander schwingenden, linear polarisierten Wellen.

Tyndall-Effekt nennt man eine Mischung aus Polarisation bei Reflexion und Beugung, die bei der Streuung von Licht – u. a. bei einigen lichtstreuenden Materialien zur Verglasung von Oberlichtern – auftritt. Lord Rayleigh hat gezeigt, dass die Intensität des zerstreuten Lichts umgekehrt proportional zur 4. Potenz der Wellenlänge ($\sim 1/\lambda^4$) ist, wenn die streuenden Teilchen klein gegen die Wellenlänge λ sind. Im „weißen" Tageslicht ist ursprünglich mehr Blau als Rot enthalten. Beim Morgen- oder Abendrot gelangt das weniger gestreute Rot noch auf die Erdoberfläche, während Blau quasi an der Erde vorbei gestreut wird. Der blaue Himmel bei hoch stehender Sonne entsteht durch relativ schwache Streuung an statistischen Dichteschwankungen der Luft infolge der Wärmebewegungen.

Spektrale Strahlungsverteilungen $S_{e\lambda}$ – meist in relativer, auf ihr Maximum bezogener Darstellung $S_{e\lambda,rel}$ – kennzeichnen die Energieverteilung in Abhängigkeit von der Wellenlänge λ. Temperaturstrahler, wie etwa die Sonne oder Glühlampen, zeigen dabei ihr Maximum bei Wellenlängen, die desto kürzer sind, je höher die Temperatur ist [3]. Beim technisch nur näherungsweise darstellbaren Schwarzen oder Planckschen Strahler gelten für Temperaturen von 1.000, 2.000, ... 6.000 K, eine Fläche von 1 cm² und eine Bandbreite von $\Delta\lambda$ = 10 nm die in Bild 3.10 dargestellten Abhängigkeiten der spektralen Strahldichte $L_{e\lambda}$ von der Wellenlänge λ in µm.

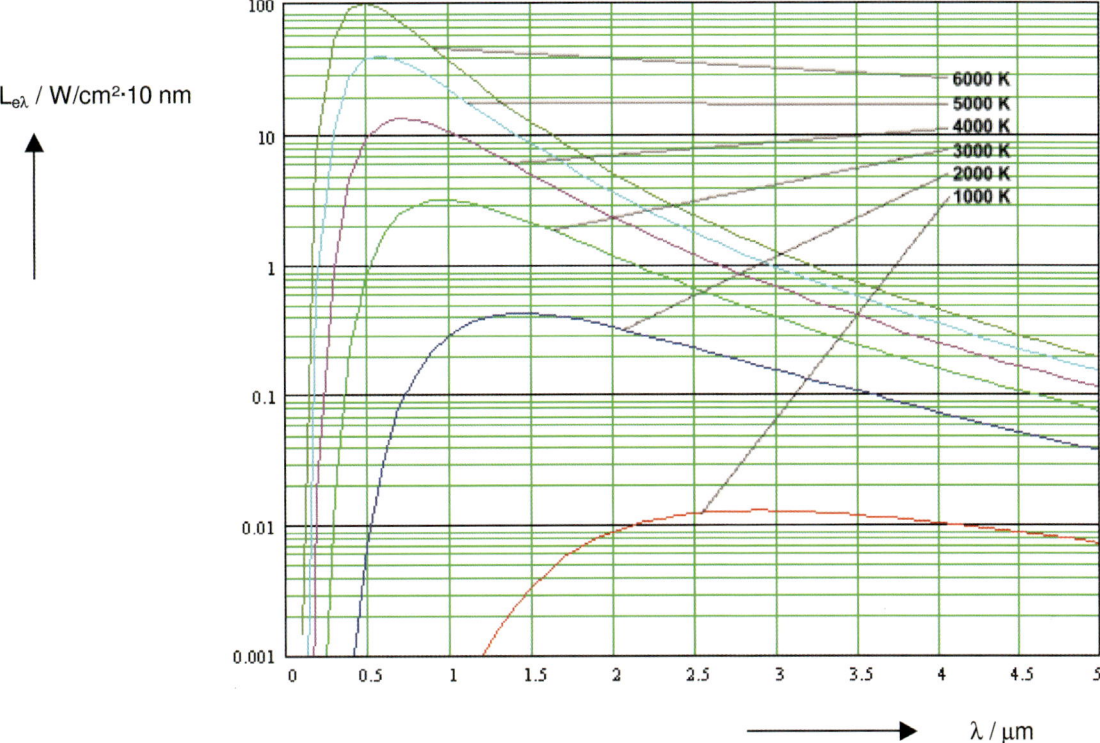

Bild 3.10:

Spektrale Strahldichte $L_{e\lambda}$ des Schwarzen Strahlers in Abhängigkeit von der Wellenlänge λ in μm für Temperaturen von 1.000, 2.000, ... 6.000 K, eine Fläche von 1 cm² und eine Bandbreite $\Delta\lambda$ von 10 nm

Summiert man über alle Wellenlängen, so ergibt sich für die Strahldichte $L_e(T)$ der Gesamtstrahlung des Planckschen Strahlers in Abhängigkeit von der Temperatur T

$$L_e(T) = L_0 \cdot T^4 \qquad (11)$$

mit

$$L_0 = 1{,}805 \cdot 10^{-8} \text{ W/(m}^2 \cdot \text{K}^4 \cdot \text{sr}) \qquad (12)$$

Die Abkürzung „sr" für die Einheit des Raumwinkels wird am Anfang von Kapitel 6 erläutert.

Entladungslampen, speziell Niederdruck-Metalldampflampen, aber auch Leuchtdioden, zeigen deutliche Linienspektren. Bei Leuchtstofflampen, die eigentlich Quecksilberdampf-Niederdrucklampen sind, sorgen auf der Innenseite des Entladungsrohrs aufgebrachte anorganische, kristalline Leuchtstoffe je nach Zusammensetzung für ein die Linien überlagerndes Kontinuum. Aus Bild 3.11 ist zu erkennen, dass Leuchtstoffe unterschiedliche Spektren im sichtbaren Spektralbereich erzeugen und damit auch unterschiedliche Farbwiedergabeeigenschaften der Lampen zur Folge haben. Zum Vergleich wird die relative spektrale Strahlungsverteilung einer Glühlampe angegeben.

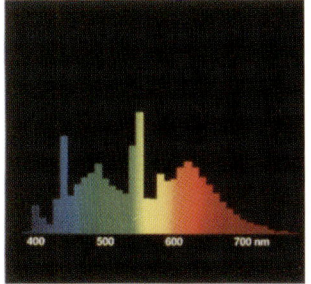
Leuchtstofflampe tageslichtweiß

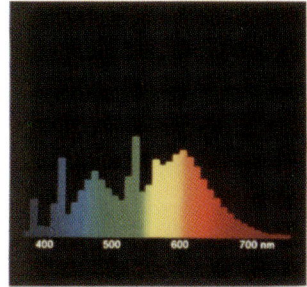
Leuchtstofflampe neutralweiß

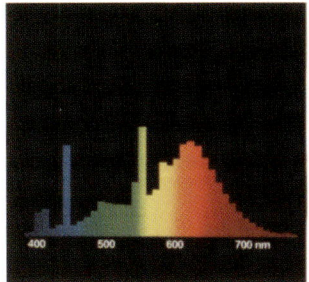
Leuchtstofflampe warmweiß

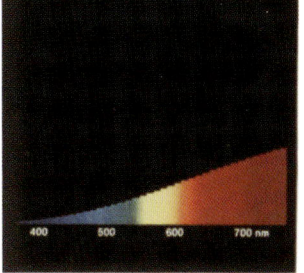
Glühlampe

Bild 3.11: Relative spektrale Strahlungsverteilungen einiger Leuchtstofflampenarten und einer Glühlampe

Oberlichter | Licht und Sehen | Tageslicht und Globalstrahlung | Materialien und Herstellung | Planung und Dimensionierung | Spezielle Objekt

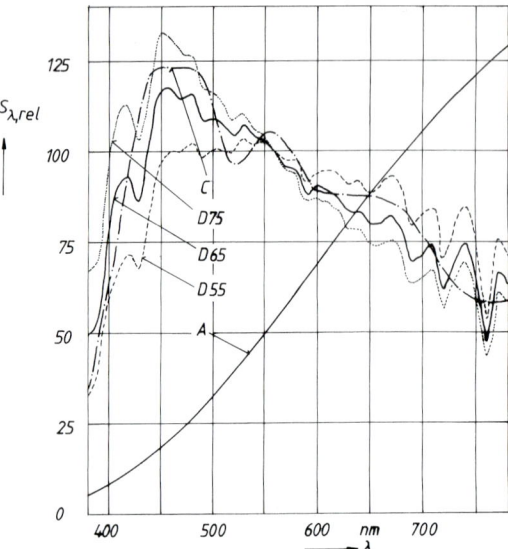

Bild 3.12:
Relative spektrale Strahlungsverteilungen der (Norm-)Lichtarten A, C, D65, D55 und D75

Man hat sich international auf einige spektrale Strahlungsverteilungen geeinigt und sie in Normen fixiert. In DIN 5033 [4] findet man genaue Informationen zu den Normlichtarten und Lichtarten

A spektrale Strahlungsverteilung einer gasgefüllten Wolfram-Glühlampe der Verteilungstemperatur 2856 K,

B anstelle von Sonnenlicht und Beckbogenlicht,

C Glühlampe der Normlichtart A mit einem vorgeschalteten Flüssigkeitsfilter zur hinreichenden Erzeugung von künstlichem Tageslicht,

D65 „künstliches" Tageslicht (Nordhimmel) entspricht der spektralen Strahlungsverteilung des mittleren Tageslichts mit einer ähnlichsten Farbtemperatur von 6.500 K am besten (D65 ist nur näherungsweise technisch darstellbar! Vgl. [112]),

D55 Tageslichtphase mit einer ähnlichsten Farbtemperatur von 5.500 K,

D75 Tageslichtphase mit einer ähnlichsten Farbtemperatur von 7.500 K,

G Glühlampe der Verteilungstemperatur 2.360 K; repräsentiert Vakuumglühlampen,

P Glühlampe der Verteilungstemperatur 1.900 K; repräsentiert Petroleum- und Kerzenlicht,

Xe repräsentiert das weiße Xenonlicht.

Bild 3.12 zeigt die für die Tageslichttechnik wichtigen relativen spektralen Strahlungsverteilungen der (Norm-)Lichtarten (vgl. ⊙9A.DOC) im Vergleich zu der einer Glühlampe der Normlichtart A. Die Schwankungen in den Verteilungen der Tageslichtarten ergeben sich infolge von Absorptionen in den Gasen der Atmosphäre.

Die Sonnenstrahlung hat kein völlig kontinuierliches Spektrum. Fraunhofer hat entdeckt, dass durch Absorption an einigen Elementen typische Fehlstellen entstehen, die nun als Fraunhofersche Linien bezeichnet werden. Eine Erinnerungsbriefmarke zeigt das Spektrum in entgegengesetzter Richtung mit nach rechts steigender Frequenz bzw. Wellenzahl (vgl. ⊙3B. DOC).

Bild 3.13:
Fraunhofersche Linien

Wirkungsfunktionen beschreiben, wie stark sich die Strahlung unterschiedlicher Wellenlängenbereiche auf sehr verschiedenartige biologische Vorgänge auswirkt. In Abhängigkeit von der Wellenlänge werden in DIN 5031 ([5], [6]) nicht nur die in Bild 3.14 dargestellten Wirkungsfunktionen „relativer spektraler Hellempfindlichkeitsgrad des menschlichen Auges für das Tagessehen $V(\lambda)$" und „Photosynthese $s(\lambda)_{sy,rel}$ (für eine Vielzahl von Pflanzenarten)" angegeben, sondern auch Kurven für andere photobiologische Wirkungen:

- Chlorophyllsynthese (einer der letzten Schritte der Chlorophyll-Biosynthese),
- Photomorphogenese (Änderung der pflanzlichen Entwicklung),
- Phototropismus (Wachstumskrümmungen),
- Bakterientötung (z. B. Desinfektion in Operationssälen),
- UV-Erythem (akute Hauterkrankung),

- direkte Pigmentierung (Hautbräunung ohne Rötung),
- Bilirubin-Dissoziation,
- Photokonjunktivitis (durch UV-Strahlung hervorgerufene Bindehautentzündung des Auges),
- Photokeratitis (durch UV-Strahlung hervorgerufene Entzündung der Hornhaut des Auges).

Da das Spektrum der natürlichen Strahlung die für die Ausnutzung solcher Wirkungen notwendigen Anteile oft nur unzureichend aufweist, sind eine Reihe von speziellen Lampen entwickelt worden, beispielsweise Quecksilberdampf-Niederdrucklampen zur Keimtötung mit kurzwelliger UV-Strahlung in Operationssälen oder Lampen für Solarien.

Die relative spektrale Empfindlichkeit des Auges für das Tagessehen beginnt bei 380 nm, hat ihr Maximum bei 555 nm und endet bei 780 nm; so ist es weltweit übereinstimmend festgelegt worden [5]. Obwohl ursprünglich nur relativ wenige normalsichtige Probanden der weißen Rasse untersucht wurden, kann und will man die möglichen, jedoch geringen individuellen Abweichungen von der genormten Kurve vernachlässigen.

Die für die Photosynthese gültige Kurve in Bild 3.14 zeigt übrigens, dass für diesen Vorgang vor allem der blaue und der rote Spektralbereich verantwortlich sind. Dagegen wird Grün von den Pflanzen nicht genutzt, durch die Blätter reflektiert und damit sichtbar. Entsprechend verhält es sich bei der im nächsten Kapitel noch zu erläuternden V'(λ)-Kurve, dem relativen spektralen Hellempfindlichkeitsgrad des menschlichen Auges für das nächtliche, das skotopische Sehen [6] (siehe auch Bild 4.2). Für die Reizung der Sehnerven ist die photochemische Anregung des Sehpurpurs verantwortlich. Diese sich schnell regenerierende Substanz reflektiert im violett-blauen und im roten Bereich, sonst wäre sie nicht als purpurfarben sichtbar. Sie absorbiert aber stark im grünen Bereich. Bei der in Bild 3.14 zum Vergleich wiedergegebenen V(λ)-Kurve spielen vermutlich drei Farbstoffe eine Rolle, so dass hier keine vergleichbar einfache Analogie besteht.

Schatten ist der unvermeidliche „Partner" von Licht, aber auch von optischer Strahlung allgemein. In einem durchsichtigen Material (Luft, Wasser, Glas) breiten sich die

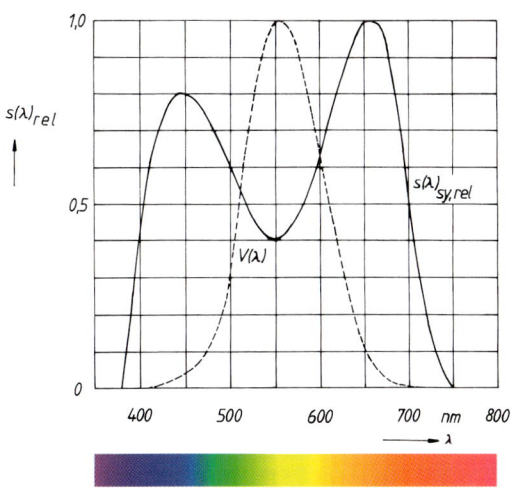

Bild 3.14:
Spektrale Wirkungsfunktionen $s(\lambda)_{sy,rel}$ der Photosynthese und V(λ) des relativen spektralen Hellempfindlichkeitsgrades des menschlichen Auges für das Tagessehen („Augenempfindlichkeitskurve"). Die Zuordnung von Wellenlängen und Farbeindrücken ist ebenfalls zu erkennen.

Lichtstrahlen geradlinig aus. An Hindernissen möglicherweise entstehende Beugung von Tageslicht kann im Rahmen der Aufgabenstellung dieses Buches außer Betracht bleiben. Schlagschatten, die oft stören können, werden durch die Sonne verursacht. Wie übrigens auch der Mond wird sie von der Erde aus unter einem Winkel von etwa 30' = 0,5° gesehen. Damit lässt sich berechnen, von welchem Abstand r an eine Sprosse der Breite b keinen Kernschatten, sondern nur noch einen Halbschatten erzeugen kann (vgl. Bild 3.15):

$$r = b \cdot ctg\,(0{,}5° / 2) : 2$$
$$\approx b \cdot 115 \qquad (13)$$

Eine Sprosse von 10 cm Breite wirft bei Beleuchtung durch die Sonne demnach ab etwa 11,5 m Abstand keinen Schlagschatten mehr, sondern erzeugt nur noch einen Halb- oder Teilschatten.

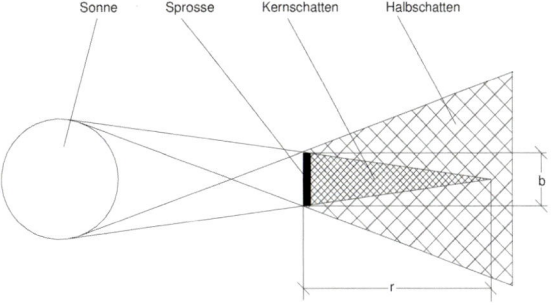

Bild 3.15:
Nicht maßstäbliche Skizze zur Erläuterung der Erzeugung von Kern- und Halbschatten einer Sprosse durch die Sonne

Oberlichter | Licht und Sehen | Tageslicht und Globalstrahlung | Materialien und Herstellung | Planung und Dimensionierung | Spezielle Objekt

4 Auge und Sehen

Aufbau, Wirkungsweise und Leistungsfähigkeit des menschlichen Auges sowie physiologisch-optische Kenngrößen werden erläutert. Daraus ergeben sich wichtige Hinweise auf die zweckmäßige Gestaltung der Beleuchtung und gute Sehbedingungen: Je besser und schneller ein Objekt erkannt werden soll, desto mehr kommt es auf ausreichende Umfeldleuchtdichte und – vor allem nahe der Blickrichtung – auf das Vermeiden der Anordnung von Blendlichtquellen an. Tageslicht ist wegen der höheren erreichbaren Beleuchtungsstärken (und damit Leuchtdichten) aus physiologisch-optischer Sicht wesentlich besser zu beurteilen als Kunstlicht.

■ Kein anderes Organ beeinflusst das Verhalten des Menschen so stark wie das Auge. Hier soll vor allem aufgezeigt werden, welche physiologischen, also in Maß und Zahl erfassbaren Einflüsse die Beleuchtung auf die Leistungsfähigkeit des Auges hat (vgl. auch [54]). Psychologische Wirkungen der Beleuchtung, wie Stimmung und Wohlbefinden, sind schwieriger in Zahlen auszudrücken.

Aufbau und Wirkungsweise des menschlichen Auges sollen zuerst beschrieben werden. Aus der Beschreibung seiner Leistungsfähigkeit ergeben sich von selbst die Forderungen an die Eigenschaften der Beleuchtung, die – zumindest bislang – zu dem Zweck geplant wird, optimale Sehbedingungen zu schaffen. Es ist nur zu hoffen, dass die Auswirkungen des Lichts auf die Gesundheit des Menschen die Beleuchtungsplanung in Zukunft stärker beeinflussen.

Die betrachteten Objekte werden durch die Augenlinse auf die Netzhaut (Retina), die lichtempfindliche Schicht, abgebildet. Durch den Linsenmuskel kann die elastische Linse verformt werden, so dass eine Brennweitenveränderung stattfindet; man sagt, das Auge akkomodiert an ferne oder nahe Gegenstände. Die Pupille passt sich mit einer Durchmesseränderung (2 ... 8 mm; mit zunehmendem Lebensalter kleiner) spontan an die jeweiligen Beleuchtungsverhältnisse an und beeinflusst damit die Beleuchtungsstärke auf der Netzhaut. Auf viele Details des komplizierten Aufbaus des Auges soll hier nicht eingegangen werden, wohl aber auf die eigentlichen Sehzellen, ihre beiden Arten und ihre Wirkungsweise.

Zapfen nennt man die ca. 6,5 Millionen für das Tagessehen (photopisches Sehen) wirksamen Empfänger. Sie sind relativ unempfindlich, ermöglichen das Farbensehen, haben die durch die V(λ)-Kurve in Bild 3.6 beschriebene relative Spektralempfindlichkeit und sind in der Nähe der Netzhautgrube (Fovea centralis), also für die zentrale Blickrichtung, besonders zahlreich. Dort gibt es eine Konzentration von etwa 150.000 Zapfen pro mm^2, während es bei 10° Abweichung von der zentralen Blickrichtung nur noch etwa 5.000 Zapfen pro mm^2 sind.

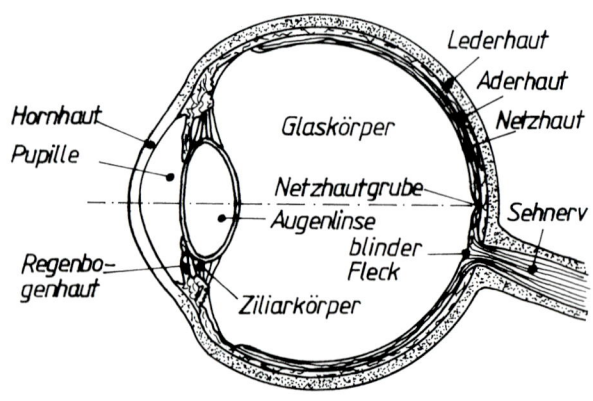

Bild 4.1:

Horizontalschnitt durch das rechte menschliche Auge

Dafür nimmt die Größe eines einzelnen Zapfens nach außen hin zu. Ihr Durchmesser im Zentrum beträgt ca. 1,5 µm. Daraus ergibt sich die höchste Auflösung und somit die Stelle des deutlichsten Sehens bei Tage.

Stäbchen sind die etwa 110 bis 125 Millionen nahezu gleich großen Empfänger pro Auge, die für das Sehen in dunkler Umgebung sorgen. Ihre Absolutempfindlichkeit ist wesentlich höher als die der Zapfen. Sie sind deutlich gleichmäßiger als diese auf der Netzhaut verteilt, fehlen jedoch völlig in der Netzhautgrube. Wie auch die Erfahrung bestätigt, ist die Schärfe des Sehens bei Dunkelheit daher geringer. Zudem sind die Stäbchen nicht farbtüchtig: „Bei Nacht sind alle Katzen grau!" Man stellt sich vor, dass der Sehpurpur, der für die Reizung der Sehnerven verantwortliche Stoff, sich in den Stäbchen bei Tage nicht schnell genug regenerieren kann, so dass sie deswegen bei Tage wirkungslos sind. Aufgrund der spektralen Absorption des Sehpurpurs stellt sich der relative spektrale Hellempfindlichkeitsgrad des Auges für das nächtliche Sehen, die V'(λ)-Kurve, so dar, wie es in Bild 4.2 wiedergegeben ist. Gegenüber der V(λ)-Kurve ist sie leicht in den kurzwelligeren Bereich verschoben. Neben Zapfen und Stäbchen existieren weitere lichtwirksame Zellen (circadiane Sensoren), die in Kapitel 5 angesprochen werden.

Adaptation nennt man die Fähigkeit des Auges, seine Empfindlichkeit in weiten Grenzen an die jeweiligen Umgebungshelligkeiten anzupassen. Innerhalb eines Bereichs von 1:1.000.000.000 geschieht das durch das Zusammenwirken von Änderung des Pupillendurchmessers, Wechsel der Empfängerart (Zapfen oder Stäbchen) und durch „Zusammenschalten" mehrerer dieser Rezeptoren.

Helladaptation und damit die Wirksamkeit der Zapfen ist bei einer Adaptationsleuchtdichte, also einer Umgebungshelligkeit, gegeben, die mindestens 30 cd/m² beträgt. Das Passieren eines Tunnels zeigt anschaulich, dass die Adaptation an eine dunklere Umgebung

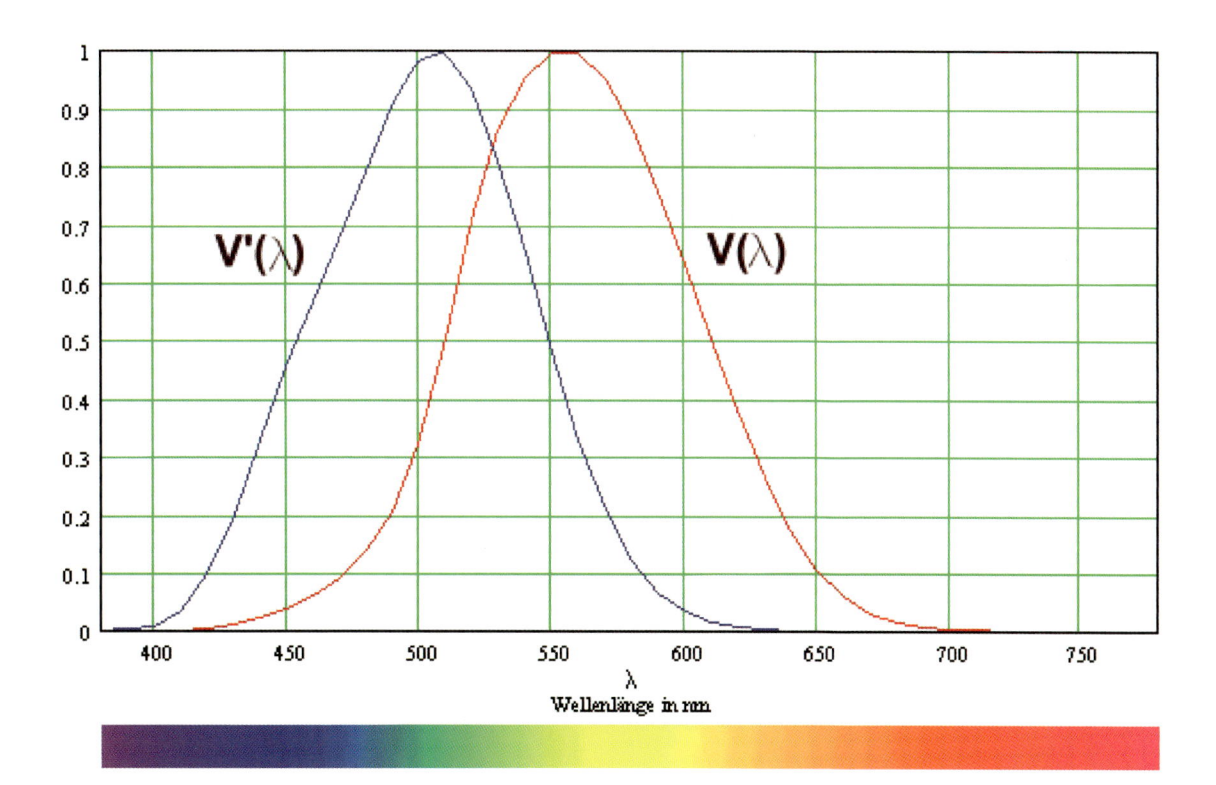

Bild 4.2:
Relative spektrale Hellempfindlichkeitsgrade des menschlichen Auges für das Tagessehen (photopisches Sehen) V(λ) und das nächtliche Sehen (skotopisches Sehen) V'(λ)[5]

(Dunkeladaptation) länger dauert als die an eine hellere. Nach entsprechend langer Adaptation an eine völlig lichtlose Umgebung kann das Auge minimal etwa $5 \cdot 10^{-14}$ lm ≈ $3 \cdot 10^{-17}$ W ≈ 75 Quanten pro Sekunde auf der Hornhaut nachweisen.

Die Unterschiedsempfindlichkeit UE ist das Vermögen des Auges, Objekte bestimmter Ausdehnung (z. B. Durchmesser α in Winkelminuten) und bestimmter Leuchtdichte L vor einem einheitlichen Hintergrund zu erkennen, dessen Leuchtdichte L_U sich um ΔL von L unterscheidet. Die Unterschiedsempfindlichkeit ist dabei der Kehrwert des nachweisbaren **Kontrastes** K zwischen Objekt und Hintergrund.

$$UE = 1 / K$$
$$= L_U / \Delta L$$
$$= L_U / |L - L_U| \qquad (14)$$

Bild 4.3 zeigt die Zusammenhänge zwischen diesen Größen [7]. Die Unterschiedsempfindlichkeit ist um so größer, je größer der Durchmesser des Objekts und je höher die Leuchtdichte des Umfeldes sind. Das bestätigt die Alltagserfahrung: Ein Hindernis ist unter sonst gleichen Bedingungen in dunkler Umgebung schwieriger zu erkennen als in heller. Beispielsweise sind für $L_U = 10^2$ cd/m² und α = 60´ = 1° die Unterschiedsempfindlichkeit UE = 100 bzw. der mindestens erforderliche Kontrast K = 0,01 = 1 %. Diese Werte verändern sich – bei gleicher Leuchtdichte des Umfeldes – auf UE = 1 bzw. K = 1 = 100 %, wenn der Objektdurchmesser nur noch α = 2´ beträgt. Tageslicht verursacht Umfeldleuchtdichten von 1.000 cd/m² und mehr, so dass die Unterschiedsempfindlichkeit bei Tage um ein Vielfaches größer ist als bei Kunstlichtbeleuchtung mit deutlich geringeren Beleuchtungsstärken.

Die **Sehschärfe S** kennzeichnet die Fähigkeit des Auges, dicht nebeneinander liegende Konturen getrennt wahrnehmen zu können. Mit dem kleinsten Winkel α (in Winkelminuten), unter dem das Auge zwei Punkte gerade noch als getrennt erkennen kann, gilt

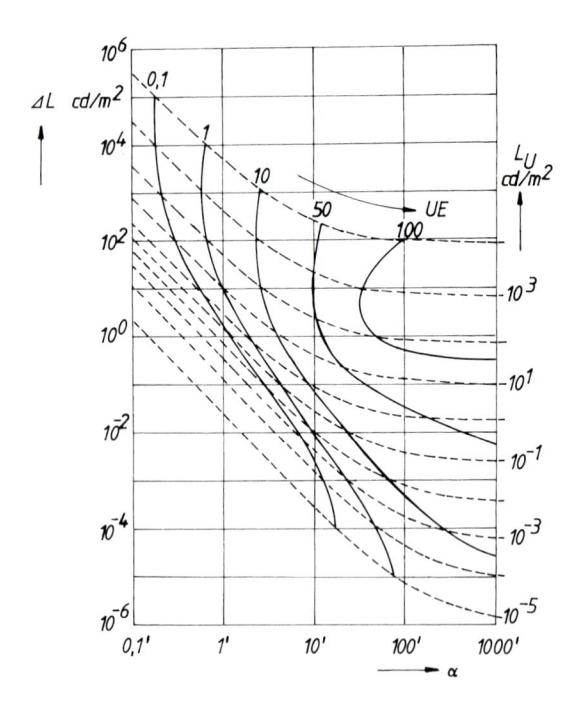

$$S = 1 / \alpha \qquad (15)$$

Bild 4.3:
Unterschiedsempfindlichkeit UE bzw. feststellbare Leuchtdichtedifferenz ΔL für verschiedene Umfeldleuchtdichten L_U in Abhängigkeit vom Objektdurchmesser α

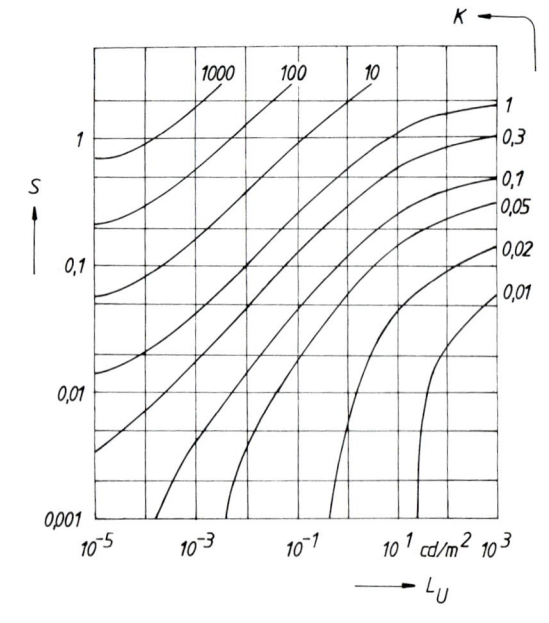

Bild 4.4:
Sehschärfe S für verschiedene Kontraste K = ΔL / L_U = |L_i - L_U| / L_U in Abhängigkeit von der Umfeldleuchtdichte L_U

Bei Vorliegen einer Sehschärfe von S = 1 beträgt das Auflösungsvermögen des Auges also 1′ = 1/60°. Die Erfahrung, dass die Sehschärfe S bei vorgegebener Umfeldleuchtdichte L_U umso größer wird, je größer der Kontrast K zwischen Objekt und Umfeld ist, wird durch Bild 4.4 [7] bestätigt. Umgekehrt lässt sich auch feststellen, dass der zur Erreichung einer bestimmten Sehschärfe erforderliche Kontrast umso geringer sein kann, je höher die Umfeldleuchtdichte ist.

Wiederum ist klar erkennbar, dass im Tageslichtbereich deutlich größere Sehschärfen erreicht werden. Das gilt ebenfalls für die beiden folgenden Größen.

Die **Unterschiedsempfindungsgeschwindigkeit** V_u ist eine weitere für das Erkennen eines Objekts wichtige Größe. Sehschärfe und Unterschiedsempfindlichkeit sind ohne Berücksichtigung zeitlicher Einflüsse definiert. Tatsächlich kommt es in der Praxis aber auch darauf an, schnell wechselnde Sehaufgaben zu erfassen. V_u ist umso größer und die Erkennung eines Objekts umso schneller, je größer das Objekt und je größer die Umfeldleuchtdichte – bei vorgegebenem Kontrast – sind. Mit dem Zeitintervall t, das zwischen objektiver Darbietung eines Objekts und seiner subjektiven Wahrnehmung vergeht, gilt

$$V_u = \frac{L_U}{\Delta L} \cdot \frac{1}{t} \tag{16}$$

Wahrnehmungsgeschwindigkeit V_s nennt man eine recht ähnliche Größe. Sie ist proportional dem Kehrwert des Zeitintervalls Δt, das zwischen dem objektiven Moment der Darbietung und der subjektiven Formenerfassung eines Gegenstands vergeht. Auch V_s hängt von der Größe des Objekts und der Leuchtdichte ab. Allerdings bewirkt eine Erhöhung der Leuchtdichte des Umfelds auf Werte über etwa 100 cd/m² nur noch eine geringe Erhöhung der Wahrnehmungsgeschwindigkeit (vgl. Bild 4.5!).

$$V_s = S / t \tag{17}$$

Grundsätzlich erkennt man aus allen oben aufgeführten Größen, dass die Sehbedingungen und damit auch die Sehleistungen umso besser werden, je höher die Umfeldleuchtdichte und damit die Beleuchtungsstärke am Ort der Sehaufgabe sind. Die Forderungen nach bestimmten Beleuchtungsstärken, die von der Art der auszuführenden Arbeiten abhängen, lassen sich durch die obigen physiologisch-optischen Grundlagen eindeutig begründen.

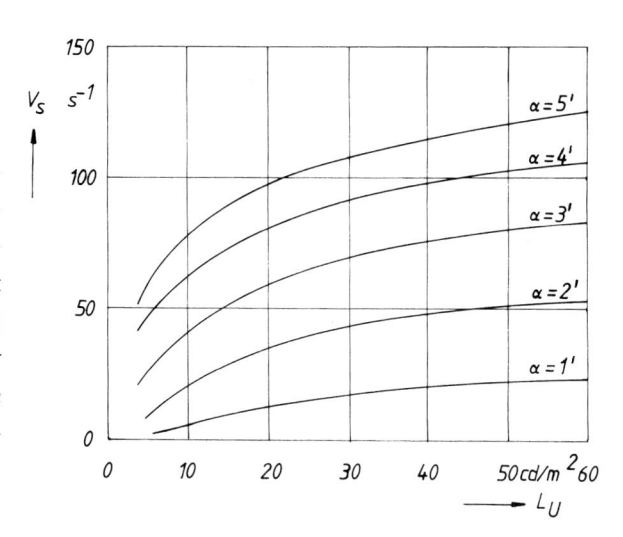

Bild 4.5:
Wahrnehmungsgeschwindigkeit V_s in Abhängigkeit von der Umfeldleuchtdichte L_U für verschiedene Objektdurchmesser α und einen Kontrast von K = 0,25

Bei **Blendung** sind die bisher beschriebenen Wahrnehmungsbedingungen etwas modifiziert zu betrachten. Die oben genannten Ergebnisse wurden lediglich in Versuchsreihen unter fast idealen Bedingungen gewonnen: Es war nur ein Objekt zu beobachten, und das Umfeld hatte eine einheitliche Leuchtdichte.

Physiologische Blendung setzt die Leistungsfähigkeit des Auges messbar herab. Sie wird durch ungleichmäßige oder unzweckmäßige Leuchtdichteverteilung im Blickfeld, also durch zu hohe Leuchtdichte oder zu große Kontraste verursacht, wobei diese Einflüsse nicht unbedingt als störend oder unangenehm empfunden werden; letzteres würde man als **psychologische Blendung** bezeichnen. Beide Arten der Blendung werden entweder durch die Lichtquellen direkt (Direktblendung) oder durch Reflexionen an Oberflächen (Reflexblendung) hervorgerufen.

Absolutblendung liegt vor, wenn das Sehen durch Einsetzen von Schutzreflexen, wie Tränenfluss oder unwillkürliches Kneifen der Lider, unter der Einwirkung sehr hoher Leuchtdichten praktisch unmöglich wird.

Die Formeln zur Bewertung der physiologischen Blendung haben sich bewährt, auch bei Vorhandensein von mehreren Blendquellen im Gesichtsfeld. Allgemein anerkannte Formeln für die physiologische Blendung existieren bisher wohl nur im Bereich der Beleuchtung mit Kunstlicht. Für die Beleuchtung mit Tageslicht sind entsprechende Regeln pauschal und noch recht vage formuliert und beziehen sich vor allem auf die Gestaltung von Bildschirmarbeitsplätzen. Vielleicht liegt das an den sich ständig verändernden Beleuchtungsbedingungen, die als naturgegeben und somit – im Gegensatz zum Kunstlicht – kaum beeinflussbar empfunden werden.

Bei der Beschreibung der physiologischen Blendung beschränkt man sich meist auf die Änderungen der Unterschiedsempfindlichkeit [8]. Dabei ist die Grundvorstellung, dass die jeweilige Blendlichtquelle durch Lichtstreuung und Reflexionen in dem nicht völlig klaren Auge quasi einen „Lichtschleier" erzeugt, der sowohl die Objektleuchtdichte als auch die Adaptationsleuchtdichte überlagert. Durch ihn hindurch müssen dann die eigentlichen Sehobjekte wahrgenommen werden. Aus der Unterschiedsempfindlichkeit ohne Blendung

$$UE = L_U / |L - L_U| \tag{18}$$

wird mit Blendung der kleinere Wert

$$UE = (L_v + L_U) / (L_v + |L - L_U|) \tag{19}$$

Dabei ist L_v die (äquivalente) Schleierleuchtdichte, die Leuchtdichte dieses überlagerten Lichtschleiers. Die Vergrößerung der Umfeldleuchtdichte L_U auf $L_v + L_U$ verlangt eine Erhöhung auch der Objektleuchtdichte L bzw. von $\Delta L = |L - L_U|$, um mit Blendung wieder den gleichen Wert wie ohne Blendung zu erreichen. Die Heraufsetzung der Unterschiedsschwelle, also der nachweisbaren Leuchtdichtedifferenz von ΔL_0 (ohne Blendung) auf ΔL_{bl} (mit Blendung), ist definiert als **Schwellenwerterhöhung** TI (threshold increment):

$$TI = (\Delta L_{bl} / \Delta L_0 - 1) \cdot 100\ \% \tag{20}$$

Die Schleierleuchtdichte L_v erhält man aus

$$L_v = k \cdot E_{bl} \cdot \theta^{-2} \quad \text{(gültig für } 1{,}5° < \theta < 60°\text{)} \tag{21}$$

Dabei ist k ein wegen der zunehmenden Trübung des Auges mit dem Lebensalter des Beobachters zunehmender Faktor; für einen 30-jährigen Menschen gilt k = 10. E_{bl} ist die Beleuchtungsstärke, die eine Blendlichtquelle in einer Ebene senkrecht zur Blickrichtung am Auge erzeugt. θ kennzeichnet den Winkel zwischen der Blickrichtung und der Richtung zur Blendlichtquelle. Für mehrere Blendquellen, die sich gleichzeitig im Gesichtsfeld befinden, werden die von den einzelnen Blendquellen erzeugten Schleierleuchtdichten addiert.

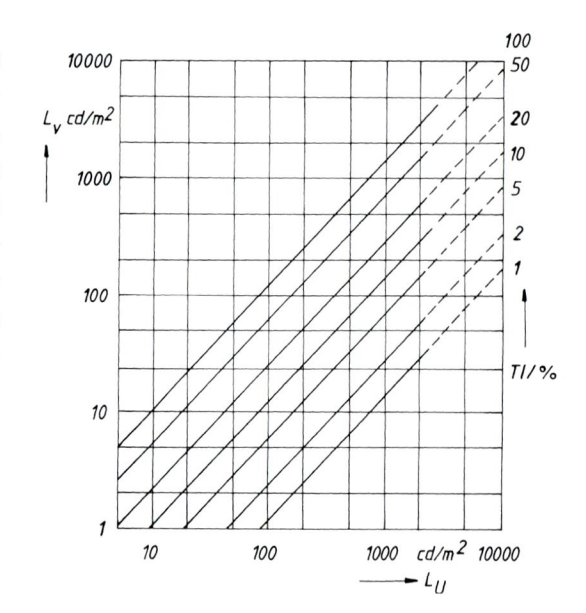

Bild 4.6:

Zusammenhang zwischen Umfeld- bzw. Adaptationsleuchtdichte L_U, Schleierleuchtdichte L_v und Schwellenwerterhöhung TI

Die Schleierleuchtdichte ist entweder direkt mit speziellen Geräten messbar oder lässt sich über Messungen von E_{bl} und θ gemäß (19) berechnen.

Für den Leuchtdichtebereich 5 cd/m² < L_U < 2000 cd/m² wurde gefunden:

$$TI = 95 \cdot L_v / L_U^{1.05} \tag{22}$$

In der Straßenbeleuchtung lässt man eine Schwellenwerterhöhung um TI = 10 % zu. Tut man das auch im Bereich der Beleuchtung mit Tageslicht, so kann man aus Bild 4.7 für eine Umfeldleuchtdichte L_U einer Arbeitsfläche entnehmen, um welchen Winkel θ die Blickrichtung geändert werden muss, wenn das Auge zuvor einer bestimmten Blendbeleuchtungsstärke E_{bl} ausgesetzt war.

Ein umfassendes Verzeichnis einschlägiger Literatur findet man in [54].

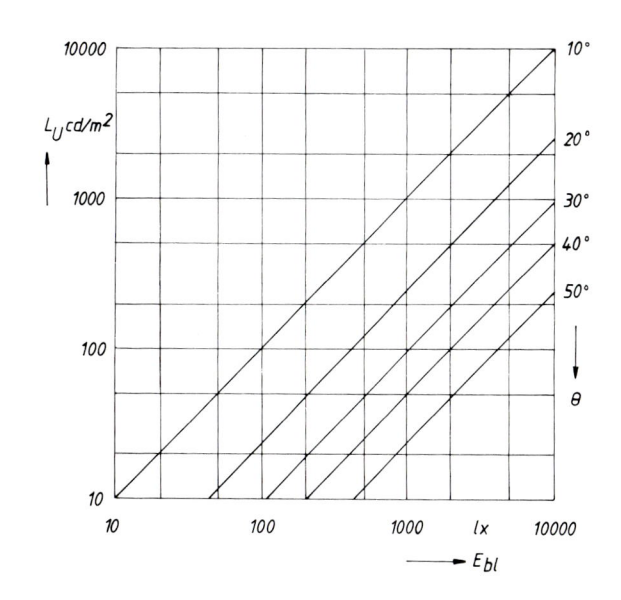

Bild 4.7:
Für eine Schwellenwerterhöhung TI = 10 % näherungsweise gültiger Zusammenhang zwischen Blendbeleuchtungsstärke E_{bl}, Umfeldleuchtdichte L_U und Blendwinkel θ

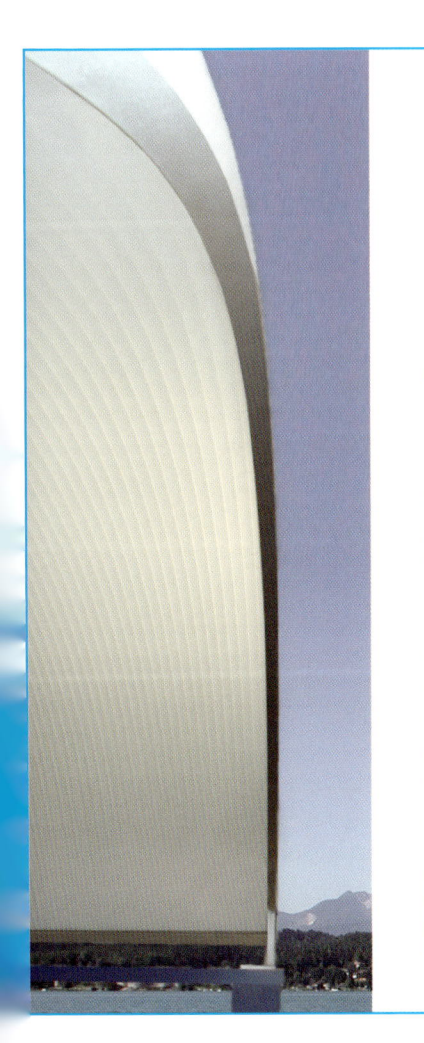

degussa.
Röhm Plexiglas

PLEXIGLAS® Stegplatten – jetzt auch für Tonnengewölbe

Die neuen kalt biegbaren Stegdoppelplatten PLEXIGLAS HEATSTOP® und PLEXIGLAS RESIST® eignen sich ausgezeichnet für Tonnengewölbe.

Die langlebigen und wärmedämmenden PLEXIGLAS® Stegplatten sind schon bei geringen Stichhöhen wesentlich steifer und tragfähiger als gleich dicke Polycarbonat Stegplatten. Das erlaubt die Konstruktion ganz neuer, ästhetischer Gewölbeformen.

PLEXIGLAS HEATSTOP® Stegplatten schützen vor Hitze, sind hagelfest und sorgen für eine gleichmäßige Ausleuchtung.

PLEXIGLAS RESIST® Stegplatten sind brillant, hoch transparent, robust und hagelsicher.

Lieferbar sind die kalt biegbaren Stegplatten in 8 und 16 mm Dicke.

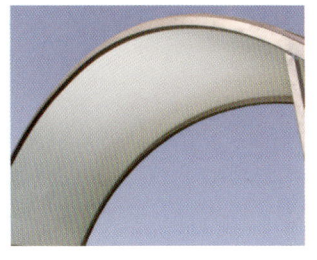

Degussa AG www.plexiglas.de
Röhm Plexiglas www.degussa.de
64293 Darmstadt info@plexiglas.de

Oberlichter | Licht und Sehen | Tageslicht und Globalstrahlung | Materialien und Herstellung | Planung und Dimensionierung | Spezielle Objekt

5 Tageslicht und Gesundheit

Viele neue Untersuchungen belegen, dass Tageslicht in vielfältiger Weise eindeutig gesundheitsfördernd wirkt – und zwar wegen der hohen Beleuchtungsstärken, die mit Kunstlicht aufgrund der damit verbundenen Kosten derzeit meist nicht erreicht werden. Ausreichende Beleuchtung – möglichst mit Tageslicht – reduziert zudem die Unfallgefahren. Umfassende Untersuchungen in Schulen zeigten, dass Oberlichter einen besseren Lernerfolg und mehr Lernbereitschaft schaffen sowie die Gesundheit der Schüler positiv beeinflussen. Patienten gesunden in Räumen mit Tageslicht schneller und komplikationsfreier. Aus diesen Gründen gibt es starke Bestrebungen, mehr Tageslicht u. a. für die Arbeitsplatzbeleuchtung einzusetzen.

■ Tageslicht ist nicht nur für die optimale optische Orientierung und für eindeutig quantifizierbare photobiologische Vorgänge wesentlich, wie sie in Kapitel 2 unter „Wirkungsfunktionen" beschrieben bzw. erwähnt wurden. Die Alltagserfahrung lehrt, dass Tageslicht auch sehr stark dazu beiträgt, gesund zu sein und sich wohlzufühlen (vgl. auch [55]).

Bild 5.1:
Tageslicht unterdrückt die Bildung von Melatonin

Als im beginnenden Industriezeitalter Tuberkulose und Rachitis noch schwer zu behandeln waren, wurde langzeitiger Aufenthalt in sonnenscheinreichen Gebieten verordnet. Es entstand der Spruch: „Wo die Sonne nicht hin scheint, kommt der Arzt hin." In Polarregionen unternimmt man Anstrengungen, den im Winter fehlenden Sonnenschein durch entsprechende Bestrahlung (Höhensonne, ja sogar Lichtfluter in Gaststätten) auszugleichen. Inzwischen ist bekannt, dass die Bildung des Anti-Rachitis-Vitamins D durch Sonnen- oder Tageslicht gefördert wird.

Ein sonnengebräunter Körper ist das Ideal der Gegenwart – braune Haut vermittelt den Eindruck von Gesundheit. Die Haut ist – allerdings völlig anders als das Auge – ebenfalls für Licht empfindlich.

Winterdepression und Müdigkeit am Tage werden durch die Bildung von Melatonin im menschlichen Körper beeinflusst, die sich durch entsprechende Beleuchtung unterdrücken lässt (Bild 5.1). Man hat erst vor relativ kurzer Zeit entdeckt, dass die Steuerung der Melatoninbildung durch bestimmte Zellen (circadiane Sensoren) erfolgt, die sich wie Zapfen und Stäbchen ebenfalls in der Netzhaut befinden ([94] bis [97]). Deren relative spektrale Empfindlichkeit $c(\lambda)$ liegt zwischen etwa 380 und 580 nm und hat ihr Maximum bei etwa 450 nm [98] (vgl. Bild 5.2). Eine Reihe neuerer Untersuchungen haben gezeigt, dass entsprechende Reaktionen erst bei Beleuchtungsstärken oberhalb etwa 2.000 lx stattfinden, also oberhalb des derzeit üblichen Bereichs der Kunstlichtbeleuchtung und ohne Schwierigkeiten bei Beleuchtung mit Tageslicht. Zudem ist die relative spektrale Strahlungsverteilung von Tageslicht günstiger als die der meisten künstlich erzeugten Lichtarten (vgl. Kapitel 3 und [98]).

Wahrscheinlich üben die Reize aus den circadianen Sensoren auch eine gewisse Triggerwirkung auf das Tageszeit-Empfinden des Menschen bzw. den Wach-Schlaf-Rhythmus aus ([155], [156]).

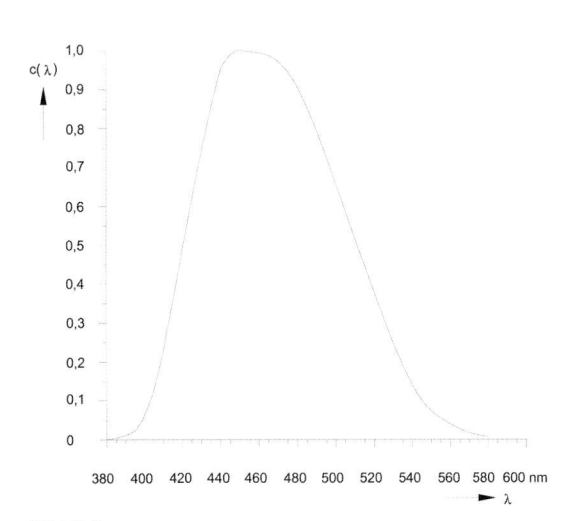

Bild 5.2:
Circadiane Wirkung $c(\lambda)$ in Abhängigkeit von der Wellenlänge

Beleuchtung mit Kunstlicht ist in aller Regel statisch, ja monoton; dagegen wechselt das Tageslicht ständig, sowohl hinsichtlich der Beleuchtungsstärke als auch der Lichtrichtung als auch der Lichtfarbe. Ganz offensichtlich braucht der Mensch auch diesen Wechsel. Er ermüdet dann weniger als bei gleichförmigem Kunstlicht. Die Folge ist eine deutliche geringere Fehlerzahl bei der Arbeit unter Tageslicht- als unter Kunstlichtbedingungen [150].

In Kapitel 3 wurde gezeigt, dass bei höheren Beleuchtungsstärken die Leistungsfähigkeit des Auges besser als bei niedrigeren ist. Bei Kunstlicht verhindern vor allem wirtschaftliche Gründe diese eigentlich zweckmäßigen Beleuchtungsstärken. Stattdessen werden lediglich Mindestwerte in Normen festgeschrieben. Tageslicht schafft jedoch die höheren Beleuchtungsstärken – zunächst im Freien, aber auch in richtig geplanten Räumen mit Oberlichtern.

Zusätzlich reduziert es deutlich die Gefahr von Unfällen.

Mangel an Tageslicht im Alltag verursacht Störungen im Stoffwechsel, bei der Hormonregulation und bei verschiedenen vegetativen Vorgängen. Man hat gefunden, dass Tageslicht

- eine Wirkung auf die Zusammensetzung des Blutes hat,
- die Leistungsfähigkeit des Menschen beeinflusst,
- die Abwehrkräfte erhöht,
- die Winterdepression (seasonal affective disorder) therapieren kann,
- den Wasserhaushalt positiv verändert,
- septische, HNO- und Hautkrankheiten positiv beeinflusst,
- die Vitamin-D-Synthese ermöglicht,
- die Aktivität der Nebennierenrinde positiv beeinflusst und
- das Tageszeit-Empfinden des Menschen „triggert".

Die einschlägigen Forschungsergebnisse sind noch relativ neu und setzen sich erst allmählich in praktische Änderungen der Denkweise um ([18], [19], [55]).

Aus vielerlei Gründen kann auf die künstliche Beleuchtung an den Arbeitsplätzen nicht völlig verzichtet werden, aber man sucht nach deren weitgehendem Ersatz oder wenigstens der Ergänzung durch das Tageslicht. So gibt es aus dem Bereich der für den Unfallschutz zuständigen Berufsgenossenschaften Entwürfe neuer Beleuchtungsregeln (BGR 131: Licht und Farbe am Arbeitsplatz). Danach soll der Beleuchtung von Arbeitsplätzen mit Tageslicht Vorrang eingeräumt werden. Für alle ständig besetzten Arbeitsplätze ist eine Grundbeleuchtung vorzusehen, die aus Sicherheitsgründen erforderlich ist. Zur Vermeidung arbeitsbedingter Gesundheitsgefahren soll ein zusätzlicher Beleuchtungsanteil in einem begrenzten Teil des Arbeitsbereichs vorgesehen werden. Nicht ständig besetzte Arbeitsplätze und Verkehrswege werden wie bisher entsprechend der Sehaufgabe beleuchtet. Anzustreben ist eine Mindestbelichtung von 200.000 lx·h innerhalb des Zeitraums vom 1. November bis zum 30. März, wobei allerdings die Art der Beleuchtungsstärke (horizontale, vertikale, Raum-Beleuchtungsstärke) noch nicht definiert ist. Die Mindestbelichtung kann besonders gut mit Oberlichtern erreicht werden, deren Gesamtfläche mindestens 1/5 der Raumgrundfläche beträgt, und zwar unabhängig von der Neigung der Lichteinfallsfläche.

Unfallstatistiken der Berufsgenossenschaft „Druck und Papier" zeigen, dass die Zahl der Unfälle in den dunklen Wintermonaten in insgesamt 445 Betrieben mit 3.350 über viermal höher als im Sommer mit nur 800 Unfällen war [18]. Dabei sind bezogen auf die tatsächlich geleisteten Arbeitsstunden nachts 58 % mehr Unfälle eingetreten als am Tage. Der vermutete Grund ist, dass die Beleuchtung mit Kunstlicht unzureichend war und nicht durch Tageslicht aufgebessert wurde.

Nicht vergessen werden sollte der Hinweis auf den erhöhten Lichtbedarf älterer und leicht fehlsichtiger Menschen [154]. Er lässt sich besonders einfach durch Tageslicht und damit durch Oberlichter befriedigen [54].

Bei Untersuchungen an 1.100 Handwerkern aus 20 Berufen wurde gefunden, dass ein 50 Jahre alter Mensch etwa 36 % höhere Beleuchtungsstärken wünscht als ein Zwanzigjähriger [18]. Angenähert gilt für dazwischen liegende Lebensalter lineare Proportionalität.
Die ILO (Internationale Arbeits-Organisation) hat zum Schutz der Arbeitnehmer viele Richtlinien zur zweckmäßigen Gestaltung von Arbeitsstätten herausgegeben, darunter auch für deren Beleuchtung [153]. Bezüglich des Tageslichts wird darin empfohlen, helle Raumgestaltung anzustreben, auf Wartung und Reinigung zu achten und vor allem die Oberlichter günstig zu den Arbeitsplätzen anzuordnen.

Es wurde gezeigt, dass logisches Denken und schnelles Rechnen durch die Erhöhung der Beleuchtungsstärke gesteigert werden ([18], [114]). Auch das deutet auf eine günstige Wirkung des Lichts für viele Körpervorgänge hin.

Umfangreiche vergleichende Untersuchungen in amerikanischen Schulen [45] hatten das statistisch sichere Ergebnis, dass die Beleuchtung durch Oberlichter eine Steigerung des Lernerfolgs von etwa 20 % bewirkt. Das wird auf eine Verbesserung der Konzentrationsfähigkeit und der Lernbereitschaft zurückgeführt, die sich wiederum aus der besseren, gleichmäßigeren und weniger ermüdenden Beleuchtung (z. B. in Raumtiefe und auf der Wandtafel) ergibt. Es wurde beobachtet, dass die Schüler in Räumen mit Oberlichtern williger, ruhiger, selbstbewusster und phantasievoller arbeiteten und sich untereinander verträglicher benahmen. Ähnliche frühere Aussagen [46] wurden dadurch bestätigt.

Tageslicht verringert anscheinend auch das allgemeine Ansteckungsrisiko und normalisiert den Hormonhaushalt. Es kommt zu weniger krankheitsbedingten Fehltagen. In der Arbeitswelt hat diese Aussage eine immense wirtschaftliche Bedeutung!

Eine Reihe von Untersuchungen (z. B. [47]) ergab, dass Patienten in Krankenhäusern schneller und komplikationsfreier gesunden, wenn sie in Zimmern mit viel Tageslicht und Ausblick ins Freie liegen.

Im Handbuch der Beleuchtung [115] findet man zahlreiche weitere Informationen zu diesem Kapitel.

Bild 5.3:

Tageslicht steigert die Lernfähigkeit

Neue Dimensionen
für den Stahlleichtbau

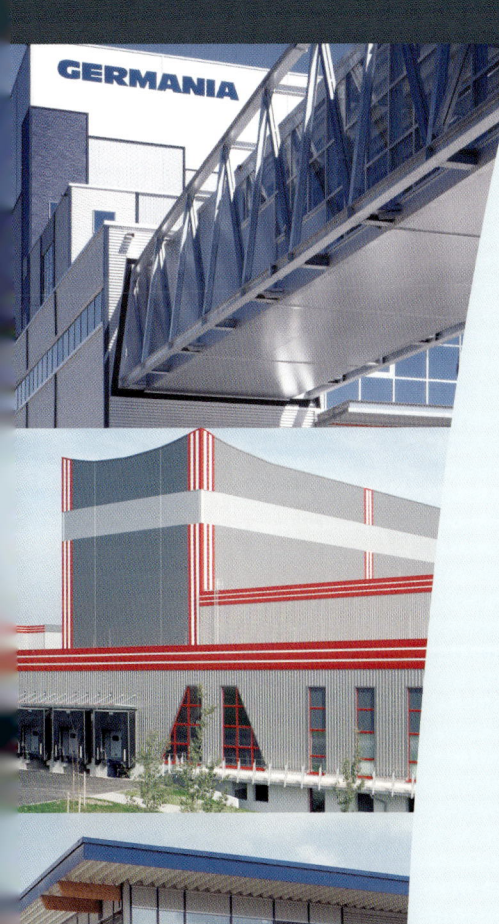

Moderne Industriegebäude werden von Hammersen Elementbau in Stahlleichtbauweise realisiert. Oftmals wachsen wir dabei über uns hinaus und schaffen ganz neue Dimensionen. Durch unser Engagement und unser Know-how haben wir das Vertrauen unserer Auftrageber erworben. Ihre Vision, das Bauvorhaben hinsichtlich Design, Technik und Funktionalität in ökonomischer und gleichzeitig repräsentativer Leichtbauweise zu realisieren, macht uns zum kompetenten Partner bei der Umsetzung innovativer Ideen für unterschiedliche Branchen in ganz Europa.

Mit eigenen Projektteams entwickeln und realisieren wir kreative Fassadenansichten, Dächer oder Verbindungsbauwerke, entweder komplett oder als teilschlüsselfertige Lösungen.

Hammersen
Hammersen Elementbau GmbH & Co.KG

Chemnitzer Str. 3 • 49078 Osnabrück
Tel. 05405/9333-0 • Fax 05405/933399
www.hammersen.de • info@hammersen.de

6 Größen und Einheiten

Die strahlungsphysikalischen, spektralen und lichttechnischen Größen werden definiert und einander gegenübergestellt. Die in der Lichttechnik wichtigen Begriffe „Raumwinkel" und „Raumwinkelprojektion" werden erläutert. Die Zusammenhänge zwischen den verschiedenen lichttechnischen Größen werden auf der Basis des „photometrischen Grundgesetzes" dargestellt. Ergänzend werden für Leuchtdichte und Beleuchtungsstärke ältere und ausländische Einheiten vergleichsweise aufgelistet. Schließlich werden einige Wirkungsgrade – darunter der im Folgenden häufig verwendete Tageslichtquotient D – und Temperaturbegriffe in ihren Definitionen wiedergegeben.

■ Im Bereich der optischen Strahlung interessieren strahlungsphysikalische, spektrale und natürlich vor allem lichttechnische Größen [3, 5]. Sie werden im Zusammenhang erläutert und ihre Definitionen werden aufgelistet. In allen ist eine Größe enthalten, die im Baubereich kaum je eine Rolle spielt und die deswegen hier erklärt werden soll. Diese spezielle geometrische, in den Bildern 6.1 und 6.3 dargestellte Größe wird **Raumwinkel** (Kurzzeichen: Ω) [3] genannt. Der Raumwinkel, unter dem ein Gegenstand von einem Punkt P aus erscheint, ist der Quotient aus der Zentralprojektion eben dieses Gegenstands auf eine um den Punkt P als Mittelpunkt gelegte Kugel und dem Quadrat des Radius r dieser Kugel. P ist der Scheitelpunkt des Raumwinkels; der ausgeschnittene Teil der Kugeloberfläche definiert den Raumwinkel.

Bild 6.1 zeigt den allgemeinen Fall. Ein Flächenelement dA_1 ist gegenüber der Verbindungslinie zwischen dem Kugelmittelpunkt P um den ebenen Winkel ε_1 gedreht. Der Abstand zu P ist r_1. Dann gilt:

$$d\Omega_2 = dA_1 \cdot \cos \varepsilon_1 \cdot \Omega_0 / r_1^2 \qquad (23)$$
$$\Omega_0 = 1 \text{ sr} \qquad (24)$$

Ω_0 wird Einheitsraumwinkel genannt. Seine Einheit heißt Steradiant, das dafür verwendete Kurzzeichen ist sr. Für den Einheitsraumwinkel hat das Verhältnis von Kugel-Teiloberfläche zum Quadrat des Kugelradius r den Zahlenwert 1. Der Raumwinkel des ganzen Raumes

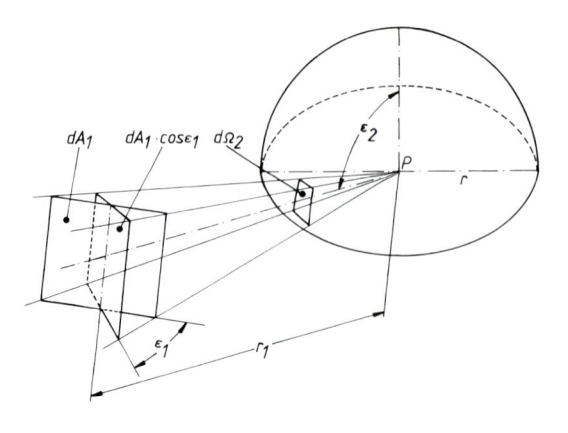

Bild 6.1:
Skizze zur Erläuterung der Definition des Raumwinkels

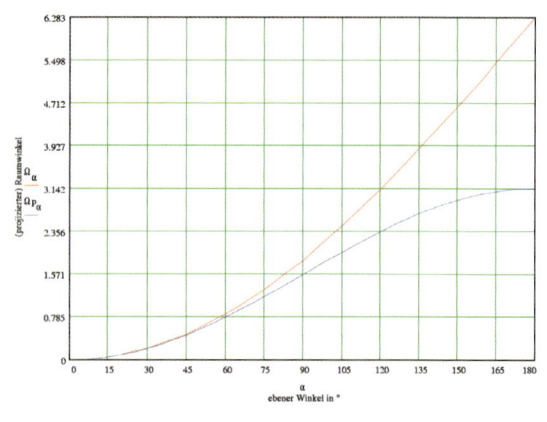

Bild 6.2:
Zusammenhang zwischen dem ebenen Öffnungswinkel α eines geraden Kreiskegels und dem Raumwinkel Ω bzw. dem projizierten Raumwinkel Ω_p

entspricht der Oberfläche der Einheitskugel (Radius r = 1), also 4 · π = 12,56637... Der Halbraum, also beispielsweise das Himmelsgewölbe, nimmt demnach den Raumwinkel 2 · π ein. Ein Strahlenkegel mit einem Öffnungswinkel α – an Punkt P – entspricht – siehe auch Bild 6.2 – einem Raumwinkel

$$\Omega = 2 \cdot \pi \cdot (1 - \cos(\alpha/2)) \cdot \Omega_0 \quad (25)$$

Für viele Rechnungen ist es zweckmäßig, den Raumwinkel – basierend auf dem in Bild 6.3 dargestellten Zusammenhang – durch trigonometrische Funktionen auszudrücken. Dann sind:

$$dA = r^2 \cdot \sin \varepsilon \cdot d\varepsilon \cdot d\beta \quad (26)$$

und

$$d\Omega = \sin \varepsilon \cdot d\varepsilon \cdot d\beta \cdot \Omega_0 \quad (27)$$

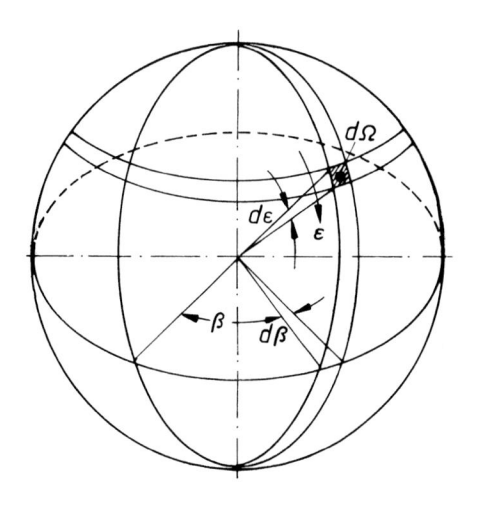

Bild 6.3:

Berechnung des Raumwinkels aus Kugelkoordinaten:
$d\Omega = \sin \varepsilon \cdot d\varepsilon \cdot d\beta \cdot \Omega_0$

In vielen Fällen interessiert man sich auch dafür, unter welchem Winkel ε zur Flächennormalen eines Flächenelements dA ein Raumwinkelelement dΩ zu bewerten ist, beispielsweise bei der Berechnung der horizontalen Beleuchtungsstärke durch das Himmelsgewölbe.

$$d\Omega_p = d\Omega \cdot \cos \varepsilon \quad (28)$$

Ω_p als die Summe bzw. das Integral aller $d\Omega_p$ nennt man **Raumwinkelprojektion** [3].

$$\Omega_p = \int d\Omega \cdot \cos \varepsilon \quad (29)$$

Bild 6.4 veranschaulicht Ω_p. Eine leuchtende Fläche A_1 (bestehend aus vielen Elementen dA_1) beleuchtet ein Flächenelement dA_2. Jedes Element dA_1 strahlt unter einem Winkel ε_1 (gemessen gegen seine Flächennormale) auf dA_2 mit dem Einfallswinkel ε_2. Die Zentralprojektion von A_1 bzw. dA_1 auf eine um dA_2 gedachte Einheitskugel ergibt die Kugel-Oberflächenanteile $A_{K1} \sim \Omega$ bzw. $dA_{K1} \sim d\Omega$. Die senkrechte Parallelprojektion dieser Kugel-Oberflächenausschnitte auf die Ebene von dA_2 ist dann ein Maß für den projizierten Raumwinkel. Es gilt

$$A_{1p} \sim \Omega_p \quad (30)$$

und

$$dA_{1p} \sim d\Omega_p \quad (31)$$

woraus mit den Bildern 6.1 und 6.3 folgt:

$$\begin{aligned} d\Omega_p &= dA_1 \cdot \cos \varepsilon_1 \cdot \cos \varepsilon_2 \cdot \Omega_0 / r_1^2 \\ &= \sin \varepsilon \cdot \cos \varepsilon \cdot d\varepsilon \cdot d\beta \cdot \Omega_0 \\ &= 0,5 \cdot \sin 2\varepsilon \cdot d\varepsilon \cdot d\beta \cdot \Omega_0 \end{aligned} \quad (32)$$

Die Raumwinkelprojektion des Halbraums ($\Omega = 2 \cdot \pi$) ist $\Omega_p = \pi \cdot \Omega_0$. Ein gerader Kreiskegel, dessen Achse mit der Normalen des Flächenelements dA_2 gemäß Bild 6.4 zusammenfällt und der den Öffnungswinkel α hat, füllt den projizierten Raumwinkel

$$\begin{aligned} \Omega_p &= 0,5 \cdot \pi \cdot (1 - \cos \alpha) \cdot \Omega_0 \\ &= \pi \cdot \sin^2 (\alpha/2) \cdot \Omega_0 \end{aligned} \quad (33)$$

aus. Den Zusammenhang zwischen ebenem Winkel α und projizierten Raumwinkel Ω_p zeigt Bild 6.2.

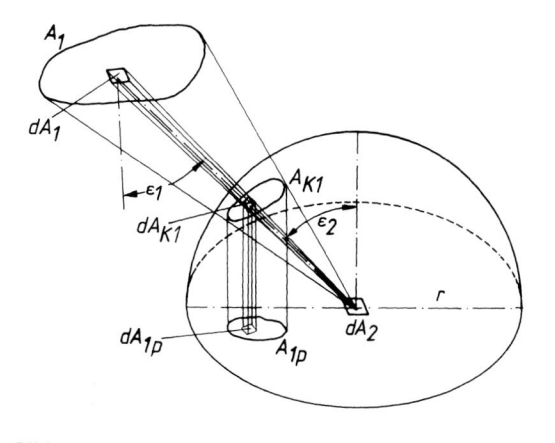

Bild 6.4:

Skizze zur Erläuterung der Raumwinkelprojektion

Im Zusammenhang mit strahlungsphysikalischen, spektralen und lichttechnischen Größen werden Flächen, Winkel und Raumwinkel, die nur für die Ausstrahlung gelten, üblicherweise mit dem Index 1 gekennzeichnet, dagegen Flächen, Winkel und Raumwinkel, die nur für die Einstrahlung gelten, durch den Index 2. Eine einfache Merkregel: Die „Sender" sind die Ausgangspunkte, haben daher den niedrigeren Index gegenüber den „Empfängern" als den Endpunkten.

Strahlungsphysikalische Größen erhalten den Index e (für energetisch). Jeder strahlungsphysikalischen Größe entspricht eine **lichttechnische Größe** [5]. In diesem Buch wird ihnen wie auch in den einschlägigen Normen kein Index gegeben. Besteht jedoch eine Verwechselungsgefahr, erhalten sie den Index v.

Ist eine Strahlung über ein größeres Wellenlängenintervall verteilt, so ist der Begriff der **spektralen Größe** [3] erforderlich. Spektrale Größen ergeben sich durch Differenzieren der strahlungsphysikalischen Größen nach der Wellenlänge. Eine beliebige spektrale Größe $X_{e\lambda}$ ergibt sich demnach aus einer strahlungsphysikalischen Größe X_e gemäß

$$X_{e\lambda} = dX_e / d\lambda \tag{34}$$

Für die Berechnung einer strahlungsphysikalischen Größe aus einer spektralen Größe gilt in Umkehrung von (34) die Integration

$$X_e = \int_{\lambda=0}^{\infty} X_{e\lambda} \cdot d\lambda \tag{35}$$

Eine lichttechnische Größe ergibt sich allgemein ebenfalls durch Integration einer spektralen Größe, allerdings nur über den sichtbaren Bereich sowie unter Berücksichtigung des Hellempfindlichkeitsgrades des menschlichen Auges für das Tagessehen $V(\lambda)$ (vgl. Bilder 3.6 und 4.2!) und des Maximalwertes des photometrischen Strahlungsäquivalents K_m [5]:

$$X = K_m \cdot \int_{\lambda=380\,nm}^{780\,nm} X_{e\lambda} \cdot V(\lambda) \cdot d\lambda \tag{36}$$

Die verschiedenen später noch benötigten strahlungsphysikalischen, spektralen und lichttechnischen Größen und ihre Einheiten werden im Folgenden zunächst in Worten beschrieben bzw. definiert und danach zusammen mit ihren Definitionsformeln und Einheiten in Tabelle 2 einander gegenübergestellt. Verwendet werden dabei die Einheiten des Internationalen Einheitensystems SI. Sie können in üblicher Weise dekadisch erweitert werden. Auch die Verwendung anderer Zeiteinheiten, etwa h statt s, ist natürlich zulässig.

Analog können auch circadiane Größen X_c (vgl. Kapitel 5) definiert werden. Statt $V(\lambda)$ ist dann in (36) $c(\lambda)$ einzusetzen [98].

Strahlungsphysikalische Größen sind

- **Strahlungsmenge** Q_e (in W · s) zur Kennzeichnung der in einer Zeit t in Form von Strahlung auftretende Energie,
- **Strahlungsfluss** Φ_e (in W) als der Quotient aus Strahlungsmenge und Zeit.
- **Strahlstärke** I_e (in W · sr^{-1}); Quotient aus dem von einer Strahlungsquelle in einer bestimmten Richtung ausgehenden Strahlungsfluss und dem durchstrahlten Raumwinkel,
- **Strahldichte** L_e (in W · sr^{-1} · m^{-2}) einer Strahlungsquelle: Quotient aus dem durch eine Fläche bestimmter Größe in einer bestimmten Richtung durchtretenden (oder aus einer Fläche bestimmter Größe in eine bestimmte Richtung austretenden) Strahlungsfluss und dem Produkt aus dem durchstrahlten Raumwinkel und der Projektion der Fläche auf eine Ebene senkrecht zur betrachteten Richtung,
- **Bestrahlungsstärke** E_e (in W · m^{-2}); Quotient aus dem auf eine Fläche auftreffenden Strahlungsfluss und der Größe dieser Fläche,
- **Bestrahlung** H_e (in W · m^{-2} · s) als Produkt aus der Bestrahlungsstärke und der Dauer des Bestrahlungsvorgangs.

Spektrale Größen ergeben sich – wie oben bereits ausgeführt – aus den strahlungsphysikalischen Größen durch Differenzieren nach der Wellenlänge. Häufig wird der

Begriff der **relativen spektralen Strahlungsverteilung** verwendet, um das Spektrum einer bestimmten Art von Strahlungsquelle zu kennzeichnen. Da zwischen den meisten Größen lediglich geometrische Beziehungen bestehen, kann man die für den jeweiligen Fall notwendigen Umrechnungsfaktoren bei der Normierung – meist auf das Maximum – fortlassen und sich auf die Angabe der relativen spektralen Strahlungsverteilung beschränken.

Die **Lichttechnische Grundgröße** innerhalb des Internationalen Einheitensystems SI ist historisch bedingt die Lichtstärke mit der Einheit **Candela**, kurz: cd. [5] enthält die Definition: **Die Lichtstärke** 1 cd hat 1 / 600.000 m² der Oberfläche eines Schwarzen Strahlers bei der Temperatur des beim Druck 101.325 N/m² erstarrenden Platins senkrecht zu seiner Oberfläche.

Man kann auch anders formulieren: 1 cm² eines Schwarzen Strahlers hat bei 2.042 K und 101.325 N/m² eine Lichtstärke von 60 cd. Der Maximalwert des photometrischen Strahlungsäquivalents K_m, also der Umrechnungsfaktor von strahlungsphysikalischen in lichttechnische Einheiten (und umgekehrt), ist festgelegt mit

$$K_m = 60 \text{ cd}/m^2 : \int (L_{e\lambda})_S \cdot V(\lambda) \cdot d\lambda$$
$$= 683 \text{ lm / W} \qquad (37)$$

$(L_{e\lambda})_S$ ist dabei die spektrale Strahldichte des Schwarzen Strahlers bei der Platinerstarrungstemperatur.

Analog zu den strahlungsphysikalischen Größen werden die lichttechnischen Größen [5] definiert:

- **Lichtmenge** Q (in Lumensekunden oder Lumenstunden, lm · s oder lm · h) als $V(\lambda)$-getreu bewertete Strahlungsmenge,
- **Lichtstrom** Φ (in Lumen, lm = cd · sr) als Quotient aus Lichtmenge und Zeit,
- **Lichtstärke** I (in Candela, cd) als Quotient aus dem von einer (punktförmigen) Lichtquelle in eine bestimmte Richtung ausgesandten Lichtstrom und dem durchstrahlten Raumwinkel,
- **Leuchtdichte** L (in cd / m² = lm / (m² · sr)) als Quotient aus dem **durch** eine Fläche oder **aus** einer Fläche tretenden Lichtstrom und dem Produkt aus dem durchstrahlten Raumwinkel und der Projektion der Fläche auf eine Ebene senkrecht zur betrachteten Richtung,
- **Beleuchtungsstärke** E (in Lux, lx = cd / m²) als Quotient aus dem **auf** eine Fläche auftreffenden Lichtstrom und der Größe dieser Fläche,
- **Belichtung** H (in Luxsekunden oder Luxstunden, lx · s oder lx · h) als Produkt aus der Beleuchtungsstärke und der Dauer des Beleuchtungsvorgangs.

Die Tabelle auf der nächsten Seite stellt die eben definierten Größen und Einheiten einander gegenüber.

In der Literatur werden auch andere Einheiten für Leuchtdichte und Beleuchtungsstärke gefunden:

Leuchtdichte:
Apostilb:	1 asb = $1/\pi$ cd/m²
Stilb:	1 sb = 10^4 cd/m²
Lambert:	1 L = $10^4/\pi$ cd/m²
Candles per square-foot:	1 cd/ft² = 10,764 cd/m²
Footlambert:	1 fL = 3,426 cd/m²
Candle per square-inch:	1 cd/in² = 1.550 cd/m²
Nit:	1 Nit = 1 cd/m²
Blondel:	1 Blondel = $1/\pi$ cd/m²

Beleuchtungsstärke:
1 Footcandle:	1 fc = 10,764 lx
1 Phot:	1 ph = 10^4 lx

In der Definitionsformel der Leuchtdichte (Tabelle 2) erkennt man die Gleichwertigkeit des Bezugs auf A_1 und Ω_1 oder A_2 und Ω_2, die „Leuchtdichteinvarianz". Innerhalb eines verlustfreien optischen Strahlengangs ist die Leuchtdichte unveränderlich, dagegen können sich Bezugsfläche und Raumwinkel ändern.

Die Beleuchtungsstärke ist eine Feldgröße. Sie ist in jedem Raumpunkt richtungsabhängig. Die Angabe oder die Berechnung von Beleuchtungsstärken gilt hauptsächlich für einige bevorzugt ausgerichtete Flächen. So bezeichnet beispielsweise E_h die **horizontale Beleuchtungsstärke** auf einem horizontalen Flächenelement.

Tabelle 2:

Strahlungsphysikalische, spektrale und lichttechnische Größen und Einheiten

Strahlungsphysikalische Größen und Einheiten	Spektrale Größen und Einheiten	Lichttechnische Größen und Einheiten
Strahlungsmenge in $W \cdot s$: Q_e	spektrale Strahlungsmenge in $W \cdot s \cdot nm^{-1}$: $Q_{e\lambda} = dQ_e / d\lambda$	Lichtmenge in $lm \cdot s$ (Lumensekunde): $Q = k_m \cdot \int_{380\,nm}^{780\,nm} Q_{e\lambda} \cdot V(\lambda) \cdot d\lambda$
Strahlungsfluss in W: $\Phi_e = dQ_e / dt$	spektraler Strahlungsfluss in $W \cdot nm^{-1}$: $\Phi_{e\lambda} = d\Phi / d\lambda$	Lichtstrom in lm (Lumen, $1\,lm = 1\,cd \cdot sr$): $\Phi = dQ / dt$
Strahlstärke in $W \cdot sr^{-1}$: $I_e = d\Phi_e / d\Omega_1$ $= d\Phi_e \cdot r^2 / (dA_2 \cdot \cos\varepsilon_2 \cdot \Omega_0)$	spektrale Strahlstärke in $W \cdot sr^{-1} \cdot nm^{-1}$: $I_{e\lambda} = d\Phi_{e\lambda} / d\Omega_1$ $= d\Phi_{e\lambda} \cdot r^2 / (dA_2 \cdot \cos\varepsilon_2 \cdot \Omega_0)$	Lichtstärke in cd (Candela, $1\,cd = 1\,lm \cdot sr^{-1}$; Grundeinheit!): $I = d\Phi / d\Omega_1$ $= d\Phi \cdot r^2 / (dA_2 \cdot \cos\varepsilon_2 \cdot \Omega_0)$
Strahldichte in $W \cdot sr^{-1} \cdot m^{-2}$: $L_e = d^2\Phi_e / (d\Omega_1 \cdot dA_1 \cdot \cos\varepsilon_1)$ $= \dfrac{d^2\Phi_e \cdot r^2}{dA_2 \cdot \cos\varepsilon_1 \cdot dA_2 \cdot \cos\varepsilon_2}$ $= d^2\Phi_e / (d\Omega_2 \cdot dA_2 \cdot \cos\varepsilon_2)$	spektrale Strahldichte in $W \cdot sr^{-1} \cdot nm^{-1} \cdot m^{-2}$: $L_{e\lambda} = d^2\Phi_{e\lambda} / (d\Omega_1 \cdot dA_1 \cdot \cos\varepsilon_1)$ $= \dfrac{d^2\Phi_{e\lambda} \cdot r^2}{dA_2 \cdot \cos\varepsilon_1 \cdot dA_2 \cdot \cos\varepsilon_2}$ $= d^2\Phi_{e\lambda} / (d\Omega_2 \cdot dA_2 \cdot \cos\varepsilon_2)$	Leuchtdichte in $cd \cdot m^{-2}$ (Candela pro m², $1\,cd \cdot m^{-2} = 1\,lm \cdot sr^{-1} \cdot m^{-2}$): $L = d^2\Phi / (d\Omega_1 \cdot dA_1 \cdot \cos\varepsilon_1)$ $= \dfrac{d^2\Phi \cdot r^2}{dA_2 \cdot \cos\varepsilon_1 \cdot dA_2 \cdot \cos\varepsilon_2}$ $= d^2\Phi / (d\Omega_2 \cdot dA_2 \cdot \cos\varepsilon_2)$
Bestrahlungsstärke in $W \cdot m^{-2}$: $E_e = d\Phi_e / dA_2$	spektrale Bestrahlungsstärke in $W \cdot sr^{-1} \cdot nm^{-1}$: $E_{e\lambda} = d\Phi_{e\lambda} / dA_2$	Beleuchtungsstärke in lx (Lux): $E = d\Phi / dA_2$
Bestrahlung in $W \cdot m^{-2} \cdot s$: $H_e = \int_t E_e \cdot dt$	spektrale Bestrahlung in $W \cdot m^{-2} \cdot nm^{-1} \cdot s$: $H_{e\lambda} = \int_t E_{e\lambda} \cdot dt$	Belichtung in $lx \cdot s$: $H = \int_t E \cdot dt$

Einige typische Zahlenwerte für horizontale Beleuchtungsstärken:

Vollmond:	< 1 lx
Straßenbeleuchtung:	10 lx
Arbeitsplatzbeleuchtung:	100 ... 1.000 lx
Operationsfeldbeleuchtung:	10.000 lx
voller Sonnenschein:	100.000 lx

In Innenräumen wird E_h meist für eine Höhe von 0,85 m über dem Fußboden (**Nutzebene**) angegeben, also für eine Höhe geringfügig über der üblichen Tischhöhe.

Für **vertikale Beleuchtungsstärken** E_v muss zusätzlich die Ausrichtung des Flächenelements (Himmelsrichtung, Bezug auf Fenster-, Seiten- oder Rückwand usw.) festgelegt und angegeben werden. Der Mittelwert $\overline{E_v}$ der in alle Richtungen φ einer horizontalen Ebene gemessenen vertikalen Beleuchtungsstärken ist die **zylindrische Beleuchtungsstärke**:

$$E_z = \int_{2\cdot\pi\cdot\Omega_0} E_v \cdot d\varphi / (2 \cdot \pi) \qquad (38)$$

Bei der **Raumbeleuchtungsstärke**

$$E_0 = \int_{4\cdot\pi\cdot\Omega_0} E_v \cdot d\Omega_2 \qquad (39)$$

besteht keine Abhängigkeit der Beleuchtungsstärken, die von den im Raum (Raumwinkel $\Omega = 4\cdot\pi$) verteilten Leuchtdichten erzeugt werden, von der Lichteinfallsrichtung.

Zunehmend wird auch die halbräumliche Beleuchtungsstärke E_{hs} zur Bewertung der Güte der Beleuchtung herangezogen. Sie ist definiert als der gesamte Lichtstrom, der auf die Mantelfläche einer sehr kleinen Halbkugel um den gegebenen Punkt fällt, geteilt durch die Mantelfläche dieser Halbkugel. Die Grundfläche der Halbkugel ist horizontal, wenn nichts anderes angegeben wird [152].

Architekten und andere Leute vom Bau verwenden umgangssprachlich zur Charakterisierung einer Beleuchtung durch Tageslicht oft fälschlicherweise „Belichtung" und beschränken den Begriff „Beleuchtung" ausschließlich auf die Kunstlichttechnik. Richtig ist dagegen der Name „Belichtungsmesser" für das Messgerät zur Bestimmung der notwendigen Verschlusszeit von Kameras.

Zusammenhänge zwischen lichttechnischen Größen - lassen sich auf das so genannte **photometrische Grundgesetz** [5] zurückführen. Es lautet:

$$d^2\Phi = L \cdot dA_1 \cdot \cos\varepsilon_1 \cdot dA_2 \cdot \cos\varepsilon_2 \cdot \Omega_0 / r^2 \qquad (40)$$

$d^2\Phi$ ist dabei der Lichtstrom, der von einem Flächenelement dA_1 mit der Leuchtdichte L unter dem Ausstrahlungswinkel ε_1 zu einem anderen Flächenelement dA_2 im Abstand r und unter dem Einstrahlungswinkel ε_2 gelangt. Das Gesetz gilt streng nur im Vakuum; meist können jedoch Absorption, Streuung und Lumineszenz, wie sie in Materie auftreten, vernachlässigt werden. Die Übertragungsrichtung des Lichtstroms ($dA_1 \rightarrow dA_2$ oder $dA_2 \rightarrow dA_1$) ist gleichgültig, solange nach dem Helmholtzschen Reziprozitätsgesetz $L(dA_1) = L(dA_2)$ gewährleistet ist. Bild 6.5 erläutert die eben erwähnten geometrischen Größen. Das photometrische Grundgesetz gilt natürlich in analoger Weise auch für die strahlungsphysikalischen und die spektralen Größen.

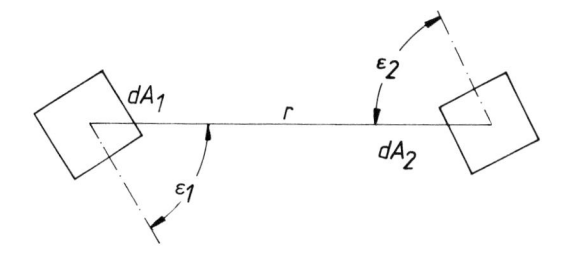

Bild 6.5:

Skizze zum photometrischen Grundgesetz

Aus ihm lässt sich leicht das „**photometrische Entfernungsgesetz**" (auch quadratisches Entfernungsgesetz genannt) ableiten. Mit den Definitionen

$$I = L \cdot dA_1 \cdot \cos\varepsilon_1 \qquad (41)$$

und

$$E = d\Phi / dA_2 \qquad (42)$$

erhält man durch Einsetzen in (37) und Umstellen der Größen

$$E = I \cdot \cos\varepsilon_2 \cdot \Omega_0 / r^2 \qquad (43)$$

Es sagt aus, dass die von einer punktförmigen Lichtquelle mit der Lichtstärke I erzeugte Beleuchtungsstärke E mit dem Quadrat der Entfernung r abnimmt, wenn der Einfallswinkel ε_2 gleich bleibt. Dieser Sachverhalt ist in Bild 6.6 dargestellt.

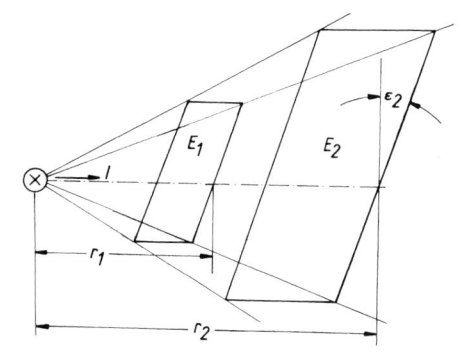

Bild 6.6:

Erläuterung des photometrischen bzw.

quadratischen Entfernungsgesetzes

Die Umkehrung dieses Gesetzes erlaubt die Feststellung, ob bzw. wie genau es sich um eine punktförmige Lichtquelle handelt. Es gilt von der photometrischen Grenzentfernung an mit einem – in seiner Größe festzulegenden – Fehler, z. B. 1 %. Eine Faustregel sagt, dass dies der Fall ist, wenn die Entfernung zwischen „Sender" und „Empfänger" mindestens 10mal größer als das beteiligte Bauelement ist. Eine quadratische Lichtkuppel mit 1 m Kantenlänge legt mit ihrer Diagonale von 1,41 m die photometrische Grenzentfernung auf 14,1 m fest, wenn das durch sie beleuchtete Photoelement eines Beleuchtungsstärkemessers nur 30 mm Durchmesser aufweist.

Der Lichtstrom Φ, der auf eine Fläche A_2 fällt, ist die Summe der Produkte der Flächenelemente dA_2 und der dazugehörigen Beleuchtungsstärke:

$$\Phi = \int E \cdot dA_2 \qquad (44)$$

Der Lichtstrom, der eine Lichtquelle verlässt, ist die Summe der Produkte aus den Lichtstärken I in den jeweiligen Richtungen und den durchstrahlten Raumwinkeln $d\Omega_1$:

$$\Phi = \int I \cdot d\Omega_1 \cdot \Omega_0 \qquad (45)$$

Summiert man die Produkte aus den im Raum verteilten Leuchtdichten – beispielsweise den von Oberlichtern – und den projizierten Raumwinkeln $d\Omega_2 \cdot \cos \varepsilon_2$, erhält man die auf einer Ebene erzeugten Beleuchtungsstärken

$$E = \int L \cdot d\Omega_2 \cdot \cos \varepsilon_2 \cdot \Omega_0 \qquad (46)$$

Weiter entfernte Oberlichter beispielsweise würden nur kleine Raumwinkel einnehmen. Trotz gleicher Leuchtdichte tragen sie dann am interessierenden Ort nur wenig zur Beleuchtungsstärke bei.

Die Lichtmenge Q ist sowohl die Summe der Produkte aus Lichtstrom Φ und Zeit dt als auch die aus der Belichtung H und bestrahlter Fläche dA_2:

$$\begin{aligned} Q &= \int \Phi \cdot dt \\ &= \int H \cdot dA_2 \end{aligned} \qquad (47)$$

Ein ebener **Lambertscher Strahler** (Bild 6.7) hat per definitionem eine von der Ausstrahlungsrichtung unabhängige Leuchtdichte und damit eine Lichtstärke, die mit $\cos \varepsilon_1$ abnimmt:

$$L(\varepsilon_1) = L(\varepsilon_1 = 0°) \qquad (48)$$
$$I(\varepsilon_1) = I(\varepsilon_1 = 0°) \cdot \cos \varepsilon_1 \qquad (49)$$

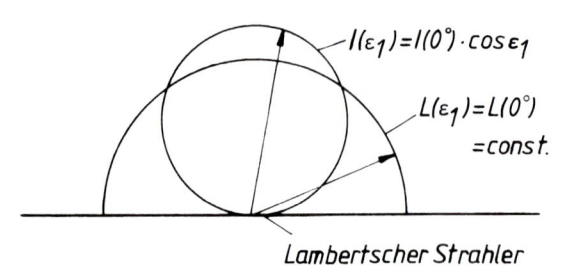

Bild 6.7:
Verteilung der Lichtstärke I und der Leuchtdichte L eines Lambertschen Strahlers

Wirkungsgrade [9] sind – wie in allen Bereichen der Technik – auch in der Lichttechnik von großer Bedeutung. Die wichtigsten werden im Folgenden erläutert.

Die **Lichtausbeute** η (Einheit: lm / W) einer Lampe ist der Quotient aus abgestrahltem Lichtstrom und der zu seiner Erzeugung aufgewandten bzw. aufgenommenen, meist elektrischen Leistung:

$$\begin{aligned} \eta &= \Phi / P \\ &= K_m \cdot \int_{\lambda = 380\,nm}^{780\,nm} \Phi_{e\lambda} \cdot V(\lambda) \cdot d\lambda / P \end{aligned} \qquad (50)$$

Diese Definition zeigt, dass die Verwendung des Ausdrucks „Lichtausbeute" dann falsch ist, wenn man im Zusammenhang mit Verglasungsmaterialien eigentlich den Transmissionsgrad oder die Lichtdurchlässigkeit meint (vgl. Kapitel 10!).

Einige Zahlenbeispiele: Glühlampen haben eine Lichtausbeute von etwa 10 bis 20 lm/W, Leuchtstofflampen bis etwa 100 lm/W und spezielle Entladungslampen bis zu etwa 140 lm/W.

Das **photometrische Strahlungsäquivalent der Gesamtstrahlung K** hat zwar die gleiche Einheit lm/W, es ist aber definiert als der Quotient aus dem Lichtstrom und dem gesamten abgegebenen Strahlungsfluss:

$$K = \Phi / \Phi_e$$
$$= K_m \cdot \int_{\lambda=380\,nm}^{780\,nm} \Phi_{e\lambda} \cdot V(\lambda) \cdot d\lambda \ / \ \int_0^\infty \Phi_{e\lambda} \cdot d\lambda \qquad (51)$$

Vorsicht: Wohl wegen der besseren Werbewirksamkeit geben einige (ausländische) Firmen diese Größe bei Lichtquellen an. Die Zahlenwerte für K sind nämlich stets größer als die für η. Bei ungenauem Lesen wird dann leicht eine zu hohe Lichtausbeute angenommen.

Aus verschiedenen Untersuchungen lässt sich für **Tageslicht** das photometrische Strahlungsäquivalent der Gesamtstrahlung

$$K \approx 115 \text{ lm/W} \qquad (52)$$

ableiten. Die Lichtausbeute interessiert beim Tageslicht nicht, weil die Sonne die benötigte Leistung kostenlos anbietet.

Der **Raumwirkungsgrad** η_R ist das Verhältnis aus dem Lichtstrom Φ_N, der auf die Nutzebene trifft, zu dem gesamten durch die Oberlichter (oder andere Tageslichtöffnungen oder Leuchten) in den Raum gestrahlten Lichtstrom $\Sigma\Phi_L$:

$$\eta_R = \Phi_N / \Sigma\Phi_L \qquad (53)$$

Besonders wichtig ist der **Tageslichtquotient D** (Abkürzung von daylight factor; früher T; Angabe in Prozent oder als Dezimalbruch) [10]. Er ist das Verhältnis der durch natürliches Tageslicht erzeugten Beleuchtungsstärke E_P an einem Punkt einer Ebene im Innenraum zur gleichzeitig im Freien bei unverbauter Himmelshalbkugel gemessenen Horizontalbeleuchtungsstärke E_a; dabei ist das direkte Sonnenlicht ausgeschlossen.

$$D = E_P / E_a$$
$$= E_P / E_a \cdot 100\,\% \qquad (54)$$

Schließlich sollen hier einige **Temperaturbegriffe** erwähnt werden [11, 12]. Die wahre Temperatur (thermodynamische Temperatur) ist die Grundlage aller Temperaturmessungen.

Die **Schwarze Temperatur** T_s eines Strahlers für eine bestimmte Wellenlänge ist diejenige Temperatur des Schwarzen (Planckschen) Strahlers, bei der dieser die gleiche spektrale Strahldichte wie der betreffende Strahler hat. Bei Temperaturstrahlern, etwa bei der Sonne, ist die wahre Temperatur stets größer als die Schwarze Temperatur.

Die **Verteilungstemperatur** T_s wird zur Beschreibung der Strahlungsfunktion eines Strahlers benutzt. Sie ist diejenige Temperatur des Schwarzen (Planckschen) Strahlers, bei der dieser die gleiche relative spektrale Strahlungsverteilung hat. Sie gilt meist nur für einen begrenzten Spektralbereich mit ausreichender Genauigkeit.

Die **Farbtemperatur** T_f ist nützlich zur Kennzeichnung der Farbart einer Farbe. Die Farbtemperatur ist diejenige Temperatur des Schwarzen (Planckschen) Strahlers, bei der dieser die gleiche Farbart hat wie der betrachtete Strahler, der kein Kontinuumstrahler sein muss.

Von der **ähnlichsten Farbtemperatur** T_n ist zu sprechen, wenn der Farbwert der Farbe nicht genau auf dem für den Schwarzen (Planckschen) Strahler gültigen Kurvenzug liegt. T_f und T_n liegen auf einer Juddschen Geraden [12]. Die spektrale Strahldichte eines Schwarzen (Planckschen) Strahlers in Abhängigkeit von der Temperatur gibt das Plancksche Strahlungsgesetz an (vgl. Bild 3.3):

$$L_{e\lambda,T} = \frac{c_1 \cdot [e^{c_2/(\lambda \cdot T)} - 1]^{-1}}{\lambda^5 \cdot \pi \cdot \Omega_0} \qquad (55)$$

Dabei gelten:

$$c_1 = 3{,}741832 \cdot 10^{-16} \text{ W} \cdot \text{m}^2 \qquad (56)$$

und

$$c_2 = 1{,}438786 \cdot 10^{-2} \text{ m} \cdot \text{K} \qquad (57)$$

7 Astronomische und meteorologische Grundtatsachen

Nach einer Auflistung der Kenndaten der Sonne wird die Berechnung des Sonnenstands (Azimut und Sonnenhöhe, Sonnenauf- und -untergang, Tageslänge) geschildert. Diagramme ermöglichen die schnelle Ablesung von Azimut und Höhe der Sonne speziell für das mittlere Deutschland, aber auch für alle Orte auf der Erde. Von der Sonnenstandsberechnung wird die Konstruktion des Gebäudeschattens und einer Sonnenuhr für Modellstudien abgeleitet. Als praktisches Hilfsmittel für viele tageslichttechnische Fragestellungen wird das Horizontoskop vorgestellt. Die Sonnenscheinwahrscheinlichkeit (als Grundlage der Berechnungen für den mittleren Himmel) und der Trübungsfaktor sind meteorologisch bedingte Größen, die sich auf die Beleuchtung mit Tageslicht auswirken.

■ Das Tageslicht wird von der Sonne erzeugt. Deswegen sollen am Anfang dieses Kapitels einige wesentliche Kennwerte der Sonne aufgelistet werden:

Mittlere Entfernung Erde–Sonne = 1 astronomische Einheit	149.504.200 km
dafür braucht ein Lichtstrahl	8,312 min
Durchmesser der Sonne (109,2facher Erddurchmesser)	1.393.700 km
größter scheinbarer Durchmesser (Anfang Januar)	0,543°
kleinster scheinbarer Durchmesser (Anfang Juli)	0,525°
Lichtstärke der Sonne	ca. $3 \cdot 10^{27}$ cd
mittlere Leuchtdichte der Sonne (extraterrestrisch)	ca. $1,93 \cdot 10^8$ cd/m^2
effektive Oberflächentemperatur	5.713 K
Verteilungstemperatur	ca. 6.000 K
Temperatur der Sonnenkorona	ca. 1.000.000 K
jährlich abgegebene Energie	ca. $3,2 \cdot 10^{27}$ kWh
davon empfängt die Erde 1 / 2.000.000.000	ca. $1,6 \cdot 10^{18}$ kWh
auf die Erdoberfläche gelangen davon nur etwa 40 %	ca. $6,6 \cdot 10^{17}$ kWh
daraus folgt die mittlere jährl. Bestrahlungsstärke auf der Erde von	ca. 148 W/m^2
Strahlungsdruck der Sonne auf die gesamte Erdoberfläche	ca. $3 \cdot 10^8$ kp
Masseverlust der Sonne durch Umsetzung in Strahlung	ca. 4.150.000 t/s

Die Erde rotiert um ihre eigene Achse und bewegt sich gleichzeitig auf einer elliptischen Bahn um die Sonne. Dadurch ergibt sich ein mit der Jahreszeit und der Tageszeit wechselnder und zugleich von der Lage des interessierenden Ortes auf der Erdoberfläche abhängiger Sonnenstand. Zwei Winkel kennzeichnen ihn gemäß Bild 7.1 eindeutig: **Azimut** α_S auf dem Horizont und **Sonnenhöhe** γ_S über dem Horizont. Für α_S gibt es unterschiedliche Zählweisen; hier wird die in [13] genormte Zählweise verwendet; somit gelten für Norden: 0° = 360°, für Osten: 90°, für Süden: 180° und für Westen: 270°.

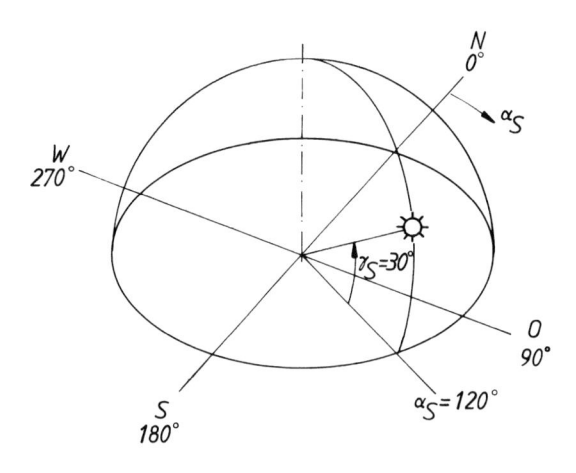

Bild 7.1:
Definition und Zählweise von Azimut α_S und Höhe γ_S der Sonne

Im Folgenden wird für unterschiedliche Größen mehrfach eine prinzipiell gleiche Darstellungsweise (Diagramme) gewählt. Die Abszisse wird dazu in fortlaufende, am Neujahrstag beginnende Zeitabschnitte von jeweils 10 Tagen (1 Dekade) gerastert, sie ist also immer geringfügig länger als ein Jahr. Die Zahl 21 bedeutet also beispielsweise 210 Tage. Die Ordinate beschreibt die Tageszeit, und zwar die Wahre Ortszeit von 0 bis 24 h WOZ. Diese ist spezifisch für jeden Längengrad λ und weicht von der jeweiligen gesetzlichen Zeit ab. In Aachen, der westlichsten Stadt Deutschlands ist es beispielsweise wegen ihrer Lage auf $\lambda = 6{,}1°$ östlicher Länge erst um 12.36 Uhr Mitteleuropäischer Zeit (MEZ) 12.00 Uhr WOZ. Für Deutschlands östlichste Stadt Görlitz, die genau auf $\lambda = 15°$ liegt, also auf dem für MEZ maßgeblichen Längengrad, stimmen MEZ und WOZ überein. Im Sommer gilt in Deutschland gesetzlich allerdings die OEZ, also die Osteuropäische Zeit bzw. Mitteleuropäische Sommerzeit (MESZ), so dass dann in Görlitz erst um 13.00 Uhr und in Aachen erst um 13.36 Uhr der höchste Sonnenstand des Tages erreicht wird. Der Bezug auf Wahre Ortszeit erlaubt eine universelle Darstellung unabhängig vom Längengrad des jeweiligen Ortes. Auf die jeweilige gesetzliche Zeit (in Deutschland: MEZ oder MESZ) lässt sich bei Kenntnis des Längengrads leicht umrechnen. Die Erde dreht sich in 24 h um 360°, so dass ein Längengradunterschied von 15° einem Zeitunterschied von 1 h entspricht.

Zur Berechnung von Azimut und Höhe der Sonne ist weltweit die Kenntnis der Jahreszeitabhängigkeiten der **Deklination** δ und der **Zeitgleichung** Zgl notwendig. Diese Größen können aus meteorologischen Jahrbüchern oder Tabellen entnommen werden, sie lassen sich nach den folgenden Formeln in sehr guter Näherung berechnen und wie in den Bildern 7.2 und 7.3 darstellen. Mit J als dem Tag des Jahres (1.1.: J = 1, 1.2. : J = 32, 1.3.: J = 60, 1.4.: J = 91, 1.5.: J = 121, 1.6.: J = 152, 1.7.: J = 182, 1.8.: J = 213, 1.9.: J = 244, 1.10.: J = 274, 1.11.: J = 305, 1.12.: J = 335) und

$$J' = 360° \cdot J / 365 \text{ (bzw. } 360° \cdot J / 366 \text{ im Schaltjahr)} \quad (58)$$

gelten

$$\delta(J) = \{0{,}3948 - 23{,}2559 \cdot \cos(J' + 9{,}1°) \\ - 0{,}3915 \cdot \cos(2 \cdot J' + 5{,}4°) \\ - 0{,}1764 \cdot \cos(3 \cdot J' + 26{,}0°)\} \quad (59)$$

$$Zgl(J) = 0{,}0066 + 7{,}3525 \cdot \cos(J' + 85{,}9°) \\ + 9{,}9359 \cdot \cos(2 \cdot J' + 108{,}9°) \\ + 0{,}3387 \cdot \cos(3 \cdot J' + 105{,}2°) \quad (60)$$

Aus der Sonnendeklination δ und dem Breitengrad φ lässt sich schnell der höchste Sonnenstand (12.00 Uhr WOZ, Sonne jeweils genau im Süden) für die Tage von Wintersonnenwende (WSW), Tag-und-Nacht-Gleiche (TNG) und Sommersonnenwende berechnen. Die Extremwerte von δ liegen bei ± 23,5° und es ergeben sich für das mittlere Deutschland mit $\varphi = 51°$ die Maximalwerte

$$\gamma_S = (90° - \varphi) - 23{,}5° = 15{,}5° \quad \text{für WSW} \quad (61)$$
$$\gamma_S = (90° - \varphi) = 39° \quad \text{für TNG} \quad (62)$$
$$\gamma_S = (90° - \varphi) + 23{,}5° = 62{,}5° \quad \text{für SSW} \quad (63)$$

In Kassel schwanken die höchsten täglichen Sonnenstände demnach zwischen 15,5° und 62,5° über dem Horizont.

Ebenfalls aus Sonnendeklination δ und Breitengrad φ kann man die Zeitpunkte für Sonnenaufgang (SA) und Sonnenuntergang (SU) in h WOZ und damit auch die Tageslänge TL in h berechnen (vgl. ⊙7B.DOC):

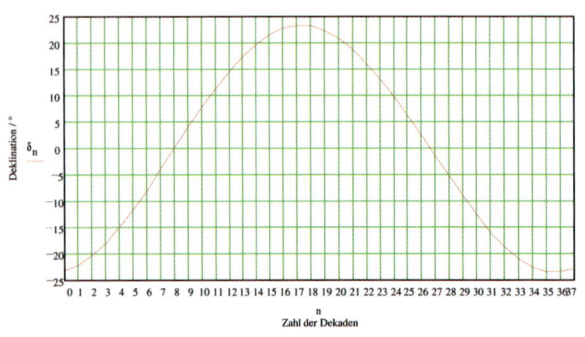

SA = 12 − 1/15 · arccos (− tan φ · tan δ) h WOZ (64)
SU = 12 + 1/15 · arccos (− tan φ · tan δ) h WOZ (65)
TL = 2/15 · arccos (− tan φ · tan δ) h (66)

Bild 7.2:

Sonnendeklination d im Jahresverlauf

Bild 7.3:

Zeitgleichung Zgl im Jahresverlauf

Für die Berechnung von Azimut α_S und Höhe γ_S der Sonne müssen noch vorgegeben werden:

ω = (12.00 h − WOZ) · 15 °/h (67)

als Stundenwinkel und die geographische Breite φ des jeweiligen Ortes. Der Stundenwinkel wird vom jeweiligen Meridian (Mittagslinie) aus negativ zum Vormittag und positiv zum Nachmittag gezählt.

Dann gelten – weltweit – für die Sonnenhöhe [13]

γ_S = arcsin (cos ω · cos φ · cos δ + sin φ · sin δ) (68)

und für das Sonnenazimut

$\alpha_S = 180° - \arccos \dfrac{\sin\gamma_S \cdot \sin\varphi - \sin\delta}{\cos\gamma_S \cdot \cos\varphi}$ für WOZ ≤ 12.00 h (69)

bzw.

$\alpha_S = 180° + \arccos \dfrac{\sin\gamma_S \cdot \sin\varphi - \sin\delta}{\cos\gamma_S \cdot \cos\varphi}$ für WOZ > 12.00 h (70)

Für φ = 51° als für das mittlere Deutschland (Aachen – Köln – Kassel – Erfurt – Leipzig – Dresden) repräsentativen Grad nördlicher Breite werden Vorzugswerte von Azimut und Höhe der Sonne in Abhängigkeit von Jahres- und Tageszeit berechnet und in Bild 7.4 dargestellt.

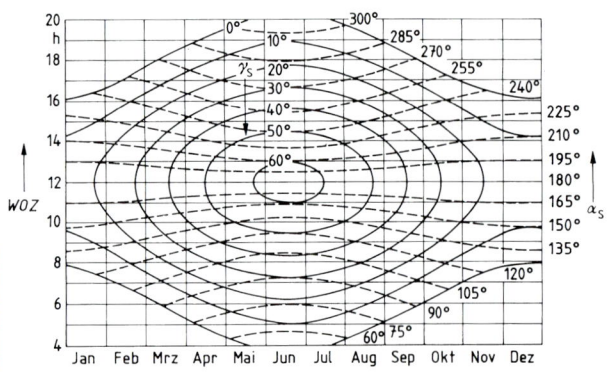

Bild 7.4:

Azimut α_S und Höhe γ_S der Sonne für

φ = 51° N in Abhängigkeit von Jahres- und Tageszeit

Chroscicki hat ein Diagramm entwickelt, aus dem man den Sonnenstand für jeden beliebigen geographischen Ort zu jeder Jahres- und Tageszeit entnehmen kann (⊙7A.DOC, [14]).

In Bauzeichnungen lässt sich der Schattenverlauf für einen bestimmten Zeitpunkt bei Kenntnis von Azimut α_S und Sonnenhöhe γ_S einfach hineinkonstruieren (vgl. Bild 7.5). Zuerst zieht man im Grundriss durch den jeweiligen Schatten werfenden Punkt eine Nord-Süd-Linie. Daran wird der graphisch oder rechnerisch ermittelte Azimutwinkel α_S abgetragen, so dass die durch das Sonnensymbol gekennzeichnete Richtung eingezeichnet werden kann. Der Schattenpunkt liegt gemäß (67) im Abstand l um h tiefer als der Schatten werfende Punkt. h lässt sich bei Kenntnis von γ_S nach der gleichen Formel berechnen. Der Durchstoßpunkt des Schattens liegt im Aufriss über dem entsprechenden im Grundriss, jedoch um h unter dem Schatten werfenden Punkt. Bild 7.5 zeigt den Vorgang, wie er sich für Kassel, 21.3., 14 Uhr WOZ mit Hilfe von Bild 7.4 ($\alpha_S = 217°$ und $\gamma_S = 33°$) darstellt.

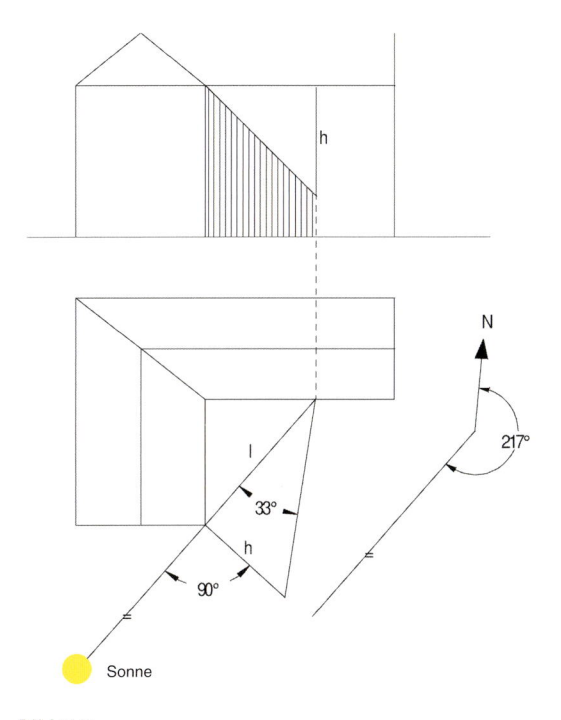

Bild 7.5:
Beispiel einer Schattenkonstruktion

Bei Beleuchtungsstudien an Modellen kann der Sonnenstand zu einem vorgegebenen Zeitpunkt recht einfach nachgeahmt werden. Als Sonnenersatz dient eine möglichst punktförmige Lampe, z. B. eine Halogenglühlampe. An die Stelle des Modells bringt man zunächst einen spitzen Gegenstand, etwa einen Reißbrettstift mit einer Höhe von 1 cm. Die Lampe wird dann so angeordnet, dass die Spitze des Reißbrettstifts auf einer horizontalen Ebene einen Schatten in die für einen bestimmten Zeitpunkt rechnerisch oder graphisch ermittelte Azimutrichtung wirft. Diese Richtung ist mit einem Winkelmesser einfach festzulegen, wenn zuvor die Nordrichtung für die Modellanordnung bestimmt wurde.

Die einzustellende Länge des Schattens ergibt sich aus der ebenfalls bereits ermittelten Sonnenhöhe zu

$$l = h / \tan \gamma_S \qquad (71)$$

Die Lampe (in möglichst großem Abstand!) wird in dieser Position fixiert und das Modell an die Stelle des Reißbrettstifts gebracht. Abgesehen von der nicht perfekten Parallelität der „Sonnenstrahlen" erhält man einen anschaulichen Eindruck von der Verteilung von Licht und Schatten am Modell.

Bild 7.6 zeigt eine auf diese Weise geschaffene „Sonnenuhr". Für ausgewählte Tage und volle Stunden WOZ kann man sich in einem geeigneten Maßstab die Punkte – wieder nach rechnerischer oder graphischer Ermittlung – auftragen und miteinander verbinden. Mit hinreichender Genauigkeit ist dann auch die Interpolation für dazwischen liegende Zeiten möglich. Als Beispiel ist der von der über der Kreuzmarkierung angeordneten Spitze geworfene Schatten für den 21. 2., 15.30 Uhr WOZ und 51° nördlicher Breite mit eingetragen worden. Nun ist es auch leicht möglich, mit bzw. an einem Modell auf die zuvor geschilderte Art die Schattenverläufe für einen ganzen Tagesverlauf darzustellen und fotografisch festzuhalten. Für eine 10 mm hohe Spitze (Reißbrettstift) kann die maßstabgerechte Zeichnung aus ⊙7C.DOC kopiert werden; bei anderen Höhen muss sie proportional vergrößert werden.

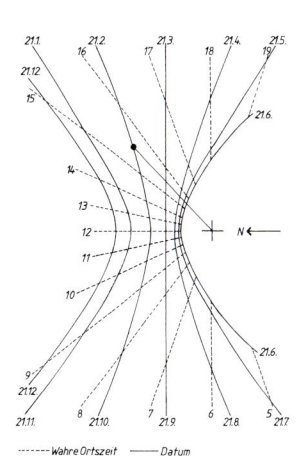

Bild 7.6:
„Sonnenuhr" für Modelluntersuchungen
(Beispiel: $\varphi = 51°$ N, 21. 2., 15.30 Uhr WOZ)

Bild 7.7 zeigt, dass diese Art Hilfsmittel schon lange bekannt ist.

Sowohl für Planungen von zukünftigen als auch für Untersuchungen an bestehenden Gebäuden ist das von Tonne entwickelte Horizontoskop sehr gut geeignet; vgl. Bilder 7.8 und 7.9 [15]. Man kann nach horizontaler Ausrichtung mit Hilfe der Libelle und nach Nordorientierung mit Hilfe des Kompasses an dem kleinen Gerät direkt ablesen, wann an der Position des Horizontoskops durch Oberlichter oder Fenster Sonnenstrahlen einfallen können. Dazu muß man senkrecht von oben auf den Mittelpunkt schauen und erkennt durch die Spiegelung des freien Teils des Himmelsgewölbes an einer farblosen, geeignet gekrümmten Abdeckung hindurch das jeweilige Skalenblatt mit Kurven für Jahres- und Tageszeiten (in WOZ). Es gibt für die unterschiedlichen Breitengrade unterschiedliche, leicht austauschbare Skalenblätter (Bild 7.8). Bild 7.9 zeigt, dass neben der einfachen Ablesung auch eine fotografische Registrierung des Sachverhalts sehr leicht möglich ist. Zudem gibt es Skalenblätter zur Bestimmung des Tageslichtquotienten sowie zur Ermittlung von Bestrahlungsstärken bei unterschiedlichen Himmelszuständen und Neigungswinkeln der Verglasung.

Bild 7.7:
Historische Sonnenuhr

Bild 7.9

Bevor im nächsten Kapitel über Tageslicht aus lichttechnischer Sicht berichtet wird, soll hier zunächst auf die Einflüsse der Bewölkung und der atmosphärischen Trübung eingegangen werden. Die Zustände „**klarer Himmel**" und „**bedeckter Himmel**" sind extreme Himmelszustände, die tatsächlich nur während relativ kurzer Zeiten auftreten. Sie lassen sich allerdings mathematisch gut beschreiben und sind daher Grundlage der Berechnung von entsprechenden Beleuchtungsstärken, Bestrahlungsstärken usw. Details werden im Kapitel 8 „Tageslicht" dargestellt werden.

Für Wirtschaftlichkeitsberechnungen, etwa von Innenraumbeleuchtung, Sonnenkollektor Ausbeute u. a., braucht man Aussagen über den **mittleren Himmel**, der mit seinen Werten zwischen den genannten extremen Himmelszuständen liegt und in durchaus wesentlicher Größenordnung auch von der geographischen Lage des jeweiligen Ortes abhängt. Bei der Berechnung der strahlungsphysikalischen und lichttechnischen Größen des mittleren Himmels wird der Augenblickswert der relativen Sonnenscheindauer, kurz: die **Sonnenscheinwahrscheinlichkeit** SSW verwendet [16].

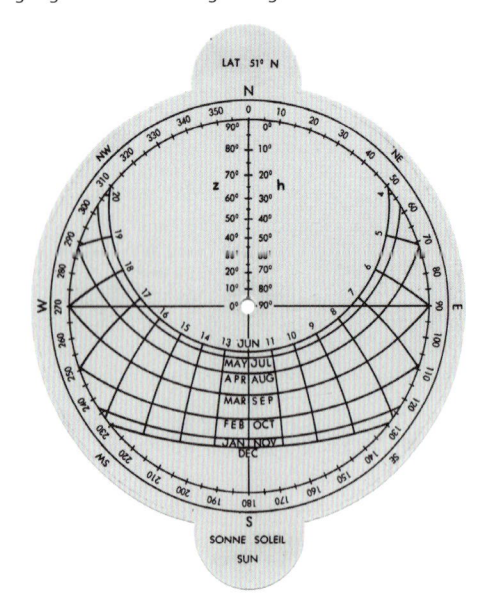

Bilder 7.8 und 7.9:
Skalenblatt und Blick von oben auf das Horizontoskop

Allgemein gilt dabei:

$$X_m = X_S \cdot SSW \cdot R_s + [X_{kH} \cdot SSW + X_{bH} \cdot (1-SSW)] \cdot R_h \qquad (72)$$

Darin bedeuten:

X_m die gesuchte strahlungsphysikalische oder lichttechnische Größe bei Bestrahlung bzw. Beleuchtung durch den mittleren Himmel

X_S die entsprechende strahlungsphysikalische oder lichttechnische Größe bei Bestrahlung bzw. Beleuchtung allein durch die Sonne

X_{kH} die entsprechende strahlungsphysikalische oder lichttechnische Größe bei Bestrahlung bzw. Beleuchtung allein durch den klaren Himmel

X_{bH} die entsprechende strahlungsphysikalische oder lichttechnische Größe bei Bestrahlung bzw. Beleuchtung allein durch den bedeckten Himmel

R_s, R_h Korrekturfaktoren für den teilweise bedeckten Himmel

$$R_s = 1{,}48 - 4{,}066 \cdot SSW + 6{,}92 \cdot SSW^2 - 3{,}34 \cdot SSW^3 \quad (73)$$

$$R_h = 1 + 2{,}54 \cdot SSW - 2{,}98 \cdot SSW^2 + 0{,}444 \cdot SSW^3 \quad (74)$$

Die Sonnenscheinwahrscheinlichkeit (Augenblickswert der relativen Sonnenscheindauer) ist aus den Angaben für die Messstation zu entnehmen, die dem jeweiligen Ort am nächsten liegt [17]. Sie wird als langjähriger statistischer Mittelwert jeweils für einen Monat und jeweils für Zeiträume von 1h angegeben. Liegen keine ausreichenden Angaben vor, kann man in Deutschland die in Tabelle 3 niedergelegten Mittelwerte der Ergebnisse aller deutschen Messstationen in die Rechnung einsetzen.

Die Sonnenscheindauer ist dabei aus messtechnischen Gründen die Summe der Zeitintervalle innerhalb einer gegebenen Zeitspanne, während derer die Bestrahlungsstärke der direkten Sonnenstrahlung auf einer Ebene senkrecht zur Sonnenrichtung wenigstens 120 W/m² ($\approx$ 11.000 lx) ist. Die oben erwähnte relative Sonnenscheindauer ist das Verhältnis der tatsächlichen Sonnenscheindauer zur möglichen Sonnenscheindauer innerhalb derselben Zeitspanne.

Tabelle 3:

Mittlere Sonnenscheinwahrscheinlichkeit SSW in Deutschland in Abhängigkeit von Tages- und Jahreszeit

h	Jan	Feb	Mrz	Apr	Mai	Jun	Jul	Aug	Sep	Okt	Nov	Dez
3 - 4					0	0	0					
4 - 5				0	0,02	0,09	0,04	0	0			
5 - 6			0	0,04	0,23	0,33	0,26	0,10	0,01			
6 - 7		0	0,04	0,26	0,41	0,47	0,43	0,32	0,12	0		
7 - 8	0	0,04	0,21	0,40	0,49	0,52	0,49	0,44	0,34	0,12	0	0
8 - 9	0,05	0,17	0,35	0,47	0,53	0,56	0,53	0,54	0,46	0,27	0,07	0,02
9 - 10	0,16	0,27	0,41	0,50	0,56	0,57	0,55	0,55	0,53	0,35	0,17	0,11
10 - 11	0,23	0,33	0,45	0,52	0,56	0,58	0,56	0,57	0,57	0,41	0,23	0,18
11 - 12	0,26	0,35	0,47	0,53	0,56	0,57	0,55	0,57	0,58	0,44	0,26	0,21
12 - 13	0,27	0,36	0,47	0,53	0,56	0,56	0,56	0,56	0,58	0,46	0,27	0,22
13 - 14	0,26	0,36	0,47	0,53	0,55	0,56	0,56	0,56	0,57	0,47	0,26	0,22
14 - 15	0,22	0,33	0,45	0,51	0,54	0,55	0,55	0,54	0,56	0,45	0,22	0,18
15 - 16	0,12	0,25	0,41	0,46	0,51	0,53	0,52	0,51	0,52	0,40	0,14	0,06
16 - 17	0	0,09	0,31	0,43	0,48	0,50	0,51	0,48	0,44	0,24	0,09	0
17 - 18		0	0,08	0,32	0,42	0,47	0,46	0,39	0,22	0,02	0	
18 - 19			0	0,09	0,29	0,38	0,36	0,17	0,02	0		
19 - 20				0	0,05	0,15	0,10	0,01	0			
20 - 21					0	0	0	0				

Aus Bild 7.10 kann man die Auswirkungen der örtlichen Verschiedenheit der Sonnenscheinwahrscheinlichkeit beispielhaft erkennen. Für einen Raum sei eine Beleuchtungsstärke E_h = 200 lx erforderlich. Bei identischem Tageslichtquotienten D (vgl. S. 31!) ergeben sich an verschiedenen Orten durchaus unterschiedliche relative **jährliche Nutzungszeiten** des Raumes mit Beleuchtung allein durch Tageslicht. Wegen der kurzen Sonnenscheindauer im Winter ist es grundsätzlich unmöglich, einen Raum während der gesamten Arbeitszeit innerhalb des ganzen Jahres ausschließlich mit Tageslicht zu beleuchten. Man erkennt aus dem Kurvenverlauf ebenfalls, dass man dieses Ziel auch nicht durch eine Vergrößerung des Tageslichtquotienten und damit der Fläche der Tageslichtöffnungen erreichen kann.

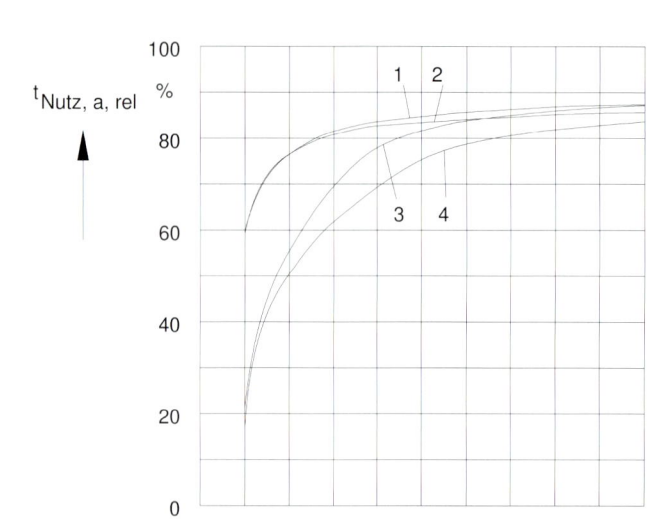

Bild 7.10:
Relative jährliche Nutzungszeit in Abhängigkeit vom Tageslichtquotienten für verschiedene Rahmenbedingungen

1   Berlin,   200 lx, Arbeitszeit von 8 bis 18 Uhr
2   Köln,   200 lx, Arbeitszeit von 8 bis 18 Uhr
3   München, 500 lx, Arbeitszeit von 7 bis 17 Uhr
4   Hamburg, 500 lx, Arbeitszeit von 7 bis 17 Uhr

Der **Trübungsfaktor** T_L nach Linke geht in die Berechnungen der Bestrahlungs- und Beleuchtungsstärken bei klarem Himmel ein. Er ist das Verhältnis der vertikalen optischen Dicke einer getrübten Atmosphäre zu derjenigen der reinen und trockenen Atmosphäre bezogen auf das gesamte Sonnenspektrum, also ein Maß für die Klarheit der Atmosphäre. Gemäß [13] gelten in Deutschland die Werte der Tabelle 4.

Tabelle 4:
Mittlere monatliche Trübungsfaktoren T_L in Deutschland

Monat	Monatsmittel von T_L		
	höchstes	mittleres	niedrigstes
Januar	4,8	3,8 ± 1,0	3,2
Februar	4,6	4,2 ± 1,1	3,8
März	5,4	4,8 ± 1,5	4,3
April	5,7	5,2 ± 1,8	4,8
Mai	5,8	5,4 ± 1,7	4,9
Juni	7,4	6,4 ± 1,9	5,6
Juli	6,9	6,3 ± 2,0	5,7
August	6,9	6,1 ± 1,9	5,7
September	6,0	5,5 ± 1,6	5,2
Oktober	4,9	4,3 ± 1,3	4,0
November	4,2	3,7 ± 0,8	3,3
Dezember	4,1	3,6 ± 0,9	3,3
Jahresmittel	5,4	**4,9 ± 1,5**	4,7

Man erkennt aus der Tabelle den Einfluss des geringeren Wasserdampfgehalts der Atmosphäre im Winter: die Atmosphäre ist dann weniger trüb.

IFBS Industrieverband für Bausysteme im Stahlleichtbau

Ihr starker Partner für einen starken Baustoff

Unsere Leistungen

Stahltrapezprofile

Stahlkassettenprofile

Stahlsandwichelemente

- Erarbeitung technischer Regeln und Richtlinien
- Information und Beratung in allen materialspezifischen und bautechnischen Fragen
- IFBS-Informationsschriften bündeln den Stand der Technik mit Bauelementen aus Stahlblech
- Vortragsveranstaltungen und Seminare für Architekten, Ingenieure und Montageunternehmen
- Fachmonteurschulungen für Montagebetriebe
- Vertretung der fachlichen Interessen bei Behörden, Normenausschüssen, Berufsgenossenschaften und sonstigen Fachgremien auf nationaler und internationaler Ebene
- Benennung von Sachverständigen
- Schulung und Betreuung der Mitglieder
- Qualitätsprüfung der Montageleistung unserer Mitgliedsfirmen
- Vergabe des beim Deutschen Patentamt eingetragenen Qualitätszeichens des IFBS für Montagebetriebe

Seit mehr als drei Jahrzehnten ist der IFBS erster Ansprechpartner in allen Fragen rund um das moderne Bauen mit Stahlblech.

Hersteller-, Vertriebs- und Montageunternehmen und Förderer im IFBS sichern den Qualitätsstandard im Umgang mit diesen Bauelementen.

Dieses Zeichen garantiert:

- kompetente Beratung durch die Montageunternehmen über Statik und Bauphysik sowie über konstruktive und gestalterische Lösungen
- qualifizierte Ausführung durch geschulte und erfahrene Monteure

Industrieverband für Bausysteme im Stahlleichtbau
IFBS
Qualität durch Fachbetriebe

Max-Planck-Straße 4, 40237 Düsseldorf
Telefon: 0211 / 91427-0, Telefax: 0211 / 672034
Internet: www.ifbs.de, E-Mail: post@ifbs.de

8 Tageslicht

Für beliebige geographische Orte, Jahres- und Tageszeiten lassen sich für bedeckten und klaren Himmel, also die beiden extremen Himmelszustände, die Leuchtdichteverteilungen des Himmelsgewölbes und die daraus resultierenden Beleuchtungsstärken auf beliebig ausgerichteten ebenen Flächen berechnen. Bei klarem Himmel wirkt sich die unterschiedliche atmosphärische Trübung so auf die Resultate aus, dass in der Praxis im Winter etwas höhere und im Sommer etwas niedrigere Beleuchtungsstärken als die Rechenwerte beobachtet werden könnten. Die rechnerisch zu erwartenden Werte werden für das nördliche, das mittlere und das südliche Deutschland in Abhängigkeit von Jahres- und Tageszeit mitgeteilt. Abschließend wird auf die Ermittlung der Beleuchtungsstärken auf beliebig geneigten Flächen bei mittlerem Himmel eingegangen, deren Kenntnis beispielsweise bei Nutzungszeitanalysen erforderlich ist.

■ Die spektrale Zusammensetzung – die relative spektrale Strahlungsverteilung – des Tageslichts wurde bereits in Kapitel 3 geschildert. Die Definition des „mittleren Himmels" wurde in Kapitel 7 gegeben; dessen Definition beruht auf den beiden extremen Zuständen „bedeckter Himmel" und „klarer Himmel". Jetzt gilt es, für diese beiden Himmelszustände in Abhängigkeit von der Tages- und der Jahreszeit die **Leuchtdichteverteilung** des Himmelsgewölbes und die dadurch erzeugten **Beleuchtungsstärken** zu berechnen [16]. Die dazu notwendige Kenntnis des Sonnenstandes ist mit Hilfe von Kapitel 7 gegeben.

Der bedeckte Himmel ist der kritischere, weil dunkelste Himmelszustand. Am bedeckten Himmel ist die Position der Sonne nicht erkennbar. Er ist im Zenit dreimal heller als am Horizont (vgl. auch [60]). Die Leuchtdichteverteilung ist rotationssymmetrisch. Für einen Winkel ε_2 zwischen dem jeweils betrachteten Himmelspunkt und dem Zenit gilt mit der Zenitleuchtdichte L_Z die auch in Bild 8.1 gezeigte Abhängigkeit

$$L(\varepsilon_2) = L_Z \cdot (1 + 2 \cdot \cos \varepsilon_2) / 3 \qquad (75)$$

L_Z hängt wiederum von der Höhe γ_S der Sonne über dem Horizont ab.

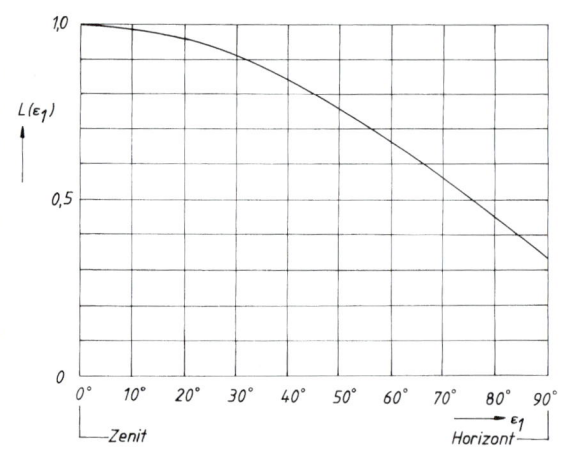

Bild 8.1:
Relative Leuchtdichteverteilung des bedeckten Himmels

$$L_Z = \frac{9}{7 \cdot \pi} (300 + 21.000 \cdot \sin \gamma_S) \, cd/m^2$$
$$= (123 + 8.594 \cdot \sin \gamma_S) \, cd/m^2 \qquad (76)$$

Das so charakterisierte leuchtende Gewölbe des bedeckten Himmels erzeugt – unter der Voraussetzung, dass keine störende Verbauung (Gebäude, Bäume, Berge ...) vorhanden ist – in Abhängigkeit von der Höhe γ_S

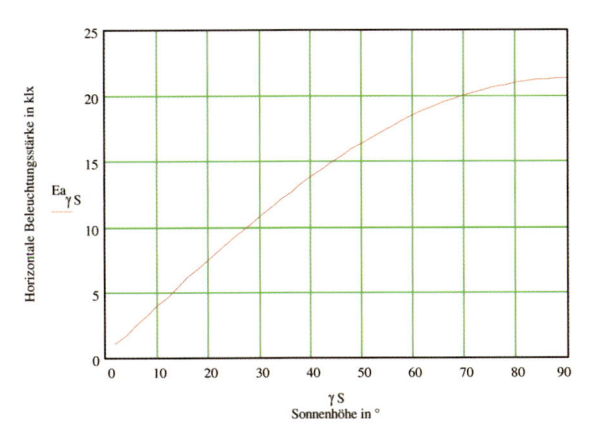

Bild 8.2:
Horizontale Beleuchtungsstärke E_a bei bedecktem Himmel (ohne Verbauung) in Abhängigkeit von der Höhe γ_S der Sonne über dem Horizont

der Sonne die in Bild 8.2 dargestellte **horizontale Beleuchtungsstärke**

$$E_a = \int_{2\pi\cdot\Omega_0} L(\varepsilon_2)\cdot\cos\varepsilon_2\cdot d\Omega$$

$$= 2{,}443 \cdot L_Z \cdot \Omega_0$$

$$= (300 + 21.000 \cdot \sin\gamma_S)\,\text{lx} \qquad (77)$$

Aus diesem Zusammenhang ergeben sich in Abhängigkeit von der Jahres- und der Tageszeit die in ⊙8A.DOC (bzw. ⊙8A1.DOC ... ⊙8A3.DOC) dargestellten Verläufe der bei bedecktem Himmel in Nord-, Mittel- und Süddeutschland erreichbaren horizontalen Beleuchtungsstärken.

Die entsprechenden vertikalen Beleuchtungsstärken bei Beleuchtung durch den bedeckten Himmel allein folgen – wie die horizontalen Beleuchtungsstärken unabhängig von der Orientierung! – aus dem Zusammenhang

$$E_v = 0{,}968 \cdot L_Z \cdot \Omega_0$$

$$= 0{,}396 \cdot E_a \qquad (78)$$

Die Beleuchtungsstärken auf einer um den Winkel γ_F (hier im Bogenmaß) gegen die Horizontale geneigten Fläche, die vom bedeckten Himmel allein beleuchtet wird, lassen sich berechnen gemäß:

$$E(\gamma_F)_b = 0{,}182 \cdot E_a \cdot [1{,}178 \cdot (1 + \cos\gamma_F)$$
$$+ (\pi - \gamma_F) \cdot \cos\gamma_F + \sin\gamma_F] \qquad (79)$$

Bei geneigten und damit vor allem bei vertikalen Flächen muss noch der vom Boden mit dem Reflexionsgrad ρ_B diffus reflektierte und zusätzlich auf die Fläche gelangende Lichtstrom berücksichtigt werden, der sich ergibt aus

$$E(\gamma_F)_{\rho,b} = 0{,}5 \cdot E_a \cdot \rho_B \cdot (1 - \cos\gamma_F) \qquad (80)$$

Meist wird $\rho_B = 0{,}2$ gesetzt. Man erhält schließlich die gesamte auf einer **geneigten** oder vertikalen **Fläche** durch den bedeckten Himmel bewirkte Beleuchtungsstärke

$$E(\gamma_F)_{b,ges} = E(\gamma_F)_b + E(\gamma_F)_{\rho,b} \qquad (81)$$

Bild 8.3 zeigt die Abhängigkeit dieser Beleuchtungsstärke von der Neigung der Fläche gegen die Horizontale.

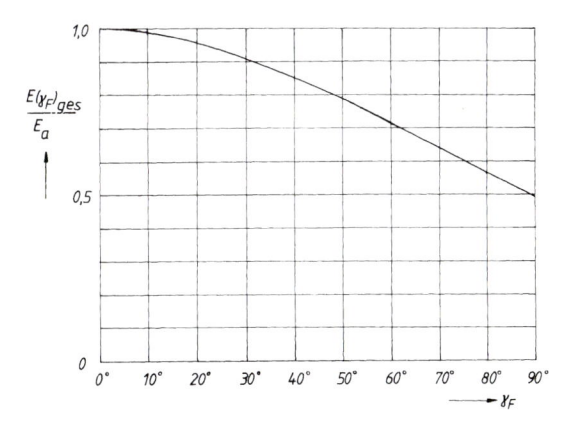

Bild 8.3:
Verhältnis der Beleuchtungsstärke $E(\gamma_F)_{b,ges}$ auf einer um den Winkel γ_F gegen die Horizontale geneigten Fläche zur horizontalen Beleuchtungsstärke E_a; Voraussetzungen: keine Verbauung, Reflexionsgrad des Bodens $\rho_B = 0{,}2$

Die relative spektrale Strahlungsverteilung des bedeckten Himmels hängt nur wenig von der Sonnenhöhe ab. Gefunden wurden daher ähnlichste Farbtemperaturen $T_n = 6.020$ bis 6.050 K und Farbörter im Bereich $(x; y) = (0{,}321 \ldots 0{,}322;\ 0{,}334 \ldots 0{,}337)$.

Der **klare Himmel** [22] besteht praktisch aus zwei nicht konstanten Lichtquellen, nämlich der Sonne als ursprünglicher Lichtquelle und dem klaren, blauen Himmelsgewölbe. Die von Sonne und Himmel erzeugten Beleuchtungsstärken haben unterschiedliche Abhängigkeiten vom Sonnenstand und damit vom geographischen Ort, von der Jahres- und von der Tageszeit. Die Leuchtdichte L_P eines Punktes P des klaren Himmels lässt sich beschreiben durch

$$L_P = \{L_Z \cdot [1 - \exp(-0{,}32 / \cos \varepsilon_P)] \cdot [0{,}856 \\ + 16 \cdot \exp(-3 \cdot \eta / \text{rad}) + 0{,}3 \cdot \cos^2 \eta]\} \\ / \{0{,}27385 \cdot [0{,}856 + 16 \cdot \exp[3 \cdot (0{,}5 \cdot \pi - \gamma_S / \text{rad})] \\ + 0{,}3 \cdot \cos^2(0{,}5 \cdot \pi - \gamma_S / \text{rad})]\} \quad (82)$$

(vgl. Bild 8.4 und [60]!). Dabei sind:

L_Z Zenitleuchtdichte
ε_P Winkel zwischen Zenit und Punkt P
γ_S Sonnenhöhe (siehe (65))
$\eta = \arccos[\sin \gamma_S \cdot \cos \varepsilon_P + \cos \gamma_S \cdot \sin \varepsilon_P \cdot \cos(\Delta\alpha)]$ (83)
$\Delta\alpha = |\alpha_S - \alpha_P|$ (84)
α_S Sonnenazimut
α_P Azimut des Punktes P; Zählweise wie für α_S

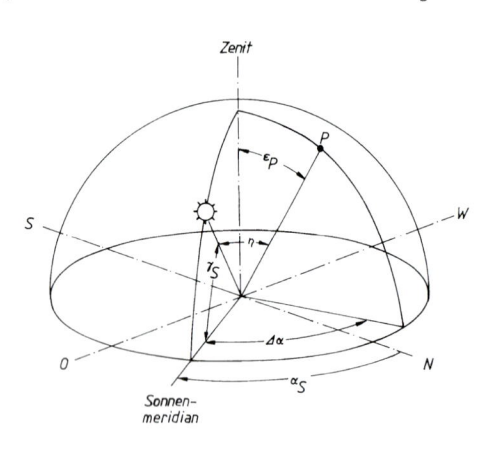

Bild 8.4:
Kennzeichnung der Winkel zur Beschreibung der Leuchtdichteverteilung des klaren Himmels

Die Bilder 8.5 bis 8.9 zeigen die auf die Zenitleuchtdichte bezogenen Leuchtdichteverteilungen des klaren Himmels in stereographischer Projektion. Wegen der einfacheren Darstellung ist die Sonne stets mit 180° angenommen worden; tatsächlich ergibt sich für die jeweils dargestellte Sonnenhöhe für jeden geographischen Ort und für jede Jahres- und Tageszeit ein anderer Azimutwinkel. Dieser wäre bei vorgegebenen Randbedingungen entsprechend (69) und (70) zusätzlich zu berücksichtigen.

Bilder 8.5 bis 8.9:

Leuchtdichteverteilung des klaren Himmels bei verschiedenen Sonnenhöhen γ_S ausgedrückt durch das Vielfache der Zenitleuchtdichte L_Z

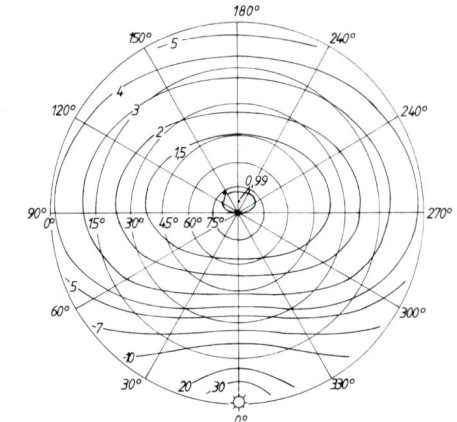

Bild 8.5: $\gamma_S = 0°$

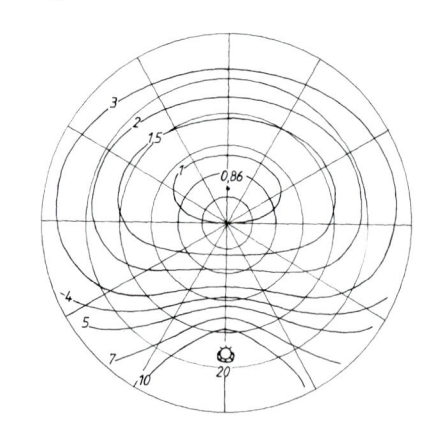

Bild 8.6: $\gamma_S = 20°$

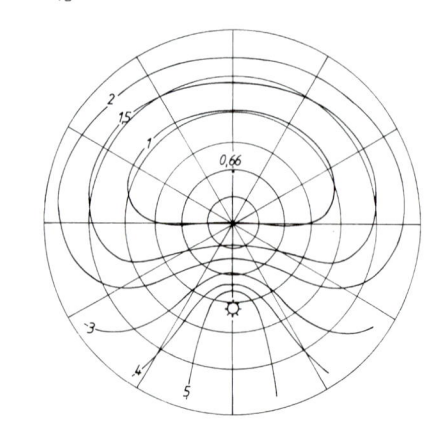

Bild 8.7: $\gamma_S = 40°$

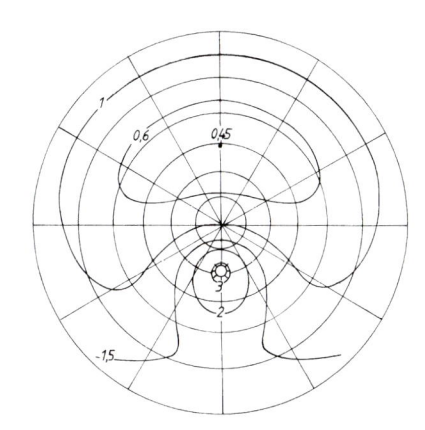

Bild 8.8: $\gamma_S = 60°$

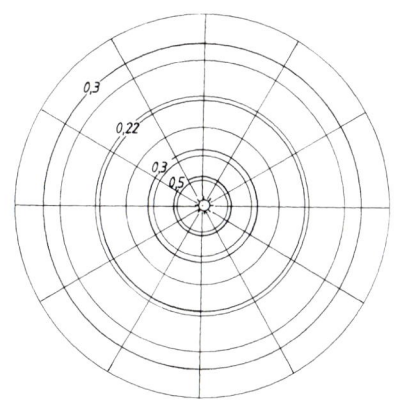

Bild 8.9: $\gamma_S = 90°$

Die Formeln für die genaue Berechnung der horizontalen Beleuchtungsstärken bei klarem Himmel und ohne Vorhandensein einer Verbauung sind recht aufwändig, weil sie von mehreren, noch zu erläuternden Parametern abhängen. Da sie jedoch für die Berechnung auf dem PC keine Schwierigkeiten bieten, werden sie hier ausführlich vorgestellt. Danach werden die auch in der Norm verwendeten bzw. empfohlenen Näherungsformeln wiedergegeben. ⊚8B.DOC (bzw. ⊚8B1.DOC ... ⊚8B6.DOC) zeigt schließlich die damit für nördliches, mittleres und südliches Deutschland berechneten Abhängigkeiten von Tages- und Jahreszeit für eine mittlere atmosphärische Trübung von $T_L = 4{,}9$.

Das Verhältnis von Horizontalbeleuchtungsstärke durch den Himmel E_H zur Zenitleuchtdichte L_Z in Abhängigkeit von der Sonnenhöhe γ_S wird beschrieben durch

$$\begin{aligned}E_H/L_Z =\ & 7{,}6752 + 6{,}1096 \cdot 10^{-2} \cdot \gamma_S \\ & - 5{,}9344 \cdot 10^{-4} \cdot \gamma_S^2 \\ & - 1{,}6018 \cdot 10^{-4} \cdot \gamma_S^3 \\ & + 3{,}8082 \cdot 10^{-6} \cdot \gamma_S^4 \\ & - 3{,}3126 \cdot 10^{-8} \cdot \gamma_S^5 \\ & + 1{,}0343 \cdot 10^{-10} \cdot \gamma_S^6 \end{aligned} \qquad (85)$$

Die Horizontalbeleuchtungsstärken durch die Sonne E_S sowie durch den klaren Himmel E_H und somit auch die gesamte Horizontalbeleuchtungsstärke durch die Sonne

$$E_g = E_S + E_H \qquad (86)$$

hängen von der Sonnenhöhe γ_S ab:

$$E_S = K_S \cdot E_{e0} \cdot \exp(-T_L \cdot \overline{\delta}_R \cdot m \cdot p/p_0) \cdot \sin\gamma_S \ \text{lx} \qquad (87)$$

$$E_H = 0{,}5 \cdot K_H \cdot E_{e0} \cdot [\tau_a^m - \exp(-T_L \cdot \overline{\delta}_R \cdot m \cdot p/p_0)] \cdot \sin\gamma_S \ \text{lx} \qquad (88)$$

Dabei bedeuten:

K_S photometrisches Strahlungsäquivalent für die Sonnenstrahlung in Abhängigkeit von der Sonnenhöhe γ_S
$= (11{,}72 + 4{,}4585 \cdot \gamma_S - 9{,}7563 \cdot 10^{-2} \cdot \gamma_S^2$
$\quad + 7{,}3948 \cdot 10^{-4} \cdot \gamma_S^3 - 2{,}167 \cdot 10^{-6} \cdot \gamma_S^4$
$\quad - 8{,}4132 \cdot 10^{-10} \cdot \gamma_S^5 \ \text{lm/W} \qquad (89)$

K_H photometrisches Strahlungsäquivalent für die Himmelsstrahlung = 125,4 lm/W (90)

E_{e0} Bestrahlungsstärke der extraterrestrischen Sonnenstrahlung (Solarkonstante; vgl. (97) und Bild 7.15)

$\overline{\delta}_R \cdot m$ Produkt der mittleren optischen Dicke der reinen, trockenen Rayleigh-Atmosphäre und der relativen Luftmasse [25]
$= (0{,}9 + 9{,}4 \cdot \sin \gamma_S)^{-1} \qquad (91)$

p/p_0 Luftdruckkorrektur von $\overline{\delta}_R \cdot m$
$= \exp(-H/H_R) \qquad (92)$

H Höhe des Ortes über dem Meeresniveau

H_R = 8 km (93)

T_L Trübungsfaktor nach Linke (Zahlenwerte siehe Tabelle 4 in Kapitel 7)

τ_a^m Transmissionsgrad der Atmosphäre bezüglich Absorption
$= (0{,}506 - 1{,}0788 \cdot 10^{-2} \cdot T_L) \cdot$
$\quad (1{,}294 + 2{,}4417 \cdot 10^{-2} \cdot \gamma_S$
$\quad - 3{,}973 \cdot 10^{-4} \cdot \gamma_S^2 + 3{,}8034 \cdot 10^{-6} \cdot \gamma_S^3$
$\quad - 2{,}2145 \cdot 10^{-8} \cdot \gamma_S^4 + 5{,}8332 \cdot 10^{-11} \cdot \gamma_S^5) \qquad (94)$

Bilder 8.10 bis 8.14:

Horizontalbeleuchtungsstärken E_S, E_H und E_g bei klarem Himmel, ohne Verbauung, für 200 m Meereshöhe und unterschiedliche atmosphärische Trübung T_L in Abhängigkeit von der Sonnenhöhe

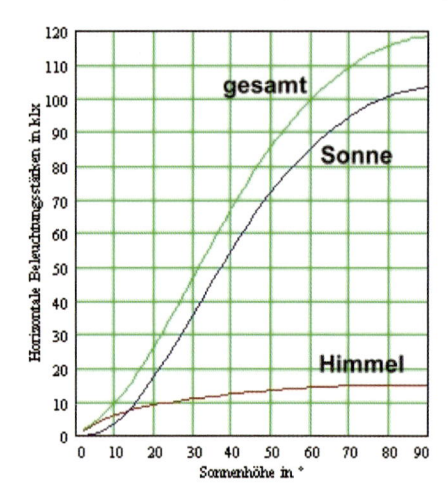

Bild 8.10: T_L = 3,0

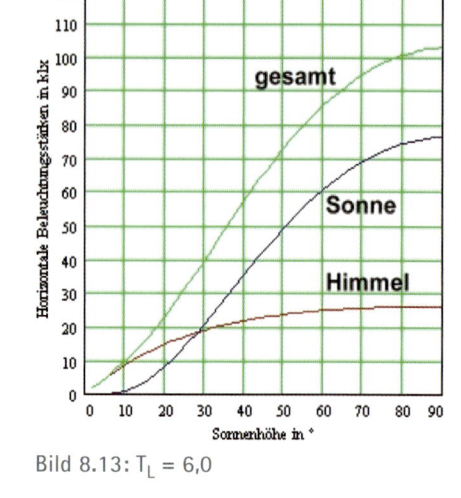

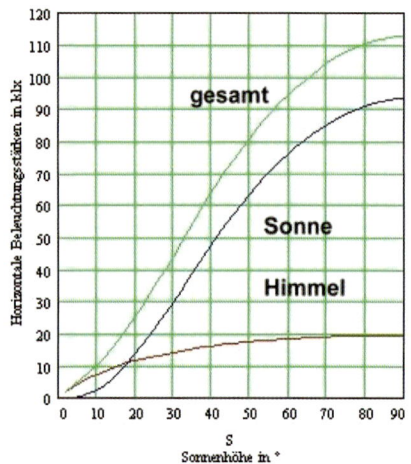

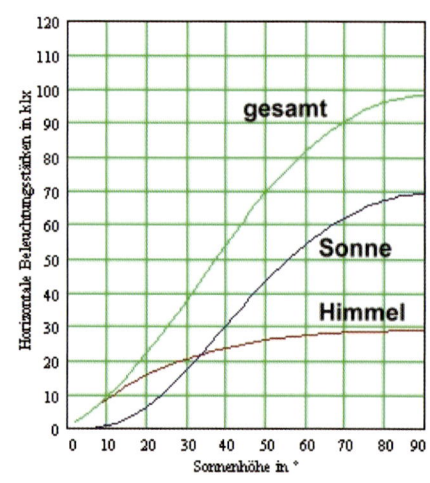

Bild 8.13: T_L = 6,0

Bild 8.11: T_L = 4,0

Bild 8.14: T_L = 7,0

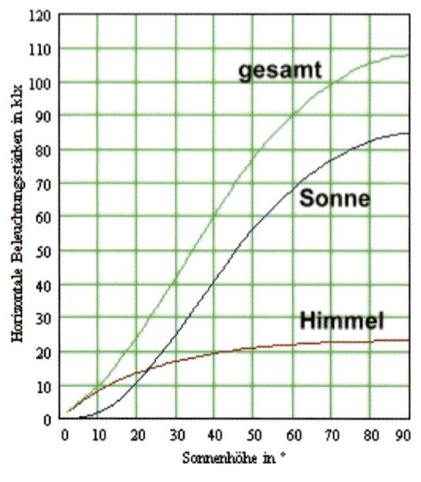

Bild 8.12: T_L = 5,0

Die Bilder 8.10 bis 8.14 zeigen jeweils für einen bestimmten Trübungsfaktor T_L die für eine Höhe des Ortes von 200 m über dem Meeresspiegel berechneten Verläufe der Horizontalbeleuchtungsstärken E_S durch die Sonne, E_H durch den Himmel und E_g als Summe der beiden. Mit für die Praxis meist ausreichender Genauigkeit lassen sich auch die folgenden Näherungsformeln verwenden; sie gelten für eine mittlere Trübung von T_L = 4,9.

$$E_S = [85.000 \cdot \sin^2 \gamma_S + 6.500 \cdot \sin^2 (2 \cdot \gamma_S)] \text{ lx} \quad (95)$$

und

$$E_H = 280 \cdot \arctan (\gamma_S / \text{Grad} : 18,9) \text{ lx} \quad (96)$$

Mit diesen Formeln wurden die in ⊚8B.DOC bzw. ⊚8B-1.DOC bis ⊚8B-6.DOC dargestellten Abhängigkeiten, durch den klaren Himmel allein und durch die Sonne und den Himmel gemeinsam bewirkten Abhängigkeiten der Horizontalbeleuchtungsstärken von Jahres- und Tageszeit für nördliches, mittleres und südliches Deutschland berechnet.

Bild 8.15 und ⊚8C.DOC zeigen, dass die oben erwähnte Solarkonstante nicht wirklich konstant ist, sondern relativ geringfügig (ca. ± 3 %) von der periodisch wechselnden Entfernung Erde-Sonne und damit von der Jahreszeit abhängt. In [23] findet man dafür die Formel (siehe auch (58)):

$$E_{e0}(J') = 13{,}7 \cdot [3{,}3396 \cdot \cos(J' - 0{,}0611) \\ + 0{,}0721 \cdot \cos(2 \cdot J' - 0{,}1205) \\ - 0{,}0023 \cdot \cos(3 \cdot J' - 0{,}1771)] \quad (97)$$

Bei der Berechnung der Beleuchtungsstärken E_F bei klarem Himmel auf einer schrägen, ebenen Fläche muss man, anders als beim bedeckten Himmel, die Schräge durch zwei Winkel beschreiben, nämlich durch die Neigung γ_F und den Azimutwinkel α_F, der die Orientierung der Neigung nach der Himmelsrichtung beschreibt. Auch hier gilt die Zählweise Nord: 0°, Ost: 90°, Süd: 180° und West: 270°. Die von Sonne, Himmel und Reflexion am Boden herrührenden Anteile der Beleuchtungsstärken müssen getrennt berechnet und anschließend zu E_F summiert werden. Die Indizes S, H und B charakterisieren diese drei Anteile.

$$E_{S,F} = E_S \cdot (\cos \gamma_F + \sin \gamma_F \cdot \cos |\alpha_S - \alpha_F| / \tan \gamma_S) \quad (98)$$

Bei der Berechnung von $E_{H,F}$ muss die Tabelle 5 (s. S. 66) zu Hilfe genommen werden, die Umrechnungsfaktoren R für verschiedene Kombinationen von $|\alpha_S - \alpha_F|$, γ_S und γ_F enthält. Nicht enthaltene Zwischenwerte sind zu interpolieren.

$$E_{H,F} = E_H \cdot R(|\alpha_S - \alpha_F|, \gamma_S, \gamma_F) \quad (99)$$

Für die rechnerische Ermittlung eignet sich gut die zunächst sehr kompliziert wirkende Näherungsformel

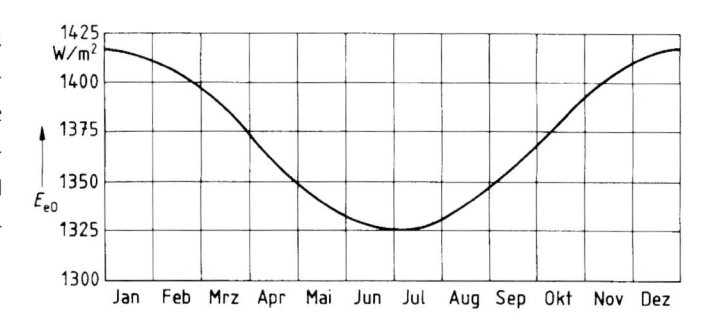

Bild 8.15:

Jahresgang der Bestrahlungsstärke der extraterrestrischen Sonnenstrahlung (Solarkonstante)

$$R = R(|\alpha_S - \alpha_F|, \gamma_S, \gamma_F) \\ = 1{,}2 - (\gamma_F / 112{,}5) \\ + [(\gamma_S - 90) / (93 + \{(\gamma_F - 90) / 8{,}7\}^2)]^2 \\ + 0{,}89 \cdot \cos |\alpha_S - \alpha_F| \\ - \{(\gamma_F - 67) / 71{,}4\}^2 \cdot \cos |\alpha_S - \alpha_F| \\ - (\gamma_S \cdot \cos |\alpha_S - \alpha_F|) / (100 + \{(\gamma_F - 67)/6\}^2) \\ - [\{(\gamma_S - 90) \cdot \sin |\alpha_S - \alpha_F|\} \\ / (110 + \{(\gamma_F - 90) / 5{,}7\}^2)]^2 \quad (100)$$

Es ergibt sich für E_F ein relativ kleiner Fehler, wenn man vereinfachend einsetzt:

$$E_{H,F} \approx E_H \cdot (1 + \cos \gamma_F) \quad (101)$$
$$E_{B,F} = (E_S + E_H) \cdot 0{,}5 \cdot \rho_B \cdot (1 - \cos \gamma_F) \quad (102)$$

$\rho_B = 0{,}2$ wird eingesetzt, wenn der genaue Wert nicht bekannt ist.

Mit der Kenntnis der Werte für bedeckten und für klaren Himmel lassen sich nun auch die Beleuchtungsstärken für den mittleren Himmel berechnen [13]. Mit Hilfe der in der Tabelle 3 (im Kapitel 7) angegebenen mittleren oder der [17] entnommenen örtlichen Sonnenscheinwahrscheinlichkeit SSW, des Zeitintervalls $\Delta T = 1h$, der weiter oben definierten Beleuchtungsstärken und der Faktoren R_S und R_H (Formeln (73) und (74)) findet man für beliebig geneigte Flächen für den von der Sonne herrührenden Anteil im Zeitraum $\Delta T \cdot SSW$:

Tabelle 5:

Verhältnisse R von Beleuchtungsstärken auf geneigten, ebenen Flächen zu Horizontalbeleuchtungsstärken für verschiedene Neigungen γ_F gegen die Horizontale, verschiedene Sonnenhöhen γ_S und verschiedene Azimutdifferenzen $|\alpha_F - \alpha_S|$ zwischen Orientierung für Flächen und dem Sonnenazimut [16]

γ_F	γ_S	$|\alpha_F - \alpha_S|$												
		0°	15°	30°	45°	60°	75°	90°	105°	120°	135°	150°	165°	180°
0°	0°	1,00	1,00	1,00	1,00	1,00	1,00	1,00	1,00	1,00	1,00	1,00	1,00	1,00
	15°	1,00	1,00	1,00	1,00	1,00	1,00	1,00	1,00	1,00	1,00	1,00	1,00	1,00
	30°	1,00	1,00	1,00	1,00	1,00	1,00	1,00	1,00	1,00	1,00	1,00	1,00	1,00
	45°	1,00	1,00	1,00	1,00	1,00	1,00	1,00	1,00	1,00	1,00	1,00	1,00	1,00
	60°	1,00	1,00	1,00	1,00	1,00	1,00	1,00	1,00	1,00	1,00	1,00	1,00	1,00
	75°	1,00	1,00	1,00	1,00	1,00	1,00	1,00	1,00	1,00	1,00	1,00	1,00	1,00
	90°	1,00	1,00	1,00	1,00	1,00	1,00	1,00	1,00	1,00	1,00	1,00	1,00	1,00
15°	0°	1,32	1,31	1,28	1,22	1,15	1,07	0,99	0,91	0,85	0,80	0,78	0,76	0,76
	15°	1,33	1,32	1,28	1,23	1,16	1,07	0,99	0,90	0,83	0,78	0,75	0,73	0,72
	30°	1,25	1,24	1,21	1,17	1,12	1,05	0,98	0,92	0,86	0,81	0,78	0,76	0,75
	45°	1,17	1,16	1,14	1,11	1,07	1,03	0,98	0,93	0,89	0,86	0,83	0,81	0,81
	60°	1,10	1,09	1,08	1,06	1,04	1,01	0,98	0,95	0,92	0,90	0,88	0,87	0,87
	75°	1,03	1,03	1,03	1,02	1,01	0,99	0,98	0,96	0,95	0,94	0,93	0,93	0,92
	90°	0,98	0,98	0,98	0,98	0,98	0,98	0,98	0,98	0,98	0,98	0,98	0,98	0,98
30°	0°	1,60	1,58	1,52	1,41	1,28	1,13	0,98	0,86	0,78	0,72	0,69	0,68	0,67
	15°	1,61	1,58	1,52	1,41	1,27	1,12	0,96	0,83	0,72	0,66	0,62	0,60	0,59
	30°	1,45	1,43	1,38	1,29	1,19	1,07	0,94	0,83	0,73	0,66	0,62	0,59	0,58
	45°	1,28	1,27	1,23	1,18	1,10	1,02	0,93	0,85	0,77	0,71	0,67	0,65	0,64
	60°	1,14	1,13	1,11	1,08	1,03	0,98	0,92	0,87	0,82	0,78	0,75	0,73	0,72
	75°	1,02	1,02	1,01	0,99	0,97	0,94	0,92	0,89	0,87	0,85	0,83	0,82	0,82
	90°	0,92	0,92	0,92	0,92	0,92	0,92	0,92	0,92	0,92	0,92	0,92	0,92	0,92
45°	0°	1,80	1,77	1,68	1,53	1,34	1,14	0,94	0,80	0,71	0,66	0,64	0,63	0,63
	15°	1,79	1,76	1,67	1,51	1,32	1,11	0,90	0,74	0,63	0,57	0,54	0,52	0,52
	30°	1,56	1,54	1,46	1,35	1,20	1,03	0,87	0,72	0,62	0,55	0,50	0,48	0,48
	45°	1,33	1,31	1,26	1,18	1,07	0,96	0,84	0,73	0,64	0,58	0,53	0,51	0,50
	60°	1,13	1,12	1,08	1,03	0,97	0,90	0,83	0,76	0,69	0,64	0,61	0,59	0,58
	75°	0,96	0,95	0,94	0,92	0,89	0,85	0,82	0,78	0,75	0,72	0,70	0,69	0,69
	90°	0,81	0,81	0,81	0,81	0,81	0,81	0,81	0,81	0,81	0,81	0,81	0,81	0,81
60°	0°	1,90	1,86	1,75	1,57	1,35	1,11	0,89	0,74	0,65	0,61	0,59	0,59	0,59
	15°	1,88	1,84	1,72	1,54	1,31	1,06	0,83	0,66	0,56	0,51	0,48	0,47	0,47
	30°	1,58	1,55	1,46	1,32	1,15	0,95	0,77	0,62	0,52	0,46	0,43	0,42	0,41
	45°	1,29	1,27	1,21	1,11	0,99	0,86	0,73	0,61	0,52	0,47	0,43	0,41	0,41
	60°	1,05	1,04	1,00	0,94	0,87	0,78	0,70	0,62	0,56	0,51	0,48	0,46	0,45
	75°	0,85	0,84	0,82	0,80	0,76	0,73	0,69	0,65	0,61	0,58	0,56	0,55	0,55
	90°	0,68	0,68	0,68	0,68	0,68	0,68	0,68	0,68	0,68	0,68	0,68	0,68	0,68
75°	0°	1,88	1,84	1,71	1,52	1,27	1,02	0,80	0,65	0,58	0,54	0,53	0,53	0,53
	15°	1,85	1,80	1,67	1,47	1,22	0,96	0,72	0,56	0,48	0,44	0,43	0,42	0,42
	30°	1,51	1,48	1,38	1,23	1,04	0,83	0,65	0,51	0,43	0,39	0,37	0,36	0,36
	45°	1,18	1,16	1,09	0,99	0,86	0,72	0,59	0,49	0,42	0,37	0,35	0,34	0,33
	60°	0,91	0,90	0,86	0,80	0,72	0,64	0,56	0,49	0,43	0,39	0,37	0,36	0,35
	75°	0,70	0,69	0,67	0,65	0,61	0,58	0,54	0,50	0,47	0,45	0,43	0,42	0,41
	90°	0,53	0,53	0,53	0,53	0,53	0,53	0,53	0,53	0,53	0,53	0,53	0,53	0,53
90°	0°	1,76	1,71	1,58	1,38	1,14	0,89	0,68	0,55	0,49	0,47	0,46	0,46	0,46
	15°	1,70	1,66	1,53	1,32	1,08	0,82	0,60	0,47	0,40	0,37	0,36	0,36	0,36
	30°	1,35	1,32	1,22	1,06	0,88	0,68	0,52	0,41	0,35	0,32	0,31	0,30	0,30
	45°	1,01	0,99	0,92	0,82	0,70	0,57	0,46	0,38	0,33	0,30	0,28	0,28	0,27
	60°	0,74	0,73	0,69	0,63	0,56	0,49	0,42	0,37	0,33	0,30	0,29	0,28	0,28
	75°	0,53	0,53	0,51	0,49	0,46	0,43	0,40	0,37	0,35	0,33	0,32	0,31	0,31
	90°	0,38	0,38	0,38	0,38	0,38	0,38	0,38	0,38	0,38	0,38	0,38	0,38	0,38

$$E_{m,F,S} = [E_{S,F} + E_S \cdot 0{,}5 \cdot \rho_B \cdot (1 - \cos \gamma_F)] \cdot R_S \quad (103)$$

im Zeitraum $\Delta T \cdot (1 - SSW)$:

$$E_{m,F,S} = 0 \quad (104)$$

und für den teilweise bedeckten Himmel

$$E_{m,F,H} = \{[E_{H,F} + E_H \cdot 0{,}5 \rho_B \cdot (1 - \cos \gamma_F)] \cdot (1 - SSW)\} \cdot R_H \quad (105)$$

Die Beleuchtungsstärke bei mittlerem Himmel auf beliebig geneigten Flächen im Zeitraum $\Delta T \cdot SSW$ ergibt sich schließlich zu

$$E_{m,F} = E_{m,F,S} + E_{m,F,H} \quad (106)$$

und im Zeitraum $\Delta T \cdot (1 - SSW)$ schließlich zu

$$E^*_{m,F} = E_{m,F,H} \quad (107)$$

Für Nutzungszeitberechnungen sind die Zeiträume $\Delta T \cdot SSW$ und $\Delta T \cdot (1 - SSW)$ und damit die Beleuchtungsstärken $E_{m,F}$ und $E^*_{m,F}$ grundsätzlich getrennt voneinander zu betrachten.

Unter bestimmten Umständen kann es sich ergeben, dass die Beleuchtungsstärke bei mittlerem Himmel (vgl. Kapitel 7) merklich größer ist als die Beleuchtungsstärke bei klarem (natürlich auch bei bedecktem Himmel). Das ist auf die größere Leuchtdichte der Wolken bei teilweise bewölktem Himmel zurückzuführen. Die Berechnung der Faktoren R_S und R_H (vgl. wiederum Kapitel 7) berücksichtigt das bereits. Aus [44] wurde Bild 8.16 übernommen. Es zeigt für Braunschweig auf der Ordinate die über das ganze Jahr gemittelte Wahrscheinlichkeit, dass eine bestimmte, auf der Abszisse aufgetragene horizontale Beleuchtungsstärke allein durch das unterschiedlich – also auch hell – bewölkte Himmelsgewölbe erzeugt wird. Aus zahlreichen Messungen wurden die Kurven für die Zeiträume von Sonnenauf- bis Sonnenuntergang, von 9 bis 17 Uhr (Büroarbeit) und 8 bis 14 Uhr (Schule) bestimmt.

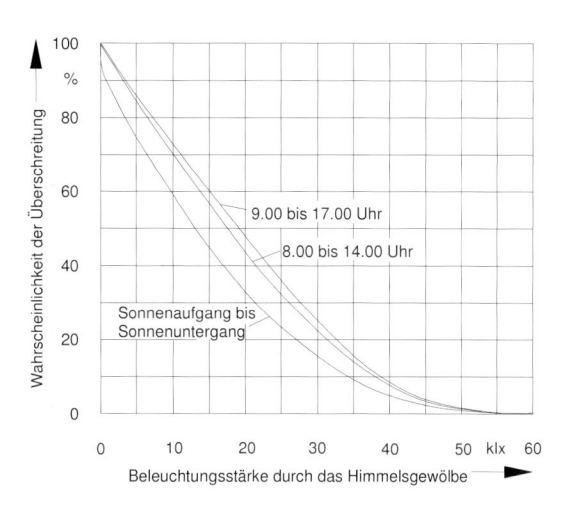

Bild 8.16:
Über ein Jahr gemittelte Wahrscheinlichkeit des Überschreitens einer bestimmten horizontalen Beleuchtungsstärke allein durch das Himmelgewölbe; gültig für Braunschweig und die angegebenen Zeiträume

Ein Hinweis soll abschließend gegeben werden: In einem neuen Entwurf eines Regelwerks für die räumliche Verteilung des Tageslichts [60] hat die CIE 16 Formeln für die Leuchtdichteverteilungen bei unterschiedlichen Himmelszuständen zusammengestellt. Der bedeckte Himmel nach Formel (75) wird als Typ 16 und der klare Himmel nach Formel (82) als Typ 13 gekennzeichnet. Für den bedeckten Himmel soll in Zukunft eine Formel (Typ 1) verwendet werden, die sich in ihren Ergebnissen kaum von der bisher und auch hier verwendeten Formel unterscheidet.

Oberlichter | Licht und Sehen | Tageslicht und Globalstrahlung | Materialien und Herstellung | Planung und Dimensionierung | Spezielle Objekte

9 Globalstrahlung

Analog zu den verschiedenen Beleuchtungsstärken bei Tageslicht (vgl. Kapitel 7) werden die horizontalen Bestrahlungsstärken und die Bestrahlungsstärken auf beliebig ausgerichteten ebenen Flächen dargestellt, und zwar bei bedecktem, klarem und mittlerem Himmel, auch in Abhängigkeit von atmosphärischer Trübung sowie von Jahres- und Tageszeit. Rechenergebnisse für die im Jahresverlauf möglichen Tageswerte der Bestrahlungen bei klarem und bei bedecktem Himmel und der Jahreswert der Bestrahlung bei mittlerem Himmel werden mitgeteilt. Derartige Werte werden für wärme- und solartechnische Untersuchungen und Projektierungen benötigt.

■ Für die Ausnutzung der Solarenergie und für die Bestimmung der äußeren Kühllast von Räumen mit Fenstern oder Oberlichtern ist die Kenntnis der Globalstrahlung [13] von Bedeutung. Die Globalstrahlung ist die Summe von direkter und diffuser Sonnenstrahlung im gesamten Wellenlängenbereich der optischen Strahlung. Wenn nicht anders festgelegt, handelt es sich um die dadurch hervorgerufene horizontale Bestrahlungsstärke. Bild 9.1 zeigt, dass bei durchstrahlter Luftmasse 1, also bei geringstmöglicher Schwächung durch die Atmosphäre, 4,5 % der Globalstrahlung im UV-Bereich, 51,5 % im sichtbaren Bereich und 44 % im IR-Bereich liegen. Der dabei vorausgesetzte senkrechte Sonnenstand ist gemäß Kapitel 6 in Deutschland allerdings gar nicht erreichbar. Deswegen ergeben sich hier geringe Verschiebungen zum langwelligen Teil des Spektrums abhängig vom jeweiligen Sonnenstand.

Üblicherweise wird allen Berechnungen die spektrale Strahlungsverteilung für eine durchstrahlte Luftmasse 2 zugrunde gelegt, wie sie in ⊙9C.DOC aufgelistet ist [13].

Die auch in Bild 9.1 gewählte treppenartige Darstellung der Werte „$\Phi_{e\lambda} \cdot d\lambda$" vereinfacht die späteren Berechnungen in Kapitel 11. Die tatsächlichen Verläufe sind jedoch kontinuierlich (vgl. Bild 9.2) und werden vom Sonnenstand und von atmosphärischen und meteorologischen Parametern beeinflusst. Wasserdampf und Gase in der Atmosphäre sind dafür verantwortlich, dass in einigen Wellenlängenbereichen Absorption eintritt; die Kurven zeigen deutliche Einbrüche.

Um später beispielsweise die UV-Schutzwirkung einer Verglasung beurteilen zu können, muss man wissen, dass maximal die in Bild 9.2 dargestellte spektrale Bestrahlungsstärke im UV-Bereich durch die Globalstrahlung [21] verursacht werden kann.

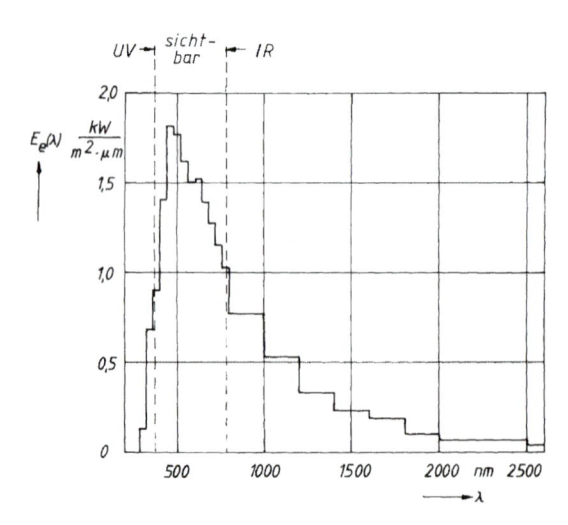

Bild 9.1:
Spektrale Strahlungsverteilung der Globalstrahlung für eine Sonnenhöhe von 90° [20]

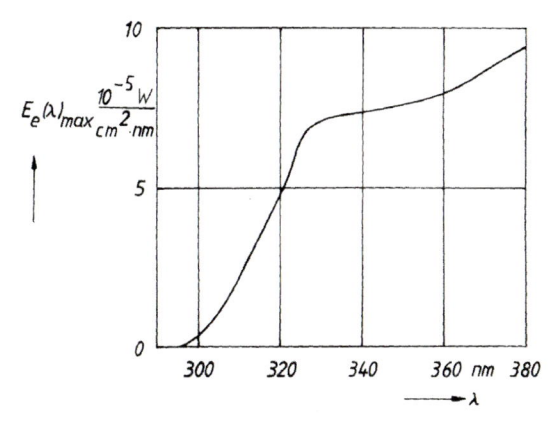

Bild 9.2:
Maximale spektrale Bestrahlungsstärke der Globalstrahlung im UV-Bereich

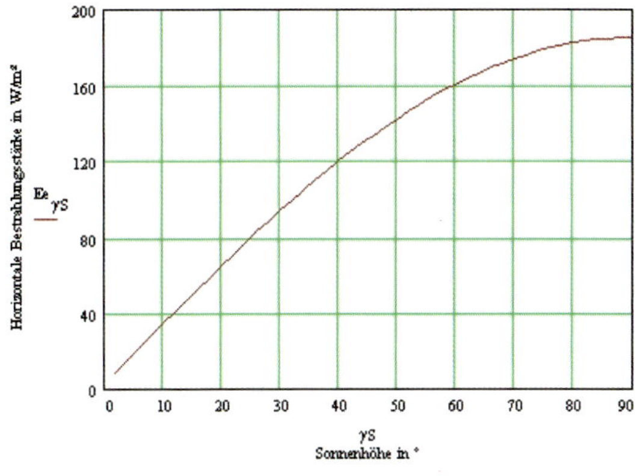

Bild 9.3:
Abhängigkeit der horizontalen Bestrahlungsstärke $E_{e,a}$ von der Sonnenhöhe γ_S bei bedecktem Himmel

Wie im vorausgegangenen Kapitel „Tageslicht" sind auch bei der Globalstrahlung der bedeckte, der klare und der mittlere Himmel von Interesse. Die Berechnungen verlaufen ganz analog zum Tageslicht.

Bei **bedecktem Himmel** gilt das photometrische Strahlungsäquivalent

$$K_{bH} = E_a / E_e$$
$$= 115 \text{ lm/W} \qquad (108)$$

Aus (76) und (77) werden somit die Zenitleuchtdichte L_{eZ} und die horizontale Bestrahlungsstärke $E_{e,a}$

$$L_{eZ} = (1{,}068 + 74{,}7 \cdot \sin \gamma_S) \text{ W/m}^2 \qquad (109)$$

$$E_{e,a} = (300 + 21.000 \cdot \sin \gamma_S) / 115 \text{ W/m}^2$$
$$= (2{,}609 + 182{,}609 \cdot \sin \gamma_S) \text{ W/m}^2 \qquad (110)$$

Die Abhängigkeit der horizontalen Bestrahlungsstärke $E_{e,a}$ von der Sonnenhöhe γ_S bei bedecktem Himmel [24] ist in Bild 9.3 dargestellt. Daraus lässt sich für Kassel als mittleren deutschen Ort die Abhängigkeit der horizontalen Bestrahlungsstärke bei bedecktem Himmel von Jahres- und Tageszeit berechnen und im Bild 9.4 darstellen.

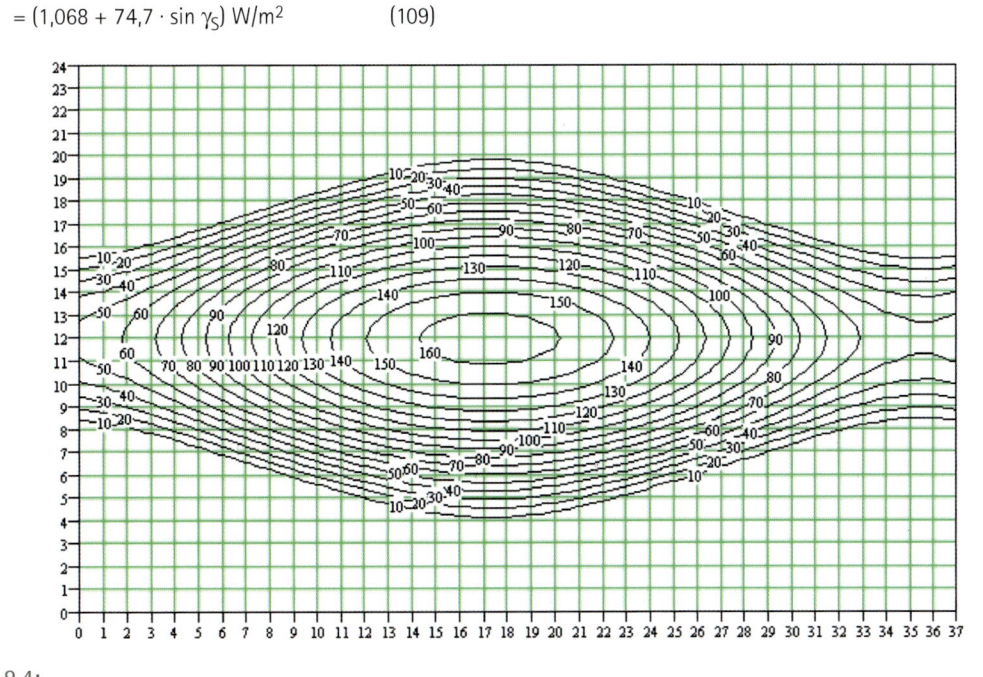

Bild 9.4:
Horizontale Bestrahlungsstärke in W/m² bei bedecktem Himmel für 51° nördlicher Breite in Abhängigkeit von der Jahres- und Tageszeit (Abszissenteilung: das Jahr in Schritten von 10 Tagen, Ordinatenteilung: h Wahre Ortszeit)

Auf einer in beliebige Richtungen orientierten, um γ_F gegen die Horizontale geneigten, ebenen Fläche erzeugt der bedeckte Himmel zusammen mit der Reflexion am Boden (Strahlungsreflexionsgrad ρ_{eB}; falls unbekannt: $\rho_{eB} = 0{,}2$) die Bestrahlungsstärke

$$E_{e,a,F} = E_e \cdot [0{,}182 \cdot \{1{,}178 \cdot (1 + \cos \gamma_F) + (\pi - \gamma_F / \mathrm{rad}) \cdot \cos \gamma_F + \sin \gamma_F\} + 0{,}5 \cdot \rho_{eB} \cdot (1 - \cos \gamma_F)] \quad (111)$$

Das Verhältnis der Bestrahlungsstärke auf einer um γ_F gegen die Horizontale geneigten Fläche zur horizontalen Bestrahlungsstärke $E_{e,a,F} : E_a$ ist das gleiche wie das in Bild 7.3 dargestellte Verhältnis der entsprechenden Beleuchtungsstärken [23].

⊙9A.DOC (bzw. ⊙9A-1.DOC bis ⊙9A-5.DOC) zeigen die Jahres- und Tageszeitabhängigkeiten dieser Bestrahlungsstärken für ebene Flächen mit Neigungswinkeln von 0°, 30°, 45°, 60° und 90°.

Bei **klarem Himmel** [22] gelten die horizontalen Bestrahlungsstärken $E_{e,h,S}$ durch die Sonne und $E_{e,h,H}$ durch das Himmelsgewölbe – ohne Verbauung – mit den in Kapitel 8 erläuterten Abkürzungen:

$$E_{e,h,S} = E_{e0} \cdot \exp(-T_L \cdot \overline{\delta}_R \cdot m \cdot p/p_0) \cdot \sin \gamma_S \; \mathrm{W/m^2} \quad (112)$$

$$E_{e,h,H} = 0{,}5 \cdot E_{e0} \cdot [\tau_a{}^m - \exp(-T_L \cdot \overline{\delta}_R \cdot m \cdot p/p_0)] \cdot \sin \gamma_S \; \mathrm{W/m^2} \quad (113)$$

Die horizontale Globalbestrahlungsstärke ist die Summe

$$E_{e,h,g} = E_{e,h,S} + E_{e,h,H} \quad (114)$$

Für unterschiedliche Trübungsfaktoren T_L (vgl. Kapitel 8) kann man die in Bild 9.5 dargestellten Abhängigkeiten der horizontalen Bestrahlungsstärken $E_{e,h,g}$ von der Sonnenhöhe γ_S finden.

Bei der Berechnung der von Sonne, Himmel und Reflexion

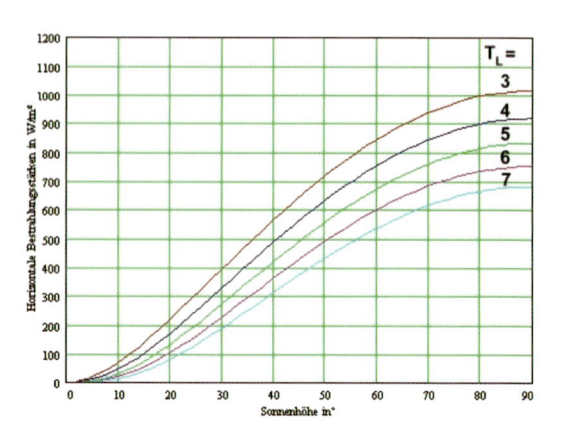

Bild 9.5:

Horizontale Bestrahlungsstärken $E_{e,h,g}$ bei klarem Himmel für unterschiedliche Trübungsfaktoren T_L in Abhängigkeit von der Sonnenhöhe γ_S

am Boden herrührenden Bestrahlungsstärken auf geneigten und in bestimmte Richtungen orientierten ebenen Flächen wird ebenso vorgegangen wie bei der Berechnung der entsprechenden Beleuchtungsstärken gemäß Kapitel 7 einschließlich der Tabelle 5. Hier gilt jedoch:

$$E_{e,S,F} = E_{e,S} \cdot (\cos \gamma_F + \sin \gamma_F \cdot \cos |\alpha_S - \alpha_F| / \tan \gamma_S) \quad (115)$$

$$E_{e,H,F} = E_{e,H} \cdot R(|\alpha_S - \alpha_F|, \gamma_S, \gamma_F) \quad (116)$$

$$E_{e,B,F} = (E_{e,S} + E_{e,H}) \cdot 0{,}5 \cdot \rho_{eB} \cdot (1 - \cos \gamma_F) \quad (117)$$

Es ergibt sich für $E_{e,H,F}$ ein relativ kleiner Fehler, wenn man – wie bei $E_{H,F}$ in Kapitel 7 – vereinfachend einsetzt:

$$E_{e,H,F} \approx E_{e,H} \cdot (1 + \cos \gamma_F) \quad (118)$$

Wieder wird $\rho_{eB} = 0{,}2$ eingesetzt, wenn der genaue Wert nicht bekannt ist. Schließlich lautet das Ergebnis für die gesamte Bestrahlungsstärke:

$$E_{e,g,F} = E_{e,S,F} + E_{e,H,F} + E_{e,B,F} \quad (119)$$

Für 51° nördlicher Breite – etwa Kassel als mittlerer deutscher Ort – und für den mittleren Trübungsfaktor $T_L = 4,9$ werden in ⊚9B.DOC für eine Reihe wichtig erscheinender Kombinationen von Neigung und Orientierung der Fläche die berechneten Gesamt-Bestrahlungsstärken in Abhängigkeit von Jahres- und Tageszeit wiedergegeben. Sie stellen quasi die größtmöglichen Werte dar, während die kleinstmöglichen Werte bei bedecktem Himmel auftreten und ⊚9A.DOC entnommen werden können.

Die sich daraus im Jahresverlauf ergebenden täglichen Bestrahlungen (in $kWh/m^2 = 3,6 MJ/m^2$), die der klare und der bedeckte Himmel auf verschieden geneigten und in verschiedene Himmelsrichtungen orientierten Flächen verursacht, werden in ⊚9D.DOC dargestellt.

Die Berechnung der entsprechenden strahlungsphysikalischen Daten des mittleren Himmels geschieht nach dem bereits in Kapitel 7 geschilderten Verfahren. Durch Summation der für einen Zeitraum von jeweils einer Stunde berechneten Werte lässt sich der auf einen Tag, einen Monat oder ein Jahr bezogene Wert der Bestrahlung H_e (also das Zeitintegral der Bestrahlungsstärke) bestimmen.

Bild 9.6 zeigt beispielsweise für Berlin die unter der Voraussetzung des mittleren Himmels zu erwartenden Bestrahlungen (in $MJ/m^2 = 0,278 kWh/m^2$) in Abhängigkeit von Neigung und Orientierung einer 1 m² großen, ebenen Fläche. Das Ablesen der Werte soll an einem Beispiel (Pfeile im Bild) erläutert werden. In der Grundfläche des dreidimensionalen Diagramms gelangt man für ein in Richtung Nordwesten gerichtetes und $\gamma_F = 60°$ gegen die Horizontale geneigtes Oberlicht zu einem Schnittpunkt. Über diesem trifft man auf die für $\gamma_F = 60°$ gültige Kurve. In der Höhe dieses zweiten Schnittpunkts findet man auf der Ordinate den gesuchten Wert H_e = ca. 1.800 $MJ/m^2·a$ = ca. 500 $kWh/m^2·a$.

Man erkennt den beachtlichen Unterschied zwischen Minimum (Norden, $\gamma_F = 90°$) und Maximum (Süden, $\gamma_F = 35°$): ca. 1 : 4!

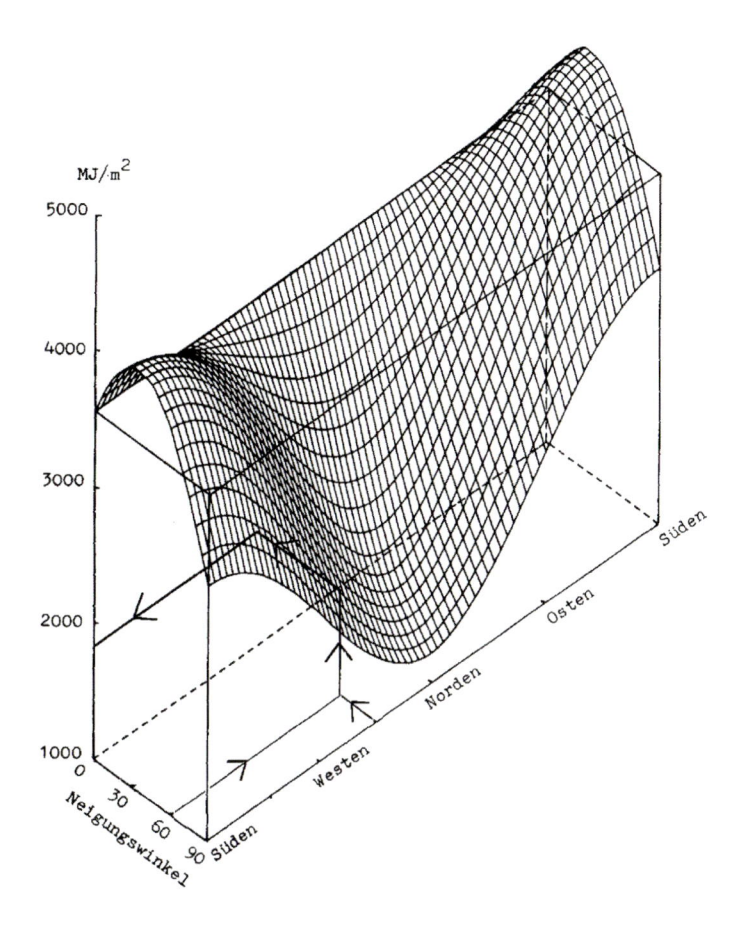

Bild 9.6:
Mittlere jährliche Bestrahlung H_e / a auf Flächen, die in bestimmte Himmelsrichtungen orientiert und um γ_F gegen die Horizontale geneigt sind; gültig für Berlin unter der Voraussetzung mittleren Himmels

10 Lichttechnische Kennzeichnung von Baustoffen

Die für Oberlichter relevanten Stoffkennzahlen werden erläutert. Es wird aufgezeigt, dass sie keine reinen Materialkonstanten sind, sondern von einer Reihe von Parametern beeinflusst werden. Bei opaken, d. h. lichtundurchlässigen Baustoffen (Mauerwerk, Anstrich …) interessiert vor allem der Reflexionsgrad ρ_{D65} bei Beleuchtung durch die Normlichtart D65 („Tageslicht"). Lichtdurchlässige Materialien sind durch den Transmissionsgrad τ_{D65} (also gleiche Beleuchtung) und durch Streuvermögen σ oder Halbwertswinkel γ zu kennzeichnen. Stets sollte bei Herstellerangaben darauf geachtet werden, dass diese Kennzahlen normgerecht ermittelt und angegeben werden, um unterschiedliche Erzeugnisse miteinander vergleichen zu können. Rechenvorschriften für Mehrfachverglasungen werden mitgeteilt. Es wird auf die zum Teil sehr starke, infolge des veränderlichen Sonnenstandes auch zeitabhängige Verringerung der Transmissiongrade gegenüber den – aus Herstellerangaben zu entnehmenden – Nennwerten für quasiparallele, senkrechte Beleuchtung hingewiesen, die sich bei schräger oder diffuser Beleuchtung stets ergibt. Erst das Einsetzen der entsprechend korrigierten Werte ergibt eine gute Übereinstimmung zwischen der Projektierung und dem späteren Ergebnis der praktischen Anwendung und der messtechnischen Überprüfung.

■ Strahlung und damit auch Licht können beim Auftreffen auf Materie verschiedene „Schicksale" erleiden; sie werden entweder

- transmittiert, d. h. entsprechend dem **Transmissionsgrad** τ durchgelassen,
- reflektiert, d. h. entsprechend dem **Reflexionsgrad** ρ zurückgeworfen oder
- absorbiert, d. h. entsprechend dem **Absorptionsgrad** α aufgenommen und letztlich in Erwärmung umgesetzt.

Über die Fluoreszenz, also die Umwandlung in längerwellige Strahlung, muss im vorliegenden Zusammenhang nicht berichtet werden.

Die Transmission kann **gerichtet** (Index r) sein wie bei Fensterglas oder **gestreut** (Index d) wie bei Trübglas. Die Reflexion kann gerichtet sein wie bei einem Spiegel oder gestreut wie bei einem matten Anstrich. In aller Regel treten bei beiden Größen beide Anteile gemeinsam auf (vgl. Bild 10.1), sie werden aber separat ermittelt.

Reflexion   Transmission

(Spiegel)   gerichtet   (Fensterglas)

(Mattglas) Oberflächenstreuung (Mattglas)

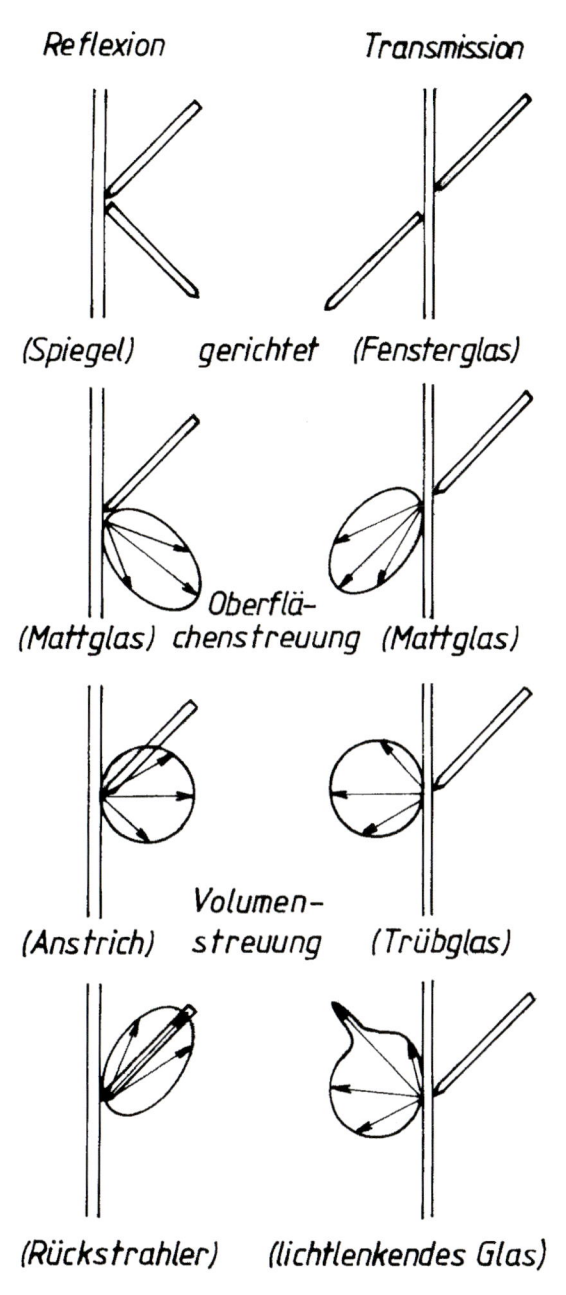

(Anstrich) Volumenstreuung (Trübglas)

(Rückstrahler)   (lichtlenkendes Glas)

Bild 10.1:
Typische Beispiele für Lichtverteilungen infolge gerichteter und gestreuter Reflexion und Transmission gerichtet beleuchteter Materialien

- der spektralen Zusammensetzung der auffallenden Strahlung (blaues Material transmittiert blaue Strahlung besser als rote) – hier wird stets die Normlichtart D65 (Bild 3.11, ⊚10A.DOC) verwendet,

- der relativen Spektralempfindlichkeit des bewertenden Empfängers (wellenlängenunabhängig, an $V(\lambda)$ oder Wirkungsfunktionen angepasst),

- der Richtung des Strahlungseinfalls (vgl. Bild 10.2),

- der Abstrahlungsrichtung (vgl. Bild 10.2),

- dem Öffnungswinkel des einfallenden Strahlenbündels,

- dem Öffnungswinkel des bewertenden Empfängers,

- dem Polarisationszustand der auftreffenden Strahlung,

- der Schichtdicke des Materials,

- der Temperatur (meist 20 °C) und

- dem Oberflächenzustand (trocken, sauber).

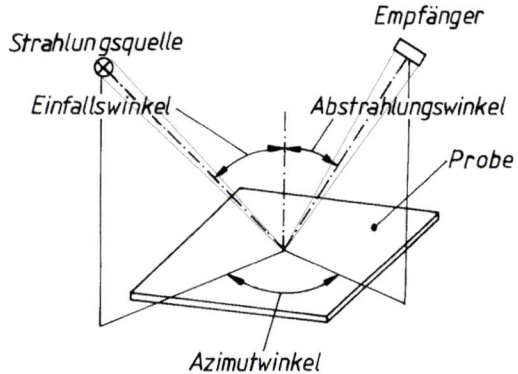

Bild 10.2:
Prinzipskizze zur Kennzeichnung der Winkel bei der Bestimmung der Stoffkennzahlen

Die eben genannten Kennzahlen sind allerdings keine absoluten Materialkonstanten, sondern hängen von mehreren Parametern ab, nämlich von

Oberlichter | Licht und Sehen | Tageslicht und Globalstrahlung | **Materialien und Herstellung** | Planung und Dimensionierung | Spezielle Objek

Die Definitionen, die zu bevorzugenden Parameter und die Messvorschriften sind in DIN 5036 [27] genormt. Bevor dazu Stellung genommen wird, sollen – analog zu den Definitionen der Größen in Tabelle 2 (Kapitel 6) – die verschiedenen Stoffkennzahlen, also Transmissions-, Reflexions- und Absorptionsgrade, einander tabellarisch gegenübergestellt werden.

Gemeinsam ist allen, dass sie das Verhältnis des jeweiligen Strahlungsflusses (vgl. Tabelle 2) nach dem Auftreffen auf das Material zum Strahlungsfluss Φ_e vor dem Auftreffen sind. Die Form der Änderung wird durch die Indizes τ für Transmission, ρ für Reflexion und α für Absorption gekennzeichnet. Der Index s steht bei allgemeinen Stoffkennzahlen. Darunter versteht man – zunächst – Transmissions-, Reflexions- und Absorptionsgrade für bestimmte relative spektrale Verteilungen $S(\lambda)_{rel}$ der auftreffenden Strahlung; so bezeichnet beispielsweise $\rho_S = \rho_{D65}$ den (Licht-)Reflexionsgrad für die Normlichtart D65 (repräsentativ für Tageslicht).

In den Materialien werden die Größe und die Richtung des eingedrungenen Lichtstroms bzw. Strahlungsflusses durch

Tabelle 6:

Transmissions-, Reflexions- und Absorptionsgrade [27]

Strahlungstransmissionsgrad	spektraler Transmissionsgrad	(Licht-)Transmissionsgrad *)	(allgemeiner) Transmissionsgrad für $S(\lambda)_{rel}$
$\tau_e = \Phi_{e\tau} / \Phi_e$ (120)	$\tau(\lambda) = \Phi_{e\lambda\tau} / \Phi_{e\lambda}$ (121)	$\tau = \dfrac{\int_{\lambda=0}^{\infty} \Phi_{e\lambda} \cdot \tau(\lambda) \cdot V(\lambda) \cdot d\lambda}{\int_{\lambda=0}^{\infty} \Phi_{e\lambda} \cdot V(\lambda) \cdot d\lambda}$ (122)	$\tau_s = \dfrac{\int_{\lambda=0}^{\infty} \Phi_{e\lambda} \cdot \tau(\lambda) \cdot S(\lambda)_{rel} \cdot d\lambda}{\int_{\lambda=0}^{\infty} \Phi_{e\lambda} \cdot S(\lambda)_{rel} \cdot d\lambda}$ (123)
Strahlungsreflexionsgrad	spektraler Reflexionsgrad	(Licht-)Reflexionsgrad	(allgemeiner) Reflexionsgrad für $s(\lambda)_{rel}$
$\rho_e = \Phi_{e\rho} / \Phi_e$ (124)	$\rho(\lambda) = \Phi_{e\lambda\rho} / \Phi_{e\lambda}$ (125)	$\rho = \dfrac{\int_{\lambda=0}^{\infty} \Phi_{e\lambda} \cdot \rho(\lambda) \cdot V(\lambda) \cdot d\lambda}{\int_{\lambda=0}^{\infty} \Phi_{e\lambda} \cdot V(\lambda) \cdot d\lambda}$ (126)	$\rho_s = \dfrac{\int_{\lambda=0}^{\infty} \Phi_{e\lambda} \cdot \rho(\lambda) \cdot S(\lambda)_{rel} \cdot d\lambda}{\int_{\lambda=0}^{\infty} \Phi_{e\lambda} \cdot S(\lambda)_{rel} \cdot d\lambda}$ (127)
Strahlungsabsorptionsgrad	spektraler Absorptionsgrad	(Licht-)Absorptionsgrad	(allgemeiner) Absorptionsgrad für $S(\lambda)_{rel}$
$\alpha_e = \Phi_{e\alpha} / \Phi_e$ (128)	$\alpha(\lambda) = \Phi_{e\lambda\alpha} / \Phi_{e\lambda}$ (129)	$\alpha = \dfrac{\int_{\lambda=0}^{\infty} \Phi_{e\lambda} \cdot \alpha(\lambda) \cdot V(\lambda) \cdot d\lambda}{\int_{\lambda=0}^{\infty} \Phi_{e\lambda} \cdot V(\lambda) \cdot d\lambda}$ (130)	$\alpha_s = \dfrac{\int_{\lambda=0}^{\infty} \Phi_{e\lambda} \cdot \alpha(\lambda) \cdot S(\lambda)_{rel} \cdot d\lambda}{\int_{\lambda=0}^{\infty} \Phi_{e\lambda} \cdot S(\lambda)_{rel} \cdot d\lambda}$ (131)
$\tau_e = \tau_{er} + \tau_{ed}$ (132)	$\tau(\lambda) = \tau(\lambda)_r + \tau(\lambda)_d$ (133)	$\tau = \tau_r + \tau_d$ (134)	$\tau_s = \tau_{sr} + \tau_{sd}$ (135)
$\rho_e = \rho_{er} + \rho_{ed}$ (136)	$\rho(\lambda) = \rho(\lambda)_r + \rho(\lambda)_d$ (137)	$\rho = \rho_r + \rho_d$ (138)	$\rho_s = \rho_{sr} + \rho_{sd}$ (139)
$\tau_e + \rho_e + \alpha_e = 1$ (140)	$\tau(\lambda) + \rho(\lambda) + \alpha(\lambda) = 1$ (141)	$\tau + \rho + \alpha = 1$ (142)	$\tau_s + \rho_s + \alpha_s = 1$ (143)

*) Mit ⓘ10A.DOC wird τ_{D65} gemäß (122) leichter berechenbar, weil bereits die Zahlenwerte für das Produkt „$\Phi_{e\lambda} \cdot V(\lambda)$" – in diesem Fall $[S_{\lambda,D65} \cdot V(\lambda)]_{rel}$ – vorliegen.

ein Zusammenwirken von Brechung, Streuung und Absorption geändert.

Brechung findet nicht nur an den Grenzflächen eines Verglasungsmaterials zur Luft statt, sondern auch an optischen Inhomogenitäten. Vielfach werden für Anwendungen in der Tageslichttechnik Kunststoffe verwendet, denen gleichmäßig verteilt Partikel anders brechender Kunststoffe beigemengt sind, so dass die Lichtausbreitung in einem optisch inhomogenen Medium erfolgen muss. In solchen Fällen kann man manchmal die Auswirkungen der unterschiedlichen Wellenlängenabhängigkeiten der Brechzahlen der beteiligten Materialien beobachten; man spricht anschaulich von einem „Sauermilcheffekt". Die genauen Winkelbeziehungen an der Grenzfläche zweier Materialien lassen sich nach dem Brechungsgesetz (8) ermitteln; vgl. auch Bild 3.6.

Streuung findet dann statt, wenn etwa weiße Pigmente gleichmäßig verteilt in Kunststoffe eingebracht werden (Volumenstreuung). Die gestreute Strahlung hat eine kontinuierliche räumliche Verteilung. Ein vollkommen mattweißer Körper ist ein in alle Richtungen gleichmäßig streuender Körper mit einem Reflexionsgrad bzw. Transmissionsgrad von 1. Die beste Annäherung an diesen technisch nicht erreichbaren Idealzustand ist das als Weißstandard genormte Bariumsulfat ($BaSO_4$). Die Streuung an aufgerauten Oberflächen oder anders brechenden Partikeln in einem durchsichtigen Trägermaterial (Vorwärtsstreuung; verbunden mit einem relativ hohen Transmissionsgrad) ist eigentlich auf Brechung zurückzuführen.

Um das Lichtstreuverhalten eines Materials anschaulich zu kennzeichnen, werden zwei Größen verwendet, nämlich der Halbwertswinkel γ für schwächer streuende und das Streuvermögen σ für stärker streuende Materialien. Unter dem **Halbwertswinkel** versteht man den Winkel, bei dem die Leuchtdichte L_γ auf den halben Wert der Leuchtdichte L_0 beim Abstrahlungswinkel 0° abgenommen hat – senkrechte Beleuchtung vorausgesetzt:

$$L_\gamma = 0{,}5 \cdot L_0 \qquad (144)$$

Das **Streuvermögen** – wiederum bei senkrechtem Lichteinfall – ist das Verhältnis von Leuchtdichten unter den als Index angegebenen Winkeln:

$$\sigma = (L_{20°} + L_{70°}) / 2 \cdot L_{5°} \qquad (145)$$

Ein ideal streuender Körper hat unter allen Winkeln die gleiche Leuchtdichte und damit das Streuvermögen $\sigma = 1$; ein überhaupt nicht streuender Körper dagegen $\sigma = 0$.

Von den zahlreichen weiteren in [27] definierten Kennzahlen sollen hier nur noch drei erwähnt werden, die von Interesse sein könnten.

Der **Leuchtdichtefaktor**

$$\beta = L / L_w \qquad (146)$$

ist das Verhältnis der Leuchtdichte eines nicht selbstleuchtenden reflektierenden Materials zur Leuchtdichte des ideal mattweißen Körpers unter gleichen Beleuchtungs- und Beobachtungsbedingungen.

Der **Leuchtdichtekoeffizient**

$$q = L / E \qquad (147)$$

mit der Einheit sr^{-1} ist das Verhältnis der Leuchtdichte L eines nicht selbstleuchtenden reflektierenden Materials zur Beleuchtungsstärke E auf dem Material unter vorzugebenden Beleuchtungs- und Beobachtungsbedingungen. Seine Angabe ist nur für gestreutes Licht sinnvoll. Zwischen Leuchtdichtefaktor und Leuchtdichtekoeffizient gilt der Zusammenhang

$$\beta = (\pi \cdot \Omega_0 \cdot q)\, sr \qquad (148)$$

Der (spektrale) **Reintransmissionsgrad**

$$\tau_i(\lambda) = \Phi(\lambda)_{ex} / \Phi(\lambda)_{in} \qquad (149)$$

einer homogenen nicht streuenden Schicht ist das Verhältnis des spektralen Strahlungsflusses $\Phi(\lambda)_{ex}$, der die Austrittsfläche der Schicht erreicht, zum spektralen Strahlungsfluss $\Phi(\lambda)_{in}$, der durch die Eintrittsfläche eingedrungen ist. Mit seiner Hilfe kann gemäß [28] der Transmissionsgrad eines durchsichtigen Materials für Dicken berechnet werden, die von der Dicke abweichen, die etwa in einem Prospekt angegeben wurde. Dazu muss die wellenlängenabhängige Brechzahl des betreffenden Materials bekannt sein. Ist die bekannte Dicke d und die unbekannte Dicke x, so gilt mit dem Zusammenhang zwischen dem spektralen Reintransmissionsgrad $\tau_i(\lambda)$ und dem spektralen Transmissionsgrad $\tau(\lambda)_d$ bei Dicke d und senkrechter Beleuchtung

$$\tau(\lambda)_d = \tau_i(\lambda) \cdot P(\lambda) \qquad (150)$$

und dem Reflexionsfaktor

$$P(\lambda) = 2 \cdot n(\lambda) / [n^2(\lambda) + 1] \qquad (151)$$

für die Umrechnung des Transmissionsgrades

$$\tau(\lambda)_d = [\tau(\lambda)_x / P(\lambda)]^{d/x} \cdot P(\lambda) \qquad (152)$$

Bezüglich der Messungen der verschiedenen Kennzahlen, vor allem der Transmissions- und Reflexionsgrade, wird auf [29] verwiesen. Erwähnt werden muss aber, dass zur korrekten Messung eine so genannte Ulbrichtsche Kugel zu verwenden ist, die den halbräumlich von der Probe ausgehenden Lichtstrom bzw. Strahlungsfluss komplett erfasst. Bei Herstellerangaben sollte stets darauf geachtet werden, dass die lichttechnischen Stoffkennzahlen nach DIN 5036 ermittelt wurden!

Alltäglich kann man beobachten, dass vor allem sehr flach auf Fenster oder Wasserflächen auftreffende Lichtstrahlen stark reflektiert werden. Aus diesem Grunde werden sie im Rauminneren beleuchtungstechnisch auch kaum wirksam. Für genauere Untersuchungen will man wissen, welche dadurch bedingten Lichtverluste auftreten bzw. wie sich der Transmissionsgrad verringert. Für die Berechnung kann man bei **durchsichtiger** Verglasung die bereits erwähnten Fresnelschen Reflexionsgrade verwenden (vgl. Bild 3.8). Es gelten die Formeln

$$\bar{\rho}_p(\lambda,\varepsilon_2) = \tan^2(\varepsilon_2 - \beta) / \tan^2(\varepsilon_2 + \beta) \qquad (154)$$

$$\bar{\rho}_s(\lambda,\varepsilon_2) = \sin^2(\varepsilon_2 - \beta) / \sin^2(\varepsilon_2 + \beta) \qquad (155)$$

$$\bar{\rho}(\lambda,\varepsilon_2) = 0{,}5 \cdot (\bar{\rho}_p(\lambda,\varepsilon_2) + \bar{\rho}_s(\lambda,\varepsilon_2)) \qquad (156)$$

Mit (149) und (152) lässt sich die wirksame Schichtdicke für schrägen Lichteinfall

$$d(\varepsilon_2) = d_0 \cdot n(\lambda) / \sqrt{n^2(\lambda) - \sin^2 \varepsilon_2} \qquad (157)$$

und der (spektrale) Transmissionsgrad für schrägen Lichteinfall berechnen:

$$\tau_i(\lambda,\varepsilon_2) = \tau_i(\lambda,\varepsilon_2=0°)^{(d_0 \cdot n(\lambda) / \sqrt{n^2(\lambda) - \sin^2 \varepsilon_2})} \qquad (158)$$

$$\tau(\lambda,\varepsilon_2) = \frac{1 - \bar{\rho}(\lambda,\varepsilon_2) \cdot \tau_i^2(\lambda,\varepsilon_2)}{[1 - \bar{\rho}(\lambda,\varepsilon_2) \cdot \tau i^2(\lambda,\varepsilon_2)]} \qquad (159)$$

In Bild 10.3 ist für n = 1,5 (näherungsweise unabhängig von der Wellenlänge) die für verschiedene Transmissionsgrade durchsichtiger Materialien bei senkrechter Beleuchtung zu erwartende Winkelabhängigkeit des Transmissionsgrades dargestellt.

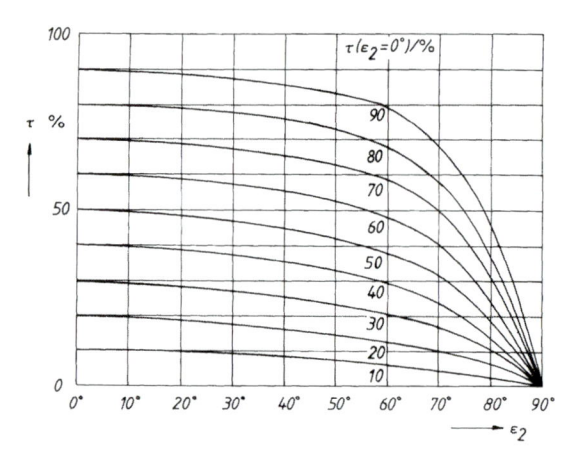

Bild 10.3:
Abhängigkeit der Transmissionsgrade $\tau(\varepsilon_2)$ klarer durchsichtiger Materialien vom Lichteinfallswinkel für eine Brechzahl n = 1,5 und verschiedene Transmissionsgrade bei senkrechter Beleuchtung

Bei **durchscheinenden** Materialien gibt es keine einfach zu handhabenden Regeln zur Berechnung der Winkelabhängigkeit des Transmissionsgrades. Man ist auf entsprechende Messungen angewiesen. Wegen der Sortenvielfalt solcher lichtstreuenden Verglasungen kann hier nur gezeigt werden, wie verschieden die relativen Verläufe $\tau(\varepsilon_2)_{rel}$ sein können. Der Transmissionsgrad für senkrechte Beleuchtung muss mit dem entsprechenden Wert τ_{rel} aus Bild 10.4 multipliziert werden.

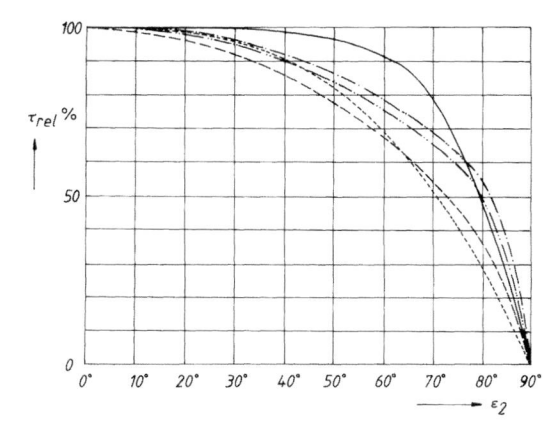

Bild 10.4:
Relative Winkelabhängigkeit der Transmissionsgrade verschiedenartig lichtstreuender Materialien

Aus der Winkelabhängigkeit des Transmissionsgrades $\tau(\varepsilon_2)$ für durchsichtige neutral eingefärbte Verglasungsmaterialien bzw. $\tau(\varepsilon_2 = 0°) \cdot \tau_{rel}(\varepsilon_2)$ für durchscheinende lichtstreuende Verglasungsmaterialien lässt sich der Transmissionsgrad $\tau_{bH,h}$ horizontal angeordneter Proben bzw. Oberlichter bei Beleuchtung durch den bedeckten Himmel berechnen [30]. Für einschalige Verglasungen aus verschiedenen Materialien wurden die in Tabelle 7 aufgelisteten Werte vom Autor gemessen.

Aus den Zahlenwerten der Tabelle 7 erkennt man die Begründung für die pauschale Empfehlung der DIN 5034 ([16], [52]), zur Berücksichtigung der Beleuchtung durch den bedeckten Himmel den Transmissionsgrad einer üblichen **Doppel**verglasung für senkrechte Beleuchtung pauschal mit einem Korrekturfaktor $k_3 = 0{,}85$ ($\approx 0{,}921^2$) zu multiplizieren.

Tabelle 7:
Transmissionsgrade einiger Materialien bei Beleuchtung durch den bedeckten Himmel

Material	Streuvermögen σ	Transmissionsgrad τ bei senkrechter Beleuchtung	Transmissionsgrad $\tau_{bH,h}$ für bedeckten Himmel	$\tau_{bH,h} / \tau$
durchsichtiges, neutralgrau eingefärbtes Acrylglas	0	0,924 (farblos, Maximum)	0,851	0,921
		0,90	0,844	0,916
		0,80	0,722	0,903
		0,70	0,622	0,889
		0,60	0,523	0,872
		0,50	0,428	0,856
		0,40	0,333	0,833
		0,30	0,242	0,807
		0,20	0,154	0,770
		0,10	0,074	0,740
PLEXIGLAS GS Weiß 017	< 0,4	0,85	0,779	0,916
PLEXIGLAS GS Weiß 010	0,57	0,66	0,580	0,879
PLEXIGLAS GS Weiß 060	0,88	0,44	0,425	0,966
PLEXIGLAS GS Weiß 003	0,89	0,02	0,019	0,955
PLEXIGLAS GS Weiß 072	0,93	0,24	0,231	0,962

Oberlichter | Licht und Sehen | Tageslicht und Globalstrahlung | **Materialien und Herstellung** | Planung und Dimensionierung | Spezielle Objekte

Bild 10.5 zeigt, wie der Transmissionsgrad eines einschalig mit farblosem Acrylglas verglasten horizontalen Halbzylinders bzw. eines gewölbeförmigen Oberlichts für die gerichtete Sonnenstrahlung von der Sonnenhöhe γ_S und der Azimutdifferenz $\Delta\alpha$ zwischen der Sonne und der Normalen auf die Achse des Halbzylinders abhängt. Die stark gegen die Richtung zur Sonne geneigten Teile des Halbzylinders reflektieren stark und setzen infolgedessen den mittleren Transmissionsgrad für die Sonnenstrahlung herab. Die am Horizont stehende Sonne ($\gamma_S = 0°$) kann bei Einstrahlung in Achsrichtung ($\Delta\alpha = 90°$) keine Strahlen mehr ins Innere des Gewölbes senden. Dagegen ergeben sich für $\Delta\alpha = 0°$ bei allen in Deutschland möglichen Sonnenhöhen jeweils die höchsten Werte.

Für einige weitere Verglasungsmaterialien (vgl. Bild 10.4) wurden entsprechende Rechnungen durchgeführt und Angaben in ⊚10C.DOC gemacht. Je nach der Position der Sonne relativ zum Halbzylinder bzw. Gewölbe gibt es teilweise erhebliche Unterschiede zwischen den Nenntransmissionsgraden, die stets für senkrechten Lichteinfall angegeben werden, und den mittleren Transmissionsgraden, die aus dem örtlich unterschiedlich schrägen Lichteinfall resultieren.

Bei zweisinnig gekrümmten Gebilden – etwa einer Halbkugel oder einer stark gewölbten Lichtkuppel – sind die Abhängigkeiten der mittleren Transmissionsgrade vom Sonnenstand noch stärker ausgeprägt. Einschlägige Berechnungen findet man u. a. auch in [42] und [43].

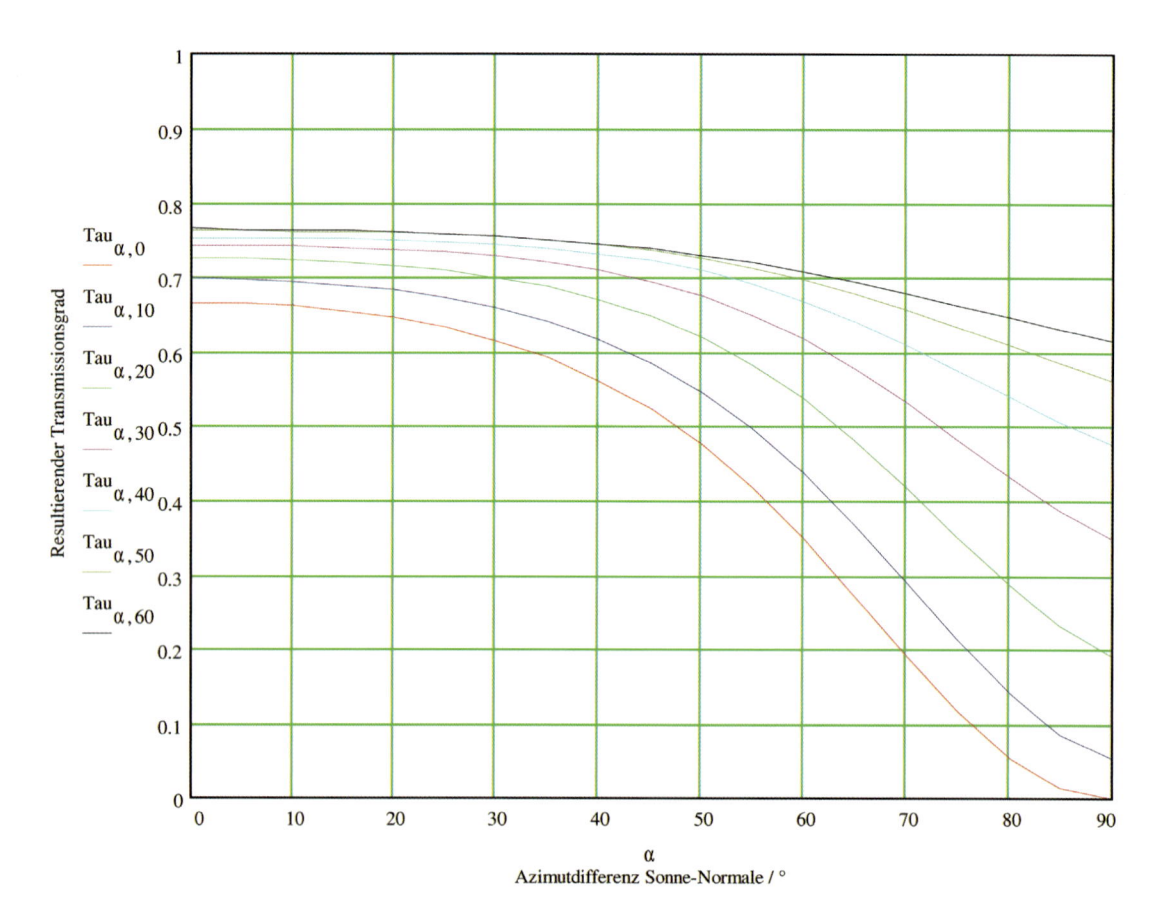

Bild 10.5:
Wirksamer Transmissionsgrad eines liegenden Halbzylinders aus farblosem Acrylglas bei Beleuchtung durch die Sonne in Abhängigkeit von der Azimutdifferenz zwischen Sonne und Normaler zu dessen Achse und für verschiedene Sonnenhöhen (zweiter Index)

Setzt man die gemäß (68) bis (70) für mittleres Deutschland, also für eine geographische Breite von 51° Nord, berechneten Azimut- und Höhenwinkel ein, so findet man die in den Bildern 10.6 und 10.7 sowie ausführlicher in ⊚10D.DOC dargestellten Abhängigkeiten des Transmissionsgrads eines horizontalen Halbzylinders mit einschaliger Verglasung aus farblosem Acrylglas von Jahreszeit und Tageszeit.

Dabei wurde die Ausrichtung des Halbzylinders verändert; das jeweilige Azimut der Normalen auf die Achse des Halbzylinders ist mit angegeben. Einem Wert von $\alpha = 0°$ entspricht also eine Achsrichtung O-W, einem Wert von $\alpha = 90°$ eine Achsrichtung N-S usw.

Man erkennt aus den Diagrammen die deutlich höheren Transmissionsgrade der letztgenannten Anordnung während des ganzen Jahres. Der bedeckte Himmel hat keine Vorzugsrichtung, der klare Himmel bewirkt eine vergleichsweise geringe Beleuchtungsstärke. Daher kann man feststellen, dass die N-S-Achsrichtung des Halbzylinders bzw. eines gewölbeförmigen Oberlichts insgesamt mehr Tageslicht in den Innenraum eintreten lässt als die O-W-Achsrichtung eines gleich großen Oberlichts.

Entsprechendes gilt für die Globalstrahlung: die N-S-Achsrichtung bedingt eine höhere Erwärmung zu allen Jahres- und Tageszeiten, reduziert also die Heizkosten im Winter und verlangt eher eine Lüftung im Sommer.

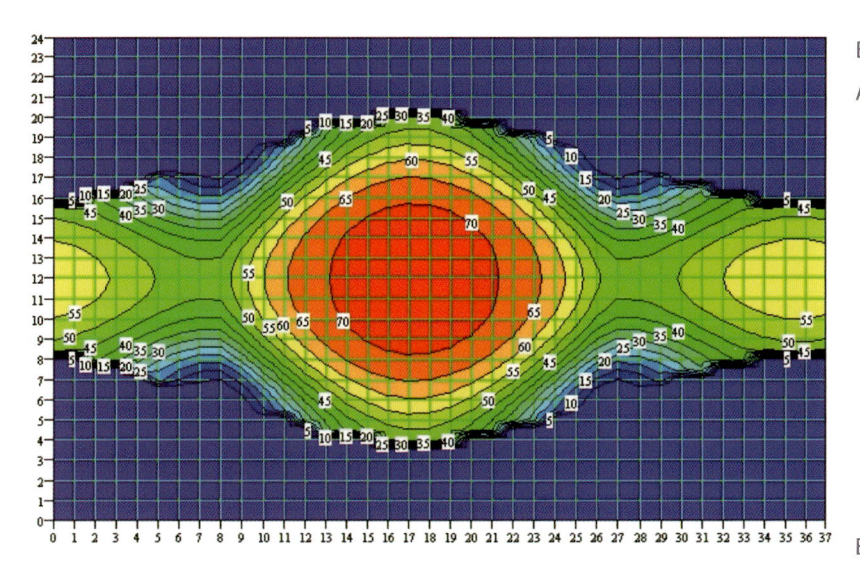

Bild 10.6:

Achse in Ost-West-Richtung

Bild 10.7:

Achse in Nord-Süd-Richtung

Bilder 10.6 und 10.7:

Mittlere Transmissionsgrade (in %) eines horizontalen, einschalig mit farblosem Acrylglas verglasten Halbzylinders für Sonnenstrahlung in Abhängigkeit von Jahres- und Tageszeit für zwei Orientierungen;

Abszisse: das Jahr in Perioden von 10 Tagen, Ordinate: Wahre Ortszeit in h; gültig für 51° N

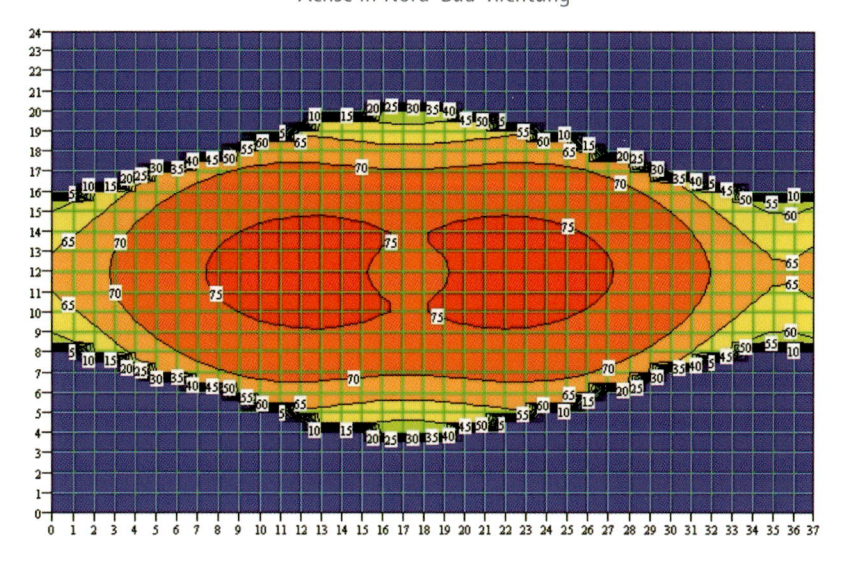

Oberlichter | Licht und Sehen | Tageslicht und Globalstrahlung | **Materialien und Herstellung** | Planung und Dimensionierung | Spezielle Objek

Unter Berücksichtigung der Reflexion am Boden und unter Vernachlässigung einer etwaigen Verbauung kann man auch den Transmissionsgrad $\tau_{bH,v}$ einer vertikalen doppelschaligen durchsichtigen Verglasung – z. B. Sheds – bei Beleuchtung durch den bedeckten Himmel ermitteln. Bild 10.8 zeigt, wie der Transmissionsgrad der Außenscheibe für senkrechte Beleuchtung den Transmissionsgrad der Doppelverglasung und die entsprechenden Reflexions- und Absorptionsgrade beeinflusst. Vorausgesetzt wird eine Brechzahl von n = 1,5 auch für die farblos angenommene Innenscheibe der Doppelverglasung.

Sonnenstrahlen erreichen bei 51° nördlicher Breite (mittleres Deutschland) eine horizontale Verglasung in Abhängigkeit von Jahres- und Tageszeit unter den in Bild 10.9 dargestellten Winkeln.

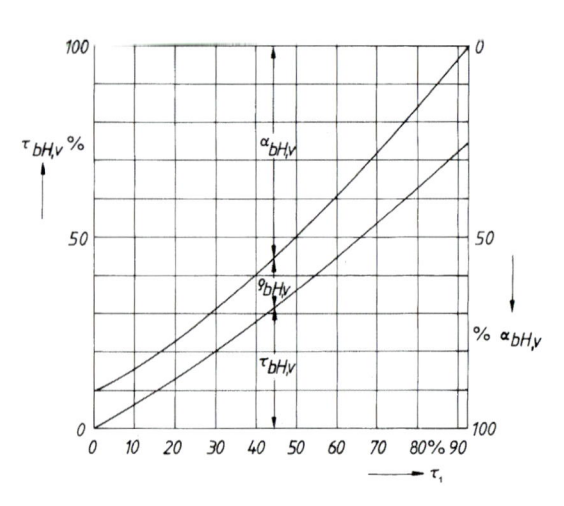

Bild 10.8:

Transmissionsgrad $\tau_{bH,v}$, Reflexionsgrad $\rho_{bH,v}$ und Absorptionsgrad $\alpha_{bH,v}$ einer klar durchsichtigen, vertikalen Doppelverglasung bei Beleuchtung durch den bedeckten Himmel in Abhängigkeit vom Transmissionsgrad τ_1 der Außenscheibe bei senkrechter Beleuchtung; Innenscheibe τ_2 = 0,924, n = 1,5

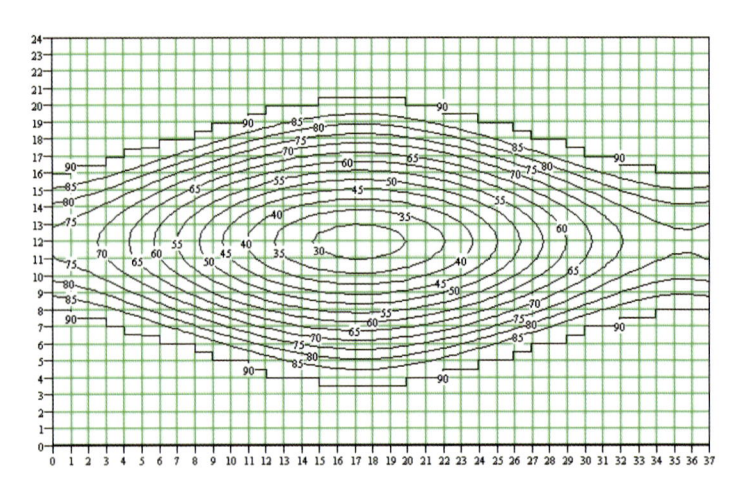

Die aus den Lichteinfallswinkeln in Bild 10.9 folgenden Transmissionsgrade für das Licht der Sonne lassen sich anschließend Bild 10.10 entnehmen.

Bild 10.9:

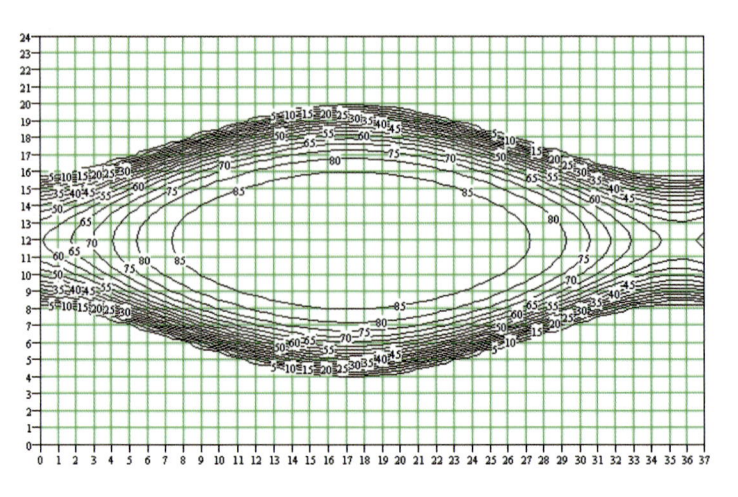

Lichteinfallswinkel ε_2 / ° von Sonnenstrahlen auf eine horizontale Verglasung bei 51° nördlicher Breite in Abhängigkeit von Jahres- und Tageszeit; Abszisse: das Jahr in 10 Tagen Schrittweite, Ordinate: h WOZ

Bild 10.10:

Transmissionsgrad τ_{Sonne} / % einer farblosen horizontalen Einfachverglasung (n = 1,5, τ = 0,924) für Sonnenlicht bei 51° nördlicher Breite in Abhängigkeit von Jahres- und Tageszeit; Abszisse: das Jahr in 10 Tagen Schrittweite, Ordinate: h WOZ

Für den spektralen Transmissionsgrad von **Doppelverglasungen** [21] gilt die Formel

$$\tau(\lambda) = \tau_1(\lambda) \cdot \tau_2(\lambda) / [1 - \rho_1'(\lambda) \cdot \rho_2(\lambda)] \quad (160)$$

mit

$\tau_1(\lambda)$ spektraler Transmissionsgrad der Außenscheibe
$\tau_2(\lambda)$ spektraler Transmissionsgrad der Innenscheibe
$\rho_1'(\lambda)$ spektraler Reflexionsgrad der Außenscheibe, gemessen entgegengesetzt zur Einfallsrichtung
$\rho_2(\lambda)$ spektraler Transmissionsgrad der Innenscheibe, gemessen in Einfallsrichtung

Für den spektralen Transmissionsgrad von **Dreifachverglasungen** [21] gilt die Formel

$$\begin{aligned}\tau(\lambda) &= \tau_1(\lambda) \cdot \tau_2(\lambda) \cdot \tau_3(\lambda) / \{[1 - \rho_1'(\lambda) \cdot \rho_2(\lambda)] \\ &\quad \cdot [1 - \rho_2'(\lambda) \cdot \rho_3(\lambda)] - \tau_2^2(\lambda) \\ &\quad \cdot \rho_1'(\lambda) \cdot \rho_3(\lambda)\} \end{aligned} \quad (161)$$

mit den zusätzlichen Definitionen
$\tau_3(\lambda)$ spektraler Transmissionsgrad der zusätzlichen dritten Scheibe
$\rho_2'(\lambda)$ spektraler Reflexionsgrad der zweiten Scheibe, gemessen entgegengesetzt zur Einfallsrichtung
$\rho_3(\lambda)$ spektraler Transmissionsgrad der Innenscheibe, gemessen in Einfallsrichtung

Daraus wird dann der jeweilige (Licht-)Transmissionsgrad berechnet, und zwar wiederum unter der Voraussetzung, dass mit Normlichtart D65 gemäß Bild 3.11 bzw. ⊚10A.DOC beleuchtet wird:

$$\tau = \frac{\int_{\lambda=0}^{\infty} S(\lambda)_{D65} \cdot \tau(\lambda) \cdot V(\lambda) \cdot d\lambda}{\int_{\lambda=0}^{\infty} S(\lambda)_{D65} \cdot V(\lambda) \cdot d\lambda} \quad (122a)$$

Die genaue Berechnung unter Berücksichtigung der möglicherweise sehr unterschiedlichen spektralen Transmissionsgrade der einzelnen Scheiben kann also sehr aufwändig werden.

⊚10B.DOC enthält eine Zusammenstellung von typischen lichttechnischen Stoffkennzahlen von Materialien, die zur Herstellung von Oberlichtern Verwendung finden.

Bei gewölbten Oberlichtern (Lichtkuppeln, Lichtbänder) gibt es Auswirkungen der Winkelabhängigkeiten von Transmissions- und Reflexionsgrad in Verbindung mit der Beleuchtung durch Sonne und Himmelsgewölbe. Die wirksamen Transmissionsgrade der Lichtkuppeln nehmen bei klarem Himmel und niedrig stehender Sonne mit der Wölbung der Kuppeln zu und sind dann stets etwas größer als der einer flachen Platte gleicher Größe mit identischen Eigenschaften [42]. Gleiches gilt für Lichtbänder in Form von Tonnengewölben, wenn die Sonne senkrecht zur Achse der Gewölbe steht [43].

Ein spezieller Sachverhalt bei Stegdoppelplatten und ähnlichen Halbzeugen soll hier erwähnt werden. Schräg auftreffende Sonnenstrahlen werden an den Stegen entsprechend Bild 3.8 teilweise reflektiert. Für weite Bereiche von Einfallswinkeln gilt dabei recht konstant die Aufteilung des auftreffenden Lichtstroms in der aus Bild 10.11 hervorgehenden Größenordnung. Dadurch werden beispielsweise Pflanzen in Gewächshäusern, die mit Stegdoppelplatten gedeckt sind, auch quasi „von hinten" mit mehr als 1/7 der Beleuchtungsstärke „der Vorderseite" besonnt und wachsen dadurch deutlich senkrechter als in Glasgewächshäusern.

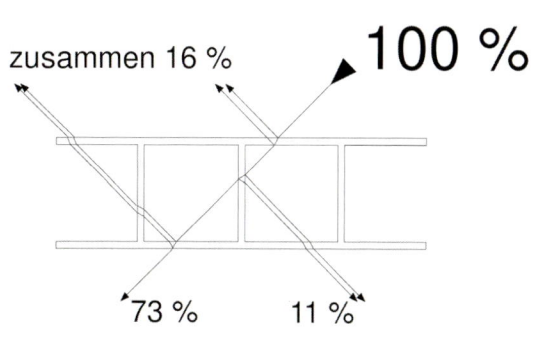

Bild 10.11:

Aufteilung des schräg auf Stegdoppelplatten auftreffenden Lichtstroms

11 Strahlungsdurchgang durch Verglasungsmaterialien

Die Ermittlung des für klimatechnische Berechnungen notwendigen Gesamtenergiedurchlassgrades aus den spektralen Kennzahlen auf rechnerischem und graphischem Weg wird geschildert. Auf die Notwendigkeit und die Möglichkeiten, den so genannten „Treibhauseffekt" zu verhindern, wird hingewiesen.

■ Für klimatechnische Rechnungen interessiert der Gesamtenergiedurchlassgrad g einer Verglasung. Er zeigt an, welcher Anteil Φ_{ei} des auf eine Verglasung auftreffenden Strahlungsflusses Φ_e in den Innenraum gelangt:

$$\Phi_{ei} = g \cdot \Phi_e \quad (162)$$

g wird berechnet unter Berücksichtigung der Wärmeübergangszahl nach außen $h_e = 23$ W/(m²·K) und der entsprechenden nach innen $h_i = 8$ W/(m²·K) sowie der spektralen Verteilung der Globalstrahlung nach Bild 9.1 und unter der Annahme, dass die Temperaturen im Innenraum und im Freien übereinstimmen [21]. Die auftreffende Globalstrahlung wird in vier Anteile aufgespalten:

τ_e den entsprechend dem Strahlungstransmissionsgrad der Verglasung durchgelassenen Anteil,

ρ_e den entsprechend dem Strahlungsreflexionsgrad der Verglasung zurückgeworfenen Anteil,

q_i den sekundär (nach Absorption in der Verglasung) nach innen abgegebenen Anteil und

q_a den sekundär (nach Absorption in der Verglasung) nach außen abgegebenen Anteil.

Es gilt

$$\tau_e + \rho_e + q_i + q_a = 1$$
$$= g + \rho_e + q_a \quad (163)$$

und somit

$$g = \tau_e + q_i \quad (164)$$

Bei schrägem Auftreffen ergäbe sich ein etwas kleinerer Wert von g. Zum Vergleich unterschiedlicher Materialien verwendet man aber stets den normgerecht ermittelten g-Wert [21].

Bei Temperaturungleichheit zwischen innen und außen ($T_i \neq T_a$) ist ein zusätzlicher richtungsabhängiger Wärmedurchgang q_z vorzeichenrichtig zu berücksichtigen, wobei U der Wärmedurchgangskoeffizient der Verglasung ist:

$$q_z = U \cdot (T_a - T_i) \quad (165)$$

Die Wärmeübergangszahlen hängen stark von der Windgeschwindigkeit ab; die hier gewählten werden in den einschlägigen Rechnungen als repräsentativ angesehen.

Für einschalige Verglasungen ergibt sich der Gesamtenergiedurchlassgrad g (vgl. (164)) aus dem spektralen Transmissionsgrad und dem spektralen Reflexionsgrad im Wellenlängenbereich 300 nm < λ < 2,5 μm der Globalstrahlung $\Phi_{e\lambda}$ gemäß Bild 9.1 bzw. ⊚9C.DOC:

$$g = \frac{\int_{\lambda=0}^{\infty} \Phi_{e\lambda} \cdot \tau(\lambda) \cdot d\lambda}{\int_{\lambda=0}^{\infty} \Phi_{e\lambda} \cdot d\lambda} + \frac{h_i}{(h_i + h_e)} \cdot \frac{\int_{\lambda=0}^{\infty} \Phi_{e\lambda} \cdot (1-\tau(\lambda)-\rho(\lambda)) \cdot d\lambda}{\int_{\lambda=0}^{\infty} \Phi_{e\lambda} \cdot d\lambda}$$

$$= \tau_e + 0{,}258 \cdot \alpha_e \quad (166)$$

Man kann den für (166) interessierenden Strahlungstransmissionsgrad τ_e auch durch Planimetrieren ermitteln. Dazu teilt man die Abszisse einer Darstellung des spektralen Transmissionsgrads im Bereich der Globalstrahlung so, dass die Skala entsprechend gedehnt oder gestaucht wird. Dann ergibt sich ein Diagramm der in Bild 11.1 dargestellten Art.

Man planimetriert (eventuell auch durch Auszählen von Flächenelementen; Millimeterpapier; ⓞ 11A.DOC bietet eine Vorlage) die Fläche unterhalb der $\tau(\lambda)$-Kurve und bezieht sie auf die gesamte Rechteckfläche des Diagramms. In gleicher Weise wird die Fläche oberhalb der $\rho(\lambda)$-Kurve bestimmt. Die Differenz der Flächen ergibt den ebenfalls gesuchten Absorptionsgrad:

$$\alpha_e = 1 - \tau_e - \rho_e \qquad (140a)$$

Diese Formel gilt nur für solche Materialien, deren Reflexionsgrade nicht davon abhängen, auf welcher Seite die Strahlung auftrifft (z. B. also nicht für einseitig bedampfte Scheiben). Die entsprechende Formel für den Gesamtenergiedurchlassgrad einer Dreifachverglasung ist noch etwas aufwändiger.

Bild 11.2 zeigt die Aufteilung der auf eine Verglasung auftreffenden Globalstrahlung.

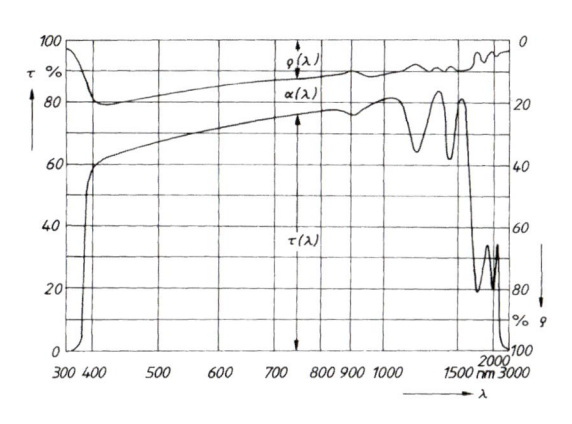

Bild 11.1:

Ermittlung von τ_e, ρ_e und α_e durch Planimetrieren

Sind die spektralen Transmissionsgrade $\tau_1(\lambda)$ und $\tau_2(\lambda)$, die spektralen Reflexionsgrade $\rho_1(\lambda)$ und $\rho_2(\lambda)$ und die Wärmedurchgangszahl (mit Λ = Wärmedurchlasskoeffizient zwischen den Scheiben)

$$U = 1 / h_e + 1 / \Lambda + 1 / h_i \qquad (167)$$

bekannt, läßt sich mit der Abkürzung

$$\tau(\lambda) = \tau_1(\lambda) \cdot \tau_2(\lambda) / [1 - \rho_1(\lambda) \cdot \rho_2(\lambda)] \qquad (168)$$

der Gesamtenergiedurchlassgrad g einer Doppelverglasung berechnen gemäß

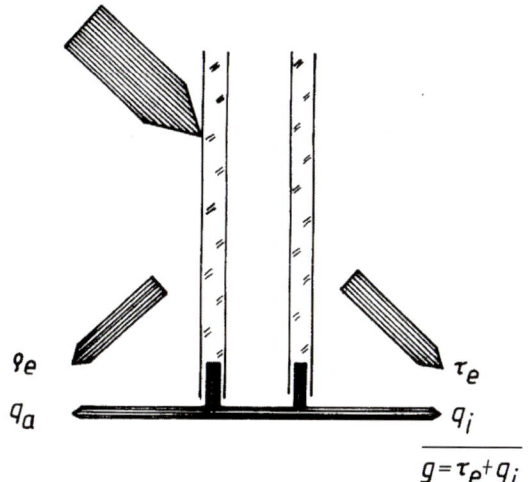

Bild 11.2:

Aufteilung der auf eine Verglasung auftreffenden Globalstrahlung

$$g = \frac{\int_{\lambda=0}^{\infty} \Phi_{e\lambda} \left\{ \tau(\lambda) + U \cdot \left(\frac{1}{\Lambda} + \frac{1}{h_e} \right) \cdot \frac{[1-\tau_2(\lambda)-\rho_2(\lambda)] \cdot \tau_1(\lambda)}{1-\rho_1(\lambda) \cdot \rho_2(\lambda)} + \frac{U}{h_e} \cdot \frac{[(1-\tau_1(\lambda)-\rho_1(\lambda)) \cdot (1+\tau_1(\lambda) \cdot \rho_2(\lambda))]}{1-\rho_1(\lambda) \cdot \rho_2(\lambda)} \right\} \cdot d\lambda}{\int_{\lambda=0}^{\infty} \Phi_{e\lambda} \cdot d\lambda} \qquad (169)$$

Die Winkelabhängigkeit des Gesamtenergiedurchlassgrades g(ϵ_2) kann zumindest für einschalige Verglasungen als relativ gleich mit der Winkelabhängigkeit des Transmissionsgrades τ(ϵ_2) angesehen werden (vgl. Kapitel 10).

Bild 11.3 zeigt die spektralen Transmissionsgrade von jeweils 6 mm dicken Scheiben aus farblosem Kristallspiegelglas und Acrylglas (PMMA), wie sie auch von den Herstellern angegeben werden. Es handelt sich bei ihnen wohl um die hochwertigsten Verglasungsmaterialien. Man erkennt die absolute Farbneutralität von farblosem Acrylglas am geraden Kurvenverlauf im sichtbaren Spektralbereich. Es ist zudem der lichtdurchlässigste Baustoff; selbst bei drei Metern Schichtdicke beträgt der (Licht-)Transmissionsgrad noch mehr als 50 %. Der bei mineralischem Glas mit zunehmender Dicke deutlicher werdende leichte Grünstich ist nie völlig zu vermeiden, doch gibt es inzwischen sehr absorptionsarme Glassorten.

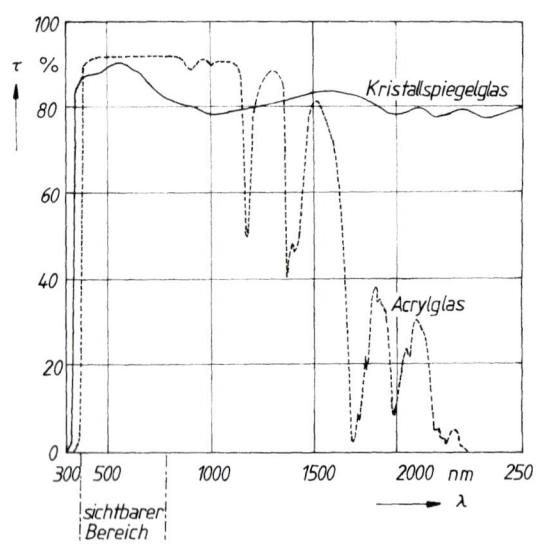

Bild 11.3:
Spektrale Transmissionsgrade farbloser 6 mm dicker Scheiben aus Kristallspiegelglas und Acrylglas

Vorzugsweise in der amerikanischen Literatur wird der „shading coefficient" verwendet. In Deutschland hat er sich unter dem Namen „b-Faktor" eingebürgert (VDI 2078). Man versteht darunter den Gesamtenergiedurchlassgrad einer Verglasung bezogen auf den Gesamtenergiedurchlassgrad einer 4 mm dicken Einfach-Glasscheibe:

$$b = g / 0{,}87 \qquad (170)$$

Zur Kennzeichnung des Strahlungsdurchgangs wird manchmal auch die Selektivitätskennzahl als eine anschauliche Größe verwendet. Sie ist das Verhältnis von Transmissionsgrad für Tageslicht zu Gesamtenergiedurchlassgrad.

$$SKZ = \tau_{D65} / g \qquad (171)$$

Aus Bild 11.3 kann man erkennen, dass die Selektivitätskennzahl für farbloses Acrylglas etwas größer als 1 ist. Der geringere spektrale Transmissionsgrad aller Verglasungsmaterialien im infraroten Bereich ($\lambda > 780$ nm) sorgt dafür, dass g immer kleiner als τ_{D65} ist.

Wärmeschutzglas, etwa mit durchsichtiger, aufgedampfter Goldschicht, erreicht je nach Schichtdicke Werte von SKZ ≈ 1,5. Wirken derartige Beschichtungen in Reflexion farbig, so erscheinen sie in Durchsicht in der Gegenfarbe. Beispielsweise wirken goldbedampfte Scheiben nach außen rötlich gelb und stellen beim Blick von innen nach außen einen Grünfilter dar.

Sehr ähnlich wirkt eine durchscheinende, thermisch umformbare PMMA-Variante, die z. B. unter dem Markennamen „HEATSTOP" angeboten wird. Unter Verwendung so genannter Perlglanzpigmente werden koextrudierte Schichten auf PMMA aufgebracht, die eine bevorzugte Reflexion im infraroten Spektralbereich bewirken ([118], [119], s. auch Kapitel 19). Nach Berechnungen des Instituts für Licht- und Bautechnik der FH Köln lässt sich der Aufwand für die Kühlung einer standardisierten Halle durch diese alternative Verglasung um etwa ein Drittel verringern.

Das Auge kann sich farblich umstimmen und auch stark farbiges Licht als weiß bewerten, wenn Zwielicht ausgeschlossen ist. Wird eine solche selektiv wirkende Verglasung eingesetzt, so muss das bei allen Tageslichtöffnungen in dem betreffenden Raum geschehen. Eine Reihe anderer Halbzeuge, die zu Sonnenschutzzwecken eingesetzt werden, wirkt aselektiv, d. h. in allen Wellenlängenbereichen gleichmäßig. τ_{D65} und g ändern sich daher gleichsinnig, so dass die Selektivitätskennzahl konstant bleibt und zum Erreichen der gleichen Tageslichtquotienten eine größere Verglasungsfläche erforderlich wird. Ergänzende Bemerkungen sind in Kapitel 19 zu finden.

Abschließend soll auf den so genannten Treibhauseffekt hingewiesen werden, der sich durch übermäßige Einstrahlung in einem Raum einstellen kann und den es zu verhindern gilt. Alle Verglasungsmaterialien lassen die Sonnenstrahlung weitgehend passieren. Sie wird schließlich im Raum absorbiert, heizt ihn auf und wird entsprechend der Temperatur im langwelligen Infrarot-Bereich wieder abgestrahlt. Wie in Bild 11.4 skizziert, sind aber alle Verglasungsmaterialien in diesem Spektralbereich undurchlässig. Die Wärmestrahlung kann den Raum nicht verlassen und heizt ihn weiter auf. Zur Wärmeabfuhr stehen dann nur Wärmeleitung (wegen geforderter Wärmedämmung gering) und Konvektion zur Verfügung.

Die übermäßige Erwärmung des Raumes infolge des Treibhauseffekts lässt sich durch unterschiedliche Sonnenschutzmaßnahmen verhindern (vgl. Kapitel 19). Besonders wirksam ist dabei die Anordnung der jeweils ausgewählten Vorrichtung auf der Außenseite der Verglasung, weil dann die Erwärmung von deren Innenschale und damit auch die Wärmeleitung der absorbierenden Strahlung nach innen reduziert werden.

Zweckmäßig ist eine variable Sonnenschutzvorrichtung. Sie kann im Sommer oder bei starker Sonneneinstrahlung voll genutzt werden. Dagegen erlaubt sie in unwirksamer Einstellung im Winter oder bei geringer Sonneneinstrahlung den maximalen Durchgang des Strahlungsflusses und damit seine Nutzung zur wirtschaftlichen Raumaufheizung.

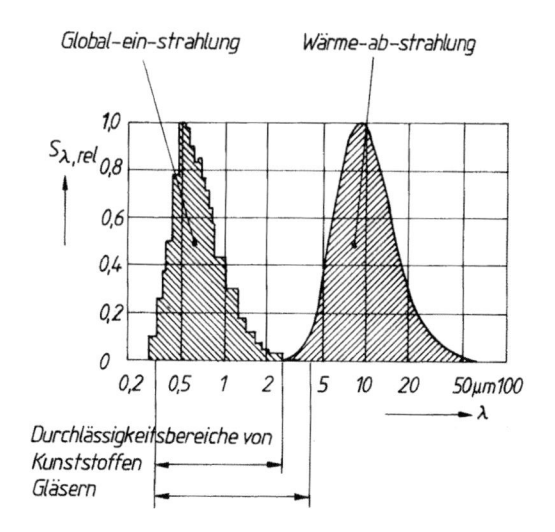

Bild 11.4:
Relative spektrale Strahlungsverteilungen von Globalstrahlung und Wärmestrahlung bei Raumtemperatur sowie Durchlässigkeitsbereiche von Kunststoffen und Gläsern

Oberlichter | Licht und Sehen | Tageslicht und Globalstrahlung | **Materialien und Herstellung** | Planung und Dimensionierung | Spezielle Objekte

12 Materialbedingte geometrische Grenzen für Oberlichter

Die möglichen Abmessungen von Oberlichtern werden beeinflusst von den liefer- bzw. herstellbaren Abmessungen der zur Verwendung vorgesehenen Materialien, von den auftretenden bzw. auszuhaltenden Belastungen und von Sicherheitsvorschriften. Materialeigenschaften, vor allem der Elastizitätsmodul und die zulässigen Spannungen, wirken sich auf die geometrische Dimensionierung aus. Tabellen zeigen auf, welche Abmessungen bei den einzelnen Materialien nicht überschritten werden können; sollen sie trotzdem für ein Projekt eingesetzt werden, so ist eine Aufteilung in einzelne Elemente erforderlich. Schnelle Dimensionierungshilfen für Glas und die meist verwendeten thermoplastischen Kunststoffe Acrylglas (PMMA) und Polycarbonat (PC) werden aufgezeigt. Die Obergrenzen der Abmessungen von Oberlichtern aus Gründen der Brandsicherheit werden genannt. Änderungen aufgrund neuer Normen sind möglich.

■ Es gibt drei prinzipielle Einflüsse, die die Größe von Oberlichtern begrenzen, nämlich

- die herstellbaren Formate (Länge und Breite) und Dicken der Materialien,
- die notwendige Begrenzung ihrer mechanischen Belastbarkeit und
- die Vorschriften bezüglich Brandsicherheit.

Einige lichtdurchlässige Materialen sind für Überkopf-Verglasungen aus Sicherheitsgründen prinzipiell nicht einsetzbar, etwa normales Fensterglas.

Es wird innerhalb der einzelnen Materialgruppen stets geringfügige Unterschiede sowie Änderungen und Neuentwicklungen geben. Deswegen wird dringend geraten, die aktuell erhältlichen Formate vom jeweiligen Hersteller zu erfragen.

Die folgenden Ausführungen beziehen sich stets auf die Flächengröße einer einzelnen Halbzeugplatte. Es lassen sich aber auch größere und dabei durchaus filigrane Oberlichtflächen durch Kombination mehrerer Platten oder Elemente mit Hilfe von Rahmen und anderen Verbindungen schaffen. Dabei ist zu bedenken, dass vor allem Kunststoffe eine wesentlich größere thermische Ausdehnung aufweisen können als beispielsweise die metallenen Unterkonstruktionen. Üblich für unsere Breitengrade ist es, ein Dehnungsspiel von 5 mm/m konstruktiv zu berücksichtigen, etwa durch ausreichend dicke elastische Dichtungen. Kann der Widerstand der Konstruktionselemente bei der Ausdehnung nur bei Erreichen eines bestimmten Wertes überwunden werden, kommt es bei fester Einspannung u. U. zu störenden Knackgeräuschen.

Von den **maximalen Abmessungen** der Verglasungsmaterialien, aber auch von ihren Herstellungs- und Zuschnitt-Toleranzen, hängen die Abmessungen und Formen anderer an der Verglasung beteiligter Elemente ab, beispielsweise die Falztiefe der Rahmen, die Größe der Rohbauöffnungen usw. ⊚12A.DOC enthält eine sicher nicht vollständige Auflistung der derzeit üblichen bzw. herstellbaren Abmessungen und Toleranzen von verschiedenen Glasprodukten [32], ⊚12B.DOC eine entsprechende Auflistung von Kunststoff-Halbzeugen. Die tatsächlichen Toleranzgrenzen sind in der Praxis meist enger als in den Herstellerangaben. Dadurch lassen sich Reklamationen weitgehend verhindern.

Für oberflächenveredelte Gläser gibt es gegenüber ⊙12A.DOC zusätzliche Einschränkungen der erhältlichen Formate. Aktuelle Informationen sind bei den jeweiligen Herstellern zu erfragen.

Gegossenes Acrylglas kann herstellungsbedingt stets nur kleinere Formate als die maximalen Größen der sogenannten Kammerscheiben aus Glas aufweisen, weil es zwischen diesen produziert wird. **Extrudierte** Kunststoffe, die für Verglasungszwecke eingesetzt werden können, werden weltweit mit maximal etwa 2.500 mm Breite kontinuierlich, d. h. mit theoretisch „unendlicher" Länge hergestellt.

Der Einsatz von Übergrößen sollte vermieden werden. Sie bedingen größere Schwierigkeiten bei konstruktiven Anschlüssen, sind schwerer zu verpacken, zu transportieren, zu handhaben und zu verarbeiten und haben zudem meist einen höheren Preis.

Da bei der Berechnung der für eine **vorgegebene Belastung** notwendigen Abmessungen eines Verglasungsmaterials dessen physikalische Eigenschaften zu berücksichtigen sind, werden einige wichtig erscheinende Kennwerte dafür in ⊙12C.DOC (nach [33] und Herstellerangaben) aufgelistet. Besonders interessiert der Elastizitätsmodul E. Die zulässigen Belastungen von Kunststoffen für Wind- und Schneelasten sind natürlich deutlich geringer als die nach Norm bestimmten Materialgrenzwerte – auch wegen des „Fließens", also wegen der Veränderungen der Abmessungen unter hoher Belastung. Für rechteckige Platten verschiedener Abmessungen und verschiedene Auflagerbedingungen findet man in [34] die für die Dimensionierung notwendigen Formeln.

Für einige Materialien gibt es bereits leicht zu handhabende, im wesentlichen daraus abgeleitete Dimensionierungshilfen. Für Windlasten auf **vertikale** Einfachverglasungen wurden die in den Bildern 12.1 und 12.2 wiedergegebenen Diagramme nach Stand der zur Drucklegung gültigen Norm entwickelt (vgl. [35], [36] und [37]). Die Innenscheibe einer Doppelverglasung sollte wenigstens das 0,7fache der so ermittelten Dicke haben.

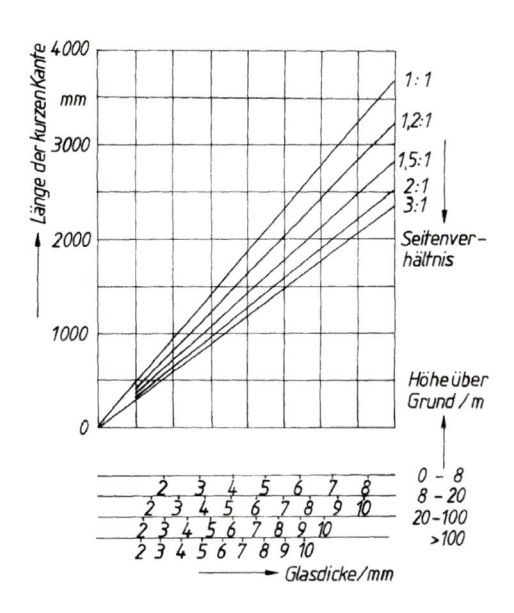

Bild 12.1:

Diagramm zur Ermittlung der notwendigen Glasdicke bei Standardgebäuden (bisherige Norm)

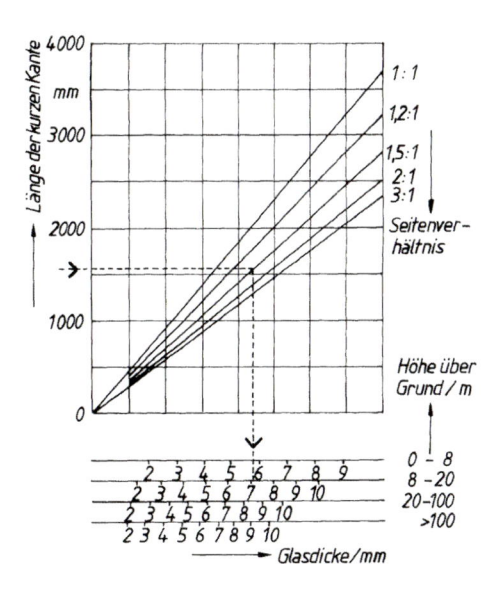

Bild 12.2:

Diagramm zur Ermittlung der notwendigen Glasdicke bei turmartigen Gebäuden (bisherige Norm)

Man sucht im jeweiligen Diagramm zunächst die Länge der kurzen Kante auf der Ordinate und geht dann waagerecht bis zur Linie, die sich aus der Länge der längeren Kante ergibt. Unter dem Schnittpunkt findet man die erforderliche Glasdicke für verschiedene Höhen über Grund auf der entsprechenden Abszissenskala.

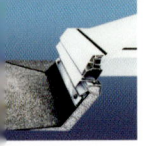

Für Acrylglas (PMMA) und Polycarbonat (PC) kann man zur Orientierung die in [38] enthaltenen Tabellen benutzen; sie werden hier in leicht abgewandelter Form als Tabelle 8 wiedergegeben. Zunächst sucht man in der oberen Teiltabelle den Flächenfaktor (A ... V) für die jeweilige Kombination von Breite und Länge (in m), dann findet man dafür in der darunter angeordneten Teiltabelle abhängig von der Flächenlast (in kN/m²) die erforderliche Dicke ebener, allseitig eingespannter, rechteckiger Platten aus PMMA und PC (in mm). Beispielsweise findet man für eine Platte mit einer Länge und einer Breite von jeweils 1,0 m für eine Flächenlast von 0,75 kN/m² die notwendige Dicke von 6 mm für PMMA und 8 mm für PC.

Tabelle 8:

Ermittlung der für eine bestimmte Flächenlast erforderlichen Dicke einer Platte aus PMMA oder PC

Breite bzw. Länge in m (→ **Flächenfaktor** A ... V)

Breite / Länge	0,25	0,50	0,75	1,00	1,25	1,50	1,75	2,00	2,25	2,50	2,75	3,00	3,25	3,50	3,75	4,00	4,25	4,50	4,75	5,00
0,25	A	A	A	A	A	A	A	A	A	A	A	A	A	A	A	A	A	A	A	A
0,50	A	B	C	D	D	D	D	D	D	D	D	D	D	D	D	D	D	D	D	D
0,75	A	C	E	F	G	G	G	G	G	G	G	G	G	G	G	G	G	G	G	G
1,00	A	D	F	H	I	I	K	K	L	L	L	L	L	L	L	L	L	L	L	L
1,25	A	D	G	I	K	L	M	N	N	O	O	O	O	O	O	O	O	O	O	O
1,50	A	D	G	I	L	N	O	P	Q	Q	R	R	R	R	R	R	R	R	R	R
1,75	A	D	G	K	M	O	Q	R	S	T	T	T	U	U	U	U	U	U	U	U
2,00	A	D	G	K	N	P	R	S	T	U	V									

PMMA notwendige Dicke in mm:

Flächenfaktor:	A	B	C	D	E	F	G	H	I	K	L	M	N	O	P	Q	R	S	T	U	V
0,60 kN/m²	2	3	3	4	4	5	5	6	6	8	8	8	8	10	10	10	10	12	12	12	12
0,75 kN/m²	3	3	4	4	5	5	6	6	8	8	8	10	10	10	10	12	12	12	12	12	15
0,96 kN/m²	3	3	4	5	5	6	6	8	8	8	10	10	10	10	12	12	12	15	15	15	15
1,50 kN/m²	3	4	5	5	6	6	8	8	10	10	10	12	12	12	15	15	15	15	20	20	20
2,00 kN/m²	4	4	5	5	6	8	8	8	10	10	12	12	12	15	15	20	20	20	20	20	
3,00 kN/m²	4	5	6	6	8	8	10	10	12	12	15	15	15	20	20	20	20	20	25	25	
4,00 kN/m²	4	5	6	8	8	10	10	12	12	15	15	15	20	20	20	20	20	25	25	25	
5,00 kN/m²	5	6	6	8	8	10	10	12	15	15	15	20	20	20	20	20	25	25	25	25	25

PC notwendige Dicke in mm:

Flächenfaktor:	A	B	C	D	E	F	G	H	I	K	L	M	N	O	P	Q	R	S
0,60 kN/m²	3	3	4	4	5	6	6	8	8	8	10	10	10	10	12	12	12	
0,75 kN/m²	3	4	4	5	5	6	6	8	8	10	10	10	10	12	12	12		
0,96 kN/m²	3	4	5	5	6	6	8	8	10	10	10	12	12	12				
1,50 kN/m²	4	5	6	6	8	8	8	10	10	12	12	12						
2,00 kN/m²	4	5	6	6	8	8	10	10	12	12	12							
3,00 kN/m²	5	6	6	8	8	10	10	12	12									
4,00 kN/m²	5	6	8	8	10	10	12	12										
5,00 kN/m²	5	6	8	10	10	12	12											

Die so gefundenen Werte gelten nur für flache Platten. Bei Lichtkuppeln ergeben sich durch die Bauform deutlich höhere Steifigkeiten bzw. bei gleicher Grundfläche geringere erforderliche Materialdicken. Allerdings ist zu bedenken, dass durch die Verstreckung beim Umformen die Materialdicke etwas verringert wird. Die Ergebnisse von (Dauer-) Belastungsversuchen der Hersteller geben bei Lichtkuppeln die Sicherheit, die richtige Materialdicke ausgewählt zu haben.

Wegen neu festgelegter Randbedingungen bringen die neuen Ausgaben der Normen DIN 1055 Teil 4 und Teil 5 aus heutiger Sicht zum Teil sehr deutliche Änderungen bei der Dimensionierung mit sich. In einigen Teilen Deutschlands steigt der höhenabhängige Geschwindigkeitsdruck bei der Berechnung von Windlasten auf das Dreifache, während in anderen Teilen eine Reduzierung bis auf etwa 70 % der bisher gültigen Werte eintritt. Bei der Berechnung der Schneelasten ergeben sich aufgrund langjähriger Messungen entsprechende Vergrößerungen bis zum Vierfachen und Verringerungen bis auf nur noch etwa 30 % der bisher festgelegten Werte. Auf Details dieser sehr umfangreichen Normen kann hier aus Platzgründen nicht eingegangen werden.

Es bleibt zu hoffen, dass die Hersteller der Halbzeuge diesen Änderungen durch ein Überarbeiten ihrer Dimensionierungshilfen bald Rechnung tragen werden.

Werden flache Platten aus Kunststoff kalt zu Gewölben eingebogen, so bilden sich auf der Außenseite Zugspannungen und auf der Innenseite des Gewölbes Druckspannungen aus. Die Zugspannungen dürfen bei allen thermoplastischen Kunststoffen bestimmte Grenzwerte nicht überschreiten, weil es sonst bei gleichzeitiger Einwirkung von Korrosionsmitteln (Lösungsmittel, weichmacherhaltige Dichtungen usw.) zu einer Spannungsrissbilung und im Extremfall sogar zum Bruch kommen kann. Bild 12.3 zeigt einen häufig verwendeten Schnelltest, in dem ein Probestab durch ein angehängtes Gewicht örtlich unterschiedlich belastet wird. Das Korrosionmittel wird aufgebracht und nach 24 h Einwirkdauer gemessen bis zu welcher Stelle und damit bis zu welcher Spannung noch keine Schädigung festgestellt wird. Die so gewonnenen Ergebnisse lassen sich dann gemäß Bild 12.4 darstellen.

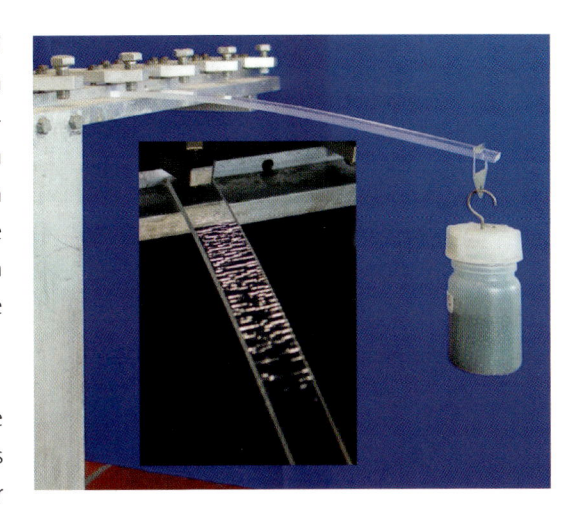

Bild 12.3:
Schnelltest zur Ermittlung der Spannungsrissbeständigkeit thermoplastischer Kunststoffe

Zur Vermeidung von zu hohen Spannungen wird empfohlen, den Kaltbiegeradius bei Platten aus Acrylglas mindestens 330 mal größer als die Materialdicke zu wählen; bei 3 mm dicken Platten also r > 990 mm (> ca. 1 m). Bei 16 mm dicken Stegdoppelplatten aus PMMA wäre der Mindestradius 5.280 mm. Polycarbonat-Platten und schlagzäh modifiziertes PMMA sollten einen Kalt-Biegeradius aufweisen, der mindestens das 150fache der

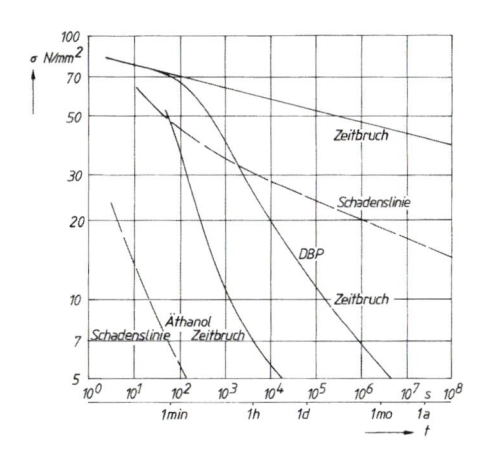

Bild 12.4:
Möglicher Eintritt von Rissbildung oder Bruch für verschieden hohe Zugspannungen in PMMA in Abhängigkeit von der Einwirkungszeit mit und ohne gleichzeitiger Einwirkung von Korrosionsmitteln

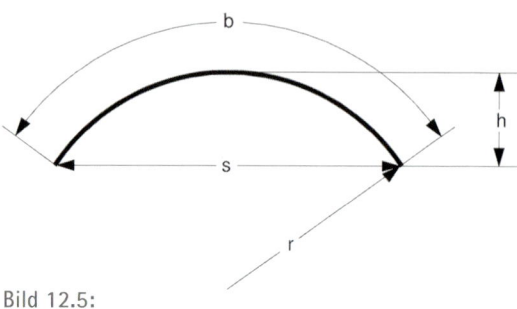

Oberlichter | Licht und Sehen | Tageslicht und Globalstrahlung | **Materialien und Herstellung** | Planung und Dimensionierung | Spezielle Objekt

Bild 12.5:

Kenngrößen eines Gewölbes: Spannweite s, Bogenlänge b, Biegeradius r und Stichhöhe h

Materialdicke beträgt; bei 3 mm wären das > 450 mm, bei 16 mm dicken PC-Stegdoppelplatten 2.400 mm. Werden kleinere Radien gewünscht, lassen sie sich zuverlässig nur durch thermische Umformung erreichen.

Für den Praktiker kann es nützlich sein, die geometrischen Zusammenhänge zwischen Spannweite s, Bogenlänge (Zuschnittlänge) b, Biegeradius r und Stichhöhe h eines Kreisgewölbes zu kennen (vgl. Bild 12.4). Je nach Aufgabenstellung wird eine der folgenden, miteinander verknüpften Formeln zur Berechnung verwendet (vgl. Bild 12.5).

$$\begin{aligned} b &= \sqrt{s^2 + 16/3 \cdot (r - \sqrt{r^2 - s^2/4})} \\ &= \sqrt{s^2 + 16/3 \cdot h^2} \\ &= \sqrt{8 \cdot r \cdot h + 4/3 \cdot h^2} \end{aligned} \quad (172)$$

$$\begin{aligned} r &= b^2 / (8 \cdot h) - h/6 \\ &= h/2 + s^2 / (8 \cdot h) \\ &= \sqrt{3/64 \cdot (b^2 - s^2)} + s^2 / \sqrt{12 \cdot (b^2 - s^2)} \end{aligned} \quad (173)$$

$$\begin{aligned} h &= r - \sqrt{r^2 - s^2/4} \\ &= \sqrt{3/16 \cdot (b^2 - s^2)} \\ &= \sqrt{3/4 \cdot b^2 + 9 \cdot r^2} \end{aligned} \quad (174)$$

$$\begin{aligned} s &= \sqrt{b^2 - 16/3 \cdot h^2} \\ &= \sqrt{8 \cdot r \cdot h - 4 \cdot h^2} \end{aligned} \quad (175)$$

Die für vorgegebene Belastungen resultierenden erforderlichen Materialdicken können manchmal entweder nicht herstellbar oder unwirtschaftlich sein. In solchen Fällen ist zu entscheiden, ob ein anderes Material oder kleinere Flächen die bessere konstruktive Alternative sind. Auch der

Bild 12.6:

Typenvielfalt von Hohlkammerprofilplatten

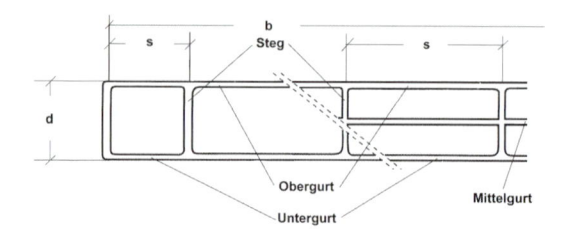

Bild 12.7:

Aufbau von Stegdoppel- und Stegdreifachplatten

b   Breite der Platten

d   Dicke der Platten

s   Stegabstand

Einsatz von Hohlkammerprofilen (z. B. Stegdoppel- oder Stegdreifachplatten, siehe Bild 12.6) kann zweckmäßig sein. Bedingt durch ihren Aufbau (Bild 12.7) sind sie leicht, dabei sehr steif und stellen quasi bereits eine Isolierverglasung dar.

Sicherheitsvorschriften, vor allem die Regeln der Brandsicherheit, haben ebenfalls Auswirkungen auf die Geometrie von Oberlichtern. Kunststoffe als organische Materialien sind ausnahmslos brennbar, allerdings sind sie als normal oder schwer entflammbar teils mit entsprechenden Einschränkungen in Gebäuden einsetzbar, wie es ja auch bei Holz der Fall ist. Lediglich leicht entflammbare Baustoffe (Klasse B3) scheiden selbstverständlich für solche Anwendungen aus. Bisher klassifizierte DIN 4102 Teil 1 [39] die Baustoffe:

A   nicht brennbare Baustoffe
    A1   soweit sie organische Bestandteile enthalten, muss ein Prüfzeichen verlangt werden
    A2   Nachweis durch Prüfzeichen in jedem Fall erforderlich

B   brennbare Baustoffe
    B1   schwer entflammbare Baustoffe
    B2   normal entflammbare Baustoffe
    B3   leicht entflammbare Baustoffe

Die entsprechende Kennzeichnung musste bisher auf jedem Baustoff angebracht sein, der auf die Baustelle kommt. Die Schwerentflammbarkeit musste durch einen Prüfbescheid des Instituts für Bautechnik in Berlin, die Normalentflammbarkeit durch ein Prüfzeugnis einer anerkannten Materialprüfanstalt nachgewiesen werden.

Auch im Baubereich hat sich die Europäische Gemeinschaft zum Ziel gesetzt, technische Handelshemmnisse abzubauen. Zu diesem Zweck ist die Richtlinie des Rates vom 21. Dezember 1988 zur Angleichung der Rechts- und Verwaltungsvorschriften der Mitgliedstaaten über Bauprodukte (89/106/EWG) – kurz als Bauproduktenrichtlinie bezeichnet – erlassen worden. Der Abbau der Handelshemmnisse soll mit einer Harmonisierung der bautechnischen Regeln erreicht werden. Für Bauwerke werden in dieser Richtlinie grundlegende Anforderungen formuliert, die bei normaler Instandhaltung über einen wirtschaftlich angemessenen Zeitraum erfüllt werden müssen. Eine von sechs wesentlichen Anforderungen ist der Brandschutz.

Derzeit wird eine Normreihe zum Brandverhalten und zur Feuerwiderstandsfestigkeit erarbeitet: DIN EN 13501 – Klassifizierung von Bauprodukten und Bauarten zu ihrem Brandverhalten.

Teil 1: Klassifizierung mit den Ergebnissen aus den Prüfungen zum Brandverhalten von Baustoffen

Teil 2: Klassifizierung mit den Ergebnissen aus den Feuerwiderstandsprüfungen (ohne Lüftungsanlagen)

Teil 3: Klassifizierung mit den Ergebnissen aus den Feuerwiderstandsprüfungen von Installationsanlagen und deren Bestandteilen (ohne Entrauchungsanlagen)

Teil 4: Klassifizierung mit den Ergebnissen aus den Feuerwiderstandsprüfungen von Anlagen zur Rauchfreihaltung

Teil 5: Klassifizierung mit den Ergebnissen aus den Dachprüfungen bei Feuer von außen

Zu prüfende und von den Herstellern nötigenfalls anzugebende Kriterien werden sein:

ΔT	Temperaturanstieg
Δm	Masseverlust
t_f	Dauer der Entflammung
PCS	Brennwert
FIGRA	Geschwindigkeit der Brandausweitung
THR_{600s}	Wärmefreisetzung insgesamt
LFS	seitliche Flammenausbreitung
SMOGRA	Geschwindigkeit der Rauchentwicklung
TSP_{600s}	Rauchentwicklung insgesamt
F_s	Flammenausbreitung

Diese Klassifizierungskriterien des europäischen Klassensystems des Brandverhaltens von Bauprodukten sind in Maß und Zahl in ⊚12D.DOC. zu finden. Die Zuordnung von alter

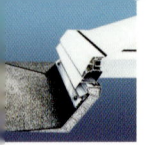

Tabelle 9:
Zuordnung der Klassen zum Brandverhalten von Bauprodukten (ausgenommen Bodenbeläge)

Bauaufsichtliche Anforderung	Zusatzanforderungen		Klassifizierung nach	
	kein Rauch [1]	kein brennendes Abfallen/Abtropfen	DIN EN 13501 – 1 (neu)	DIN 4102 – 1 (bisher)
nicht brennbar	X	X	A1	A1
	X	X	A2 - s1 d0	A2
schwer entflammbar	X	X	B, C - s1 d0	B1 [2]
		X	B, C - s3 d0	
	X		B, C - s1 d2	
			B, C - s3 d2	
normal entflammbar		X	D - s3 d0 E	B2 [2]
			D -s3 d2	
			E - d2	
leicht entflammbar			F	B3

[1]) vernachlässigbare Rauchentwicklung

[2]) Angaben über hohe Rauchentwicklung und brennendes Abtropfen/Abfallen im bauaufsichtlichen Verwendbarkeitsnachweis und in der Kennzeichnung

Zusatzkriterien:

s (Smoke)   Anforderungen an die Rauchentwicklung
d (Droplets)   Anforderungen an brennendes Abfallen/Abtropfen

und neuer Klassifizierung von Bauprodukten zeigt Tabelle 9. Für die Ermittlung des Brandverhaltens von Baustoffen gelten:

DIN EN ISO 1182 : 2002-07
   Prüfung zum Brandverhalten von Bauprodukten, Nicht-Brennbarkeits-Prüfung

DIN EN ISO 1716 : 2002-07
   Prüfung zum Brandverhalten von Bauprodukten, Bestimmung des Wärmepotenzials

DIN EN 13823 : 2002-06:
   Prüfung zum Brandverhalten von Bauprodukten, Thermische Beanspruchung durch einen einzelnen brennenden Gegenstand für Bauprodukte mit Ausnahme von Bodenbelägen (SBI-Test)

DIN EN 11925-2 : 2002-07:
   Prüfung zum Brandverhalten von Bauprodukten, Entzündbarkeit bei direkter Flammeneinwirkung

DIN EN 13238 : 2001-12:
   Prüfung zum Brandverhalten von Bauprodukten, Konditionierungsverfahren und allgemeine Regeln für die Auswahl von Trägerplatten

Die Landesbauordnungen in Deutschland stellen an Dächer die grundlegende Anforderung nach einer harten Bedachung (bauaufsichtliche Bezeichnung) – im Gegensatz zur weichen Bedachung. Nach DIN 4102 Teil 7 bedeutet dies prüftechnisch die Widerstandsfähigkeit gegen Flugfeuer und strahlende Wärme. Die Zulässigkeit der Baustoffe für die verschiedenen Anwendungen wird durch Rechtsverordnungen geregelt. Die meisten entsprechenden Erlasse der einzelnen Bundesländer stimmen weitgehend überein. Nach europäischer Klassifizierung wird dies in DIN EN 13501 Teil 5 geregelt. Wenn die Vornorm DIN EN V 1187 inhaltlich unverändert gültig wird, muss man in Zukunft das darin enthaltene Prüfverfahren 1 zur Prüfung der harten Bedachung von Oberlichtern anwenden.

Beispielhaft erwähnt werden sollen hier die für Lichtbänder und Lichtkuppeln aus brennbaren Baustoffen geltenden Regeln. Sie werden als weiche Bedachung angesehen, falls nicht eine positive Prüfung nach DIN 4102 Teil 7 vorliegt. Sie sind in Dächern mit harter Bedachung zulässig, wenn

die Lichtbänder
- mit ihrer Längsseite parallel zur Traufe geführt werden,
- eine Fläche von höchstens 40 m² haben und 20,0 m lang sind,
- untereinander und von den Dachrändern mindestens 2,0 m Abstand haben,
- zu den Brandwänden oder zu unmittelbar angrenzenden, vorhandenen oder zulässigen höheren Gebäuden oder Gebäudeteilen mindestens 5,0 m Abstand haben;

bzw. die Lichtkuppeln
- insgesamt höchstens 20 % der Dachfläche einnehmen,
- die Fläche einer einzelnen Lichtkuppel 6,0 m² nicht überschreitet,
- die Lichtkuppeln untereinander und von den Dachrändern mindestens 1,0 m Abstand und von Lichtbändern, wie sie oben beschrieben wurden, einen Abstand von wenigstens 2,0 m haben,
- die Lichtkuppeln zu Brandwänden bzw. zu unmittelbar angrenzenden, vorhandenen oder zulässigen höheren Gebäuden oder Gebäudeteilen mindestens 5,0 m Abstand haben.

Werden solche Lichtkuppeln zusammen mit den oben genannten Lichtbändern verwendet, dann dürfen diese lichtdurchlässigen Dachteile insgesamt höchstens 30 % der Dachfläche einnehmen.

Gemäß § 4 der Versammlungsstättenverordnung gilt neuerdings, dass lichtdurchlässige Bedachungen über Versammlungsräumen aus nicht brennbaren Baustoffen bestehen müssen. Bei Versammlungsstätten mit automatischen Feuerlöschanlagen genügen schwer entflammbare Baustoffe, die nicht brennend abtropfen. Diese Regeln erscheinen ziemlich überzogen, weil die in der Musterbauordnung und in den entsprechenden Landesbauordnungen festgelegten Grenzen in der Vergangenheit ausreichend waren.

Bei großflächigen lichtdurchlässigen Dächern (z. B. Olympiastadien in München und Berlin; Bilder 12.6 und 12.7) wurde ein schwer entflammbares Acrylglas (PLEXIGLAS GS 215 gereckt) verwendet (s. hierzu auch Kapitel 22.3). Eine alternierende Verlegung von normal und schwer entflammbarem Material ist unter Umständen möglich. Solche Anwendungen erfordern in der Regel Prüfungen, Zulassungen oder Zustimmungen im Einzelfall.

Für Fensterverglasungen gibt es lediglich die allgemeine Forderung, dass das Material mindestens der Klasse B2 angehören muss. Große zusammenhängende Verglasungen sollten – sinngemäß auch bei Sheds – durch Streifen aus schwer entflammbarem oder nicht brennbarem Material unterteilt werden.

Der bei einem Brand entstehende Rauch kann die Rettung von Menschen, Tieren und Material be- oder verhindern. Aus diesem Grund wird in bestimmten Einzelfällen die Verwendung von Materialien mit nur geringer Rauchentwicklung (meist Acrylglas) vorgeschrieben.

Bild 12.8:
Olympiastadion München

Bild 12.9:
Olympiastadion Berlin

Oberlichter | Licht und Sehen | Tageslicht und Globalstrahlung | **Materialien und Herstellung** | Planung und Dimensionierung | Spezielle Objekte

13 Beständigkeit von Verglasungsmaterialien

Temperaturunterschiede, UV-Bestrahlung, Niederschläge, Immissionen und manche Reinigungsmittel können das Verhalten von Verglasungsmaterialien bezüglich des Transmissionsgrad und der mechanischen Eigenschaften im Laufe der Zeit verändern. Das beeinflusst die Materialauswahl. Die möglichen Veränderungen sind bereits bei der Planung zu berücksichtigen. Beispiele für Veränderungen des Gelbwerts und des Transmissionsgrads unterschiedlicher Materialien sowie die mögliche Bildung von Kondenswasser auf und in Verglasungen werden dargestellt. Es wird empfohlen, die anwendungstechnische Beratung der Halbzeughersteller zu den zweckmäßigen Einbaubedingungen, den zu erwartenden Veränderungen, den zu vermeidenden Korrosionsmitteln und den zweckmäßigen Reinigungsmitteln einzuholen. Beschichtungen zum Erzielen unterschiedlicher Eigenschaften werden erwähnt und Empfehlungen zum Entfernen starker Verschmutzungen gegeben.

■ Die Konstanz der Materialeigenschaften über einen längeren Zeitraum kann durch physikalische und chemische Einflüsse negativ beeinflusst werden. Zum Teil sind die Veränderungen typisch für das Material, zum Teil lassen sie sich aber auch konstruktiv verhindern. Verglasungen, die unter Berücksichtigung der vorgegebenen mechanischen Belastung und des Transmissionsgrades den vorangegangenen Kapiteln entsprechend richtig dimensioniert wurden, können unter Umständen durch äußere Einflüsse in ihrer Gebrauchsfähigkeit beeinträchtigt werden.

Auf einige in diesem Zusammenhang wichtig erscheinende Dinge soll im Folgenden hingewiesen werden: Temperaturunterschiede, UV-Bestrahlung, Niederschläge, Immissionen, Reinigungsmittel. Die Hinweise können sicherlich die prinzipielle Auswahl des Materials für Oberlichter beeinflussen. Detaillierte anwendungstechnische Beratung geben die meisten Anbieter von Oberlichtkonstruktionen.

Temperaturunterschiede können sich vor allem bei Kunststoffen kritisch auswirken, weil diese einen relativ großen thermischen Längenausdehnungskoeffizienten und gleichzeitig eine geringe Wärmeleitfähigkeit (vgl. ⊙12C.DOC) aufweisen. Werden schwarze, aus den Abdeckprofilen herausragende Dichtungen bei Konstruktionen mit Stegdoppelplatten verwendet, heizt sich der Obergurt der Platten stärker als der Untergurt auf. Infolge Absorption kann es zu Temperaturen kommen, die für ein Relaxieren der dadurch erzeugten Spannungen ausreichen. Bei der nächtlichen Abkühlung werden dann im Obergurt unter Umständen so hohe Spannungen erzeugt, dass es dort zu einem Bruch senkrecht zur Einfassung kommt. Die einschlägigen Verlegerichtlinien der Hersteller sind daher unbedingt zu beachten!

Gleiches gilt auch für stark absorbierende Glassorten, wenn die Scheiben teilweise im Schlagschatten liegen und teilweise von der Sonne beschienen werden. Der Temperaturunterschied zwischen Außen- und Innenscheibe einer Isolierverglasung (vor allem bei Einsatz unterschiedlicher Gläser, etwa bedampfter Außenscheiben) kann – oft erst nach einigen Jahren – zu Undichtigkeiten und danach zu einem meist nur aufwändig oder gar nicht mehr zu beseitigenden Belag im Inneren der Verglasung führen.

Die Glasfasern in glasfaserverstärktem Polyesterharz haben meist eine thermische Ausdehnung, die von derjenigen des Harzes verschieden ist. Im Laufe der Zeit beginnen sie, nach außen zu wandern. Die Folgen sind Erosion, kaum noch zu beseitigende Verschmutzung, Herabsetzung des Transmissionsgrads und eine Verringerung der mechanischen Stabilität. Dieser Prozess wird sehr stark verlangsamt, wenn man ein GF-UP-Halbzeug z. B. mit einer speziellen Gelcoat-Beschichtung auf PMMA-Basis verwendet.

Kunststoffe werden in unterschiedlichem Maße durch die natürliche **UV-Strahlung** irreversibel geschädigt, vor allem im Hochgebirge und in Küstennähe. So verfärbt sich PVC nach einiger Zeit rötlich oder bräunlich und wird dabei wesentlich dunkler. Polycarbonat (PC) vergilbt; allerdings wesentlich langsamer, wenn es mit einem UV-Absorber enthaltenden Schutzüberzug (z.B. „LONGLIFE") versehen ist. Deutlicher ist die Vergilbung bei glasfaserverstärktem Polyester, was allerdings auch vom verwendeten Harztyp abhängt.

Der UV-beständigste Kunststoff ist Acrylglas (PMMA). Die Hersteller garantieren eine sehr gute UV-Beständigkeit für farbloses und weißes Halbzeug über viele Jahre. Kein Hersteller gibt allerdings eine entsprechende Garantie für bunt eingefärbtes PMMA. Vor allem die zur Verfügung stehenden blauen, grünen und violetten Farbstoffe werden schnell durch UV-Strahlung verändert, so dass zumindest die alleräußerste Schicht stark ausbleichen kann. Da nahezu allen Kunststoffen und somit auch dem farbigen PMMA UV-Absorber beigemengt werden, werden die darunter liegenden Farbstoffpartikel besser geschützt. Der Transmissionsgrad ändert sich infolge des oberflächlichen Ausbleichens im Gegensatz zum Reflexionsgrad praktisch nicht.

Aus den Bindungsenthalpien der jeweiligen Atome in einem Molekül lässt sich die für einige Beispiele in Tabelle 10 aufgeführte größte Wellenlänge ermitteln, bei der noch Schädigungen des Moleküls (Abbau, Depolymerisation usw.) stattfinden können.

Tabelle 10:
Grenzwellenlängen für Schädigungen von Atombindungen [142]

Atombindung	Schädigung möglich bis zu
H – H	274 nm
O – H	260 nm
N – H	342 nm
C – H aliphatisch	329 nm
C – H aromatisch	280 nm
C – Cl aliphatisch	420 nm
C – Cl aromatisch	334 nm
C – C aliphatisch	399 nm
C – C aromatisch	298 nm
C = C olefinisch	280 nm

Vergilbung bedeutet geringeren **spektralen** Transmissionsgrad im kurzwelligen Bereich, also dort, wo das Tageslicht recht stark ist (s. Bild 3.11) – also wird sich auch der Transmissionsgrad insgesamt verringern. Die typische Abnahme des Transmissionsgrads mit der Bewitterungsdauer ist für einige Kunststoffe in Bild 13.1 dargestellt. Sie muss bei einer genauen lichttechnischen Planung berücksichtigt werden.

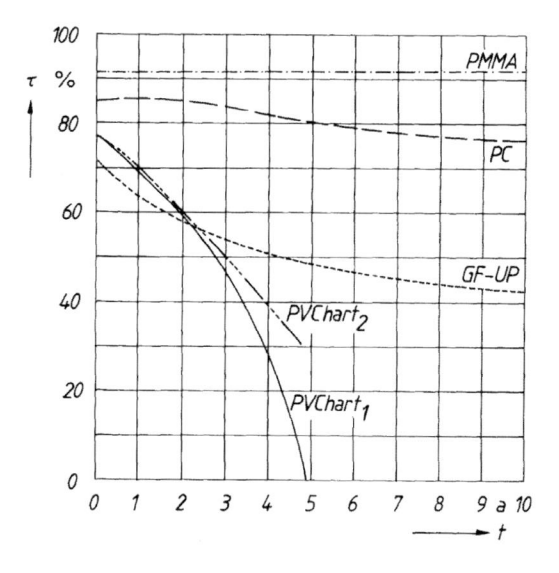

Bild 13.1:
Abnahme des Transmissionsgrads verschiedener Kunststoffe mit der Bewitterungsdauer

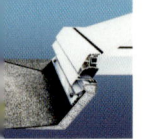

Die Vergilbung wird durch den Gelbwert [41] gekennzeichnet, der mit den Normfarbwerten X, Y und Z nach [4] berechnet wird:

$$G = 1/Y \cdot (a \cdot X - b \cdot Z) \cdot 100 \qquad (176)$$

Die Werte a und b sind abhängig von der ausgewählten Normlichtart und dem Normalbeobachter. Für die zu bevorzugende Kombination „Normlichtart D65 + 10°- Normalbeobachter" gilt:

$$G = (130{,}1 \cdot X - 114{,}9 \cdot Z) / Y \qquad (177)$$

Die Differenz der Gelbwerte der bestrahlten und der unbestrahlten Probe ist die Vergilbungszahl V. Bild 13.2 zeigt den Gelbwert von Proben verschiedener Kunststoffe in Abhängigkeit von der Bewitterungsdauer.

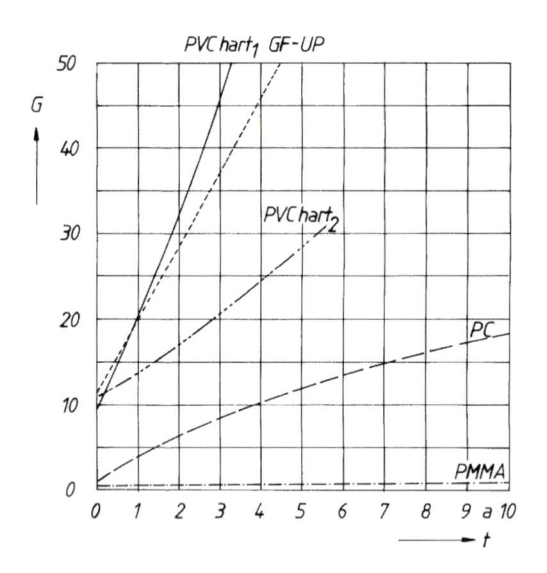

Bild 13.2:

Gelbwert G einiger Kunststoffe in Abhängigkeit von der Bewitterungsdauer; gleiche Proben wie in Bild 13.1

Niederschläge verursachen ebenfalls Veränderungen an Verglasungsmaterialien. Glas als ein Gemenge aus Metalloxiden wird zwar von Wasser nur in vernachlässigbar geringer Größenordnung angegriffen, kann aber durch Hagel im Extremfall eher zu Bruch gehen als die zäheren Kunststoffe (vgl. ⓢ12C.DOC). Zusammen mit Rost (z. B. von der Tragkonstruktion oder als Bremsabrieb bei der Eisenbahn), einem auf Glas gut haftenden Eisenoxid, kann Wasser zudem unschöne und kaum entfernbare Spuren hinterlassen, wie man es von vielen Bahnhofsdächern kennt. Glas kann oberflächlich verätzt werden, z. B. durch Erdalkalien, salpetrige Säure, frischen Beton, Putz und Kalk. Dies bedingt besondere Vorsichtsmaßnahmen während der Bauphase zum Schutz gerade montierter Verglasungen.

Kunststoffe nehmen in unterschiedlichem Maß kleine Mengen Wasser in sich auf. Sie quellen dadurch (z. B. PMMA maximal etwa 1 %) allerdings deutlich weniger, als es dem aufgenommenen Wasservolumen entspricht. Das Wasser setzt sich praktisch in die Lücken zwischen den Makromolekülen, verändert aber die Kunststoffe chemisch nicht.

Zu den Niederschlägen ist auch die **Kondenswasserbildung** in oder an Verglasungen zu zählen. Deren Transmissionsgrad kann dadurch zumindest zeitweise deutlich herabgesetzt werden. Bild 13.3 zeigt, wie man das Taupunktdiagramm [17] zur Vorhersage von Kondenswasserbildung benutzen kann. Im eingetragenen Beispiel (gestrichelte Linien) wird für eine Innentemperatur von + 18 °C, eine Außentemperatur von − 10 °C, und einen Wärmedurchgangskoeffizienten von 2,8 W/(m²·K) gezeigt, dass bei einer relativen Luftfeuchtigkeit im Innenraum von mindestens 55 % Kondenswasserbildung auftreten kann. Kondenswasser kann sich auch in den Kammern von Stegdoppelplatten u. ä. bilden. Dieser Effekt ist grundsätzlich

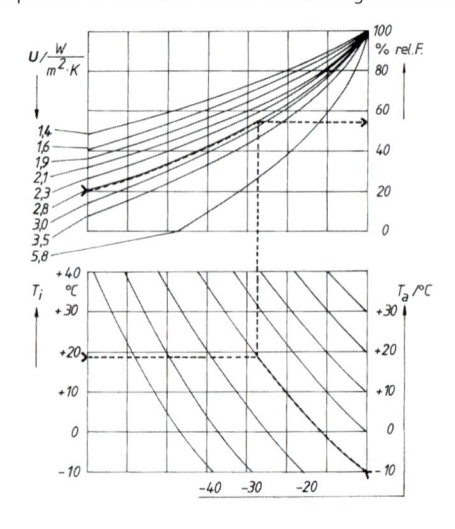

Bild 13.3:

Taupunktdiagramm (Beispiel: s. Text!)

unvermeidbar und stellt keinen Mangel dar. Bei entsprechenden Randbedingungen verdampft es auch wieder vollständig und rückstandsfrei.

Stegdoppelplatten, die ja immer etwas geneigt eingebaut werden, sollten am oberen Ende so dicht wie möglich, am unteren Ende so dicht wie nötig abgeschlossen werden. Das dichte obere Ende verhindert das ständige Nachströmen feuchter Luft, die dann ggfs. an den Platten kondensieren kann. Gleichzeitig wird das mit der durchströmenden Luft mögliche Eindringen von Algen usw. verhindert, die an den feuchten Wänden ideale Lebensbedingungen finden würden. Das nicht völlig geschlossene untere Ende ermöglicht den schnelleren Austritt des Wasserdampfes, der sich durch die erneute Erwärmung aus dem Kondenswasser bildet, und verhindert das Eindringen von größeren Insekten. Abhilfe bei Tropfenbildung kann hier eine wasserspreitende Beschichtung schaffen, die es z. B. für PC-SDP oder PMMA-SDP als außenseitige (z.B. „NO DROP", siehe Bild 13.4) und auch allseitige Ausführung gibt.

Sie sorgt dafür, dass die grundsätzlich unvermeidbare Kondenswasserbildung nicht in der für PMMA typischen Form von Tröpfchen, sondern als unsichtbarer Film erfolgt. Dadurch wird der Transmissionsgrad deutlich erhöht; er ist sogar noch geringfügig höher als im trockenen Zustand. Zudem wird ein eventueller Schmutzbelag durch die natürlichen Niederschläge schneller und besser abgespült.

Immissionen, d. h. chemische Einflüsse, gibt es in vielen Variationen: saurer Regen, schwefelhaltige Verbrennungsrückstände, Vogelkot usw. Alle Verglasungen sind dagegen recht unempfindlich. Basische Immissionen treten auch auf, etwa in der Nähe von Zementfabriken. Polycarbonat ist alkaliempfindlich, sollte also in einer solchen Umgebung nicht eingesetzt werden; gleiches gilt für die Reinigung mit Seifenlauge.

Hinweise der Halbzeughersteller bezüglich zweckmäßiger **Reinigungsmittel** sollten unbedingt beachtet werden. Glas und Kunststoffe verhalten sich gegenüber den Einflüssen von Säuren, Laugen und organischen Lösungsmitteln sehr unterschiedlich. Konzentrierte Säuren und Laugen greifen Glas u. U. stärker an als Kunststoffe. Dagegen sind Kunststoffe sehr empfindlich gegenüber organischen Lösungsmitteln, während Glas davon nicht angegriffen wird. Lösungsmittel werden oft nach Anstricharbeiten zum Reinigen benutzt. Davon angelöste Kunststoffe werden zumindest extrem kratz- und wischempfindlich; sind gleichzeitig Zugspannungen im Material vorhanden, kann es zu der in Kapitel 12 erwähnten Spannungskorrosion bzw. Spannungsrissbildung kommen. Spannungen können durch Erwärmung bei Bearbeitung oder Gebrauch, durch behinderte thermische Ausdehnung oder Schrumpfung, durch Einbaufehler usw. verursacht werden. Sie lassen sich durch Tempern des Fertigteils (z. B. einer Lichtkuppel) weitestgehend abbauen. Man versteht darunter das Aufheizen auf eine Temperatur unterhalb der Umformtemperatur und das anschließende **langsame** Abkühlen. Leider wird das Tempern von manchen Herstellern aus Kostengründen nicht immer durchgeführt.

Durch Beschichtungen lassen sich die lichttechnischen Stoffkennzahlen und auch andere Eigenschaften von Verglasungsmaterialien – ggfs. auch nach einer Umformung oder gar an der Baustelle – deutlich verändern. Da diese Möglichkeiten wegen der in manchen

Bild 13.4:
PC-Stegdreifachplatte mit wasserspreitender Beschichtung (im Bild links)

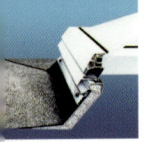

Fällen geringeren Witterungsbeständigkeit von Beschichtungen nicht sehr häufig genutzt werden, soll darauf nur relativ kurz hingewiesen werden.

Nach der Herstellung von Halbzeugen ist es für Lagerung, Handhabung und Transport zum Einbauort zweckmäßig, einen zeitweiligen Oberflächenschutz anzubringen. Bewährt haben sich z. B. ein flüssig aufgebrachter und leicht wieder abziehbarer Überzug aus einer 30%igen wässrigen Lösung von Polyvinylalkohol (PVAL) sowie handelsübliche Abdecklacke, -folien und -pasten.

Eine elektrostatische Aufladung, die eine Verschmutzung durch Anziehen von Staubpartikeln aus der Umgebung zur Folge hat, lässt sich durch antistatisch wirkende Reinigungsmittel(-Zusätze) für einige Zeit verhindern. Alternativ kann die Ladung durch Abblasen mit ionisierter Luft neutralisiert werden. Im Laufe der Zeit nehmen Kunststoffe aus der Atmosphäre etwas Wasser auf, so dass die Ladung nach einiger Zeit von selbst verschwindet.

Siebdrucken, Transferdrucken, Spritz-, Tauch-, Gieß- oder Walzlackieren, Beschichten mit Klebefolien u. ä. werden meist nur zu Dekorationszwecken angewandt.

Metallisieren durch Bedampfen im Hochvakuum, Nassverspiegeln und Galvanisieren ist zwar möglich, sollte aber nur von darauf spezialisierten Firmen durchgeführt werden. Im Zusammenhang mit dem Tageslicht sind beispielsweise die dünnen Schichten aus Gold interessant, die den Ausblick aus dem Raum nicht wesentlich behindern und außen den typischen Eindruck von blankem Metall vermitteln.

Eine dauerhafte Kratzfestbeschichtung von Kunststoffen kann in manchen Fällen von großem Interesse sein. Sie ist bis zu gewissen Grenzen nicht nur bei ebenen Halbzeugplatten vor deren Verarbeitung, sondern auch bei Formteilen nach der Verarbeitung möglich. Es gibt nur wenige Firmen, die diese Arbeiten ausführen können.

Sollen starke Verschmutzungen beseitigt werden, ist dafür vor allem der Einsatz von Warmwasser-Hochdruck-Reinigern (50 bis 100 bar, 50 bis 80 °C, evtl. etwas Reinigungskonzentrat, nicht abrakeln, nicht bürsten) zu empfehlen. Zu bedenken ist auch hier, dass Polycarbonat alkaliempfindlich ist.

Müssen aufgesprühte Graffiti entfernt werden, geschieht das am einfachsten durch ein Auflegen eines mit wasserlöslichem Pinselreiniger getränkten Tuches (PMMA bis 20 min, PC bis 5 min) und anschließendes Abwaschen mit viel klarem Wasser. Plakate, die wieder entfernt werden sollen, werden mit Wasser und einem Spülmittelzusatz gut getränkt und sind nach einer Einwirkzeit von ca. 10 min meist problemlos abzuwaschen. Bei PMMA und PC sollten keine plakatabweisenden Produkte verwendet werden, weil sie die optischen Eigenschaften dieser Kunststoffe beeinträchtigen können. Bei Bedenken oder Fragen sollte sich der Anwender unbedingt an den Hersteller wenden.

Flachdachkompetenz aus einer Hand

BELICHTUNG

ENTRAUCHUNG

ENTWÄSSERUNG

Optimale Belichtung

Die essertop® 2000 Lichtkuppel lüftbar verfügt über viele Pluspunkte:

hervorragende Materialqualität •
praxisgerechte Konstruktionsdetails •
vielseitige Anwendungsmöglichkeiten •
beste Montagefreundlichkeit •
Das gilt auch für die Lichtbänder.

Effiziente Entrauchung

Der fumilux® 3000 Rauchabzug steht für:

optimale Belichtung •
zuverlässigen Rauchabzug •
effiziente Entüftung •
sichere bzw. komfortable Bedienung •
Auch Lichtbänder können mit Rauchabzugs- und Entlüftungsfunktion ausgestattet werden.

Sichere Entwässerung

Die Flachdachentwässerung ist seit Jahrzehnten eine Kernkompetenz von Eternit. Deshalb sind alle Esser-Gullys:

sehr funktionssicher •
ideal für Neubau und Sanierung •
entwässerungssicher bei diversen •
Einbausituationen

Eternit
FLACHDACH

ETERNIT FLACHDACH GMBH · NISSANSTR. 1 · 41468 NEUSS
POSTFACH 100465 · 41404 NEUSS · TELEFON (02131) 183-0 · TELEFAX (02131) 183-300/301

www.eternit-flachdach.de · e-mail: vertrieb@eternit-flachdach.de

Oberlichter | Licht und Sehen | Tageslicht und Globalstrahlung | **Materialien und Herstellung** | Planung und Dimensionierung | Spezielle Objek

14 Herstellung und Einbau von Oberlichtern

Für die lichtdurchlässige Dacheindeckung stehen Oberlichter aus Halbzeugen, als einbaufertige Produkte, als werkseitig vorkonfektionierte Elemente und als Sonderprodukte zur Verfügung. Zum Einsatz von Wellplatten, Stegdoppel- und anderen Hohlkammerprofilplatten, Lichtkuppeln, Lichtbändern und Elementen aus biaxial gerecktem Acrylglas werden Hinweise gegeben. Bevorzugte Abmessungen und Bestimmungsgrößen werden genannt. Die für die genannten Bauelemente gültigen bauaufsichtlichen Regeln werden aufgeführt, aber auch die bauaufsichtlich zugelassenen Lichtbänder.

■ In Kapitel 2 wurden bereits die „Verwandtschaften" zwischen den Bauformen von Oberlichtern vorgestellt. Sie lassen sich daneben hinsichtlich ihrer Herstellungs- und Einbauverfahren einteilen in:

- Oberlichter aus Halbzeugen für ebene Dacheindeckungen, die auf der Baustelle zugeschnitten, bearbeitet und montiert werden,

- Oberlichter als einbaufertige Produkte, die werkseitig bereits komplett gefertigt sind, so dass sie auf dem Dach nur noch auf einer Unterkonstruktion befestigt und eingedichtet werden müssen (z. B. Lichtkuppeln),

- werksseitig vorkonfektionierte Oberlichter, die meist nach Standardplänen (Schubladenlösung) im Werk kostengünstig vorgefertigt und bauseitig zusammengebaut werden (z. B. Lichtbänder), und

- Sonderkonstruktionen, die sich oft als Einzelobjektlösung in vielen Belangen von „Standardprodukten" unterscheiden.

Auf jede dieser Gruppen wird in einem gesonderten Unterkapitel eingegangen.

Die beiden letzten Unterkapitel beziehen sich auf die bauaufsichtliche Zulassung und Einbauplanung.

14.1 Oberlichter aus Halbzeugen

Kunststoffhalbzeuge (z. B. Wellplatten, Stegdoppelplatten) werden auf die Baustelle gebracht, dort passgenau abgelängt bzw. zugeschnitten und zusammen mit geeigneten Profilen und Befestigungsmitteln verlegt. Aus glasfaserverstärktem Polyesterharz oder aus Acrylglas gefertigte **Wellplatten** - auch Sinusprofilplatten genannt – erlauben die schnelle Dacheindeckung auch durch nur wenig geschultes Personal. Sie wurden nahezu gleichzeitig mit den Wellasbestzementplatten entwickelt–um mit diesen alternierend verlegt–Tageslicht durch einfache und schnell gedeckte, thermisch nicht isolierte Dächer treten zu lassen. Deren Abmessungen wurden übernommen; deswegen werden sie in den Typen 76 / 18 in 1045 mm Breite, 130 / 30 in 1000 mm Breite und 177 / 51 in 920 mm Breite angeboten. Die jeweils erste Zahl gibt den Abstand (in mm) zwischen zwei Wellenbergen an, die zweite Zahl kennzeichnet die Höhe der Wellplatten (in mm) inklusive der Materialdicke, die meist 3 mm beträgt. Die Plattenbreite unterscheidet sich von der Nutzungsbreite um die Seitenüberdeckung, die beim Nebeneinanderlegen mehrerer Wellplatten mit einer ganzen oder eine halben Überdeckung notwendig ist, um das Dach regendicht zu bekommen. Aus dem gleichen Grund ist eine obere und eine untere Höhenüberdeckung erforderlich, deren Länge von der Dachneigung abhängt. Größere Einzellängen als 3,5 m sollten nicht in einem Stück verlegt werden, obwohl sie durchaus angeboten werden. Die

Tabelle 11:

Form und Befestigung von Wellplatten aus Acrylglas

Wellplatten-Typ	76 / 18	130 / 30	177 / 51
Plattenbreite / mm	1045	1000	920
Lieferlänge / mm	2.000…7.000	2.000…3.300	2.000…3.300
Flächengewicht / kg/m²	ca. 4,0	ca. 4,15	ca. 4,3
Plattendicke / mm	3	3	3
Seitenüberdeckung / mm	64	90	47
Höhenüberdeckung / mm bis 17° Dachneigung	200	200	200
Höhenüberdeckung / mm über 17° Dachneigung	150	150	150
Befestigung auf …tem Wellenberg (an allen Pfetten)	2, 5, 9, 12	2, 6	1, 3, 5
Bohrlochdurchmesser für Dichtkappen / mm	10	12	12

Wellplatten werden wegen der Dichtigkeit gegen Niederschläge nur auf Wellenbergen durchbohrt und an den sie tragenden Pfetten mit Schraubhaken bzw. Rohrhaken befestigt. Polyethylen-Dichtkappen bilden danach den äußeren wetterdichten Abschluss (s. Bild 14.1). Tabelle 11 enthält einige Angaben zu Geometrie und Befestigung von Wellplatten aus Acrylglas.

Die tragenden Pfetten müssen senkrecht zur Wasserlaufrichtung liegen. Platten mit Oberflächenstruktur werden so verlegt, dass die Struktur außen ist. Die Mindestneigung von Wellplatten liegt bei 5°; flacher verlegte Platten verschmutzen sehr schnell. Die nach oben gerichteten Teile der Unterkonstruktion sollen möglichst hell sein, um ein lokales Aufheizen der Platten durch Absorption der Sonnenstrahlung zu vermeiden. Die Schrauben sollten nicht zu fest angezogen werden, um Knackgeräusche infolge behinderter thermischer Ausdehnung zu verhindern. Wichtig für die Bearbeitung der Platten ist die Verwendung eines geeigneten und richtig angeschliffenen Bohrers; etwaige Ausbrüche führen ebenso schnell zu Rissen in der Platte wie eine fehlende Abdeckung bei der Durchführung des Gewindes des Schraubhakens (vgl. Bilder 14.4 und 14.5). Diese Haken gibt es auch als Rohlinge, deren gewindefreier Teil entsprechend der Unterkonstruktion gebogen werden kann.

Durch spezielle Eckzuschnitte wird eine unschöne vierfache Überdeckung bei Stoßstellen vermieden.

Wellplatten sind grundsätzlich nicht durchsturzsicher und immer nur über lastverteilende Bohlen begehbar.

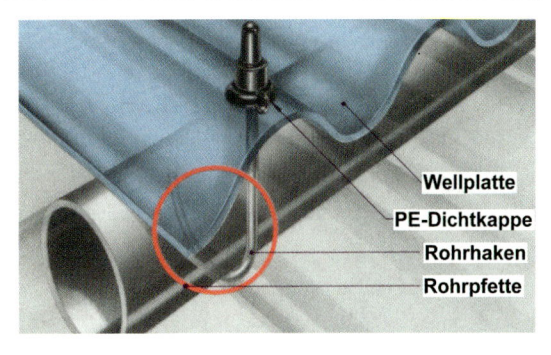

Bild 14.1:

Befestigung einer Wellplatte an der Unterkonstruktion mit einem Rohrhaken

Die Pfettenabstände richten sich nach der zu erwartenden Flächenlast. Entsprechende Empfehlungen enthält Bild 14.2.

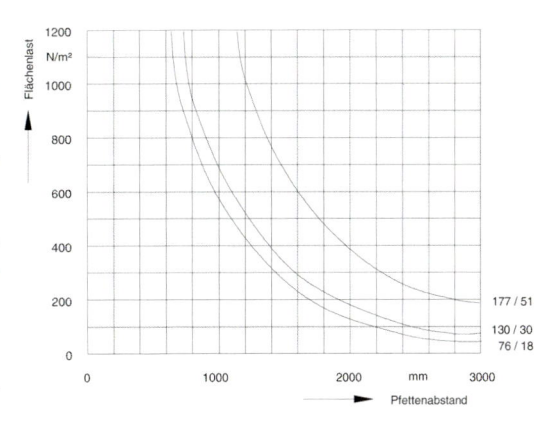

Bild 14.2:

Zusammenhang zwischen maximal zulässigem Pfettenabstand und Flächenlast für Acrylglas-Wellplatten

Eine weitere Variante der vor Ort handwerklich hergestellten Oberlichter besteht aus ebenen **Stegdoppelplatten** (vgl. Bild 12.5) oder anderen Hohlkammerprofilplatten und zugehörigen meist systemeigenen Verbindungsprofilen. Sie werden oftmals im Privatbereich für Balkon- oder Verandaüberdachungen oder für Wintergärten, sehr häufig auch für die Eindeckung von Gewächshäusern verwendet.

Stegdoppelplatten und andere Hohlkammerprofilplatten aus PMMA, PC und PVC wurden schon mehrfach erwähnt (vgl. Kapitel 2, ⊙12B.DOC, Bild 12.5, Kapitel 13). Sie verbinden geringes Flächengewicht mit hoher Steifigkeit und guter Wärmedämmung, sind quasi eine Isolierverglasung aus einem Stück und lassen sich mit nahezu beliebigen Konturen schneiden. Man sollte wegen der nötigen Stabilität und Dichtigkeit stets darauf achten, dass auch Stege und nicht nur Gurtflächen innerhalb des Rahmens liegen. Die Hersteller geben für jeden Plattentyp ausführliche Informationen hinsichtlich der Belastbarkeit und der zweckmäßigen Einbauprofile, Werkzeuge, Montagedetails und Hilfsmittel; ihre Nutzung wird dringend empfohlen.

Anstatt des maximalen Pfettenabstands bei den Wellplatten gibt es abhängig von der Belastung der Hohlkammerprofilplatten empfohlene Obergrenzen für den Unterstützungsabstand. Unterhalb der Platten werden in geringem Abstand helle Streben (Blindsparren) vorgesehen, auf die sich die Platten bei hoher Belastung auflegen und damit abstützen können.

Hohlkammerprofilplatten sollen so verlegt werden, dass Wasserlaufrichtung und Stegrichtung übereinstimmen. Querstöße sind zu vermeiden, die Platten sollten möglichst in ganzer Dachlänge verwendet werden.

Bohrlöcher dürfen in Stegdoppelplatten aus PMMA auf der Baustelle nicht eingebracht werden, dagegen können sie bei dünnen Stegdoppelplatten aus PC hergestellt werden und zum Einbringen einer Sogsicherung durchaus erforderlich sein. Dafür werden – vgl. Bild 14.3 – spezielle Bauelemente angeboten.

Ein Kantenverschluss am oberen Ende so dicht wie möglich und am unteren Ende so dicht wie nötig verhindert Verschmutzung und Algenbildung in den Kammern.

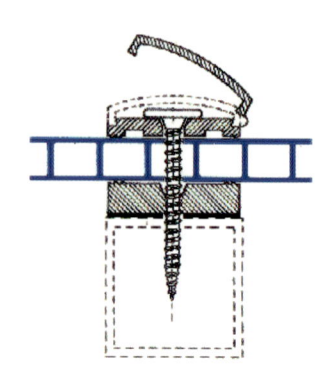

Bild 14.3:
Sogsicherung für Stegdoppelplatten aus PC

Die meisten der angebotenen Hohlkammerprofilplatten sind bauaufsichtlich zugelassen.

Stegdoppelplatten aus Standard-PMMA sollten auf der Baustelle nicht kalt eingebogen werden. Thermisches Biegen ist hingegen möglich, allerdings ist hierfür eine große Erfahrung im Umgang mit dem Werkstoff sowie eine spezielle Aufheizeinrichtung erforderlich. Dagegen ist bei Stegdoppelplatten aus PC und schlagzähem PMMA das Kaltbiegen begrenzt möglich (Biegeradius mindestens 150 mal größer als die Dicke, bei 16 mm dicken Platten also mindestens 2,4 m).

Auch Stegdoppelplatten und andere Hohlkammerprofilplatten sind grundsätzlich nicht durchsturzsicher und deshalb zur Montage und zu Wartungsarbeiten natürlich nur mit aufgelegten lastverteilenden Bohlen begehbar.

14.2 Einbaufertige Oberlichter

Hochwertiger als die auf der Baustelle hergestellten Oberlichter in Baumarktqualität werden komplett einbaufertige Konstruktionen in Form von Lichtkuppeln einschließlich der dazugehörenden **Aufsetzkränze** dem Markt angeboten. Diese sind in großer Formenvielfalt verfügbar (vgl. Kapitel 2) und können je nach Ausstattung neben einer reinen Beleuchtung auch zu Aufgaben der Raumlüftung oder im Brandfall zur Rauch- und Wärmeableitung genutzt werden. Ihre Kennzeichnung geschieht durch Angaben zu den in Bild 14.4 dargestellten Kenngrößen.

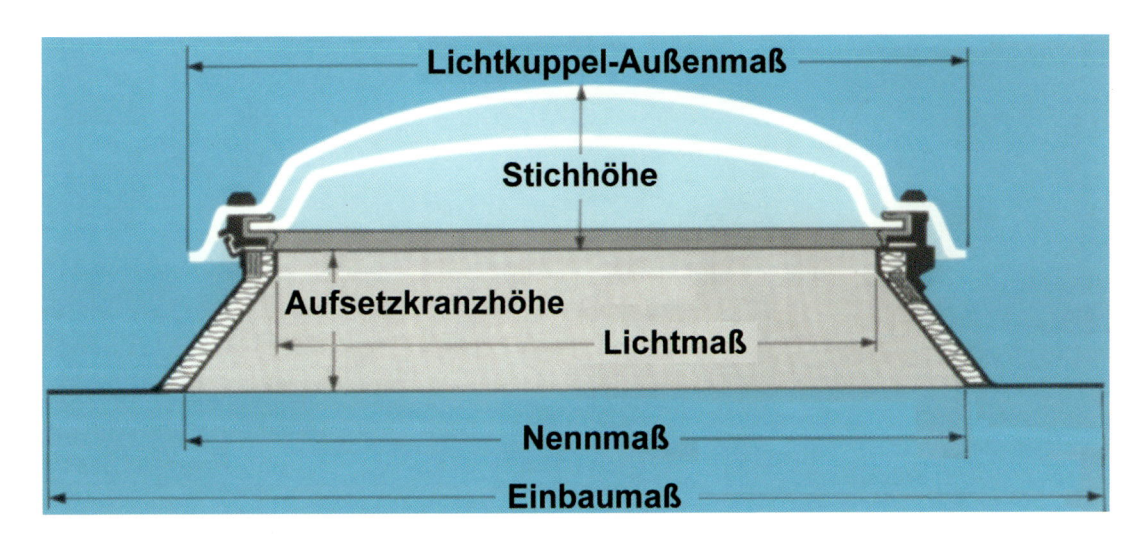

Bild 14.4:
Geometrische Kenngrößen von Lichtkuppeln

Je nach Lichtkuppelform können die hier allgemein „-maß" genannten Abmessungen die Länge, die Breite oder der Durchmesser sein. Das „Nennmaß" oder auch die „Nenngröße" ist wichtig, weil danach der im Dach vorzusehende Lichtschacht (Innenseite von Aufsetzkranz und Deckendurchbruch) dimensioniert werden muss. Die Abmessungen des Aufsetzkranzes am Deckendurchbruch sind heute üblicherweise das Nenn- oder Bestellmaß. (Manche Firmen bezeichneten früher das Lichtkuppel-Außenmaß als deren Bestellgröße.)

Bild 14.5 enthält eine Zusammenstellung der Bestellmaße von serienmäßig angebotenen rechteckigen und quadratischen Lichtkuppeln der Mitgliedsfirmen des FVLR e.V.

Die Kreuze markieren jeweils die Abmessungen von Länge und Breite. Vereinfachend lässt sich feststellen, dass das Angebot im Bereich von 50 cm x 50 cm bis nahezu 3 m x 3 m kaum einen Wunsch unerfüllt lässt. Darüber hinaus bieten einige Hersteller auch Lichtkuppeln in Sondergrößen an.

Die Nenngrößen der runden Lichtkuppeln sind in der Regel in 50, 60, 70, 80, 90, 100, 110, 120, 150, 180, 210, 220, 230, 240, 250, 260 und 270 cm lieferbar.

Aufsetzkränze gibt es in zahlreichen an das jeweilige Einbaudetail angepassten Flanschformen (eben, Wellplatten, Trapezprofil). Bild 14.6 zeigt schematisch den Einbau einer Lichtkuppel mit profiliertem Aufsetzkranzflansch innerhalb eines ISO-Daches. (Prinzipiell gleicht die Verlegung derjenigen von Wellplatten.)

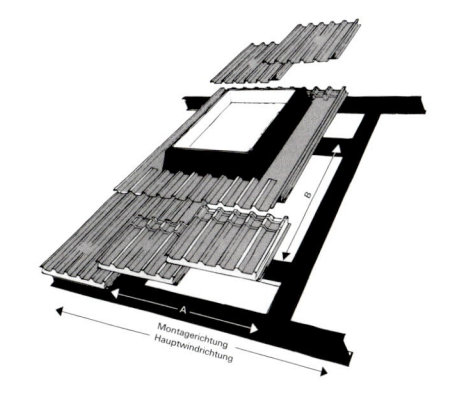

Bild 14.5:
Nenngrößen von rechteckigen und quadratischen Lichtkuppeln

Bild 14.6:
Schematische Darstellung der Verlegeabfolge zum Einbau einer Lichtkuppel mit vollständig profiliertem Fußflansch in Dach aus ISO-Elementen (die lichten Maße A und B müssen der Nenngröße entsprechen)

Oberlichter | Licht und Sehen | Tageslicht und Globalstrahlung | **Materialien und Herstellung** | Planung und Dimensionierung | Spezielle Objekt

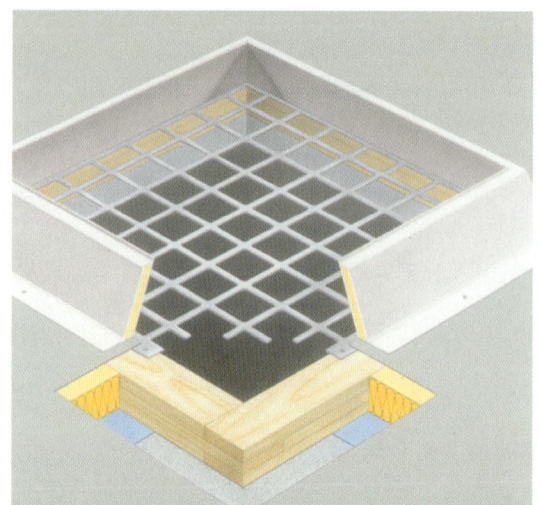

Bilder 14.7 bis 14.10:

Bildbeispiele für Zubehörteile zu Oberlichtern: Dachausstieg, Einbruchs- und Absturzsicherung, Insektenschutz und Verdunkelung

Das genaue Einhalten der Einbauvorschriften der Hersteller gewährleistet die langjährige Dichtigkeit des Daches.

Weitere Zubehörteile sind beispielsweise Einbruchs- und Absturzsicherungen, Insektenschutzgitter, Dachausstiege, durchsturzsicheres Material, manuelle, elektrische oder pneumatische Antriebe, Regen- und Windsensoren, Axial- oder Tangentiallüfter, Verschattungen, Verdunkelungen usw. Die Bilder 14.7 bis 14.10 zeigen eine Auswahl einiger prinzipieller Darstellungen.

Lichtkuppeln aus Acrylglas oder Polycarbonat werden durch thermisches Umformen hergestellt. Meist benutzt man dabei spezielle Rahmenwerkzeuge, die es erlauben, die durch Erwärmung weich gewordenen Platten „in den freien Raum" zu blasen. Mit besonderen Werkzeugen werden Pyramiden- oder Nordlichtkuppeln hergestellt. In allen Fällen bleiben die Durchsichtflächen frei, ohne Profile, so dass sie vollen Lichtdurchgang und klaren Durchblick gewähren. Bedingt durch die Verstreckung im mittleren Bereich ergeben sich dort etwas verringerte Materialdicken. Die Ausgangsdicke wird mit zunehmender Flächengröße der Lichtkuppel größer; sie hängt wesentlich von der zu erwartenden Flächenlast (Schnee) ab. In den USA hat man festgestellt [48], dass es für die verschiedenen Lichtkuppelformen unterschiedliche Werte für die statisch erforderliche optimale Stichhöhe gibt, die jeweils durch die erforderliche mechanische Stabilität und die Dickenänderung beim Umformen bedingt ist.

Empfohlen wird eine relative Stichhöhe von

- ≥ 15 % der Kantenlänge von frei geblasenen Pyramidenkuppeln mit der Grundfläche eines gleichseitigen Dreiecks,

- ≥ 25 % der kürzeren Kantenlänge rechteckiger oder quadratischer, frei geblasener Lichtkuppeln,

- ≥ 25 % der Kantenlänge von Pyramidenkuppeln mit der Grundfläche eines gleichseitigen Dreiecks,

- ≥ 30 % des Durchmessers runder Lichtkuppeln,

- ≥ 40 % der Kantenlänge von quadratischen Pyramidenkuppeln.

Eine entsprechend große Stichhöhe fördert auf jeden Fall den Selbstreinigungseffekt durch Regenwasser. Es werden in [48] auch Empfehlungen zur Ausgangsdicke der Acrylglasplatten in Abhängigkeit von der Flächengröße der Lichtkuppeln gegeben.

14.3 Werkseitig konfektionierte Oberlichter

Größere Oberlichter vornehmlich für den industriellen und kommerziellen Einsatz werden als werkseitig vorgefertigte Oberlichter in Montagebauweise hergestellt. Eine Vorfertigung ist bei größeren Mengen stets sinnvoll, da innerhalb der Betriebe bessere Produktionsmittel vorhanden sind, z. B. lassen sich Verbindungsprofile oder Verglasungselemente auf großen Maschinen einfacher bearbeiten (Ablängen, Biegen, Bohren, Umformen etc.) und die Herstellung und Montage insgesamt wirtschaftlicher umsetzen. Zudem dürfen bauaufsichtlich zugelassene Konstruktionen (siehe hierzu weiter unten) nur unter Verwendung der in der jeweiligen Zulassung genannten Materialien und der dort genau beschriebenen Verfahren hergestellt und eingebaut werden. Dies lässt sich auf Baustellen kaum einhalten.

Oberlichter mit ebenen (Teil-)Flächen, wie Dachreiter oder Pultdächer, Shed-Konstruktionen oder große Pyramidenkuppeln, werden in handwerklicher Montage zwar stets nach dem gleichen Grundprinzip, aber mit unterschiedlichen Verglasungsmaterialien und Profilsystemen versehen. Ohne weitere Erläuterungen sollen in Bild 14.11 drei der besonders häufig anzutreffenden Varianten vorgestellt werden. Aus Sicherheitsgründen (Überkopfverglasung) wird vielfach dabei raumseitig das im Vergleich zu Sicherheitsglas (VSG) preiswertere Drahtglas oder die besonders preiswerte und vor allem leichtere Kunststoff-Stegdoppelplatte eingesetzt. Zum Vergleich: Eine Stegdoppelplatte in einer schweren Ausführung wiegt pro Quadratmeter in etwa nur so viel wie eine ein Millimeter dicke Glasscheibe (2,5 kg/m²).

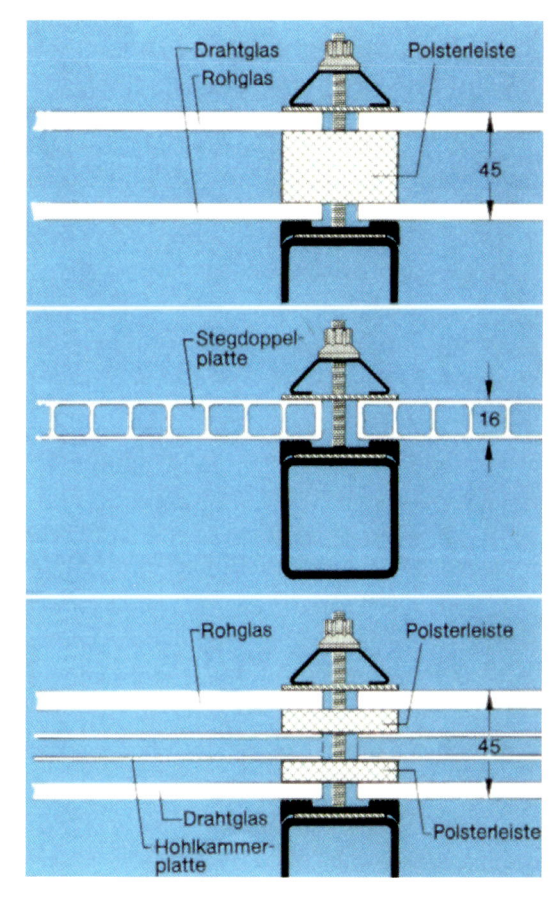

Bild 14.11:

Drei prinzipielle Beispiele für den Aufbau ebener Verglasungen

Dabei ist darauf zu achten, dass die kerbempfindlichen Verglasungsmaterialien nicht mit dem Gewinde der Schrauben in Berührung kommen. Die Bilder 14.12 und 14.13 zeigen, wie man das mit hinterdrehten Schrauben und Distanzhülsen erreichen kann. Es gibt aber zu diesem Zweck auch bei den vielen angebotenen Verlegeprofilen zahlreiche andere Konstruktionsdetails, auf die hier nicht eingegangen wird.

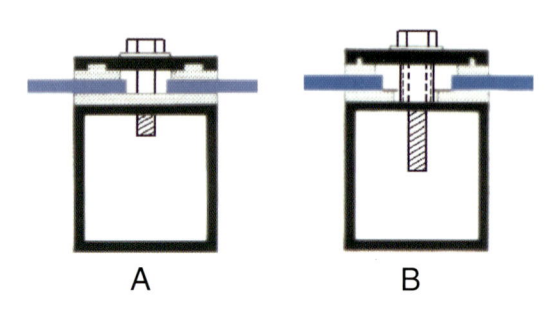

Bilder 14.12 und 14.13:
Verhinderung der Kerbwirkung der Gewinde der Schrauben durch die Verwendung von hinterdrehten Schrauben (A) und Distanzhülsen (B)

Für Oberlichtbänder im zulassungsfreien Bereich – also bis 2,0 m Breite der lichten Dachöffnung – werden Systeme angeboten, die im Firstbereich warm gebogene Platten zur Verglasung verwenden. Wie in Bild 14.14 skizziert, entsteht sozusagen ein Bauelement mit einem Querschnitt zwischen sattel- und gewölbeförmigem Oberlicht. Gekennzeichnet wird es durch die lichte Breite (b), die Gesamtbreite (B) und die Stichhöhe (H).

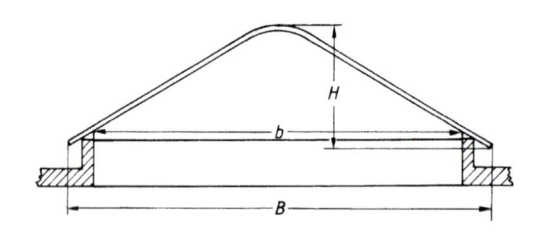

Bild 14.14:
Oberlicht mit im Firstbereich gebogenen Stegdoppelplatten

Durch die gewölbte Form ist das Lichtelement selbst so stabil, dass es bis zu einer Breite von 2,0 m zur Aufnahme der äußeren Lasten (Wind- und Schneelasten) keine weiteren unterstützenden Tragprofile benötigt.

Gewölbte Oberlichtbänder mit Verglasungselementen aus Kunststoff, die größere lichte Öffnungen als 2,0 m überspannen, liegen dann im zulassungspflichtigen Bereich. Die bauaufsichtlich zugelassenen Lichtbandkonstruktionen tragen Zulassungsnummern, z. B. Z-10.1-... und werden in der Herstellung fremdüberwacht. Bei ihrem Einbau auf der Baustelle muss dort auch der Zulassungsbescheid vorliegen. Im Zulassungsbescheid ist genau geregelt, welche Materialien zur Herstellung verwendet werden dürfen. Z. B. sind die Typen der Hohlkammerprofilplatten genau definiert und festgeschrieben (maximale Breite, Dicke, Flächengewicht, Hersteller/-Lieferant). Außerdem wird festgelegt, wie das Produkt zu fertigen, zu transportieren und zu lagern ist und wie und unter welchen Rahmenbedingungen es eingebaut werden kann.

Verwendung finden am häufigsten 980 mm, 1.200 mm oder 2.100 mm breite Stegdoppel-, Stegdreifach-, Stegmehrfachoder Strukturplatten (innere K-Fachwerkstruktur) in opaler, also weißlich durchscheinender Ausführung mit Achsabständen der Tragprofile aus gebogenem Aluminium von maximal 1.060 mm [(2.100 mm + 2 x 10 mm) / 2 = 1.060 mm]. Die maximale zugelassene Spannweite dieser Konstruktionen liegt bei immerhin 11 Metern.

Beim Einbau von Lichtkuppeln und Dachlichtbändern sind die Flachdachrichtlinien zu beachten, die hier nicht detailliert zitiert werden sollen. Man kann sie beziehen beim Zentralverband des Deutschen Dachdeckerhandwerks (ZVDH), Fritz-Reuter-Straße 1, 50968 Köln, Tel. 0221-398038-0, Fax 0221-398038-99.

Informationen über Verglasungsrichtlinien gibt es beim Bundesinnungsverband für das Glaserhandwerk, An der Glaserfachschule 3, 65589 Hadamar, Tel. 06433-9133-0, Fax 06433-5702.

14.4 Sonderkonstruktionen

Für spezielle Anwendungen kann die besondere Eigenschaft von gegossenem und dann gerecktem, d. h. biaxial thermisch verstrecktem Acrylglas manchmal interessant sein. Das Material verfügt – anders als extrudiertes Acrylglas oder das schlagzähere, ebenfalls extrudierte Polycarbonat – über ein Formgedächtnis. Wie ein gedehntes Gummiband will eine umgeformte Platte aus gegossenem Acrylglas aufgrund des Aufbaus aus langen Molekülketten die ursprüngliche Form wieder annehmen, wenn nur eine

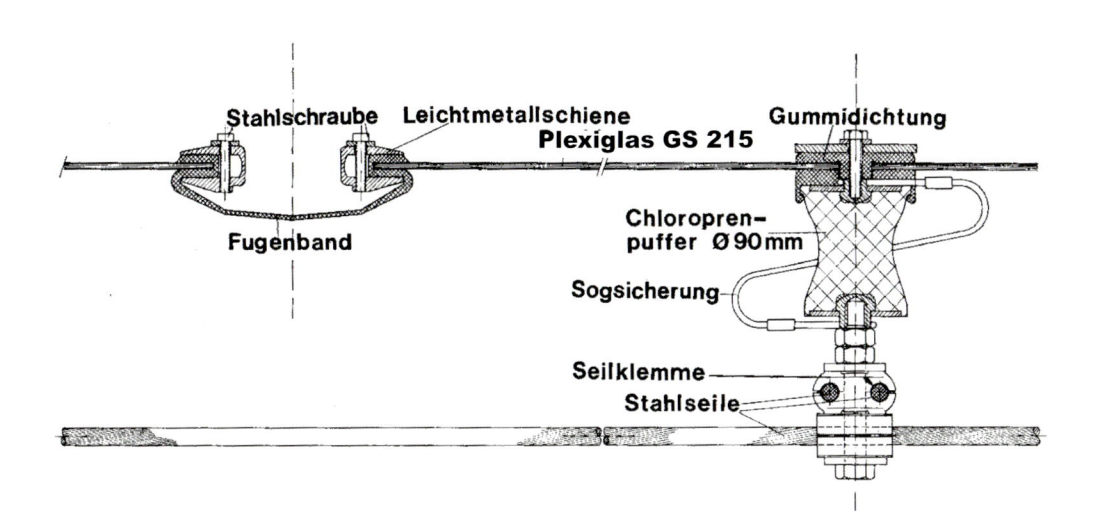

Bild 14.15:
Detail des Münchner Olympiadachs: 3 m x 3 m große Platten sind elastisch am Seilnetz befestigt, die Entwässerungsrinne ist aufgeklemmt

entsprechende Temperatur dieses Rückschrumpfen ermöglicht; bei Raum- oder Gebrauchstemperatur können diese Kräfte noch nicht freigesetzt werden.

Als erstes Großprojekt wurde das etwa 80.000 m² große Dach des Münchner Olympiastadions (Ausschnitt: Bild 14.15) mit Platten aus biaxial gerecktem gegossenem Acrylglas eingedeckt, und zwar mit PLEXIGLAS GS 215 gereckt, das durch spezielle Zusätze schwer entflammbar gemacht wurde. Hierbei bedeutet „gereckt", dass eine ebene Platte von 12 mm Dicke nach Erwärmung gleichmäßig auf die dreifache Fläche verstreckt und damit auf 4 mm Dicke reduziert wird. Bei einem – hoffentlich nie eintretenden – Brandfall würde das Material sich nach Erwärmung an sein früheres Aussehen „erinnern" (siehe oben!), dicker werden wollen und nach Erreichen der Umformtemperatur schließlich aufreißen. Die heißen Brandgase des darunter befindlichen Feuers könnte dann abziehen. Das Material verlöscht ohne Flammeneinwirkung schnell von selbst.

Der Grad der biaxialen Verstreckung wird durch den Reckungsgrad gekennzeichnet. Er gibt an, um wieviel Prozent sich die Länge einer Kante geändert hat. Die Reduzierung der ursprünglichen Dicke auf 1/3 hat eine Verlängerung einer Kante auf das $\sqrt{3}$-fache bzw. um $(\sqrt{3} - 1) \cdot 100\ \% = 71{,}3\ \% \approx 70\ \%$ zur Folge, weil sich das Gesamtvolumen nicht ändert. Das entspricht einem Reckungsgrad von 71,3 % ≈ 70 %.

Aus gerecktem gegossenem Acrylglas lassen sich in einem besonderen Umformverfahren Minimalflächen herstellen; das sind Flächen, die nach Art einer Seifenblase automatisch die bei vorgegebenen Konturen kleinstmögliche Flächengröße annehmen [87]. In Bild 14.16 wird das Aussehen einer so genannten Sattelkuppel gezeigt. Sie entsteht, indem man eine noch nicht erwärmte Platte aus gerecktem Acrylglas fest in einen sehr stabilen Rahmen spannt, der zwei gerade und zwei kreisförmig gekrümmte Ränder hat. Die im Rahmen fest eingespannte Platte wird in einem Temperschrank auf Umformtemperatur erwärmt und zieht sich dabei auf die für diese Kontur kleinstmögliche Fläche zusammen. Nach dem Abkühlen wird die so entstandene Sattelkuppel in ihre endgültige Unterkonstruktion eingebracht. Gleichmäßig belastete Minimalflächen sind schwer deformierbar und besonders hoch belastbar bzw. halten vorgegebene Belastungen bereits mit sehr geringer Materialdicke aus. Natürlich sind auch viele andere Rand- bzw. Rahmenausbildungen darstellbar.

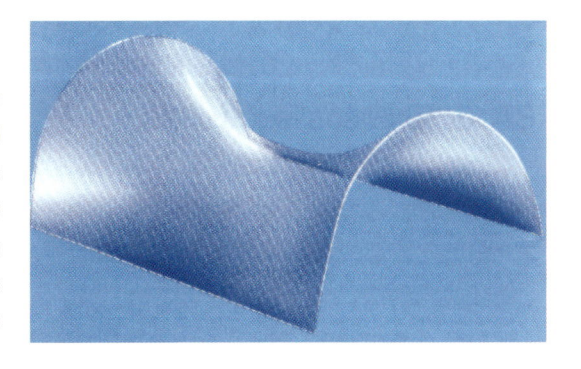

Bild 14.16:
Sattelkuppel aus biaxial gerecktem Acrylglas

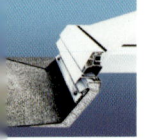

Bauelemente aus biaxial gerecktem gegossenem PMMA haben den zusätzlichen Vorteil einer wesentlich erhöhten Schlagzähigkeit. Dadurch ergibt sich auch für das kalte Einbiegen flacher Platten aus diesem Material ein minimal zulässiger Biegeradius, der nur noch 200mal größer ist als die Plattendicke, während er für normales Acrylglas mindestens 300mal größer als die Materialdicke sein muss.

14.5 Einbau von Oberlichtern nach Bauordnung

Oberlichter in Form von transparenten Überdachungen, Lichtkuppeln oder Dachlichtbändern sind für die Verwendung in Gebäuden gedacht und somit Bauprodukte. Deshalb muss man sich vor deren Einbau auch mit der Baugesetzgebung auseinandersetzen und feststellen, ob man sie überhaupt – und wenn ja: wie – im jeweiligen Gebäude verwenden darf. Da es für Oberlichter und auch meistens für die verwendeten Kunststoffmaterialien keine allgemein verbindlichen technischen Baubestimmungen oder Normen gibt, fallen diese Konstruktionen bauaufsichtlich in der Regel in den Bereich der „Neuen Bauprodukte" – früher „Neue Baustoffe, Bauteile und Bauarten". Die nachfolgenden Ausführungen sollen helfen, etwas Licht in die verschlungenen Pfade des Bauordnungsrechts zu bringen.

Zur Umsetzung der Bauproduktenrichtlinie (89/106/EWG) wurde in Deutschland das Bauproduktengesetz – BauPG vom 10.08.92 – verabschiedet. Dieses Bundesgesetz regelt den Handel und das Inverkehrbringen von Bauprodukten, nicht jedoch ihre Anwendung. Dies wird im wesentlichen durch das Bauordnungsrecht reglementiert, das der Länderhoheit unterliegt.

In den Jahren 1994 und 1995 sind in nahezu allen Bundesländern neue Landesbauordnungen eingeführt worden, die die aus der europäischen Bauproduktenrichtlinie resultierenden Bestimmungen in nationales Recht umsetzen. Gleichzeitig wurde dabei das politische Ziel verfolgt, das Baugenehmigungsverfahren und die zugehörigen Nachweisverfahren zu vereinfachen und bürokratische Hindernisse für die Errichtung von Gebäuden zu reduzieren. Die Verantwortung für die Einhaltung technischer Bestimmungen wurde weitgehend auf den Planer und den Unternehmer übertragen. Überprüfungs- und Kontrollaufgaben, die bisher der Bauaufsicht zugewiesen

Bild 14.17:
Beispiel eines werkseitig konfektionierten gewölbeförmigen Oberlichts

waren, gehen nunmehr an den Architekten bzw. spezielle Sachverständige über. Neben der Neuordnung der Genehmigungsverfahren wurden auch die Nachweisverfahren völlig neu geordnet.

Verwendungsnachweis für Bauprodukte am Beispiel NRW

In § 20 (1) BauO NRW werden Produkte, die nach bekannt gemachten technischen Regeln (Produktnormen) hergestellt werden, als „geregelte Bauprodukte" definiert. In § 20 (2) wird festgelegt, dass das Deutsche Institut für Bautechnik (DIBt) in Berlin die diesbezüglichen Normen im Einvernehmen mit der obersten Baubehörde als technische Baubestimmungen in einer „Bauregelliste A" bekannt macht.

Diese Bauregelliste umfasst im Teil 1 in tabellarischer Form die als allgemein anerkannten Regeln der Technik eingeführten Produktnormen. Zugehörig ist eine Beschreibung der Produkte mit Normnummer. Weiterhin wird festgelegt, wie und in welcher Form der Nachweis zu führen ist, dass das gelieferte Produkt dieser Norm entspricht:

- ÜH Übereinstimmungserklärung des Herstellers,

- ÜHP Übereinstimmungserklärung des Herstellers nach vorheriger Prüfung des Bauproduktes durch anerkannte Prüfstelle,

- ÜZ Übereinstimmungszertifikat durch anerkannte Prüfstelle.

Für nicht geregelte Bauprodukte (d. h. Produkte, für die es keine Produktnorm gibt) sind folgende Nachweisverfahren vorgesehen:

- In der Bauregelliste A Teil 2 sind in Abschnitt 1 Produkte aufgeführt, die nicht der Erfüllung erheblicher Anforderungen an die Sicherheit baulicher Anlagen dienen.

- Für diese kann auf der Basis allgemeiner technischer Kenntnisse und Erfahrungen ein allgemeines bauaufsichtliches Prüfzeugnis erstellt werden.

- Produkte, die nach allgemein anerkannten Prüfverfahren abschließend beurteilt werden können, sind in der Bauregelliste A Teil 2 Abschnitt 2 zusammengestellt.

Für den Bereich des Brandschutzes sind dies beispielsweise im wesentlichen die Bauprodukte (Bauteile), die hinsichtlich der Feuerwiderstandsdauer nach DIN 4102 Teil 2, Teil 3, Teil 6 oder Teil 11 beurteilt werden. Für diese Bauteile ist nach der Bauregelliste ein allgemeines bauaufsichtliches Prüfzeugnis erforderlich.

In die Gruppe der nach allgemein anerkannten Prüfverfahren zu beurteilenden Produkte fallen ferner Bedachungen, die nach DIN 4102 Teil 7 (Widerstandsfähigkeit gegen Flugfeuer und strahlende Wärme) beurteilt werden. Bei den Baustoffen sind die bereits in DIN 4102 Teil 4 klassifizierten Produkte sowie die zulassungspflichtigen Produkte (Baustoffe der Klasse A2 mit brennbaren Bestandteilen und Baustoffe der Klasse B1) ausgeklammert.

Für diese Produkte, deren Feuerwiderstandsklasse bisher mit einem Prüfzeugnis nachgewiesen wurde, ist in Zukunft ein allgemeines bauaufsichtliches Prüfzeugnis notwendig. Für bisher zulassungspflichtige oder prüfbescheidpflichtige Baustoffe oder Bauteile wird in Zukunft einheitlich eine allgemeine bauaufsichtliche Zulassung erforderlich sein.

Für nicht geregelte Bauprodukte, für die kein allgemeines bauaufsichtliches Prüfzeugnis ausgestellt wurde, kann das DIBt eine allgemeine bauaufsichtliche Zulassung erteilen, wenn ihre Verwendbarkeit im Sinne der Bauordnung nachgewiesen ist. Wie nach der bisherigen Bauordnung werden sie als neue Bauprodukte (Bauteile und Baustoffe) behandelt.

In den Mitteilungen des DIBt ist gleichzeitig eine Bauregelliste C veröffentlicht. In dieser Liste sind Produkte aufgeführt, für die es weder Technische Baubestimmungen noch allgemein anerkannte Regeln der Technik gibt und die nur untergeordneten Anforderungen bezüglich der Sicherheit und des Gesundheitsschutzes unterliegen. Für diese Produkte ist kein Verwendbarkeitsnachweis erforderlich, und sie dürfen kein Übereinstimmungszeichen tragen.

Bild 14.18:
Beispiel eines werkseitig konfektionierten sattelförmigen Oberlichts

Auszug aus Liste C – Ausgabe 2001/1 :

„Diese Liste gilt nur für solche Bauprodukte, die nach bauaufsichtlichen Vorschriften nur normalentflammbar (DIN 4102-B2) sein müssen.

2 Bauprodukte für den Ausbau
2.2 Dachelemente einschließlich ihrer Befestigungen für Dacheindeckungen ...

- mit nach oben gekrümmten, durchscheinenden Dachelementen (z. B. Lichtkuppeln) aus Kunststoff bei einem Unterstützungsabstand durch die Unterkonstruktion in Haupttragrichtung (bei nur einachsig gekrümmten Dachelementen [Anmerkung des Autors: also Lichtbändern] in Richtung der Krümmung) von ≤ 2,0 m,

- mit anderen Elementen mit ≤ 5 kg Eigenlast und einem Unterstützungsabstand durch die Unterkonstruktion von ≤ 1,0 m, außer Glas."

Lichtkuppeln und schmale Lichtbänder benötigen hiernach in der Regel keine allgemeine bauaufsichtliche Zulassung.

Alle einachsig gekrümmten (gewölbten) Lichtbandkonstruktionen, deren Unterstützungsabstand in Haupttragrichtung größer als 2,0 m ist, unterliegen z. B. in Nordrhein-Westfalen dem § 20 (3) BauO NRW. Solche Bauprodukte müssen danach

- eine allgemeine bauaufsichtliche Zulassung des DIBt (§ 21 BauO NRW),

- ein allgemein bauaufsichtliches Prüfzeugnis (§ 22 BauO NRW) oder

- eine Zustimmung im Einzelfall der obersten Bauaufsichtsbehörde (§ 23 BauO NRW) haben.

Lichtbänder über 2,0 m lichte Spannweite benötigen in der Regel eine allgemeine bauaufsichtliche Zulassung.

In ⊙14A.DOC findet man eine Liste von Inhabern solcher bauaufsichtlicher Zulassungen für Oberlichtbänder.

Gegenwärtig werden zwei europäische Normvorhaben zu Oberlichtern erarbeitet (prEN 1873 -„Lichtkuppeln aus Kunststoff mit Aufsetzkränzen" sowie „Dachlichtbänder aus Kunststoff mit Aufsetzkränzen", [28]), die nach Verabschiedung durch die jeweiligen nationalen Normungsgremien zur Aufnahme in die Bauregelliste anstehen.

14.6 Einbauplanung

Eine lichttechnische Planung sollte nie losgelöst von anderen Planungen durchgeführt werden. Immer sollte sie gewerkeübergreifend (Tragwerksplaner, Hallenbauer, Dachdecker, Haustechnik) erfolgen.

Besonders wichtig ist es, die geplante Nutzung des mit Oberlichtern zu versehenden Raumes zu kennen, um einerseits den erforderlichen Tageslichtquotienten zu berücksichtigen, zum anderen aber, um bei bekannten Aufstell- oder Belegungsplänen, z. B. für Maschinen, Regale oder Gänge, die Lage und Anordnung der Oberlichter danach auszurichten.

Insofern reicht zur Aufteilung der errechneten Lichtflächen ein Dachaufsichtsplan allein in den seltensten Fällen aus. Dieser ist jedoch notwendig, um die Auflagersituation für Oberlichtkonstruktionen beurteilen und berücksichtigen zu können. Lichtkuppeln sind hier eher einfach einzuplanen, da sie z. B. im Stahlhallenbau in jedem Fall eine Auswechselung benötigen.

Hingegen sollten Lichtbänder stets so angeordnet werden, dass das kopfseitige Ende auf einem Auflager (Binder, Träger o. ä.) liegt. Über Binder frei auskragende Lichtbänder sind aus Kostengründen zu vermeiden, da diese Konstruktion zu aufwändigen Wechselkonstruktionen führt. Das Rastermaß der Binder – oder deren Vielfaches – gibt oftmals eine zweckmäßige Länge der Lichtbänder vor. Da auch der Anschluss an Ortgänge für dort endende Lichtbandkonstruktionen teurer ist als der Abschluss im Dachfeld, sollte das erste Binderfeld bei Hallenbauten beim Einsatz von Lichtbändern frei bleiben.

Oberlichter sollten noch aus einem anderen Grund in der Regel nur im Dachmittelfeld eingesetzt werden. Im Dachrand- und Eckbereich (max. 1/8 der Gebäudebreite; vgl.

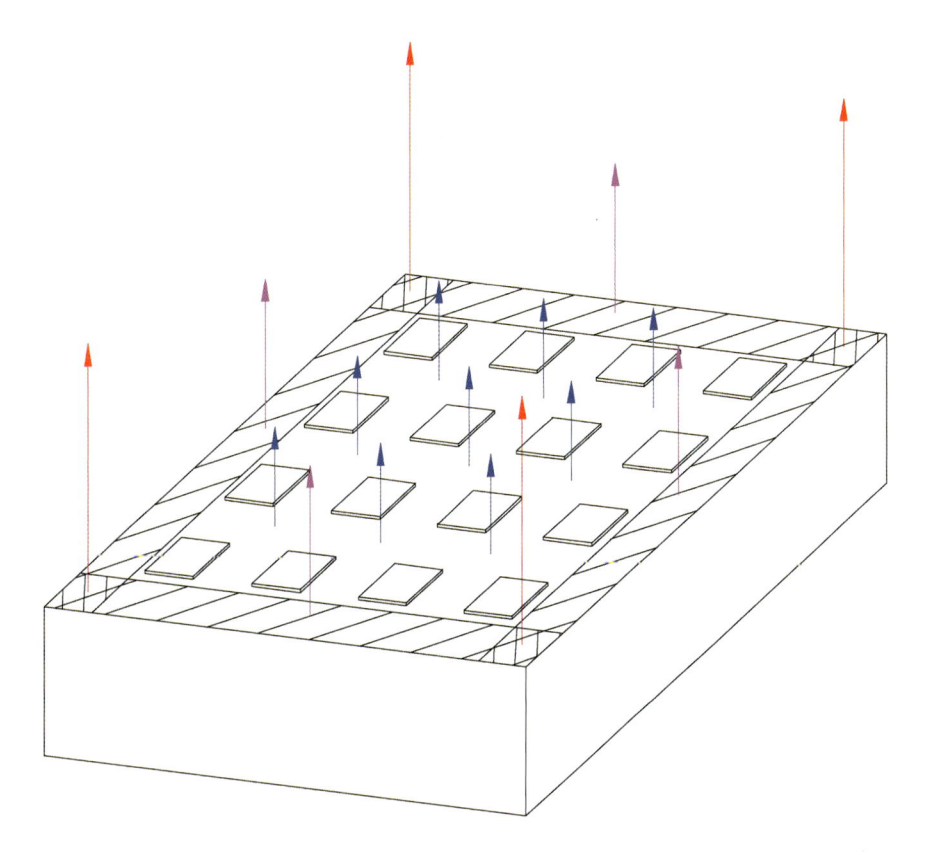

Bild 14.19:
Schematische Darstellung der Rand- und Eckbereiche von Flachdächern, wo erhöhte Windsoglasten auftreten können

Bild 14.19) können höhere Windlasten als im Mittelfeld auftreten, für das die Oberlichter aber meist nur dimensioniert werden. Dieser Einfluss muss bei der Planung und Ausführung besonders bedacht werden.

Die einzuhaltenden Abstände zwischen Lichtkuppeln, Lichtbändern und Rauchabzugsgeräten (z. B. in Form von Lichtkuppeln, lichtdurchlässigen Hauben- oder Jalousiegeräten) untereinander und anderen Bauteilen sind in den Landesbauordnungen, Richtlinien, Verwaltungsvorschriften und in Normen geregelt.

Damit der Dachdecker die Anschluss- und Eindichtarbeiten zur Dachhaut sachgemäß durchführen kann und um den Wasserablauf nicht zu behindern, ist ein Abstand der Oberlichter untereinander von mindestens 100 cm einzuhalten. Alle Dacheinbauten sind bezüglich der Ausrichtung so einzuplanen, dass die ordnungsgemäße Entwässerung der Dachfläche nicht behindert wird. Dies gilt ganz besonders für Lichtbänder in geneigten Dächern.

Für die handwerkliche Vorbereitung des Einbaus von Oberlichtern sollte man sich stets über die möglichen Unfallgefahren im Klaren sein, sich einschlägig informieren und entsprechende Maßnahmen vorsehen. Eine Auflistung einschlägiger berufsgenossenschaftlicher Regeln, Grundsätze und Informationen ist auf der beiliegenden CD unter ⊚14B.DOC enthalten.

15 Gütekriterien für die Beleuchtung durch Oberlichter

Die derzeitigen Regeln verlangen, dass Arbeitsräume mit Oberlichtern, die eine Grundfläche von weniger als 2.000 m² haben, zusätzlich mit Fenstern versehen werden müssen, um einen Ausblick ins Freie zu bieten. Die Mindestabmessungen der Fenster sind vorgeschrieben. Oberlichter sorgen für eine gute Gleichmäßigkeit auch und besonders in Raumtiefe; Werte $g_{1h} \geq 1:2$ in der Nutzebene werden gefordert. Mittlere Tageslichtquotienten $4\% < D_m < 10\%$ sorgen für ausreichende Helligkeit ohne Wärmebelästigung. Heller Fußboden und helle Decke sind beleuchtungstechnisch sehr hilfreich. Sonnenschutzmaßnahmen sind erforderlichenfalls vorzusehen. An Reinigung und Wartung ist zu denken.

■ DIN 5034 [10] nennt die Anforderungen an Tageslichtöffnungen: Fenster sollen einen Sichtkontakt zwischen Innen- und Außenraum ermöglichen und bei Tage ein angenehmes Helligkeitsniveau schaffen. Oberlichter dienen der natürlichen und gleichmäßigen Beleuchtung von Innenräumen. Für diesen Zweck müssen sie genügend groß und gleichmäßig in der Dachfläche verteilt sein.

Oberlichter erlauben zwar eine Orientierung hinsichtlich Wetter und Tageszeit, tragen aber zur Sichtverbindung nach außen im Allgemeinen nicht bei. Oberlichter bewirken zwar bei zweckmäßiger Anordnung eine gleichmäßigere Beleuchtung als Fenster, können sie aber bei kleinen und mittelgroßen Räumen im Hinblick auf ihre soziale und physiologische Bedeutung nicht ersetzen. Nur Fenster erlauben den erwünschten Ausblick in die Umgebung. Deswegen fordert die rechtsverbindliche Arbeitsstättenrichtlinie ([49], [50]) auch in Räumen mit Oberlichtern Mindestabmessungen für die (Summe der) durchsichtigen Fensterflächen von Arbeitsräumen (F bzw. ΣF) für:

Raumtiefen bis 5 m	$F \geq 1{,}25\ m^2$
Raumtiefen ab 5 m	$F \geq 1{,}5\ m^2$
Raumgrundflächen:	
• bis 600 m²	$\Sigma F \geq 0{,}1 \cdot$ Grundfläche
• von 600 bis 2.000 m²	$\Sigma F \geq 60\ m^2 + 0{,}01 \cdot$ Grundfläche
• über 2.000 m²	keine Fenster notwendig

Die erforderliche Größe und Anordnung der einzelnen Fenster in Arbeitsräumen ist in [50] und [10] festgelegt. In Wohnräumen soll die gesamte Fensterfläche wenigstens 1/8 der Grundfläche betragen (s. hierzu auch Kapitel 16).

Oberlichter sorgen dann für eine ausreichende Helligkeit, wenn der durch sie bewirkte mittlere Tageslichtquotient $D_m > 4\%$ und der minimale Tageslichtquotient $D_{min} > 2\%$ betragen (bezogen auf ein Rastermaß von etwa 2 m [52]; vgl. Kapitel 6 und 20), sonst wirkt der Raum dunkel und bedrückend. Möglichst hohe Reflexionsgrade der Raumbegrenzungsflächen, vor allem von Fußboden und Decke, sind anzustreben. Sie erhöhen den Raumwirkungsgrad und damit die Beleuchtungsstärke und sorgen infolge diffuser Aufhellung für weichere Schatten.

Zahlenwerte für die zur Durchführung bestimmter Arbeiten erforderlichen Beleuchtungsstärken werden in DIN 5035 Teil 2 [51] bzw. für Arbeitsräume in DIN 12464 Teil 1 [149] genannt. Die Gleichmäßigkeit der Beleuchtung, das Verhältnis der Tageslichtquotienten

$$g_1 = D_{min} : D_m \tag{178}$$

soll in der Nutzebene, d. h. in 0,85 m über dem Fußboden und mit einem allseitigen Wandabstand von 1,0 m, 1 : 2 nicht unterschreiten. Unter Oberlichtern stört eine ungleichmäßige Beleuchtung viel stärker als hinter Fenstern.

Zum Schutz gegen Blendung sollen Shed-Oberlichter nach Norden orientiert werden. Allgemein wird bei Oberlichtern empfohlen, zu diesem Zweck und auch als Schutz gegen Wärmeeinstrahlung Raster, Blenden, starren bzw. beweglichen Sonnenschutz und Bepflanzung einzusetzen. Eine Beschränkung des mittleren Tageslichtquotienten auf $D_m \leq 10\,\%$ begrenzt die sommerliche Wärmeeinstrahlung so, dass man in der Regel noch ohne zusätzliche Lüftung oder Kühlung auskommt. Das gilt insbesondere für niedrige Räume. Hilfreich ist auch eine selektiv reflektierende Verglasung. Auf die Notwendigkeit von ausreichenden Lüftungsmöglichkeiten und von Schallschutz wird in [10] hingewiesen.

Um eine gleichmäßige Beleuchtung auch bei Sonnenschein zu schaffen und harte Kontraste zu vermeiden, wird empfohlen, durchscheinendes und kein durchsichtiges Verglasungsmaterial zu verwenden (ausgenommen Nord-Sheds). Gleichzeitig sollte der Transmissionsgrad möglichst groß sein. Der Einsatz von vorwärtsstreuenden Materialien, die sowohl lichtstreuend als auch gut lichtdurchlässig sind, hat sich als optimal herausgestellt und bewährt. Das Gleiche gilt auch bei Räumen, die nur einen kleinen Tageslichtquotienten aufweisen sollen, weil dort die Oberlichter untereinander größere Abstände haben.

Eigene Messungen [53] der Gleichmäßigkeit

$$g_{2h} = D_{min} : D_{max} \tag{179}$$

unter runden sonnenbeschienenen Lichtkuppeln in Abhängigkeit vom Verhältnis von Deckenhöhe zu Lichtkuppelabstand h : a und vom Streuvermögen σ hatten das in Bild 15.1 dargestellte Ergebnis. Die Kuppeldurchmesser entsprachen dem 0,36fachen des Abstands untereinander, sie nahmen also 10 % der Dachfläche ein. Die Randbedingungen: klarer Himmel, Sonnenhöhe 60°, minimale Lichtschachthöhe.

Die von den Lichtkuppel-Herstellern manchmal genannte Faustregel, dass Werte von h : a ≈ 1 zu besseren Gleichmäßigkeiten als $g_{2h} \geq 1 : 1,5$ führen, gilt dagegen nur für bedeckten Himmel.

Jeder Lichtschacht (Aufsetzkranz + Deckendurchbruch)

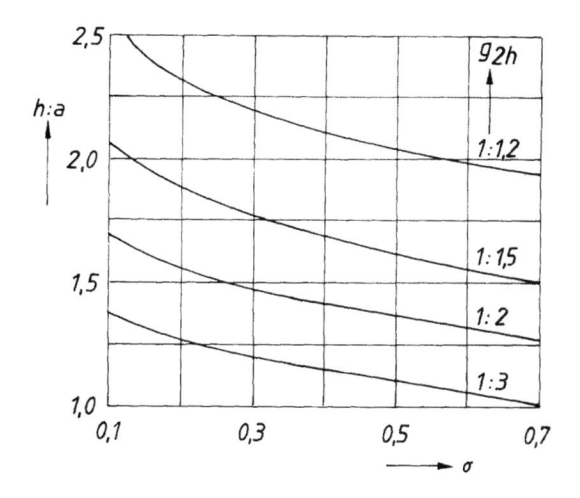

Bild 15.1:

Gleichmäßigkeiten g_{2h} unter sonnenbeschienenen Lichtkuppeln in Abhängigkeit vom Streuvermögen σ und vom Verhältnis von Deckenhöhe zu Kuppelabstand h : a

unter Lichtkuppeln sollte so hoch sein, daß man beim Blick nach oben – etwa 45° über die Horizontale – die Lichtfläche nicht sehen kann. Seine Oberfläche sollte sehr stark und diffus reflektieren.

Die Wölbung der Oberlichter sollte nicht zu gering sein. Der Selbstreinigungseffekt durch Niederschläge, das Eindringen von Strahlen der tiefstehenden Sonne und die Stabilität sind dann besser. Spiegelnde Oberflächen der Fußböden (z. B. durch Bohnerwachs) sollen vermieden werden.

Die einfache, wartungsarme Bedienbarkeit der Tageslichtöffnungen und ihrer eventuellen Zusatzeinrichtungen (Öffnungsvorrichtung, Lüftung, Blendschutz, Notausgang, Rauchabzug ...) muss gewährleistet sein. Zweckmäßige und schnelle Montage, leichte Reinigungs- und Reparaturmöglichkeiten sind vorzusehen. Die Hersteller der Oberlichter bieten auch die Durchführung dieser Arbeiten an, deren Notwendigkeit sich auch aus § 53 Absatz 1 und § 54 der Arbeitsstättenverordnung herleiten lässt.

Die mögliche zeitliche Änderung des Transmissionsgrads infolge irreversibler Vergilbung, Erosion und Verschmutzung ist bereits bei der Dimensionierung zu bedenken.

16 Rahmenbedingungen der Tageslichtplanung

Bebauungsplan, Bauherrenwunsch, notwendige Bauwiche bzw. Abstandsflächen und gegebenenfalls die Beachtung der Arbeitsstättenrichtlinie ASR 7/1 bedingen die Gebäudeform. Die wichtigsten Vorschriften werden wiedergegeben. Der Gebäudezweck beeinflusst die Größe des Tageslichtquotienten; aus diesem und der zu fordernden Gleichmäßigkeit ergibt sich die Größe und die Anordnung der Oberlichter. Die Auswahl der Oberlichtart wird ebenfalls vom Gebäudezweck bestimmt: Shed-Oberlichter zur einfachen Vermeidung von Blendung, Lichtkuppeln und andere kleinflächige Oberlichter für besonders hohe Gleichmäßigkeit, lange Lichtbänder unter anderem zur optischen Führung über Gängen. Brandschutzvorschriften, Energieeinsparverordnung, Rastermaße der Bauelemente und einige andere Dinge müssen zusätzlich berücksichtigt werden und können Auswirkungen auf die Planung haben.

■ Beim Entwurf von Räumen, die durch Oberlichter mit Tageslicht versorgt werden sollen, unterliegt der planende Architekt eigentlich wesentlich weniger Zwängen durch die jeweilige Bauordnung als bei der Planung von Räumen mit Fenstern – allerdings müssen nach der Arbeitsstättenrichtlinie ASR 7/1 ([49], [59]) Fenster als **Sichtkontakt** nach außen auch in kleinen und mittelgroßen Räumen mit Oberlichtern vorgesehen werden. Infolgedessen sind dann doch die dafür geltenden Vorschriften der – teilweise recht unterschiedlichen – Bauordnungen zu beachten, die im Folgenden wiedergegeben werden.

In Deutschland ist das Baurecht zwar vom jeweiligen Bundesland zu regeln, doch gibt es mit der Musterbauordnung (MBO) eine Empfehlung der Bauministerkonferenz, wie es möglichst einheitlich für das ganze Land formuliert werden sollte. Die derzeit geltenden Länderbauordnungen basieren noch auf der bis vor kurzem gültigen Musterbauordnung. Im November 2002 wurde die neue, wesentlich vereinfachte MBO veröffentlicht, deren Änderungen gegenüber der alten Ausgabe sich sicher relativ schnell auch in den überarbeiteten Länderbauordnungen wiederfinden werden, zumal sie vom Ansatz her eine höhere Ausnutzung der zur Verfügung stehenden Grundstücksflächen erlauben. Es erscheint zweckmäßig, an dieser Stelle nur noch auf die neue MBO einzugehen und die relevanten Teile der alten MBO, die ja immer noch die Basis vieler Länderbauordnungen ist, auf der beiliegenden CD unter ⊙16A.DOC festzuhalten.

Die **neue MBO** ist wesentlich einfacher formuliert als ihre Vorgängerin. Mit Bezug zur natürlichen Beleuchtung mit Tageslicht findet man für Fenster in § 47 Aufenthaltsräume:

(1) Aufenthaltsräume müssen eine lichte Raumhöhe von mindestens 2,40 m haben. Dies gilt nicht für Aufenthaltsräume in Wohngebäuden der Gebäudeklassen 1 und 2 sowie für Aufenthaltsräume im Dachraum.

(2) Aufenthaltsräume müssen ausreichend belüftet und mit Tageslicht „belichtet" werden können. Sie müssen Fenster mit einem Rohbaumaß der Fensteröffnungen von mindestens 1/8 der Netto-Grundfläche des Raumes einschließlich der Netto-Grundfläche verglaster Vorbauten oder Loggien haben.

(3) Aufenthaltsräume, deren Nutzung eine „Belichtung" mit Tageslicht verbietet, sowie Verkaufsräume, Schank- und Speisegaststätten, ärztliche Behandlungs-, Sport-, Spiel-, Werk- und ähnliche Räume sind ohne Fenster zulässig.

In § 6 der neuen MBO werden nur noch Abstandsflächen bzw. Abstände und keine Bauwiche mehr gefordert.

(1) Vor den Außenwänden von Gebäuden sind Abstandsflächen von oberirdischen Gebäuden freizuhalten .... Eine Abstandsfläche ist nicht erforderlich vor Außenwänden, die an Grundstücksgrenzen errichtet werden, wenn nach planungsrechtlichen Vorschriften an die Grenze gebaut werden muss oder darf.

(2) Abstandsflächen sowie Abstände nach §§ 30 und 32 (Brandwände, Dächer) müssen auf dem Grundstück selbst liegen. Sie dürfen auch auf öffentlichen Verkehrs-, Grün- und Wasserflächen liegen, jedoch nur bis zu deren Mitte. Abstandsflächen sowie Abstände nach §§ 30 und 32 dürfen sich ganz oder teilweise auf andere Grundstücke erstrecken, wenn öffentlich-rechtlich gesichert ist, dass sie nicht überbaut werden; Abstandsflächen dürfen auf die auf diesen Grundstücken erforderlichen Abstandsflächen nicht angerechnet werden.

(3) Die Abstandsflächen dürfen sich nicht überdecken; dies gilt nicht für
  1. Außenwände, die in einem Winkel von mehr als 75° zueinander stehen,
  2. Außenwände zu einem fremder Sicht entzogenen Gartenhof bei Wohngebäuden der Gebäudeklassen 1 und 2,
  3. Gebäude und andere bauliche Anlagen, die in Abstandsflächen zulässig sind.

(4) Die Tiefe der Abstandsfläche bemisst sich nach der Wandhöhe; sie wird senkrecht zur Wand gemessen. Wandhöhe ist das Maß von der Geländeoberfläche bis zum Schnittpunkt der Wand mit der Dachhaut oder bis zum oberen Abschluss der Wand. Die Höhe von Dächern mit einer Neigung von weniger als 70° wird zu einem Drittel der Wandhöhe zugerechnet. Anderenfalls wird die Höhe des Daches voll hinzugerechnet. Das gilt für Dachaufbauten entsprechend. Das sich ergebende Maß ist H.

(5) Die Tiefe der Abstandsflächen beträgt 0,4 H, mindestens 3 m. In Gewerbe- und Industriegebieten genügt eine Tiefe von 0,2 H, mindestens 3 m. Vor den Außenwänden von Wohngebäuden der Gebäudeklassen 1 und 2 mit nicht mehr als drei oberirdischen Geschossen genügt als Tiefe der Abstandsfläche 3 m.

(6) Bei der Bemessung der Abstandsflächen bleiben außer Betracht
  1. vor die Außenwand vortretende Bauteile wie Gesimse und Dachüberstände,
  2. Vorbauten, wenn sie
     a) insgesamt nicht mehr als ein Drittel der Breite der jeweiligen Außenwand in Anspruch nehmen,
     b) nicht mehr als 1,50 m vor diese Außenwand vortreten und
     c) mindestens 2 m von der gegenüberliegenden Nachbargrenze entfernt bleiben.

(7) In den Abstandsflächen eines Gebäudes sowie ohne eigene Abstandsflächen sind, auch wenn sie nicht an die Grundstücksgrenze oder an das Gebäude angebaut werden, zulässig
  1. Garagen und Gebäude ohne Aufenthaltsräume und Feuerstätten mit einer mittleren Wandhöhe bis zu 3 m und einer Gesamtlänge je Grundstücksgrenze von 9 m,
  2. gebäudeabhängige Solaranlagen mit einer Höhe bis zu 3 m und einer Gesamtlänge je Grundstücksgrenze von 9 m,
  3. Stützmauern und geschlossene Einfriedungen in Gewerbe- und Industriegebieten, außerhalb dieser Baugebiete mit einer Höhe bis zu 2 m.

Die Länge der die Abstandsflächentiefe gegenüber den Grundstücksgrenzen nicht einhaltenden Bebauung nach Nummern 1 und 2 darf auf einem Grundstück insgesamt 15 m nicht überschreiten.

Weitere Empfehlungen der neuen MBO, die sich auf Anordnung und Auswahl von Oberlichtern auswirken, sollen hier auszugsweise erwähnt werden.

§ 30 verlangt eine Reihe von Eigenschaften für Brandwände. Hier interessiert:
(5) Brandwände sind 0,30 m über die Bedachung zu führen oder in Höhe der Dachhaut mit einer beiderseits 0,50 m

auskragenden feuerbeständigen Platte aus nicht brennbaren Baustoffen abzuschließen; darüber dürfen brennbare Teile des Daches nicht hinweggeführt werden. Bei Gebäuden der Gebäudeklassen 1 bis 3 sind Brandwände bis mindestens unter die Dachhaut zu führen. Verbleibende Hohlräume sind mit nichtbrennbaren Baustoffen auszufüllen.

§ 32 stellt Forderungen an Dächer:

(1) Bedachungen müssen gegen eine Brandbeanspruchung von außen durch Flugfeuer und strahlende Wärme ausreichend lang widerstandsfähig sein (harte Bedachung).

(2) Bedachungen, die diese Anforderung nicht erfüllen, sind zulässig bei Gebäuden der Gebäudeklassen 1 bis 3, wenn die Gebäude
　1. einen Abstand von der Grundstücksgrenze von mindestens 12 m,
　2. von Gebäuden auf demselben Grundstück mit harter Bedachung einen Abstand von mindestens 15 m,
　3. von Gebäuden auf demselben Grundstück mit Bedachungen, die die Anforderung nach (1) nicht erfüllen, einen Abstand von mindestens 24 m,
　4. von Gebäuden auf demselben Grundstück ohne Aufenthaltsräume und ohne Feuerstätten mit nicht mehr als 50 m² Brutto-Rauminhalt einen Abstand von mindestens 5 m einhalten.

Soweit Gebäude nach (2) Abstand halten müssen, genügt bei Wohngebäuden der Gebäudeklassen 1 und 2 in den Fällen
　1. der Nummer 1 ein Abstand von mindestens 6 m,
　2. der Nummer 2 ein Abstand von mindestens 9 m,
　3. der Nummer 3 ein Abstand von mindestens 12 m.

(3) Die Absätze (1) und (2) gelten nicht für:

　1. Gebäude ohne Aufenthaltsräume und ohne Feuerstätten mit nicht mehr als 50 m² Brutto-Rauminhalt,
　2. lichtdurchlässige Bedachungen aus nicht brennbaren Baustoffen; brennbare Fugendichtungen und brennbare Dämmstoffe in nicht brennbaren Profilen sind zulässig,
　3. Lichtkuppeln und Oberlichter von Wohngebäuden,
　4. Eingangsüberdachungen und Vordächer aus nichtbrennbaren Baustoffen,
　5. Eingangsüberdachungen aus brennbaren Baustoffen, wenn die Eingänge nur zu Wohnungen führen.

(4) Abweichend von den Absätzen (1) und (2) sind
　1. lichtdurchlässige Teilflächen aus brennbaren Baustoffen in Bedachungen nach Absatz (1) und
　2. begrünte Bedachungen
zulässig, wenn eine Brandentstehung bei einer Brandbeanspruchung von außen durch Flugfeuer oder strahlende Wärme nicht zu befürchten ist oder Vorkehrungen hiergegen getroffen werden.

(5) Dachüberstände, Dachgesimse und Dachaufbauten, lichtdurchlässige Bedachungen, Lichtkuppeln und Oberlichter sind so anzuordnen und herzustellen, dass Feuer nicht auf andere Gebäudeteile und Nachbargrundstücke übertragen werden kann. Von Brandwänden und von Wänden, die anstelle von Brandwänden zulässig sind, müssen mindestens 1,25 m entfernt sein:
　1. Oberlichter, Lichtkuppeln und Öffnungen in der Bedachung, wenn diese Wände nicht mindestens 30 cm über die Bedachung geführt sind,
　2. Dachgauben und ähnliche Dachaufbauten aus brennbaren Baustoffen, wenn sie nicht durch diese Wände gegen Brandübertragung geschützt sind.

(6) Dächer von traufseitig aneinander gebauten Gebäuden müssen als raumabschließende Bauteile für eine Brandbeanspruchung von innen nach außen einschließlich der sie tragenden und aussteifenden Bauteile feuerhemmend sein. Öffnungen in diesen Dachflächen müssen waagerecht gemessen mindestens 2 m von der Brandwand oder der Wand, die anstelle der Brandwand zulässig ist, entfernt sein.

(7) Dächer von Anbauten, die an Außenwände mit Öffnungen oder ohne Feuerwiderstandsfähigkeit

anschließen, müssen innerhalb eines Abstands von 5 m von diesen Wänden als raumabschließende Bauteile für eine Brandbeanspruchung von innen nach außen einschließlich der sie tragenden und aussteifenden Bauteile die Feuerwiderstandsfähigkeit der Decken des Gebäudeteils haben, an den sie angebaut werden. Das gilt nicht für Wohngebäude der Gebäudeklassen 1 bis 3.

Wichtig: Die obigen Regeln der MBO wurden hauptsächlich aus Sicherheitsgründen formuliert. Die Regeln der Arbeitsstättenrichtlinie hinsichtlich der Gestaltung von Ausblickfenstern und der DIN 5034 hinsichtlich Besonnung verlangen **zusätzliche** einschlägige **Überprüfung**!

Für Gebäude besonderer Art und Nutzung (Sonderbauten) sind darüber hinaus die darin befindlichen Regelungen zu beachten. Als Sonderbauvorschriften gelten z. B.:

- BeVO   Verordnung über den Bau und Betrieb von Beherbergungsstätten (Beherbergungsstättenverordnung - BeVO)
- GastBauVO   Verordnung über den Bau und Betrieb von Gaststätten (Gaststättenbauverordnung - GastBauVO)
- GhVO   Verordnung über den Bau und Betrieb von Geschäftshäusern (Geschäftshausverordnung - GhVO)
- HochhVO   Verordnung über den Bau und Betrieb von Hochhäusern (Hochhausverordnung - HochhVO)
- KhBauVO   Verordnung über den Bau und Betrieb von Krankenhäusern (Krankenhausbauverordnung - KhBauVO)
- VStättVO   Verordnung über den Bau und Betrieb von Versammlungsstätten (Versammlungsstättenverordnung - VStättVO)

Unter Beachtung des örtlichen Bebauungsplans, der obigen Regeln der MBO und der Abweichungen davon in den Bauordnungen der einzelnen Bundesländer hat man schließlich irgendwann herausbekommen, wie groß ein Gebäude auf einem vorgegebenen Grundstück werden und wo es stehen darf. In Abstimmung mit dem Bauherrn kann nun die tatsächliche Gebäudegröße konzipiert werden.

Der vorgesehene Verwendungszweck des Gebäudes bzw. die darin auszuführende Arbeit bestimmen dann wesentlich, wie hell es im Inneren werden muss, d. h. welcher Tageslichtquotient D anzustreben ist. Gemäß [52] soll der Mittelwert D_m wenigstens 4 % und der Mindestwert D_{min} wenigstens 2 % betragen, weil sich sonst ein zu dunkler Raumeindruck ergibt. Wenn man ohne zusätzliche Lüftung oder gar Kühlung auskommen will, ist aufgrund bisheriger Erfahrung das Einhalten einer Obergrenze von D_m = 10 % anzuraten.

In vielen Fällen gilt die grobe Faustregel für Lichtkuppeln und Lichtbänder, also für Oberlichter in nahezu flachen Dächern und nicht für Sheds, dass der lichtdurchlässige Anteil A_F der Dachfläche A etwa doppelt so groß sein sollte wie der gewünschte mittlere Tageslichtquotient D_m, also beispielsweise für D_m = 10 % folgt $k_F = A_F / A ≈ 20$ %. Gleichmäßige Verteilung der Oberlichter im Dach wird dabei vorausgesetzt.

Als nächster Schritt wird empfohlen, die **Art der Oberlichter** festzulegen. Lichtkuppeln sind optimal für die gleichmäßige Beleuchtung großer Flächen. Lichtbänder in Gewölbe- oder Sattelform geben eine zusätzliche Hilfe zur Orientierung über den Verlauf von Verkehrswegen, günstig ist die Anordnung etwa über den Gängen von Einkaufszentren. Shed-Oberlichter sollten stets optimal nach Norden orientiert sein und in Deutschland Neigungswinkel der Verglasung von 60° bis 90° gegen die Horizontale aufweisen, um das Eindringen von Sonnenstrahlen weitestgehend zu verhindern und somit eine blendfreie Beleuchtung zu schaffen. ⓘ16B.DOC enthält Angaben, zu welcher Zeit Sonnenstrahlen durch unterschiedlich geneigte Shed-Oberlichter eindringen können, die genau oder mit geringen Abweichungen nach Norden gerichtet sind.

Die **Abstände** zwischen den Oberlichtern sollten – wie auch die Fläche der einzelnen Oberlichter – nicht zu groß sein, um die gemäß Kapitel 15 zu fordernde Gleichmäßigkeit der Beleuchtung in der Nutzebene $g_1 = D_{min} : D_m ≥ 1 : 2$ zu gewährleisten. Das wird in aller Regel erreicht, wenn der Abstand zwischen den Oberlichtern etwa 1 bis 1,5mal so groß gewählt wird wie deren Höhe über dem Boden. Rastermaße der Bauelemente, Fragen der Statik, Aufwand bei der Schalung usw. sollten nicht als „Ausrede" benutzt werden, um größere Abstände durchzusetzen, denn die Beleuchtungsqualität leidet.

Die Anordnung der Oberlichter muss zusätzlich die in Kapitel 12 und 14 bereits erwähnten Begrenzungen hinsichtlich Abmessungen und Abständen aus Gründen des **Brandschutzes** einhalten, wenn sie aus brennbarem Material, d. h. aus Kunststoffen bestehen.

Die zweckmäßigen Maximalabstände zwischen den Oberlichtern sind nun bekannt, so dass sich festlegen lässt, in wie vielen **Reihen** sich die Oberlichter gleichmäßig über die Dachlänge oder die Dachbreite verteilen lassen. Da die gesamte lichtdurchlässige Fläche aller Oberlichter bereits angenommen wurde, kann man jetzt auch die auf eine Reihe entfallende Teilfläche finden. Handelt es sich um Lichtbänder, wird diese Teilfläche durch die Länge des Lichtbandes dividiert, und man erhält dessen erforderliche Breite. Sind Lichtkuppeln geplant, wird die Teilfläche durch die Fläche einer einzelnen Lichtkuppel geteilt, und man erhält die notwendige **Anzahl** von Lichtkuppeln (vgl. ⓮5036-6.PPT).

An dieser Stelle ist die tageslichttechnische Planung bis zum Vorentwurf gediehen. Stimmt der Bauherr zu, kann nun der endgültige Entwurf ausgearbeitet und schließlich zur Baugenehmigung eingereicht werden. Dazu muss zunächst die Feinplanung, d. h. eine genauere tageslichttechnische Berechnung durchgeführt werden.

Bei der gegebenenfalls nach einer ersten Näherungsrechnung zu wiederholenden Berechnung des Tageslichtquotienten sollte dessen Innenreflexionsanteil nicht übersehen werden. Der durch die Oberlichter eingedrungene Lichtstrom fällt ja in der Hauptsache auf den Fußboden. Je heller dieser ist, desto mehr Lichtstrom gelangt nach der Reflexion am Boden hauptsächlich an die helle Decke, wird dort wieder reflektiert und gelangt schließlich auf die eigentliche Arbeitsfläche. Vereinfacht gilt für einen noch leeren Raum, dass die Vielfachreflexionen den zur Verfügung stehenden Lichtstrom um den Faktor $1/(1 - \rho_{Boden} \cdot \rho_{Decke})$ vergrößern. Betrachten wir zwei Beispiele: Nimmt man als mittleren Reflexionsgrad der Decke einmal $\rho_{Decke} = 0{,}55$ und zum anderen $\rho_{Decke} = 0{,}65$ an, ergibt sich zum einen für einen Reflexionsgrad des Fußbodens $\rho_{Boden} = 0{,}2$ bzw. $\rho_{Boden} = 0{,}4$ eine Erhöhung um den Faktor 1,12 und zum anderen eine Erhöhung um den Faktor 1,35. Dies bedeutet: Allein durch diese Variation der Reflexionsgrade von Boden und Decke in der ungünstigsten sowie in der günstigsten Konstellation lässt sich das Beleuchtungsniveau um 20 % beeinflussen. Die Berücksichtigung dieses Einflusses kann also durchaus wesentliche Auswirkung auf die Dimensionierung der Oberlichter haben und sollte daher schon bei der ersten Planung bedacht werden (vgl. Kapitel 17)!

Durch geschickte Auswahl des Lichtkuppeltyps bzw. seiner Fläche aus den Listen der Hersteller kann man am Schluss fast immer eine gute Übereinstimmung zwischen errechneter und tatsächlich möglicher Oberlichtfläche erzielen.

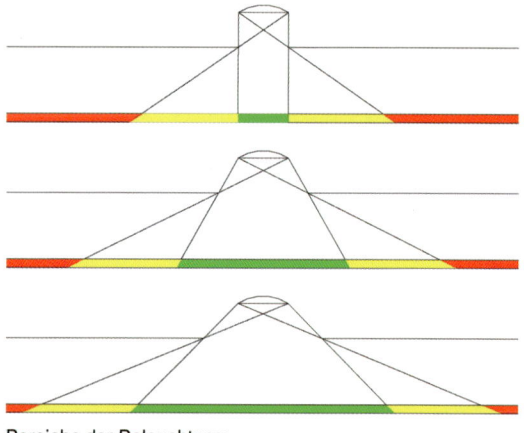

Bereiche der Beleuchtung:
Oberlicht direkt
teils Oberlicht, teils Lichtschacht
nur Lichtschacht

Bild 16.1:

Bereiche der Beleuchtung durch das Oberlicht und das am Lichtschacht reflektierte Licht

Wesentlich ist auch die konstruktive Ausbildung des Lichtschachts (vgl. Kapitel 17). Bild 16.1 veranschaulicht, wie der Querschnitt des Lichtschachts unter Lichtkuppeln und anderen Oberlichtern in flachen Dächern die Anteile der beleuchtungstechnisch wirksamen Anteile des durchgelassenen Lichtstroms beeinflusst. Von oben nach unten sind bei gleicher Deckenhöhe gleich hohe Lichtschächte mit Neigungen von 90°, 60° und 45° gegen die Horizontale dargestellt. Der Bereich, in dem das Oberlicht vollflächig wirken kann, ist grün, der Bereich, in dem neben Teilen des Oberlichts auch Teile des Lichtschachts wirken, ist gelb und der Bereich, in dem nur noch der Lichtschacht wirken kann, ist rot gekennzeichnet. Je schräger die Wände des Lichtschachts sind, desto gleichmäßiger ist die Verteilung des Tageslichtquotienten. Gleichzeitig wird aber auch der Bereich größer, in dem eine Blendwirkung durch den Blick direkt auf das sonnenbeschienene Oberlicht möglich ist.

In [77] wird die eigene praktische Erfahrung bestätigt, dass Neigungswinkel von ca. 45° bis 60° gegen die Horizontale einen guten Kompromiss darstellen.

In Kapitel 18 wird auf die Berechnung des Wärmedurchgangs eingegangen. Wegen der notwendigen Einhaltung der Forderungen der Energieeinsparverordnung (EnEV) können sich eventuell in einigen Fällen Änderungen am ursprünglich vorgesehenen Einbau der Oberlichter ergeben.

Oberlichtform und -anordnung haben wesentliche Auswirkungen auf die räumliche Wahrnehmung von Objekten und das Raum-Erleben; zahlreiche Hinweise dazu findet man in [56].

Bei der Anordnung der Oberlichter im Dach muss – vor allem bei beweglichen Einheiten – auch an spätere Reparatur- und Wartungsarbeiten gedacht werden. Durch das Begehen darf dabei die Eindichtung in die Dachhaut nicht beschädigt werden. Sicherungseinrichtungen gegen Absturz des Personals können erforderlich sein. Der Ablauf der Planung der Beleuchtung durch Oberlichter wird noch einmal in Kurzform aufgelistet:

Vorhandensein von:	ermöglicht bzw. beeinflusst:
Grundstück, Bauherrenwunsch	Auftrag zum Vorentwurf
Bebauungsplan, Bauordnung	zulässige Gebäudeform, -anordnung und -größe
Anordnung und Ausrichtung des Gebäudes	Anordnung der Räume im Grundriss
Arbeitsstättenverordnung, ASR 7/1	notwendige Ausblickfenster
Bauordnung (Bauwich, Abstandsfläche)	Zulässigkeit der geplanten Fensteranordnung
Raumzweck (geplante Arbeit)	Art und Anordnung der Oberlichter
erster Festlegung von Tageslichtöffnungen	Vorentwurf
Zustimmung zum Vorentwurf	Auftrag zum Entwurf
Arbeitsstättenverordnung, ASR 7/1	Festlegen der Ausblicksöffnungen
Oberlichtauswahl (Art, Anordnung, Größe, Verglasung) und Raumgestaltung (Reflexionsgrade)	Berechnung des Tageslichtquotienten, Raumeindruck
Richtlinien für die Verwendung brennbarer Baustoffe im Hochbau	Zulässigkeit der Oberlichtanordnung und Art der Ausführung
berechnetem Tageslichtquotienten	eventuell Korrektur von Oberlichtgröße und -verglasung
Energieeinsparverordnung	Festlegen des Aufbaus von Oberlichtern und Aufsetzkranz
Festlegung von Art und Anordnung der Oberlichter	Entwurf, Bauantrag
Bauantrag	Baugenehmigung
Entwurfsideen	Innenraumgestaltung, Sonnenschutz, Lüftung, Rauchabzug ...
Firmeninformation	detaillierte Auswahl, Wartung, Handhabbarkeit
Detailfestlegung	Einbau der Oberlichter
bezugsfertigem Bau	messtechnische Überprüfung

17 Berechnung der Beleuchtung mit Tageslicht durch Oberlichter

Die grundlegende Größe „Tageslichtquotient" wird für den bedeckten Himmel auf unterschiedliche Weise berechnet. Die punktweise Berechnung der Verteilung seines Himmelslichtanteils unter rechteckigen Oberlichtern wird für horizontale und vertikale Orientierung des Empfängers durchgeführt. Der Vergleich mit Fenstern zeigt die deutliche Überlegenheit der Oberlichter hinsichtlich der Beleuchtung in Raumtiefe und Gleichmäßigkeit. In guter Näherung ist der mittlere Tageslichtquotient unter mehreren Oberlichtern berechenbar. Drei Verfahren werden erläutert, bei denen die verminderten Einflüsse von Verbauung, Transmissionsgrad der Verglasung, Versprossung, Veschmutzung, diffuser Beleuchtung, Lichtschächten und Raumgestaltung berücksichtigt werden. Eine PowerPoint-Präsentation erläutert die Handhabung von DIN 5034-6. Die Bestimmung der Besonnbarkeit eines Punktes in dem mit Tageslicht beleuchteten Raum ist Inhalt eines gesonderten Abschnittes. Rechenprogramme und Planungshilfsmittel werden vorgestellt und Quellen für weitergehende Informationen angegeben. Auf den zur Bestimmung von Nutzungszeit und Nutzungsbelichtung notwendigen Aufwand wird eingegangen.

■ Die grundlegende Größe zur Kennzeichnung der Güte der Beleuchtung mit Tageslicht ist der Tageslichtquotient D. Er ist definiert als Verhältnis der (richtungsunabhängigen) Beleuchtungsstärke E_P am jeweiligen Punkt P im Innenraum zur horizontalen Beleuchtungsstärke E_a, die gleichzeitig im Freien und ohne Abschattung durch Verbauung herrscht (vgl. (54)). Voraussetzung ist, dass nur die beleuchtende Wirkung des Himmelsgewölbes berücksichtigt wird, und zwar – wenn nicht anders festgelegt – die des bewölkten Himmels (vgl. Kapitel 7). Die Beleuchtung durch die Sonne wird nicht berücksichtigt.

Der Tageslichtquotient setzt sich als Summe aus drei Anteilen zusammen, nämlich dem Himmelslichtanteil D_H, dem (bei Oberlichtern wegen fehlender Verbauung meist zu vernachlässigenden) Außenreflexionsanteil D_V und dem Innenreflexionsanteil D_R. Letzterer ergibt sich durch die Vielfachreflexionen derjenigen in den Raum eingetretenen Lichtstromanteile, die nicht direkt an die jeweils interessierende Stelle gelangt sind. Der Tageslichtquotient wird für eine Höhe der Nutz- bzw. Messebene von 0,85 m (in Sporthallen 1,00 m) über dem Fußboden berechnet.

17.1 Einzelne Oberlichter

Basierend auf den auch in der einschlägigen Norm [16] benutzten Formeln, steht für **einzelne** rechteckige Oberlichter bzw. Dachöffnungen mit [59] ein einfaches Verfahren zur Ermittlung des Himmelslichtanteils D_H des Tageslichtquotienten zur Verfügung. Die in Bild 17.1 dargestellten geometrischen Zusammenhänge erlauben für jeden Punkt im Innenraum in 0,85 m Höhe (für Sporthallen 1,00 m) die schnelle Berechnung der Verhältnisse

$$p = l / h \qquad (180)$$

und

$$q = b / h \qquad (181)$$

mit h = H - 0,85 m (bzw. 1,00 m).

D_H lässt sich für beide Fälle – durchaus mit Hilfe eines Taschenrechners – ermitteln. Man setzt die gemäß (180) und (181) gefundenen Werte für den Fall der Bestimmung

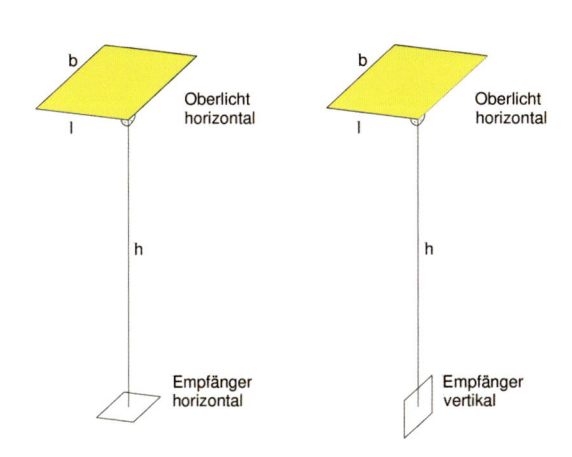

Bild 17.1:

Skizze zur Erläuterung der verwendeten Abmessungen bei Oberlichtern

von $D_{H,r}$ in einer **horizontalen** Ebene in die Formel

$$D_{H,r} = \frac{300}{7 \cdot \pi} \cdot \{1/2 \cdot [(p / \sqrt{p^2+1}) \\ \cdot \arctan(q / \sqrt{p^2+1}) \\ + (q / \sqrt{q^2+1}) \cdot \arctan(p / \sqrt{q^2+1})] \\ + 2/3 \cdot [\arctan(p \cdot q / \sqrt{p^2+q^2+1}) \\ + (p \cdot q / \sqrt{p^2+q^2+1}) \\ \cdot (1 / (p^2 + 1) + 1 / (q^2 +1))]\} \% \quad (182)$$

und für den Fall der Bestimmung von $D_{H,r}$ in einer **vertikalen** Ebene in die Formel

$$D_{H,r} = \frac{300}{7 \cdot \pi} \cdot \{1/2 \cdot [\arctan q - (1 / \sqrt{p^2+1}) \\ \cdot \arctan(q / \sqrt{p^2+1})] \\ + 2/3 \cdot [(q / \sqrt{q^2+1}) \\ - q / ((p^2+1) \cdot \sqrt{p^2+q^2+1})]\} \% \quad (183)$$

ein. Der zweite Index bei $D_{H,r}$ bedarf einer Erläuterung. „r" bedeutet Rohbau; das Oberlicht reduziert infolge seines Transmissionsgrades, seiner Versprossung, seiner Verschmutzung und seines Lichtschachts den so berechneten Wert – oft durchaus auf die Hälfte. Darauf wird weiter unten eingegangen werden.

Bild 17.2 zeigt, welche $D_{H,r}$-Werte sich in einer horizontalen Ebene für Kombinationen von p und q ergeben. Eine Interpolation führt bei nicht eingetragenen Zwischenwerten zu hinreichend genauen Ergebnissen. Bild 17.3 gilt in analoger Weise für die D_H-Werte in einer vertikalen Ebene. Bezugsebene und zwei Oberlichtkanten sind jeweils parallel zueinander.

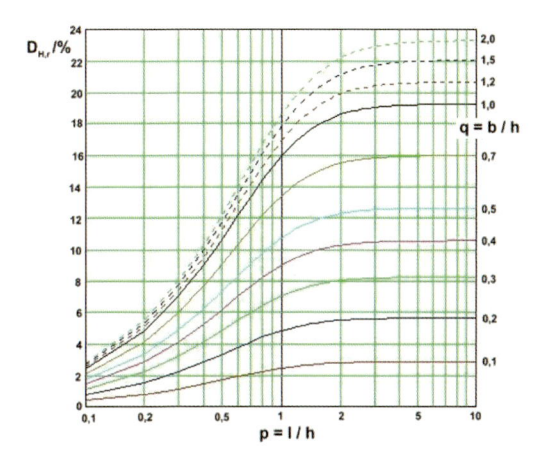

Bild 17.2:

Graphische Ermittlung von $D_{H,r}$ in einer horizontalen Ebene unter einem horizontalen Oberlicht aus den geometrischen Verhältnissen p und q

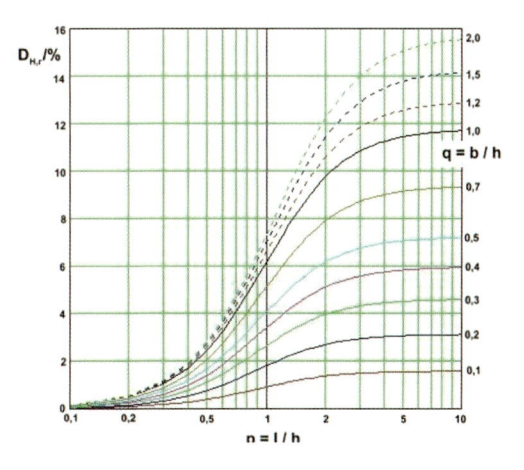

Bild 17.3:

Graphische Ermittlung von $D_{H,r}$ in einer vertikalen Ebene unter einem horizontalen Oberlicht aus den geometrischen Verhältnissen p und q

Die in den Bildern 17.1 und 17.2 dargestellten Abhängigkeiten sind in ⊙17A.DOC und ⊙17B.DOC für die Verhältnisse p und q jeweils im Bereich von 0 bis 1 mit linearer Skala dargestellt. In diesem Bereich kann dadurch die Ablesung in manchen Fällen einfacher sein.

Die auf den Empfänger bezogene Lage des Oberlichts ist in aller Regel nicht so einfach zu definieren, wie es in Bild 17.1 dargestellt ist. Vielmehr wird es in zwei Richtungen seitlich verschoben angeordnet sein, wie es in Bild 17.4 gezeigt wird. Trotzdem kann man das eben beschriebene graphische Verfahren mit nur geringfügig vergrößertem Aufwand zur schnellen Bestimmung des Himmelslichtanteils des Tageslichtquotienten $D_{H,r}$ auch hierfür verwenden. Man muss dann die Rechnung für vier verschiedene Flächen nach dem Schema durchführen, das sich mit den Erläuterungen der Darstellung in Bild 17.4 gemäß folgender Formel darstellen lässt:

$$\begin{aligned} D_{H,r}(A1) = \ & D_{H,r}(A1 + A2 + A3 + A4) \\ & - D_{H,r}(A2 + A4) - D_{H,r}(A3 + A4) \\ & + D_{H,r}(A4) \\ = \ & D_{H,r}(B \cdot L) - D_{H,r}[(L - l) \cdot B] \\ & - D_{H,r}[(B - b) \cdot L] + D_{H,r}[(B - b) \cdot (L - l)] \end{aligned}$$

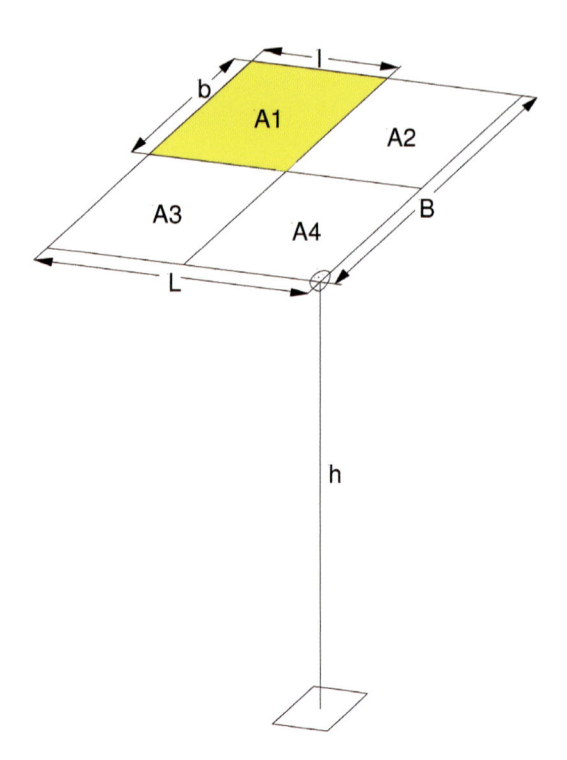

(184)

Bild 17.4:

Skizze zur Erläuterung der Berechnung von $D_{H,r}$ für ein seitlich gegen den Empfänger verschobenes Rechteck

Dabei sind A1, A2, A3 und A4 die in unterschiedlichen Summen zu berücksichtigenden Teilflächen, während sich mit L, l, B und b die Längen der Kanten der zu berechnenden Rechtecke ergeben, die bei der Berechnung der Verhältnisse p und q einzusetzen sind (vgl. (177) und (178)).

Dieses Verfahren gilt in gleicher Weise auch für den Fall, dass die Verteilung des Himmelslichtanteils des Tageslichtquotienten in einer vertikalen Fläche bestimmt werden soll.

17.2 Vergleich Oberlicht – Fenster

In [59] sind auch Formeln ähnlichen Aufbaus für die Bestimmung des Himmelslichtanteils des Tageslichtquotienten und seiner Verteilung in Räumen mit senkrechten **Fenstern** angegeben, und zwar für horizontale Ebenen und für vertikale Ebenen, die entweder gegen die Fensterwand oder senkrecht zu ihr orientiert sind. Nur die Bestimmung für den Fall der horizontalen Ebene soll hier dargestellt werden. Wie aus Bild 17.5 hervorgeht, ist die Bezeichnungsweise gegenüber den obigen Fällen unterschiedlich.

Bild 17.5:

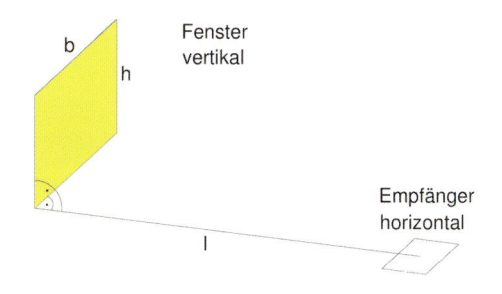

Skizze zur Erläuterung der im Folgenden verwendeten Abmessungen bei Fenstern

Hier gelten die Formeln:

$p = h / l$ \hfill (185)

$q = b / l$ \hfill (186)

$$D_{H,r} = \frac{300}{7 \cdot \pi} \cdot \{1/2 \cdot [\arctan q - (1/\sqrt{p^2+1}) \cdot \arctan(q/\sqrt{p^2+1})] + 2/3 \cdot [\arctan(p \cdot q / \sqrt{p^2+q^2+1}) (p \cdot q / \sqrt{p^2+q^2+1}) / (p^2+1)]\} \quad (187)$$

Damit lässt sich der Zusammenhang zwischen den Verhältnissen p und q und dem Himmelslichtanteil des Tageslichtquotienten $D_{H,r}$ gemäß Bild 17.6 darstellen.

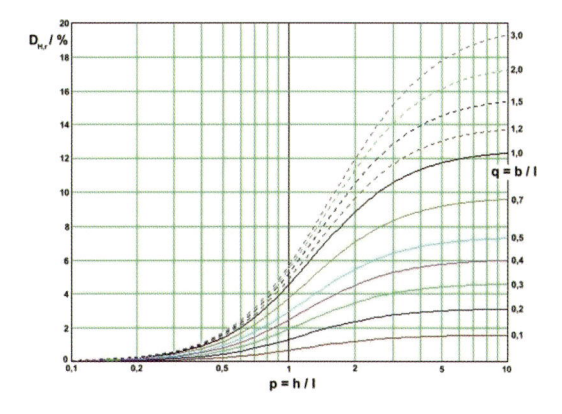

Bild 17.6:

Graphische Ermittlung von $D_{H,r}$ in einer horizontalen Ebene hinter einem vertikalen Fenster aus den geometrischen Verhältnissen p und q

Die in Bild 17.6 dargestellten Abhängigkeiten sind in ⊚17C.DOC für die Verhältnisse p und q jeweils im Bereich von 0 bis 1 mit linearer Skala dargestellt. In diesem Bereich dürfte dadurch die Ablesung in manchen Fällen einfacher sein.

Bei allen bisher in diesem Kapitel erwähnten Berechnungen handelte es sich um die Ermittlung des Himmelslichtanteils des Tageslichtquotienten $D_{H,r}$. Zumindest bei Fenstern wird es fast immer infolge Verbauung einen **Außenreflexionsanteil** des Tageslichtquotienten D_V geben. Auch dafür kann man das gleiche Rechenverfahren anwenden. Vom jeweiligen Punkt aus, an dem der Tageslichtquotient ermittelt werden soll, stellt man zunächst fest, bis zu welcher Höhe im Fensterausschnitt die Verbauung reicht; dabei kann bei diesem Verfahren zweckmäßigerweise nur eine – ggfs. mittlere – Verbauung parallel zur Fensterkante berücksichtigt werden. Man teilt das Fenster quasi in zwei Teile auf. Während der Anteil mit dem sichtbaren Himmelsausschnitt voll berücksichtigt wird, muss der Ausschnitt, den die Verbauung ausfüllt, zusätzlich nach [16] mit 0,15 (0,75 · ρ_V) multipliziert werden, um die geringere Leuchtdichte dieser Teilfläche zu berücksichtigen.

Das Bild 17.7 zeigt die Anordnung für einen rechnerischen **Vergleich** der mit einem Oberlicht und mit einem Fenster mit einer lichten Öffnung von jeweils 1 m x 1 m und unter Vernachlässigung von Verbauung und Lichtschacht erreichbaren Tageslichtquotienten $D_H + D_V$. Verluste durch Transmissionsgrad, Versprossung und Verschmutzung werden pauschal mit einem Faktor 0,5 in die Rechnung aufgenommen. Betrachtet werden die Verläufe der Tageslichtquotienten auf horizontaler und vertikaler Ebene in Abhängigkeit von der projizierten Entfernung zu den Fußpunkten der Tageslichtöffnungen.

Das Fenster bewirkt in seiner Nähe zunächst einen deutlich höheren Himmelslichtanteil des Tageslichtquotienten D_H in der horizontalen Ebene als das Oberlicht, doch kehrt sich das bereits nach etwa 1,5 m Abstand von der nächsten Kante der Öffnungen um; von dort an bewirkt ein Oberlicht höhere Werte. Das ist eigentlich unerwartet, denn das Oberlicht hat neben dem seitlichen Abstand des Fußpunktes zusätzlich bereits den Höhen-

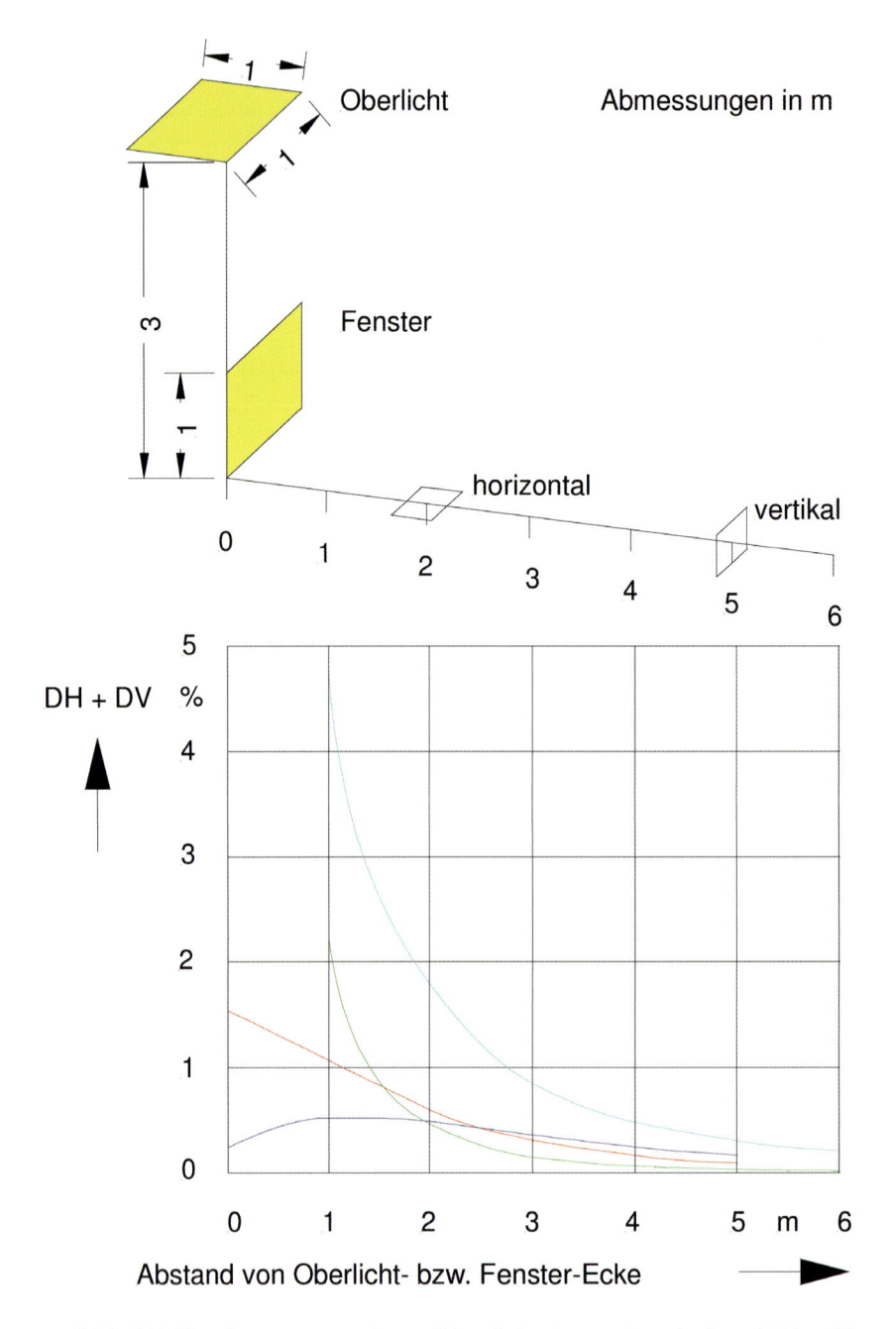

Oberlichter | Licht und Sehen | Tageslicht und Globalstrahlung | Materialien und Herstellung | Planung und Dimensionierung | Spezielle Obje

Bild 17.7:

Vergleich der mit einem horizontalen Oberlicht und einem vertikalen Fenster erzielbaren horizontalen und vertikalen Tageslichtquotienten in Abhängigkeit von der Entfernung vom Fußpunkt dieser Öffnungen; lichte Öffnung 1 m x 1 m, ohne Verbauung und Lichtschacht, pauschaler Verminderungsfaktor 0,50

DH+DV für ein waagerechtes Oberlicht 1 m x 1 m in 3 m Höhe über der Nutzebene und ein Fenster 1 m x 1 m mit Unterkante in Höhe der Nutzebene für verschiedene (projizierte) Abstände von einer der unteren Ecken

Oberlicht, horizontale Beleuchtung
Oberlicht, vertikale Beleuchtung
Fenster, horizontale Beleuchtung
Fenster, vertikale Beleuchtung

abstand von 3 m. Hier wirkt sich aus, dass das Oberlicht sehr steil vom hellsten Teil und sehr flach vom dunkelsten Teil des Himmelsgewölbes beleuchtet wird und dabei das ganze Himmelsgewölbe wirksam sein kann. Beim Fenster kann nur das halbe Himmelsgewölbe wirken, und es wird steil aus dem dunkelsten Bereich und flach vom hellsten Bereich des Himmelsgewölbes beleuchtet. Der Vergleich würde noch günstiger für das Oberlicht ausfallen, wenn der Bezug der Entfernung nicht auf die innere Kante, sondern auf die äußere Kante oder wenigstens auf die Mitte des Oberlichts vorgenommen würde. Daraus würde eine entsprechende Verschiebung der Oberlichtkurven im Bild 17.7 nach rechts resultieren.

Nicht überraschend ist die Überlegenheit des Fensters bezüglich der D_H-Verteilung in der Vertikalen.

Das Bild 17.8 zeigt die unterschiedlichen Abnahmen der Summen $D_{H,r} + D_{V,r}$ mit der Verbauungshöhe. Der Bezugspunkt P befindet sich 1 m hinter dem Fußpunkt von jeweils 1 m x 1 m großer Oberlicht- und Fenster-Rohbauöffnung, wie es im linken Teil des Bildes dargestellt ist. Obwohl die Beleuchtung unter dem Oberlicht bei fehlender Verbauung zunächst wegen des zusätzlichen Höhenunterschieds von 2 m schwächer ist als die durch das Fenster, ergibt sich ein deutlicher Vorteil für das Oberlicht bereits ab einer Verbauungshöhe von $\gamma_V = 12°$.

Insgesamt können diese Vergleiche nur recht grob sein, weil der Innenreflexionsanteil des Tageslichtquotienten, die zumindest beim Fenster fast immer vorhandene Verbauung usw. noch nicht berücksichtigt werden. Bedenkt man jedoch die Anordnung der Tageslichtöffnungen, dann kann man trotzdem hinsichtlich der beleuchtenden Wirkung insgesamt eine eindeutige Überlegenheit des Oberlichts gegenüber dem Fenster konstatieren.

17.3 Tageslichtquotienten-Verteilung unter mehreren Oberlichtern

Die Berechnung nach dem bisher in diesem Kapitel beschriebenen Verfahren lässt sich natürlich auch für Räume mit mehreren Oberlichtern anwenden. Der Rechenaufwand steigt zwar proportional mit der Anzahl der Oberlichter, doch ist das für moderne Rechner keine Schwierigkeit. Deswegen sind die bisher in diesem Kapitel erwähnten Formeln die Grundlage für eine ganze Reihe von Rechenprogrammen, die die örtliche Verteilung des Tageslichtquotienten unter (bzw. hinter) mehreren oder gar vielen Tageslichtöffnungen (Oberlichter, Fenster) zu bestimmen erlauben.

Zur vollständigen Berechnung des Tageslichtquotienten muss allerdings noch dessen Innenreflexionsanteil D_R

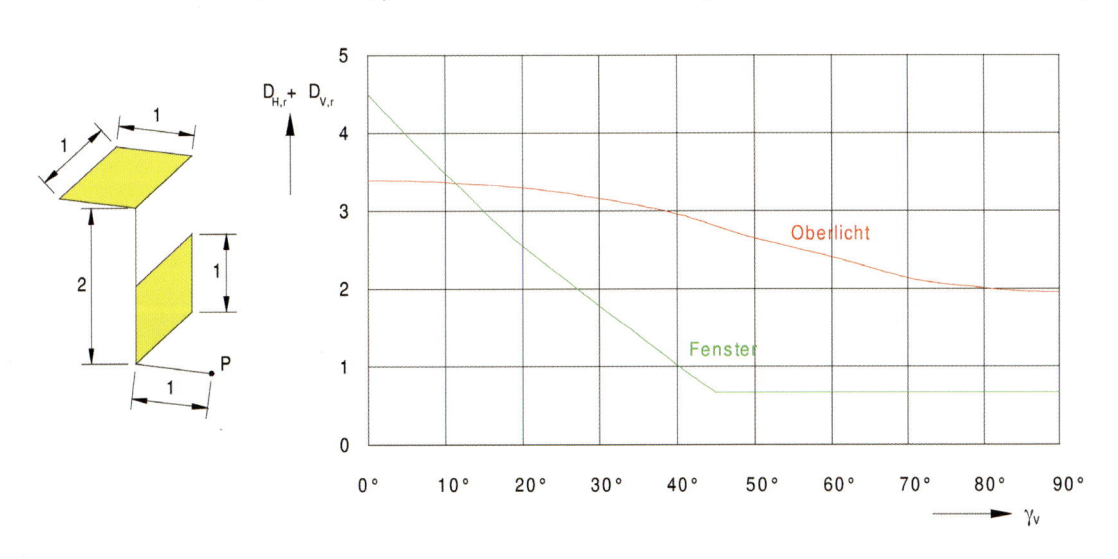

Bild 17.8:
Abnahme von $D_{H,r} + D_{V,r}$ am Bezugspunkt mit der Verbauungshöhe bei der skizzierten Anordnung von Oberlicht und Fenster; Abmessungen in m

Tabelle 12:

Richtwerte für den Verminderungsfaktor k_2 nach sechsmonatiger Verschmutzung (nach [63])

Örtliche Verhältnisse	Staubniederschlag g/100 m² pro Monat	Verschmutzung auf der Innenseite	k_2 für Neigung der Verglasung		
			0°…30°	30°…60°	60°…90°
ländliche Gegend, abgelegene Vororte	300 … 400	gering	0,80	0,85	0,90
		stark	0,55	0,60	0,70
dichtbesiedelte Wohngegenden	600 … 800	gering	0,70	0,75	0,80
		stark	0,45	0,50	0,60
Industriegebiete	1.200 … 1.600	gering	0,55	0,60	0,70
		stark	0,30	0,40	0,50

ermittelt werden. Eine zunächst grob erscheinende, mit der Praxis aber meist recht gut übereinstimmende Näherungslösung beruht auf der Tatsache, dass die Wände von Räumen, die durch Oberlichter beleuchtet werden, nur einen sehr kleinen Teil des in den Raum eingedrungenen Lichtstroms empfangen. Wird dieser Anteil vernachlässigt, dann ergeben sich infolge der Vielfachreflexionen am Boden (Reflexionsgrad ρ_B) und an der Decke (Reflexionsgrad ρ_D) der Korrekturfaktor $1 / (1 - \rho_B \cdot \rho_D)$, der auf der Nutzebene erzeugte Mittelwert des **Innenreflexionsanteils** des Tageslichtquotienten und der gesamte Tageslichtquotient (zunächst bezogen auf die Rohbauöffnungen) gemäß

$$D_r = D_{H,r} + D_{V,r} + D_{R,r}$$
$$\approx (D_{H,r} + D_{V,r}) / (1 - \rho_B \cdot \rho_D) \quad (188)$$

Um die Verteilung des Tageslichtquotienten D endgültig berechnen zu können, müssen zusätzlich bekannt sein:

- der Transmissionsgrad des Verglasungsmaterials τ_{D65},
- der Verminderungsfaktor für Rahmen und Sprossen k_1 (= lichtdurchlässige Fläche / Rohbauöffnung),
- der Verminderungsfaktor für Verschmutzung k_2 (siehe Tabelle 12),
- der Korrekturfaktor für nicht senkrechten Lichteinfall k_3 (für Doppelverglasung pauschal $k_3 = 0,85$),
- der Verminderungsfaktor für den Einfluss der Lichtschächte unter den Oberlichtern k_e und
- der Außentageslichtquotient D_a.

Zur Ermittlung des Verminderungsfaktors der Lichtschächte k_e wird zunächst der Schachtindex w berechnet (vgl. Bild 17.9 und [73]).

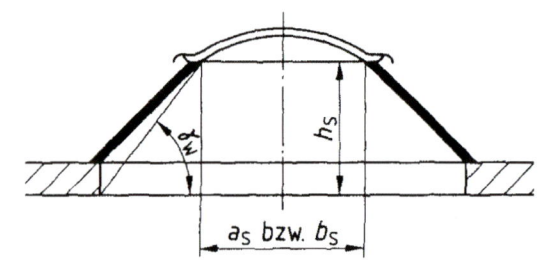

Bild 17.9:

Zur Bestimmung des Schachtindex notwendige Größen eines Lichtschachts unter Oberlichtern

Er ergibt sich aus

$$w = 0,5 \cdot h_S \cdot [1 / (a_S + 2 \cdot h_S / \tan \gamma_W) + 1 / (b_S + 2 \cdot h_S / \tan \gamma_W)] \quad (189)$$

a_S und b_S sind dabei die Länge und Breite der Lichtöffnung, h_S ist die Höhe des Lichtschachts und γ_W ist der Neigungswinkel der Wand des Lichtschachts gegen die Horizontale ([52], [62]). Mit dem Reflexionsgrad der Schachtwand ρ_S folgt k_e aus

$$k_e = [(0,01 \cdot (90° - \gamma_W) + 0,1)^{(1-\rho_S)}]^w \quad (190)$$

Bild 17.10:

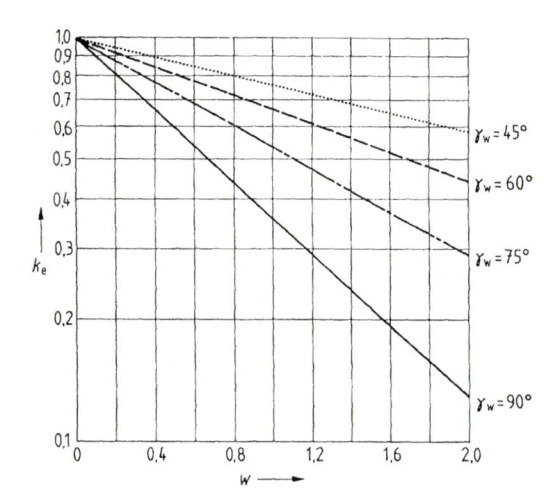

Verminderungsfaktor k_e zur Berücksichtigung der Wirkung eines Lichtschachtes mit Neigungswinkel γ_w, Reflexionsgrad ρ_S und Schachtindex w

Für Schachthöhen h_S = 0,5 und 1,0 m und Neigungswinkel γ_w = 45°, 60° und 90° der Schachtwände sind für unterschiedliche lichte Längen a_S und lichte Breiten b_S der Schachtöffnungen die Verminderungsfaktoren k_e berechnet und in ⊚17l.DOC tabellarisch aufgelistet worden. Je flacher die Schachtwände geneigt sind, desto weniger wirkt sich k_e aus. Zwischenwerte können interpoliert werden.

Der Verminderungsfaktor k_e durch Lichtschächte wird für Lichtkuppeln und gewölbeförmige Oberlichter als k_4 berücksichtigt. Für die unterschiedlichen Arten von Oberlichtern ist als Verminderungsfaktor k_4 festgelegt:

Der Außentageslichtquotient ist das Verhältnis der Beleuchtungsstärke E_F auf der Außenseite des Oberlichts zur Beleuchtungsstärke E_a im Freien unter der unverbauten Himmelshalbkugel:

$$D_a = E_F / E_a \qquad (191)$$

Die Beleuchtungsstärke E_F auf geneigten Flächen setzt sich dabei – das Fehlen einer Verbauung weiterhin vorausgesetzt – aus einem vom Himmel und einem von der Reflexion am Boden herrührenden Anteil zusammen (vgl. (101) und (102)).

Eine parallel zu einer Gebäudekante in gleicher Höhe verlaufende Verbauung lässt sich (bei geringem Abstand ggfs. für jedes Oberlicht unterschiedlich) in ähnlicher Weise berücksichtigen. Dabei empfiehlt es sich, die im Bebauungsplan vorgesehene mögliche Höhe auch der noch nicht vorhandenen, aber zulässigen Gebäude in die Rechnung einzusetzen. Dazu müssen bekannt sein:

- in der Horizontalen gemessener, kürzester Abstand der Verbauung d_V,
- Höhendifferenz Δh zwischen Mitte des Oberlichts bzw. der Oberlichter und Oberkante der Verbauung,
- Reflexionsgrad ρ_V der Verbauung (falls unbekannt: ρ_V = 0,2).

Dann ergibt sich mit

$$\gamma_V = \arctan(\Delta h / d_V) \qquad (192)$$

Form des Oberlichts:	k_4:	infolge:
Sattel	$k_4 = \cos \gamma_F \cdot k_e$	Neigung, Lichtschacht
60°-Shed	$k_4 = k_\gamma$ = 0,63	Abschattung von Teilen des Himmelsgewölbes
90°-Shed	$k_4 = k_\gamma$ = 0,38	Abschattung von Teilen des Himmelsgewölbes
Kuppel	$k_4 = k_e$	Lichtschacht
Gewölbe	$k_4 = k_e$	Lichtschacht

der Außentageslichtquotient zu

$$D_a = \frac{2 \cdot 3}{7 \cdot \pi} \cdot \int_0^{\pi/2} \{1/2 \cdot [1 + (0{,}75 \cdot \rho_V - 1) \cdot \sin^2 \gamma_V] + 2/3 \cdot [1 + (0{,}75 \cdot \rho_V - 1) \cdot \sin^2 \gamma_V]\} \, d\beta \quad (193)$$

Die Auswertung dieser Formel ist für verschiedene Reflexionsgrade ρ_V der Verbauung in Bild 17.11 wiedergegeben.

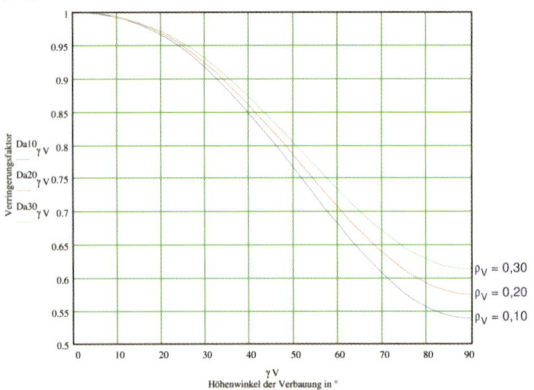

Bild 17.11:

Verminderungsfaktor D_a für den Tageslichtquotienten (Außentageslichtquotient) infolge einseitiger Verbauung mit konstanter Höhe für einen Reflexionsgrad der Verbauung $\rho_V = 0{,}1, 0{,}2$ und $0{,}3$

Schließlich kann man aus all den aufgeführten Größen die **punktweise Verteilung** des Tageslichtquotienten auf der Nutzebene im Raum berechnen. Für jeden einzelnen Punkt gilt:

$$D = (D_{H,r} + D_{V,r} + D_{R,r}) \cdot D_a \cdot \tau_{D65} \cdot k_1 \cdot k_2 \cdot k_3 \cdot k_4$$
$$\approx (D_{H,r} + D_{V,r}) / (1 - \rho_B \cdot \rho_D) \cdot D_a \cdot \tau_{D65} \cdot k_1 \cdot k_2 \cdot k_3 \cdot k_4 \quad (194)$$

Der Höhenwinkel der Verbauung kann in verschiedenen Zonen des Raumes durchaus unterschiedlich sein. Der daraus resultierende, beachtliche Rechenaufwand lässt den Einsatz eines Computers zweckmäßig erscheinen.

17.4 Mittlerer Tageslichtquotient (Wirkungsgradverfahren)

Die „Tageslichtnorm" DIN 5034 [16] bietet ein Rechenverfahren zur Bestimmung des **mittleren Tageslicht-quotienten** in Räumen an, die durch Oberlichter mit Tageslicht versorgt werden. Es entspricht praktisch dem **Wirkungsgradverfahren**, das bei der Beleuchtung mit Kunstlicht angewandt wird [61], es ist wesentlich weniger aufwändig, und es kommt mit dem Einsatz eines Taschenrechners aus. In [64] wurde schon früher ein für Shed-Oberlichter konzipiertes Verfahren auf der gleichen Grundlage vorgestellt.

Zunächst wird gemäß [16] aus den Raumabmessungen (Länge a, Breite b, Höhe h) der Raumindex k berechnet:

$$k = b \cdot a / [h \cdot (b + a)] \quad (195)$$

Für verschiedene Kombinationen von Raumindex und Reflexionsgraden der Raumbegrenzungsflächen findet man in [16] umfangreiche, für die hier beschriebene Berechnung erforderliche Tabellen, die zuvor in [62] berechnet worden waren.

Für Lichtkuppeln werden dabei verschiedene Neigungen der Wand des Lichtschachts gegen die Horizontale (30°, 60°, 90°) sowie verschiedene Seitenverhältnisse von Schachtlänge a_S zu Schachtbreite b_S und Schachthöhe h_S zu Schachtbreite b_S angenommen. Zur Auswahl der geeigneten Tabelle muss außerdem der Schachtindex w bekannt sein, dessen Ermittlung bereits mit der Formel (186) beschrieben wurde.

Bild 17.12 zeigt beispielhaft eine der Tabellen aus [16], aus denen man dann den für den jeweiligen Fall gültigen Raumwirkungsgrad η_R entnehmen kann. In aller Regel wird man keine völlige Übereinstimmung zwischen den tatsächlichen und den von den Tabellen angebotenen Parametern für die zu ermittelnden Raumwirkungsgrade finden; dann ist zwischen den η_R-Werten der nächstliegenden Tabellen in DIN 5034 Teil 3 linear zu interpolieren.

Für Shed-Oberlichter werden in [16] ähnliche Tabellen zur Ermittlung des Raumwirkungsgrads η_R angeboten. Sie gelten jeweils für verschiedene Verhältnisse der lichtdurchlässigen Fläche zur Gesamtfläche der Dachflächenteile, die um verschiedene Winkel γ_F gegen die Horizontale geneigt sind, und für verschiedene Neigungen

Tabellen 3 bis 14:

Raumwirkungsgrade η_R von Räumen, die durch Lichtkuppeln mit Tageslicht beleuchtet werden, in Abhängigkeit von Raumindex k, Reflexionsgrad ϱ_D der Decke (= Reflexionsgrad ϱ_S der Wand des Lichtschachtes), Reflexionsgrad ϱ_W der Wände und Reflexionsgrad ϱ_B des Bodens [2].

Parameter sind:
— Verhältnis a_S/b_S von Länge zu Breite der Lichtkuppel,
— relative Schachthöhe h_S/b_S,
— lichttechnisch wirksamer Neigungswinkel γ_W der Schachtwand,
— daraus resultierender Schachtindex w.

ANMERKUNG: Für die Reflexionsgradkombination $\varrho_D=0$; $\varrho_W=0$; $\varrho_B=0$ entsprechen die angegebenen Werte dem Direktanteil des Raumwirkungsgrades.

Tabelle 3: η_R in % für $a_S/b_S = 1$; $h_S/b_S = 0{,}25$; $\gamma_W = 30°$; w = 0,17

ϱ_D	0,8	0,8	0,8	0,5	0,5	0,8	0,8	0,8	0,5	0,5	0,3	0
ϱ_W	0,8	0,5	0,3	0,5	0,3	0,8	0,5	0,3	0,5	0,3	0,3	0
ϱ_B	0,3	0,3	0,3	0,3	0,3	0,1	0,1	0,1	0,1	0,1	0,1	0
k												
0,6	69	41	32	39	30	61	39	31	38	30	29	22
0,8	81	55	45	52	43	71	52	43	49	42	40	33
1,0	88	62	52	58	49	76	58	49	55	47	46	38
1,25	96	72	62	67	59	82	66	59	64	56	54	47
1,5	101	80	70	74	65	86	72	65	69	62	61	53
2,0	108	90	81	83	75	91	80	74	77	71	68	61
2,5	112	96	88	88	81	93	85	79	82	76	73	66
3,0	115	101	94	92	86	95	88	83	85	80	77	71
4,0	118	107	101	98	92	98	93	89	90	85	82	76
5,0	121	112	106	101	96	100	96	93	92	88	85	79

Bild 17.12: Ausschnitt aus den Tabellen der DIN 5034 Teil 3

γ_W der den Shed-Öffnungen gegenüberliegenden, lichtundurchlässigen Wandteile. Enthalten die Tabellen nicht die gewünschten Kombinationen der genannten Größen, ist auch hier zwischen den nächstliegenden Raumwirkungsgraden linear zu interpolieren. Um den mittleren Tageslichtquotienten $\overline{D}$ für die genannten Oberlichtarten berechnen zu können, müssen außerdem aus den Tabellen ermittelten Raumwirkungsgrad η_R bekannt sein:

- der Transmissionsgrad des Verglasungsmaterials τ_{D65},
- der Verminderungsfaktor für Rahmen und Sprossen k_1 (= lichtdurchlässige Fläche / Rohbauöffnung),
- der Verminderungsfaktor für Verschmutzung k_2 (siehe Tabelle 10),
- der Korrekturfaktor für nicht senkrechten Lichteinfall k_3 (für Doppelverglasung pauschal $k_3 = 0{,}85$),
- die Gesamtfläche der Lichtöffnungen (Rohbaumaße) ΣA_F,
- die Raumgrundfläche A_R,
- der Außentageslichtquotient D_a.

Schließlich kann man aus diesen aufgeführten Größen den mittleren Tageslichtquotienten bestimmen:

$$\overline{D} = D_a \cdot \tau_{D65} \cdot k_1 \cdot k_2 \cdot k_3 \cdot (\Sigma A_F / A_R) \cdot \eta_R \% \quad (196)$$

Bei der hier beschriebenen Bestimmung des mittleren Tageslichtquotienten nach dem Wirkungsgradverfahren ist der Innenreflexionsanteil bereits im Ergebnis berücksichtigt.

17.5 Mittlerer Tageslichtquotient (vereinfachte Bestimmung)

DIN 5034 bietet in Teil 6 [52] auch ein vereinfachtes und relativ schnelles Verfahren zur Bestimmung zweckmäßiger Abmessungen von Oberlichtern an. Damit lässt sich – wie im vorherigen Abschnitt – der mittlere Tageslichtquotient berechnen. Vereinfachend wird angenommen, dass keine Verbauung vorhanden ist, der Tageslichtquotient sich also nur aus dem Himmelslicht- und dem Innenreflexionsanteil zusammensetzt:

$$D \approx D_H + D_R \quad (197)$$

Die Schwächungsfaktoren sind die gleichen, die bereits erwähnt wurden. Der Transmissionsgrad τ_{D65}, der von den Herstellern der Verglasungsmaterialien für senkrechten Lichteinfall angegeben wird, muss mit dem Faktor $k_3 = 0{,}85$ multipliziert werden, der die Beleuchtung durch den bedeckten Himmel (also aus vielen Richtungen) berücksichtigt. Ist der Verminderungsfaktor k_1 für Versprossung beim Entwurf noch nicht bekannt, wird $k_1 = 0{,}9$ angenommen. Der Verminderungsfaktor für Verschmutzung wird – wenn nicht anders vereinbart – mit $k_2 = 0{,}8$ eingesetzt. Da auch die mittleren Reflexionsgrade der Raumbegrenzungsflächen im Planungsstadium meist noch nicht festgelegt werden, gehen sie mit $\rho_{D(ecke)} = 0{,}55$, $\rho_{W(\text{ände})} = 0{,}35$, $\rho_{B(oden)} = 0{,}15$ und $\rho_S = \rho_{Lichtschacht} = 0{,}55$ in die Rechnung ein. Der Verminderungsfaktor k_e durch Lichtschächte (vgl. Bild 17.9) wird für Lichtkuppeln und gewölbeförmige Oberlichter entsprechend der Beschreibung in Abschnitt 17.3 (Formeln (186) und (187), Bild 17.10, Tabelle in ⊙17I.DOC) als k_4 berücksichtigt. Für die unterschiedlichen Arten von Oberlichtern ist als Verminderungsfaktor k_4 festgelegt

Zwischenwerte für k_γ bei anderen Neigungswinkeln von Shed-Verglasungen lassen sich Bild 17.13 entnehmen.

Auch wenn die Flächengrößen und die Abstände für die

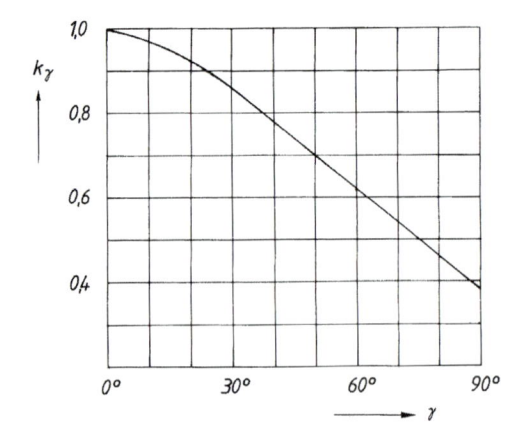

Bild 17.13:

Verminderungsfaktor k_γ zur Berücksichtigung der Abschattung von Teilen des Himmelsgewölbes bei Shed-Oberlichtern, die unter unterschiedlichen Winkeln γ gegen die Horizontale geneigt sind

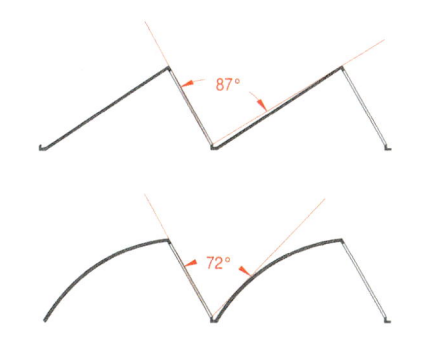

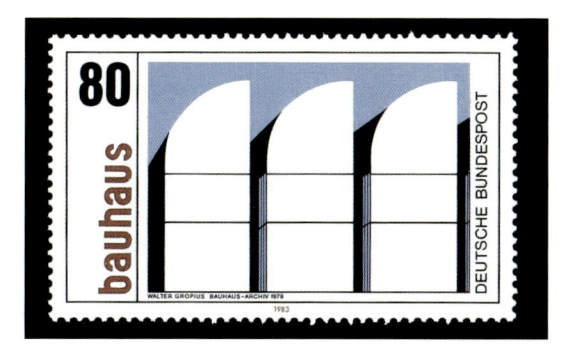

Bilder 17.14 und 17.15:
Abschattende Wirkung der Dachkonstruktion bei Shed-Oberlichtern

Shed-Verglasungen identisch sind, kann die Form der tragenden Dachquerschnitte die Ausnutzung des Himmelsgewölbes als Lichtquelle einschränken, wie es in den Bildern 17.14 und 17.15 gezeigt wird. Ein heller Dachbelag kann diesen Effekt wieder verringern.

Zusätzlich sind Einflüsse der endlichen Hallenabmessungen vorhanden (siehe Bild 17.16). Statt der lichten Raumhöhe h ist bei den folgenden Berechnungen von ϑ_a und ϑ_b (den Verminderungsfaktoren zur Berücksichtigung von endlicher Raumlänge und -breite) die Höhe h_N über der Nutzebene maßgeblich. Diese liegt in der Regel 0,85 m, in Sporthallen 1,00 m über dem Fußboden:

$$h_N = h - 0{,}85 \text{ m} \qquad (198)$$

Mit der Raumlänge a, der Raumbreite b und der Höhe der Nutzebene h_N findet man zunächst die Winkel

$$\varphi_a = \arctan[a / (2 \cdot h_N)] \qquad (199)$$

und

$$\varphi_b = \arctan[b / (2 \cdot h_N)] \qquad (200)$$

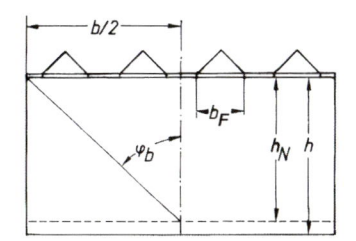

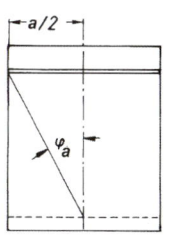

Bild 17.16:
Erläuterung der in der Rechnung verwendeten geometrischen Größen

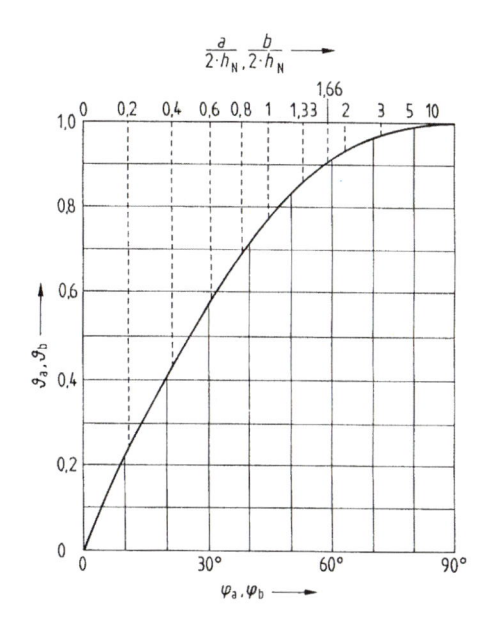

Bild 17.17:
Verminderungsfaktoren ϑ_a und ϑ_b zur Berücksichtigung der endlichen Raumabmessungen (Erläuterungen im Text und in Bild 17.16)

Damit lassen sich ϑ_a und ϑ_b berechnen oder aus Bild 17.17 ablesen.

$$\vartheta_a = \frac{\varphi_a \cdot 8}{7 \cdot 180} + \frac{3}{7} \cdot \sin \varphi_a + \frac{4}{7 \cdot \pi} \cdot \sin(2 \cdot \varphi_a) \qquad (201)$$

und

$$\vartheta_b = \frac{\varphi_b \cdot 8}{7 \cdot 180} + \frac{3}{7} \cdot \sin \varphi_b + \frac{4}{7 \cdot \pi} \cdot \sin(2 \cdot \varphi_b) \qquad (202)$$

Die notwendige Gesamtfläche A_F der Oberlichtöffnungen wird
- bei Vorgabe des Tageslichtquotienten $\overline{D}_{OL}$ in %,
- mit den Abmessungen in m bzw. m² und

- unter Vernachlässigung der Reflexion an den Wänden berechenbar aus

$$A_F = \frac{\overline{D}_{OL} \cdot a \cdot b \cdot (1 - \rho_B \cdot \rho_D)}{\tau_{D65} \cdot k_1 \cdot k_2 \cdot k_3 \cdot k_4 \cdot \vartheta_a \cdot \vartheta_b \cdot 100} \quad (203)$$

Fehlen Vorgaben für ρ_B und ρ_D, so ergibt sich mit den oben erwähnten Festlegungen

$$A_F = \frac{\overline{D}_{OL} \cdot a \cdot b \cdot 0{,}009175}{\tau_{D65} \cdot k_1 \cdot k_2 \cdot k_3 \cdot k_4 \cdot \vartheta_a \cdot \vartheta_b} \quad (204)$$

Damit hat man eine Möglichkeit, verschiedene Arten von Oberlichtern hinsichtlich ihrer beleuchtungstechnischen Wirkung schnell zu vergleichen.

Dividiert man die Fläche A_F durch die Anzahl n der Oberlichtelemente und durch die Länge a_F bzw. die Breite b_F eines Oberlichts, so findet man deren erforderliche Breite b_F bzw. Länge a_F:

$$b_F = A_F / (n \cdot a_F) \quad (205)$$

$$a_F = A_F / (n \cdot b_F) \quad (206)$$

Es hat sich in der Praxis bewährt, den mittleren Tageslichtquotienten $\overline{D}_{OL}$ bei Räumen mit Oberlichtern so zu wählen, dass die für die jeweilige Tätigkeit in den Räumen gemäß DIN 5035 [51] geltende Nennbeleuchtungsstärke E_n bzw. die nach der neuen Norm DIN EN 12464-1 [149] für Arbeitsräume empfohlene Beleuchtungsstärke E_m auf eine horizontale Beleuchtungsstärke E_a = 5000 lx bei bedecktem Himmel im Freien bezogen wird:

$$\overline{D}_{OL} = (E_n / 5000 \text{ lx}) \cdot 100\% \quad (207)$$

bzw.

$$\overline{D}_{OL} = (E_m / 5000 \text{ lx}) \cdot 100\% \quad (207a)$$

Beispielsweise ergeben sich demnach für E_n = 200 lx ein mittlerer Tageslichtquotient $\overline{D}_{OL}$ = 4 % und für E_n = 500 lx ein mittlerer Tageslichtquotient $\overline{D}_{OL}$ = 10 %.

Das Raumklima bleibt in Räumen mit Oberlichtern meist auch im Hochsommer erträglich, und man kommt ohne zusätzliche Lüftung oder Kühlung aus, wenn $\overline{D}_{OL} \leq 10\%$ gehalten wird.

Um auch die erforderliche Gleichmäßigkeit $g_1 = D_{min} / \overline{D} > 1 : 2$ und damit auch den geforderten Minimalwert D_{min} des Tageslichtquotienten einzuhalten, soll hier die Empfehlung wiederholt werden, dass der Abstand zwischen den einzelnen, gleichmäßig in der Dachfläche verteilten Oberlichtern höchstens so groß gewählt werden soll wie die Höhe von deren Unterkanten über dem Boden. Zudem soll die Breite von Dachlichtbändern nicht größer als die halbe Raumhöhe sein. Lichtstreuendes Verglasungsmaterial ist vorzuziehen.

Das in diesem Abschnitt beschriebene Verfahren wird in der Praxis wohl am häufigsten angewandt. Die Vorgehensweise beim Entwurf, d. h. bei der Festlegung von Anzahl und Fläche der Oberlichter, soll kurz zusammengefasst werden.

1. Man legt den zweckmäßigen Tageslichtquotienten fest ([51], (207)).

2. Aus der Raumgeometrie a x b x h ergibt sich die Obergrenze für den Abstand zwischen benachbarten Oberlichtern und damit deren (aus ästhetischen Gründen ggfs. zu rundende) Gesamtzahl N:

$$N \geq (a / h) \cdot (b / h) \quad (208)$$

3. ϑ_a und ϑ_b, die Verminderungsfaktoren zur Berücksichtigung von endlicher Raumlänge und -breite werden ebenfalls aus der Raumgeometrie berechnet ((198) bis (202), Bilder 17.16 und 17.17).

4. Die Reflexionsgrade ρ_B und ρ_D sowie der Transmissionsgrad des Verglasungsmaterials τ_{D65} werden festgelegt, die Verminderungsfaktoren k_1 = 0,9, k_2 = 0,8 und k_3 = 0,85 pauschal angenommen.

5. Die Form der Oberlichter wird mit k_4 berücksichtigt. Da die Fläche der einzelnen Sattel-, Gewölbe- oder Kuppel-Oberlichter noch nicht bekannt ist, setzt man bei der Ermittlung von k_e (nach (190) und (191) sowie Bild 17.10) zunächst w = 1 ein.

6. Nun lässt sich die erforderliche Gesamtfläche A_F der Oberlichter berechnen ((203) oder (204)).

7. Die Division A_F / N ergibt die Fläche eines Oberlichts $a_F \cdot b_F$.

8. Bei Shed-Oberlichtern ergibt sich bei Vorgabe der Breite der Oberlichter (meist entweder $a_F = a$ oder b) nach (205) bzw. (206) die Höhe der Verglasung b_F.

9. Bei Oberlichtern mit Lichtschacht können jetzt k_e und damit k_4 genau berechnet werden (vgl. 5.).

10. Setzt man dessen Wert und die anderen Größen nun in die aus (200) bzw. (201) umgeformten Gleichungen

$$\overline{D}_{OL} = \frac{N \cdot a_F \cdot b_F \cdot \tau_{D65} \cdot k_1 \cdot k_2 \cdot k_3 \cdot k_4 \cdot \vartheta_a \cdot \vartheta_b \cdot 100}{a \cdot b \cdot (1 - \rho_B \cdot \rho_D)} \%\quad(209)$$

bzw.

$$\overline{D}_{OL} = \frac{N \cdot a_F \cdot b_F \cdot \tau_{D65} \cdot k_1 \cdot k_2 \cdot k_3 \cdot k_4 \cdot \vartheta_a \cdot \vartheta_b}{a \cdot b \cdot 0{,}009175} \%\quad(210)$$

ein, kann sich eventuell ein mittlerer Tageslichtquotient $\overline{D}_{OL}$ ergeben, der von der Vorgabe deutlich abweicht: Dann wäre eine erneute Berechnung mit entsprechend verändertem a_F bzw. b_F nötig.

Der gleiche, DIN 5034 [52] entnommene Zusammenhang wird auch in einer PowerPoint-Präsentation auf der beiliegenden CD dargestellt: ⊙5034-6.PPT.

17.6 Ermittlung der Besonnbarkeit

Die Raumgeometrie und der orts- und zeitabhängige Sonnenstand legen zusammen fest, ob und wann ein Punkt im Raum von Sonnenstrahlen erreicht werden kann. Die **Besonnbarkeit** stellt die längstmögliche Dauer dar, während der das der Fall sein kann; die Sonnenscheinwahrscheinlichkeit wird dabei nicht berücksichtigt. Üblicherweise wird die Besonnbarkeit für ausgezeichnete Tage, wie Tag-und-Nacht-Gleiche (TNG), Sommer- oder Wintersonnenwende (SSW bzw. WSW), aber auch für frei ausgewählte Tage ermittelt. So ist z. B. in DIN 5034 Teil 1 [10] der 17. Januar als mittlerer Wintertag festgelegt. Die Bestimmung der Besonnbarkeit mit Hilfe des Horizontoskops [15] wurde bereits in Abschnitt 7 erläutert.

Im Folgenden soll an einem Beispiel gezeigt werden, wie man mit Hilfe der auch beim Horizontoskop angewandten stereographischen Projektion die Zeiten der Besonnbarkeit ermitteln und anschaulich darstellen kann. Die Zusammenhänge zwischen Jahres- und Tageszeit einerseits und Sonnenhöhe γ_S und -azimut α_S andererseits können dabei einem einzigen Diagramm entnommen werden, das jeweils für eine geographische Breite gilt.

In der stereographischen Projektion gemäß Bild 17.18 werden die Azimutwinkel α_S auf dem Randkreis mit dem Radius r aufgetragen. Die Höhenwinkel γ_S findet man als konzentrische Kreise um den Mittelpunkt des Horizontkreises.

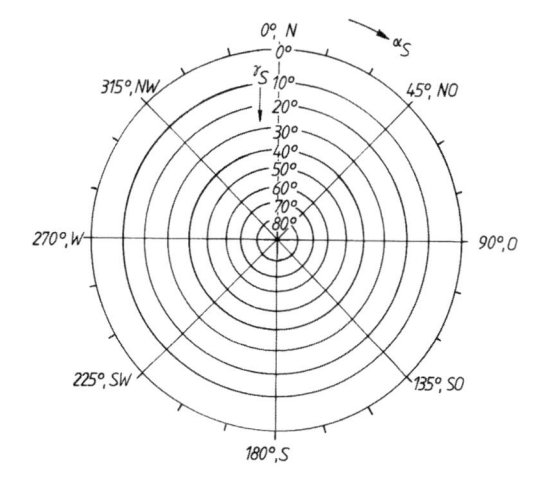

Bild 17.18:

Zählweise von Sonnenhöhe γ_S und –azimut α_S bei der stereographischen Projektion

Der Radius r_p ergibt sich entsprechend der Darstellung in Bild 17.19 aus der Formel

$$r_p(\gamma_S) = r \cdot \tan \arccos \frac{1 + \sin \gamma_S}{\sqrt{(1 + \sin \gamma_S)^2 + \cos^2 \gamma_S}} \quad (211)$$

Für einen bestimmten Tag kann man in Bild 17.16 den Sonnenstand in Abhängigkeit von der Tageszeit eintragen; die beiden Winkel werden mit den Formeln (68) bis (70) bzw. in Bild 7.4 gefunden. Für 51° nördlicher Breite (Kassel) und für den 8. Februar wird das in Bild 17.20 durchgeführt.

In Bild 17.21 sind die auf diese Weise konstruierten Sonnenstände eingetragen. Dabei zeigt es sich, dass die Linien für gleiche Tageszeiten (h WOZ) unterschiedlich gekrümmt sind. Zur Erleichterung der Ablesung sind die Kreise für konstante Sonnenhöhen nicht komplett, sondern nur als Länge des Radius mit eingezeichnet. Zum Ablesen muss man daher einen Zirkel oder einen Maßstab zur Verfügung haben. In ⊙17D.DOC sind Sonnenstandsdiagramme für südliches, mittleres und nördliches Deutschland berechnet und wiedergegeben.

Mit der stereographischen Projektion soll nun ermittelt werden, wann z. B. der in Bild 17.22 in Schnitt und Grundriss festgelegte Punkt P hinter einem Fenster, das in Richtung Südost (α = 135°) gerichtet ist, von Sonnenstrahlen erreicht werden kann. Dazu müssen die Winkel, unter denen die Fensterränder von Punkt P aus erscheinen, zunächst in ein Hilfsdiagramm (Bild 17.23) eingetragen werden. Die seitlichen Kanten sind durch den Azimutwinkel (hier 27° und 23°) festgelegt. Die Höhenwinkel sind – für unendlich lange horizontale Linien – entsprechend den Radien der Projektion (vgl. (211)) gestuft. In ⊙17E.DOC ist das Hilfsdiagramm als voller Kreis abgebildet. Will man nämlich Oberlichter oder Atrium-Überdachungen statt Fenster hinsichtlich der Besonnbarkeit von vorgegebenen Punkten im Innern untersuchen, kann es durchaus Fälle geben, wo die in ⊙17E.DOC zusätzlich enthaltenen Winkelbereiche benötigt werden.

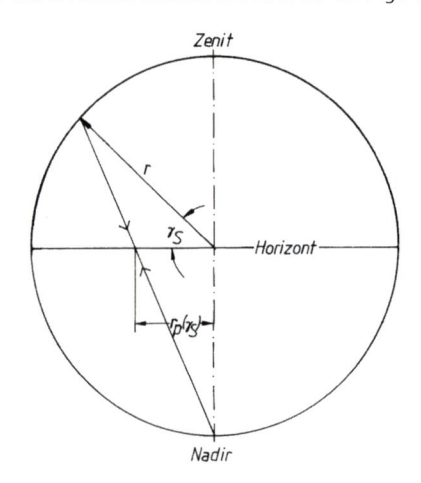

Bild 17.19:

Berechnung der Kreise für γ_S = const. in der stereographischen Projektion

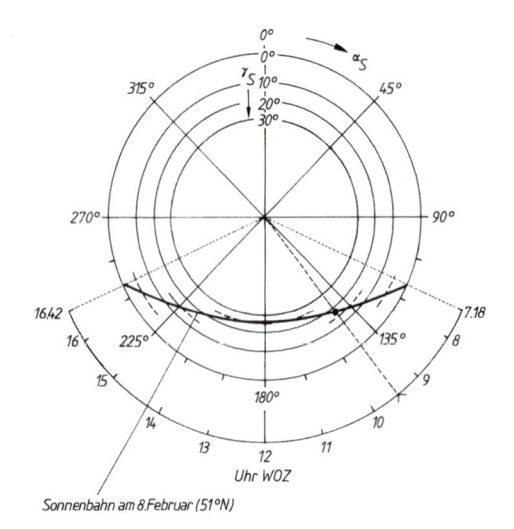

Bild 17.20:

Konstruktion der Sonnenbahn für einen bestimmten Tag und Zuordnung zur Tageszeit

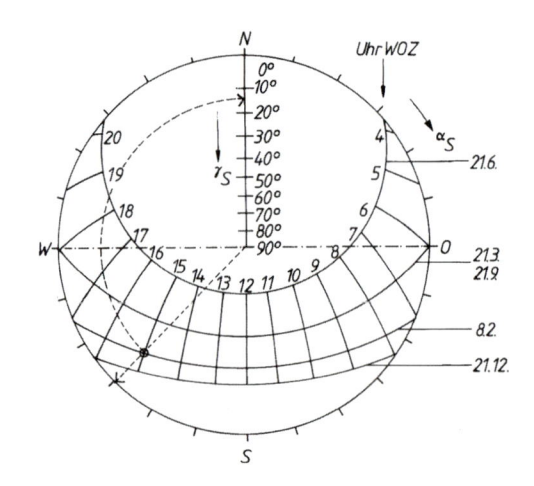

Bild 17.21:

Zeitabhängigkeit des Sonnenstandes für 51° N an ausgezeichneten Tagen

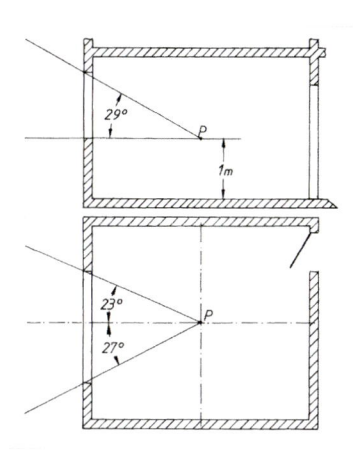

Bild 17.22:

Schnitt und Grundriss des Raumes, in dem an Punkt P die Zeiten der Besonnbarkeit bestimmt werden

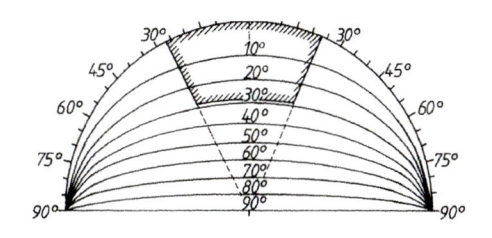

Bild 17.23:

Hilfsdiagramm zur Projektion horizontaler und vertikaler Kanten in das Sonnenstandsdiagramm

Dieses Hilfsdiagramm wird nun so auf das Sonnenstandsdiagramm gelegt, dass seine Mittellinie (0°-Linie in Bild 17.23) mit der Azimutrichtung (135° in Bild 17.21) übereinstimmt, wie es in den Bildern 17.24 und 17.25 gezeigt wird. Jetzt lässt sich ablesen, dass die Sonne am 8. Februar den Punkt P in dem oben definierten Raum von Sonnen-

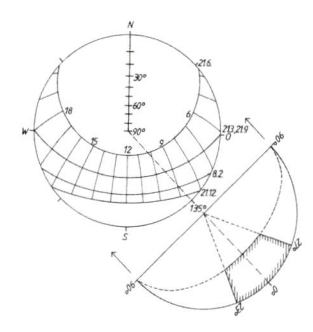

Bild 17.24:

Überlagern des Hilfsdiagramms und des Sonnenstandsdiagramms (Bilder 17.23 und 17.21)

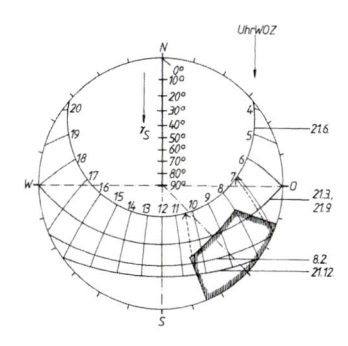

Bild 17.25:

Ergebnis der Überlagerung des Hilfsdiagramms und des Sonnenstandsdiagramms (Bilder 17.23 und 17.21)

aufgang (7.18 h WOZ) bis 10.30 h WOZ erreichen kann. Die Besonnungsdauer beträgt also etwa 3 ¼ h. Man kann aber gleichzeitig auch die Besonnbarkeit an anderen Tagen ablesen, z. B. findet man für den 21. März den Zeitraum von ca. 7.30 bis 9.20 h WOZ.

In ⊙16A.DOC wurde bereits dargestellt, wann in nördliche Richtungen orientierte und unterschiedlich gegen die Horizontale geneigte Shed-Öffnungen besonnt werden können.

17.7 Rechenprogramme und Planungshilfsmittel

Die Entwicklung der elektronischen Rechner verläuft rasant. Noch vor wenigen Jahren wären heutige Trivialprogramme nur auf wenigen Anlagen lauffähig gewesen – heute sind sie auf vielen Computern installiert. Derzeit kann man wohl grob zwischen zwei Gruppen von Software-Programmen unterscheiden. Einerseits gibt es die Spitzenprogramme, die eine nahezu fotografisch genaue Detailplanung erlauben. Trotz zunehmender Kapazitäten der Rechenanlagen werden sie noch einige Zeit auf die Anwendung bei wissenschaftlichen Untersuchungen oder bei der Planung besonders repräsentativer Gebäude oder Räume beschränkt bleiben, weil sie nur von wenigen Spezialisten sinnvoll bedient werden können und einen großen Zeitaufwand bei der Eingabe der Daten verlangen.

Andererseits gibt es eine große Zahl spezieller Anwendungsprogramme auch für die normgerechte Planung von Tageslicht-Beleuchtung, die nach kurzer Einarbeitung schnell Ergebnisse für Standard-Gebäude oder -Räume bringen. Sie werden von den Herstellern und Anbietern von Oberlichtern zur Beratung von Architekten und Bauherren hinsichtlich der zweckmäßigen Auswahl der Art sowie der Dimensionierung und Anordnung der Oberlichter angewandt, erlauben auch den Architekten selbst, ihren Entwurf beleuchtungstechnisch richtig zu konzipieren, unterschiedliche Angebote oder Gestaltungsideen miteinander zu vergleichen usw. Solche Programme gehen meist von bestimmten Voraussetzungen aus, sie basieren etwa auf der Annahme der Beleuchtung durch den bedeckten Himmel. Bedenkt man die unendliche Vielfalt der möglichen Himmelszustände und die davon abhängigen Beleuchtungsbedingungen, so ist eine derartige Beschränkung – sozusagen auf den „Mindestwert" – und damit auch die Begrenzung der Kosten für Software und Arbeitszeit durchaus vernünftig. Ohne Anspruch auf Vollständigkeit soll im Folgenden auf einige der dem Autor bekannt gewordenen Software-Programme hingewiesen werden.

In internationaler Zusammenarbeit wurden einige Programm-Pakete entwickelt, die eine kaum vorstellbare Skala von Berechnungsmöglichkeiten anbieten. [31] enthält eine vergleichende Übersicht über die Eigenschaften der Programme

- ADELINE 3.0 („Advanced Day- and Electric Lighting Integrated New Environment" der Internationalen Energie Agentur IEA; Windows 95 + NT),

- RADIANCE 2.4 (Lawrence Berkeley Laboratory; UNIX),

- SUPERLITE 2.0 (Lawrence Berkeley Laboratory; DOS),

- BEEM 1.01 (Electric Power Research Institute; DOS),

- LIGHTCAD 1.0 (Electric Power Research Institute; DOS),

- LUXICON 1.1 (Cooper Lighting; Windows) und

- LUMENMICRO 6.0 (Lighting Technologies; DOS).

Sie basieren entweder auf dem Radiosity-Prinzip (Lichtstrom-Austausch zwischen sendenden und empfangenden Flächenelementen) oder dem Ray-Tracing-Prinzip (Verfolgen des Strahlenverlaufs vom Beobachtungspunkt zu den verschiedenen Oberflächen und der ursprünglichen Lichtquelle). Einige lassen sich mit den im Baubereich üblichen CAD-Programmen verbinden und ermöglichen so die schnelle Eingabe der Raumgeometrie.

ADELINE hat sich anscheinend am besten bewährt ([65], [67]); es gibt hier nicht die bei anderen Programmen anzutreffenden Beschränkungen hinsichtlich der Raumgeometrie. Der Einsatz spezieller Materialien, etwa Verglasungssysteme zur Lichtlenkung, unterschiedlich reflektierende Materialien usw., kann ebenso berücksichtigt werden wie die thermischen Auswirkungen der Tageslichtplanung. Detaillierte Informationen findet man in [66] oder im Internet unter
http://www.ibp.fhg.de/wt/adeline/index.hmtl.

Betreut vom Lawrence Berkeley Laboratory in den USA gibt es eine Informationsplattform zu Methoden und Algorithmen für die Entwicklung von Analyse-Werkzeugen für die Tageslichtplanung. Die Dokumentation ist im HTML- und im PDF-Format erhältlich. Die entsprechende Internet-Adresse ist
http://eande.lbl.gov/task21/dialgorithms.html.

Eine in der Schweiz entwickelte, intuitiv nutzbare Lichtsimulations-Software (LESO-DIAL) kann vor allem für den ersten Entwurf nützlich sein. Man wird nach der Eingabe der Geometrie von Raum und Öffnung verbal beispielsweise darauf hingewiesen, dass ein Fenster größer oder ein Anstrich heller gemacht werden sollte. Auch hierfür gibt es eine Internet-Adresse:
http://leso.epfl.ch/anglais/leso_a_frame.sof.html.

EASYDAYS ist ein Programm auf DOS-Basis, das die Berechnung der Verteilung von Tageslichtquotient, Nutzungszeit und Nutzbelichtung und deren Darstellung als Isolinien, in Graustufen oder als Gebirge erlaubt. Kontaktaufnahme mit dem Anbieter ist möglich unter
http://www.prc@prc-krochmann.de.

RELUX 3.0 PROFESSIONAL ist eigentlich ein Programm zur Planung von Beleuchtung mit Kunstlicht, doch enthält es auch die Möglichkeit, Beleuchtung durch Tageslicht, Besonnung und Sonnenstand anschaulich darzustellen. Nähere Auskünfte gibt es im Internet unter
http://www.relux.ch.

OBERLICHTER ist ein weiteres, auf WINDOWS basierendes Programm zur Berechnung der Verteilung des Tageslichtquotienten und dessen Gleichmäßigkeit in Räumen mit beliebig angeordneten, dabei auch durchaus verschiedenartigen und unterschiedlich großen Oberlichtern und Fenstern. Werden nur Raumgeometrie und eine Oberlichtart vorgegeben, so ist das erste Ergebnis ein Vorschlag einer Anordnung und einer Anzahl, die eine ausreichende Gleichmäßigkeit schaffen.

Darauf aufbauend kann man – beispielsweise aus gestalterischen Gründen – sehr einfach und schnell Anzahl, Anordnung, Art und Größe jeder einzelnen Tageslichtöffnung variieren und sich das jeweilige Resultat als maßstabgerechten Grundriss mit dem Tageslichtquotienten in Graustufen oder als Gebirge mit Rasterung in 1 m- bzw. 1 %-Schritten betrachten (vgl. Bilder 17.26 bis 17.28). Eine individuelle Anpassung an die Bedürfnisse des Benutzers wird angeboten, etwa die Vorgabe der lieferbaren Größen von Lichtkuppeln eines Herstellers. Informationen sind erhältlich unter der E-Mail-Adresse helmut.hubert@t-online.de.

Für die mathematische Behandlung vieler unterschiedlicher Fragestellungen auch der Tageslichttechnik hat sich MATHCAD vielfältig bewährt. Bei der Anwendung dieses mächtigen und trotzdem einfach zu handhabenden Software-Pakets formuliert man die Aufgabenstellung ohne

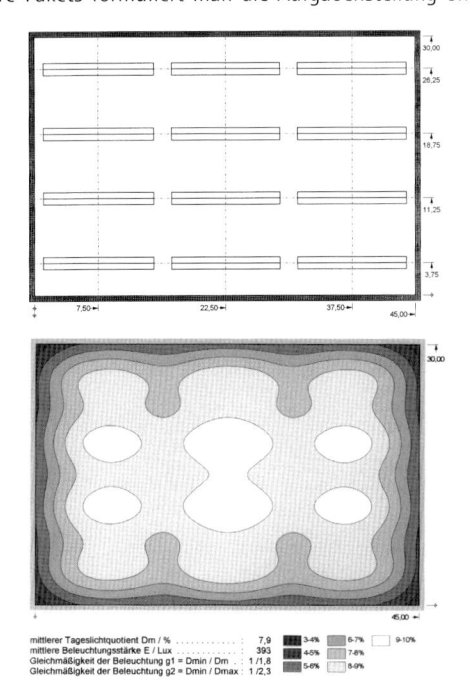

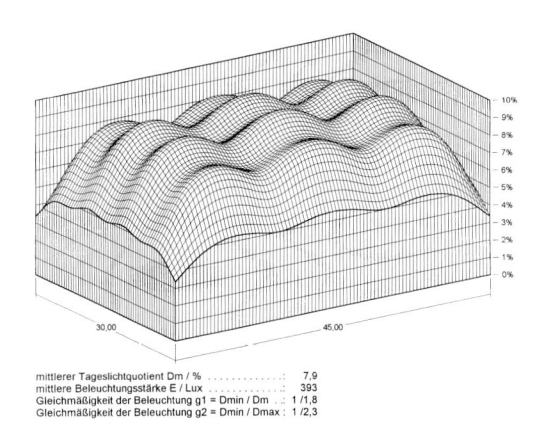

Bilder 17.26 bis 17.28:
Darstellung von Grundriss und Tageslichtquotienten-Verteilung unter Satteloberlichtern in einer Sporthalle

lange Einarbeitungszeit in gewohnter mathematischer Schreibweise – inklusive aller Integrale, trigonometrischen Funktionen, griechischen Buchstaben und sonstigen Formelzeichen. Die für den Ungeübten manchmal schwer verständliche Schreibweise der Formeln in der Tageslichtnorm DIN 5034 kann nahezu direkt als auszuführendes Programm übernommen und mit angepassten Parametern berechnet werden. Als Ergebnisse erhält man Zahlenwerte, Tabellen, Graphiken und Diagramme in verschiedenartiger Gestaltung. Der Vertriebspartner des Herstellers für den deutschen Sprachraum ist im Internet zu erreichen unter http://www.softline.de.

Auch ohne Personal Computer kann man relativ verlässlich die Beleuchtung mit Tageslicht durch Oberlichter planen. So wird in [15] beschrieben, wie man mit Hilfe des Horizontoskops (vgl. Bild 7.8) und dem dazugehörigen Tageslichtblatt (Bild 17.29) bereits aus der Bauzeichnung den Tageslichtquotienten durch einfaches Auszählen von Flächenelementen ermitteln kann. So können beispielsweise Korrekturen an den Tageslichtöffnungen im frühestmöglichen Stadium durchgeführt werden. Für Modelluntersuchungen ist dieses Gerät im Taschenformat bestens geeignet, aber auch für die Messung von Himmelslicht- und Außenreflexionsanteil des Tageslichtquotienten, für die Ermittlung des möglichen Wärmegewinns und zur Feststellung der Besonnbarkeit. Auch hier gibt es eine E-Mail-Adresse für weitergehende Informationen:

institut.f.tageslichttechnik@t-online.de

Bild 17.30 zeigt das Aussehen des in [68] beschriebenen Sky Factor Protractor.

Er ermöglicht die näherungsweise Bestimmung des Himmelslichtanteils des Tageslichtquotienten aus Querschnittszeichnungen in beiden Hauptrichtungen. Da er im deutschen Sprachbereich kaum verbreitet ist, wird seine Handhabung nicht hier, sondern auf der beiliegenden CD unter ⊙17F.DOC erläutert.

In ⊙17G.DOC wird die in [69] vorgestellte Möglichkeit der Bestimmung des Tageslichtquotienten mit Hilfe von fünf einfachen Nomogrammen wiedergegeben. Im Prinzip handelt es sich dabei lediglich um eine Abwandlung des in Abschnitt 17.5 beschriebenen Verfahrens.

Das in einer älteren Ausgabe von DIN 5034 enthaltene Himmelslichtdiagramm wird in Bild 17.31 und in ⊙17H.DOC gezeigt; mit seiner Hilfe kann der Himmelslichtanteil (und nach Multiplikation mit 0,15 auch der Außenreflexionsanteil) des Tageslichtquotienten graphisch ermittelt werden.

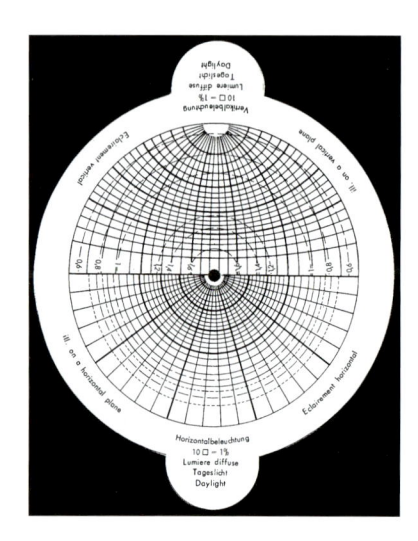

Bild 17.29:
Tageslichtblatt zum Horizontoskop (vgl. Bild 7.8)

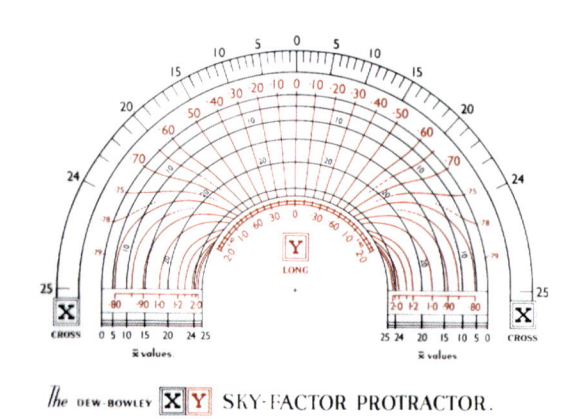

Bild 17.30:
Dew-Bowley XY Sky Factor Protractor

Bild 17.31:

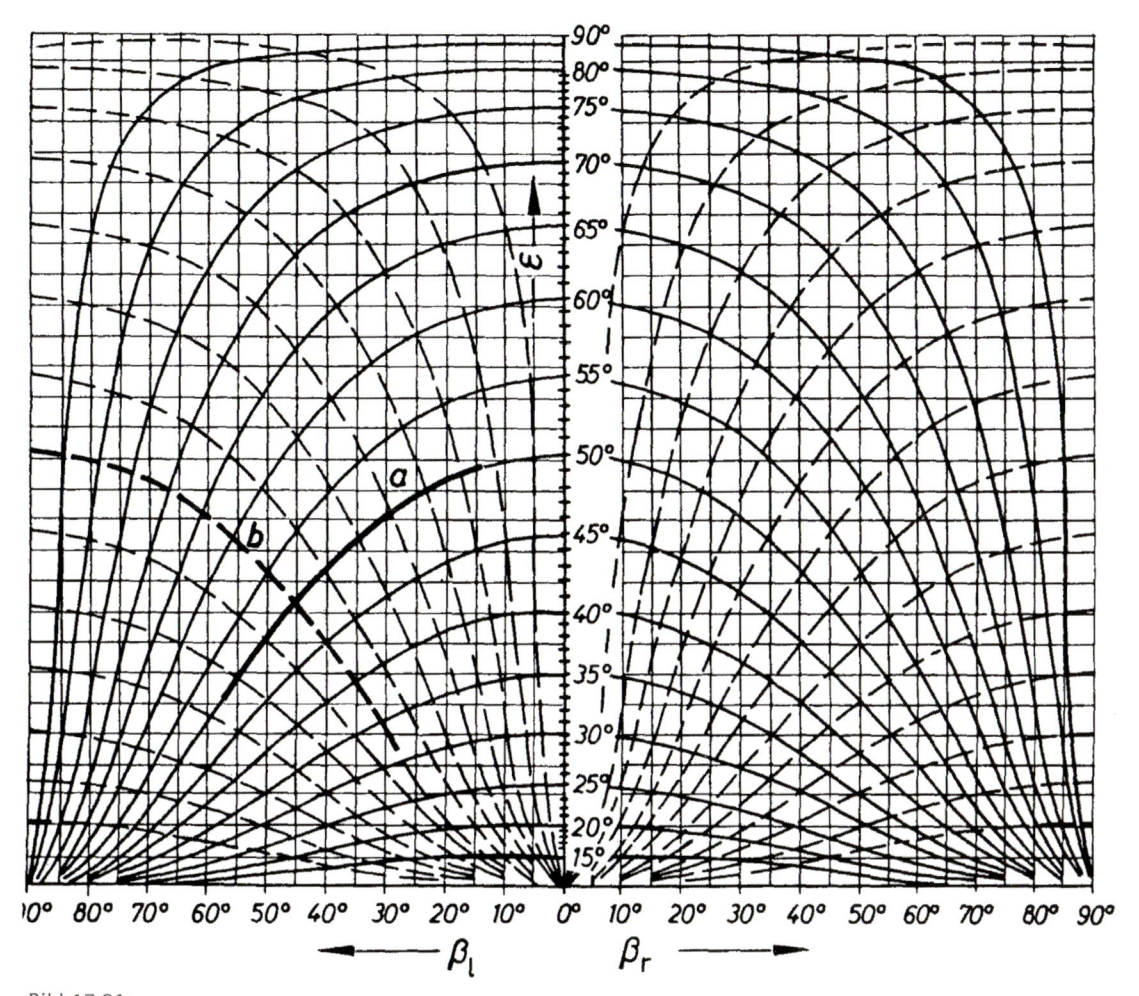

Himmelslichtdiagramm

Das Bild zeigt den Halbraum, wie er für den Blick in Richtung $\beta = \epsilon = 0°$ in einer speziellen Projektion erscheint. In dieser verlaufen horizontale Kanten der Tageslichtöffnungen oder der Verbauung entsprechend den durchgezogenen Linien „a" und horizontale Kanten senkrecht zur Fensterebene bzw. parallel zur Blickrichtung entsprechend den gestrichelten Linie „b". Die jeweiligen Höhen müssen in Winkel ϵ umgerechnet und über dem dazugehörigen Breitenwinkel β bis zu dem durch die Linien „a" vorgegebenen Winkel ϵ abgetragen werden.

Bild 17.32 zeigt als Ausschnitt, wie ein einzelnes, flaches Oberlicht in dieser Projektion abgebildet wird, das vom Bezugspunkt aus unter den Winkeln $\epsilon_1 = 80°$ mit $\beta_l = 60°$ und $\beta_r = 40°$ sowie $\epsilon_2 = 75°$ gesehen wird. Das Himmelslichtdiagramm ist mit einem Karo-Raster überlagert. Durch Auszählen der von der projizierten Fläche der (Rohbau-)Tageslichtöffnung ausgefüllten Karos und anschließende Multiplikation mit 0,05 % / Karo erhält man den Himmelslichtanteil D_{Hr}. Im vorliegenden Fall sind es ca. 30 Karos und damit wird $D_{Hr,1}$ = ca. 1,5 %. Eventuelle weitere Flächen werden addiert.

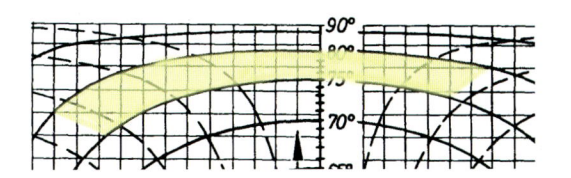

Bild 17.32:

Ausschnitt aus Bild 17.29; Lage eines rechteckigen Oberlichts gelb markiert

Der zusätzliche Index „1" weist darauf hin, dass dieser Vorgang für den zweiten Halbraum in gleicher Weise wiederholt werden muss, wenn sich darin weitere Tageslichtöffnungen befinden. Die Multiplikation der Summe aus beiden Halbräumen mit τ_{D65}, k_1, k_2, k_3 und k_4 ergibt schließlich den Himmelslichtanteil des Tageslichtquotienten am Bezugspunkt:

$$D_H = (D_{Hr,1} + D_{Hr,2}) \cdot \tau_{D65} \cdot k_1 \cdot k_2 \cdot k_3 \cdot k_4 \qquad (212)$$

17.8 Nutzungszeit und Nutzbelichtung

Es gibt gesundheitliche und wirtschaftliche Aspekte für die verstärkte Nutzung der Beleuchtung von Arbeitsplätzen mit Tageslicht durch Oberlichter. Die (tägliche) **Nutzungszeit** drückt aus, welche Zeiten ohne die Beleuchtung durch Kunstlicht auskommen. Dagegen zeigt die **relative jährliche Nutzungszeit** anschaulich, welcher Anteil der jährlichen Nutzungsdauer eines Raumes allein mit Tageslicht möglich ist. Dabei wirkt sich die örtlich unterschiedliche Sonnenscheinwahrscheinlichkeit aus, denn praxisnah muss als Lichtquelle der mittlere Himmel vorausgesetzt werden.

In Bild 7.9 wurde bereits gezeigt, wie sich der (mittlere) Tageslichtquotient, die örtliche Sonnenscheinwahrscheinlichkeit, die für die Arbeit erforderliche Beleuchtungsstärke und Anfang und Ende der täglichen Arbeitszeit (in h MEZ bzw. MESZ, nicht in h WOZ) auf die relative jährliche Nutzungszeit $t_{Nutz,a,rel}$ (in %) auswirken können. Wegen der kurzen Tageslänge im Winter ist es bei den üblichen Arbeitszeiten grundsätzlich unmöglich, ohne Kunstlicht auszukommen bzw. $t_{Nutz,a,rel} = 100\ \%$ zu erreichen. Auch ein sehr großer Tageslichtquotient kann diesbezüglich keine nennenswerte Verbesserung bringen.

Die Norm DIN 5034 Teil 3 [16] empfiehlt, für Oberlichter auf der Basis des Wirkungsgradverfahrens und mit den in [16] enthaltenen Tabellen die mittleren Beleuchtungsstärken $\bar{E}_{P,m}$ bzw. $\bar{E}^*_{P,m}$ auf der Nutzfläche zu berechnen:

$$\bar{E}_{P,m} = E_{mF} \cdot \tau_{D65} \cdot k_1 \cdot k_2 \cdot k_3 \cdot \Sigma A_F \cdot 1/A_R \cdot \eta_R \ \text{lx} \qquad (213)$$

bzw.

$$\bar{E}^*_{P,m} = E^*_{mF} \cdot \tau_{D65} \cdot k_1 \cdot k_2 \cdot k_3 \cdot \Sigma A_F \cdot 1/A_R \cdot \eta_R \ \text{lx} \qquad (214)$$

Dabei bedeuten die bisher noch nicht erläuterten Größen

E_{mF} Beleuchtungsstärke bei mittlerem Himmel außen auf der Oberlichtverglasung im Zeitanteil $\Delta T \cdot SSW$

E^*_{mF} Beleuchtungsstärke bei mittlerem Himmel außen auf der Oberlichtverglasung im Zeitanteil $\Delta T \cdot (1 - SSW)$

ΣA_F Gesamtfläche der Oberlichtverglasung (Rohbauöffnung)

A_R Summe aller Raumbegrenzungsflächen

Aus den Beleuchtungsstärken $\bar{E}_{P,m}$ bzw. $\bar{E}^*_{P,m}$ läßt sich die jährliche Nutzungszeit $t_{Nutz,a}$ ermitteln. Dazu wird für jeden Monat ein charakteristischer Tag – meist in Monatsmitte – in eine Anzahl gleicher Zeitintervalle ΔT (meist 1 h) unterteilt. Innerhalb jedes Zeitintervalls werden die Zeitanteile $\Delta T \cdot SSW$ und $\Delta T \cdot (1 - SSW)$ getrennt betrachtet. Für den Zeitanteil $\Delta T \cdot SSW$ wird geprüft, ob der arithmetische Mittelwert der Beleuchtungsstärke im Raum (bzw. in der Raumzone)

$$\bar{E}_{P,m} \geq 0{,}8 \cdot E_n \qquad (215)$$

(z. B. aus [51]) und ob die kleinste Beleuchtungsstärke im Raum durch Tageslicht

$$\bar{E}_{P,m,min} \geq 0{,}6 \cdot E_n \qquad (216)$$

ist. E_n ist die Nennbeleuchtungsstärke aus [51]. Sind beide Bedingungen erfüllt, so ist

$$t_1 = \Delta T \cdot SSW \qquad (217)$$

einzusetzen. Andernfalls ist in diesem Zeitanteil

$$t_1 = 0 \qquad (218)$$

Für den Zeitanteil $\Delta T \cdot (1 - SSW)$ wird eine analoge Prüfung durchgeführt. Falls

$$\bar{E}^*_{P,m} \geq 0{,}8 \cdot E_n \tag{219}$$

und

$$\bar{E}^*_{P,m,min} \geq 0{,}6 \cdot E_n \tag{220}$$

gelten, ist

$$t^*_1 = \Delta T \cdot (1 - SSW) \tag{221}$$

andernfalls ist

$$t^*_1 = 0 \tag{222}$$

Die jährliche Nutzungszeit folgt aus

$$t_{Nutz,a} = \sum_{i=1}^{12} [N_i \cdot \sum_{t=TA}^{TE} (t_1 + t^*_1)] \tag{223}$$

Dabei bedeuten:
- i   Kennzahl für den Monat (Januar = 1 usw.)
- N_i Zahl der Arbeitstage im jeweiligen Monat
- t   Tageszeit
- TA Zeitpunkt des Arbeitsbeginns
- TE Zeitpunkt des Arbeitsendes

Mit

$$N_j = \sum_{i=1}^{12} N_i \tag{224}$$

ergibt sich schließlich die relative jährliche Nutzungszeit zu

$$t_{Nutz,a,rel} = [t_{Nutz,a} / (N_i \cdot t_A)] \cdot 100\,\% \tag{225}$$

Die **Nutzbelichtung** H_{Nutz} bezeichnet das Integral der Beleuchtungsstärke durch Tageslicht an einem Arbeitsplatz oder in einer Raumzone im Innenraum über die Arbeitszeit. Dabei zählen Überschreitungen der Nennbeleuchtungsstärke (bzw. des Wartungswertes der Beleuchtungsstärke) nicht.

Die durch Tageslicht am Arbeitsplatz erzeugte Beleuchtungsstärke kann zusätzlich auch außerhalb der jährlichen Nutzungszeit zur Erhöhung der Wirtschaftlichkeit berücksichtigt werden. Hierzu ist der Lichtstrom der Leuchten im Raum so zu steuern, dass das bereits durch Tageslicht vorhandene Beleuchtungsniveau bis zum Erreichen des insgesamt notwendigen Niveaus durch Kunstlicht ergänzt wird. Die Betriebskosteneinsparungen sind dann höher als bei einer tageslichtabhängigen Ein- und Ausschaltung der künstlichen Beleuchtung. Die maßgebende Größe ist die relative jährliche Nutzbelichtung $H_{Nutz,a,rel}$. Daneben werden bei einer kontinuierlichen Lichtstromregelung der Leuchten Störungen vermieden, die beim tageslichtabhängigen Schalten durch abrupte Wechsel des Beleuchtungsniveaus entstünden. $H_{Nutz,a,rel}$ kann aus den Beleuchtungsstärken im Innenraum bei mittlerem Himmel berechnet werden.

Eine einschlägige Norm existiert zur Zeit noch nicht. Im entsprechenden Abschnitt des Handbuchs für Beleuchtung [70] wird ein Rechenverfahren zwar angegeben, doch wird ausdrücklich dessen Anwendung bei Oberlichtern ausgeschlossen. Deswegen soll hier auf die Nutzbelichtung noch nicht eingegangen werden, obwohl sie in Zukunft wegen der Energieeinsparung sicher eine große Bedeutung bekommen wird.

Oberlichter | Licht und Sehen | Tageslicht und Globalstrahlung | Materialien und Herstellung | Planung und Dimensionierung | Spezielle Objek

18 Wärmedurchgang durch Oberlichter

Die Berechnung des bei unterschiedlichen Himmelszuständen und unterschiedlichen Verglasungen möglichen Strahlungsflusses durch Oberlichter wird erläutert und für viele Beispiele durchgeführt. Die Ermittlung des zusätzlichen, auf Wärmeleitung und Temperaturdifferenz zwischen innen und außen bedingten Wärmestroms wird ebenfalls vorgestellt. Einige Bilanzen dieser beiden Größen werden miteinander verglichen. Auf die Anforderungen der neuen Energieeinsparverordnung (EnEV) wird hingewiesen. Sie werden von Dächern mit Oberlichtern in fast allen Fällen eingehalten.

■ Zusätzliche Wärme kann im Sommer lästig sein, im Winter ist sie dagegen willkommen. Pauschal wurde bereits festgestellt, dass ein Tageslichtquotient D von mehr als ca. 10 % zu einer sommerlichen Erwärmung führen kann, die eine zusätzliche Lüftung oder Kühlung erfordert. Im Winter können die durch Oberlichter eingedrungenen Strahlungsflüsse oft einen so großen Anteil an der Raumerwärmung haben, dass er die Wärmeverluste infolge Wärmeleitung durch die Oberlichter mehr als ausgleicht. Die Wärmestrahlung aus dem Raum ins Freie kann dagegen infolge des äußerst geringen (spektralen) Transmissionsgrads aller Verglasungsmaterialien im langwelligen Infrarot vernachlässigt werden (vgl. Bild 11.4).

Zuerst sollen die in den Raum eindringenden Strahlungsflüsse betrachtet werden. Wie beim (Licht-)Transmissionsgrad τ gibt es auch beim Strahlungstransmissionsgrad τ_e eine materialspezifische Abhängigkeit vom Einfallswinkel der Strahlung $\tau_e(\varepsilon_2)$. Der Gesamtenergiedurchlassgrad g ist die Summe aus dem Strahlungstransmissionsgrad und dem sekundär nach innen abgegebenem Anteil q_i der auftreffenden Globalstrahlung:

$$g = \tau_e + q_i \qquad (164)$$

Weil er maßgebend für die Berechnung der in den Raum eindringenden Strahlungsflüsse ist, wird zweckmäßigerweise seine Abhängigkeit vom Einfallswinkel $g(\varepsilon_2)$ bestimmt. Das ist für Rechnungen und Messungen an einigen Materialien in [71] beschrieben worden. Es zeigt sich, dass der Gesamtenergiedurchlassgrad zumindest bei einschaliger Verglasung praktisch eine relativ gleiche Abhängigkeit vom Einfallswinkel der Strahlung aufweist wie der Transmissionsgrad des jeweiligen Materials. Aus der Winkelabhängigkeit $g(\varepsilon_2)$ kann man für horizontale und vertikale Verglasung die aus der Bestrahlung durch den bedeckten Himmel resultierenden Werte $g_{bH,h}$ und $g_{bH,v}$ ausrechnen. Wegen der im Vergleich zum sichtbaren Spektralbereich oft deutlich geringeren spektralen Transmissionsgrade aller Verglasungsmaterialien im Infrarot-Bereich ergeben sich meist Gesamtenergiedurchlassgrade, die niedriger sind als die Transmissionsgrade. Bild 18.1 und Tabelle 13 enthalten einige Angaben zu den Winkelabhängigkeiten und Zahlenwerten für typische Verglasungsmaterialien.

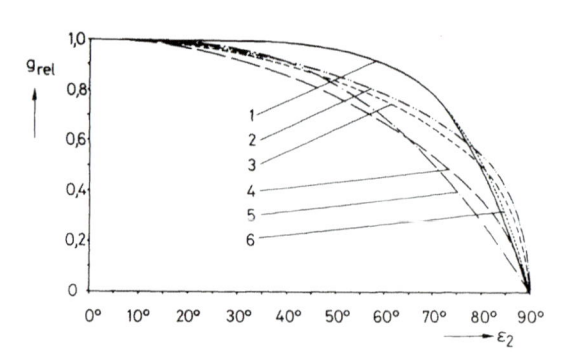

Bild 18.1:
Relative Winkelabhängigkeit des durch einfache PMMA-Verglasung hindurchtretenden Strahlungsflusses (Bedeutung der Nummern: s. Tabelle 13)

Tabelle 13:

Winkelabhängigkeit der Gesamtenergiedurchlassgrade einiger Materialien

Gesamtenergie-durchlassgrade in %	PLEXIGLAS-Sorte (Nummer in Bild 18.1*)				
	GS Farblos 233	GS Weiß 017	GS Weiß 010	GS Weiß 060	XT Weiß 03180
	(1)	(5)	(3)	(6)	(4)
$g(\varepsilon_2=0°)$	85	81	71	49	79
$g_{bH,h}$	80	67	60	45	65
$g_{bH,v}$	77	63	57	43	61
$g(\varepsilon_2)=g(\varepsilon_2=0°)$	$\sqrt{(\cos\varepsilon_2)^{(\varepsilon_2/90°)^{2,7}}}$	$\cos^{0,5}\varepsilon_2$	$\cos^{0,45}\varepsilon_2$	$\sqrt{(\cos\varepsilon_2)^{(\varepsilon_2/90°)^{2,5}}}$	$\cos^{0,55}\varepsilon_2$

*Die in Bild 18.1 dargestellte Kurve 2 ist für Oberlichter nicht relevant

Die Winkelabhängigkeit $g(\varepsilon_2)$ gemäß Tabelle 13 erhält man durch Multiplikation des Wertes für die Normalen-Richtung $g(\varepsilon_2=0°)$ mit dem jeweiligen relativen Verlauf aus den rechten Spalten der letzten Zeile der Tabelle.

Für zweischalige Verglasungen wurden ebenfalls die Gesamtenergiedurchlassgrade und ihre Abhängigkeiten vom Einfallswinkel der Strahlung ermittelt. Die unten aufgeführten Formeln (226-230) beschreiben dies für einige typische Kombinationen von PLEXIGLAS-Sorten.

In ⊙18A.DOC werden die Zeitabhängigkeiten der bei klarem und bei bedecktem Himmel von einer 1 m² großen Fläche aus farblosem Acrylglas durchgelassenen Strahlungsflüsse für verschiedene Orientierungen (45°-Schritte) und Neigungen (15°-Schritte) dargestellt. Für dazwischen liegende Kombinationen ist eine lineare Interpolation einfach möglich. Die in zahlreichen Diagrammen wiedergegebenen Ergebnisse stellen quasi die oberen Grenzwerte der Strahlungsflüsse dar, die bezogen auf die Flächeneinheit durch Oberlichter in den Raum eindringen können. Vereinfachend wurden einige Annahmen gemacht:

- einfache farblose Verglasung aus PMMA,
- geographische Breite 51° N,
- atmosphärische Trübung T_L = 4,9,
- Strahlungsreflexionsgrad des Bodens im Freien $\rho_{e,u}$ = 0,2,
- Strahlungstransmissionsgrad des Verglasungsmaterials bei senkrechtem Strahlungseinfall τ_e = 0,85,
- Winkelabhängigkeiten bei klarem Himmel für Sonnenstrahlung gemäß Sonnenstand, Himmelsgewölbe gemäß Formel (100) und Reflexion am Boden werden berücksichtigt.

GS Farblos 233 + GS Farblos 233: $\quad g(\varepsilon_2) = 0{,}78 \cdot (\cos \varepsilon_2)^{(\varepsilon_2 / 90°)^{3,5}}$ (226)

GS Weiß 017 + GS Farblos 233: $\quad g(\varepsilon_2) = 0{,}73 \cdot \cos^{(0,2 + 0,6 \cdot \varepsilon_2 / 90°)} \varepsilon_2$ (227)

GS Weiß 010 + GS Farblos 233: $\quad g(\varepsilon_2) = 0{,}61 \cdot \cos^{(0,15 + 0,4 \cdot \varepsilon_2 / 90°)} \varepsilon_2$ (228)

GS Weiß 060 + GS Farblos 233: $\quad g(\varepsilon_2) = 0{,}42 \cdot (\cos \varepsilon_2)^{(\varepsilon_2 / 90°)^{4}}$ (229)

GS Weiß 017 + GS Weiß 017: $\quad g(\varepsilon_2) = 0{,}65 \cdot \cos^{(0,2 + 0,65 \cdot \varepsilon_2 / 90°)} \varepsilon_2$ (230)

Aufgrund der Vereinfachungen erscheint es zulässig, die relativen Winkelabhängigkeiten der Gesamtenergiedurchlassgrade anderer Materialien, die noch nicht messtechnisch untersucht worden sind, näherungsweise als gleichartig anzunehmen. Dann macht eine proportionale Veränderung der ⊙18A1.DOC bis ⊙18A8.DOC entnehmbaren Werte entsprechend Tabelle 13 auch Aussagen über die maximal erreichbaren Gesamtenergiedurchlassgrade anderer Verglasungsmaterialien möglich.

Die Multiplikation des von 1 m² der Verglasung durchgelassenen Strahlungsflusses mit der tatsächlichen strahlungsdurchlässigen Fläche der Verglasung ergibt – meist in Abhängigkeit von der Tages- und/oder der Jahreszeit – den gesamten Strahlungsfluss bzw. die letztlich im Raum zur Erwärmung zur Verfügung stehende Leistung.

Nach der Ermittlung des eindringenden Strahlungsflusses und seiner Zeitabhängigkeit ist nun der zusätzliche, durch Fläche A_F, Wärmedurchgangskoeffizient U (früher: k-Wert) und Temperaturunterschied ΔT zwischen innen und außen bedingte, auf Wärmeleitung beruhende Wärmestrom (in W/m²) zu bestimmen. Die Ermittlung des Wärmedurchgangskoeffizienten ist in [74] beschrieben. Für übliche zweischalige Verglasungen kann bei Oberlichtern ein Wert von 2,9 W / (m²·K) als repräsentativ angesehen werden; je nach Aufbau liegen die tatsächlichen Werte zwischen ca. 1,8 und 3,4 W / (m²·K) (vgl. z. B. [76]).

Es sollte selbstverständlich sein, für Aufsetzkränze und Rahmenkonstruktionen möglichst sehr viel bessere, d. h. niedrigere Wärmedurchgangskoeffizienten anzustreben. Wärmebrücken müssen konstruktiv vermieden werden. Die Temperaturen im Freien an trüben und an heiteren Tagen sind für eine Reihe deutscher Orte aus [72] zu entnehmen (vgl. auch [89]). Im Hochsommer gibt es zeitweise im Freien Temperaturen, die höher sind als die im Raum; dann ist der Wärmestrom positiv. Im Winter, wenn es im Freien deutlich kälter als im Raum ist und der Wärmestrom nach außen geht, erhält er ein Minuszeichen.

Die Wärmeleitung bzw. der Wärmestrom nach außen lässt sich für diesen Fall deutlich verringern, wenn während der Dunkelstunden eine zusätzliche Dämmung unter die Oberlichter gebracht wird. Bereits mit einem simplen horizontalen Spanntuch nach Art eines Rollos kann man dann durchaus merkliche Reduzierungen der Kosten für die nächtliche Heizung bekommen.

Waren schon die Sonnenscheinwahrscheinlichkeiten für die verschiedenen Landesteile unterschiedlich, so sind es die Außentemperaturen in noch größerem Maße. Detaillierte Angaben für eine ganze Reihe deutscher Orte findet man in [72].

Vergleichsweise wurden die Bilanzen von eindringendem Strahlungsfluss und Wärmestrom für gleichartige, flache, doppelschalige, farblose Oberlichter (Vorgaben: A_F = 50 m², k_1 = 1, k_2 = 0,8, U = 2,9 W/m²·K, T_i = 20 °C, 21. Tag aller Monate, 1 h Abstand) für die Bestrahlungsstärken und die Außentemperaturen von Berlin und München berechnet. Die umfassenden Tabellen sind in ⊙18B.DOC niedergelegt, die Tagesbilanzen in der Tabelle 14 einander gegenübergestellt. Die Ergebnisse stellen dabei wegen des Bezuges auf die beiden extremen Himmelszustände quasi die beiden Grenzwerte dar, zwischen denen sich bei mittlerem Himmel die tatsächlichen Bilanzen befinden werden. Relativ gering – wegen der kürzeren Tageslänge im Winter – sind die Unterschiede der winterlichen Wärmeverluste bei den vier untersuchten Fällen.

Mit dem hier benutzten, vom Autor geschriebenen Software-Programm lassen sich auch mehrere und dabei sehr unterschiedliche Tageslichtöffnungen gleichzeitig bewerten. Beliebige Orientierungen und Neigungen können vorgegeben werden. Daneben wirken sich geographischer Ort, Meereshöhe, Temperaturverläufe und Sonnenscheinwahrscheinlichkeiten auf die realen Bilanzen aus.

Die Zuordnung der Lufttemperaturen bei trübem und bei heiterem Himmel aus [72] zu den klaren und den bedeckten Himmeln nach [13] ist nicht völlig kongruent. Im Prinzip kann es sich bei derartigen Untersuchungen daher nur um Abschätzungen handeln, auch weil das tatsächliche Wettergeschehen unter Umständen sehr stark von den langjährig gemittelten Werten abweichen kann.

Tabelle 14:

Vergleich der Bilanzen aus eindringendem Strahlungsfluss und Wärmestrom für 100 m² gleichartige, flache, doppelschalige, farblose Oberlichter in Berlin und München für bedeckten und für klaren Himmel

Tag	Tagesbilanz von Strahlungsfluß und Wärmestrom in kWh / d für			
	bedeckten Himmel in		klaren Himmel in	
	Berlin	München	Berlin	München
21. Januar	− 120	− 124	− 138	− 90
21. Februar	− 104	− 104	− 96	− 6
21. März	− 72	− 69	+ 10	+ 112
21. April	− 24	− 26	+ 122	+ 210
21. Mai	+ 20	+ 8	+ 200	+ 230
21. Juni	+ 50	+ 36	+ 246	+ 250
21. Juli	+ 54	+ 40	+ 252	+ 266
21. August	+ 40	+ 28	+ 192	+ 262
21. September	+ 4	− 0	+ 122	+ 194
21. Oktober	− 44	− 50	+ 16	+ 84
21. November	− 90	− 96	− 84	− 24
21. Dezember	− 116	− 120	− 128	− 88

Pro Quadratmeter Oberlichtfläche und Tag gehen demnach maximal etwa 1,4 kWh durch Wärmeleitung von innen nach außen verloren.

Die neue Energieeinsparverordnung [75] verlangt bei zu errichtenden Gebäuden bestimmte Höchstwerte des spezifischen, auf die wärmeübertragende Umfassungsfläche bezogenen Transmissionswärmeverlustes, also des oben beschriebenen Wärmestroms. Bei Flachdächern – inklusive der Oberlichter – gilt zusätzlich, dass der Höchstwert des Wärmedurchgangskoeffizienten bei Gebäuden mit normalen Innentemperaturen 0,25 W / (m²·K) und bei Gebäuden mit niedrigen Innentemperaturen - 0,4 W / (m²·K) nicht übersteigen darf. Bei schlecht wärmegedämmtem Dachaufbau ist zumindest bei einem hohen Flächenanteil der Oberlichter an der Dachfläche eine entsprechende Nachrechnung dringend anzuraten.

In [139] werden die Ergebnisse einer umfassenden rechnerischen Untersuchung zu den zu erwartenden, auf die Hüllflächen bezogenen Transmissionswärmeverlusten H_T' gemäß Energieeinsparverordnung dargestellt. Berücksichtigt wurden folgende Parameter:
- Industriehallen mit niedrigen und normalen Innentemperaturen (letztere unterschiedlich beheizt),
- Hallengrundflächen: 1.000 bis 4.000 m²,
- Länge : Breite der Halle: 2 : 1 und 4 : 1,
- Hallenhöhe: 8 und 12 m,
- Oberlichtfläche : Hallengrundfläche: 4 bis 8 (inzwischen auch bis 20) % ($\approx$ D = 2 bis 4 bzw. 10 %),
- Wärmedurchgangskoeffizienten der Außenwände: 0,3 bis 0,5 W / (m²·K),
- Wärmedurchgangskoeffizienten des Flachdachs: 0,2 bis 0,3 W / (m²·K),
- Wärmedurchgangskoeffizienten der Oberlichter: 1,8 bis 3,5 W / (m²·K),
- sowie weitere typische Kennzahlen.

Es zeigt sich, dass die zulässigen H_T'-Werte sowohl für Industriegebäude mit niedriger Innentemperatur als auch für solche, die mit erneuerbaren Energien beheizt werden, sehr deutlich unterschritten werden. Lediglich in Industriegebäuden mit Heizungen „ohne Einhaltung der Regeln der Technik" werden in einigen Fällen – vor allem bei Hallen mit kleinen Abmessungen – die zulässigen Werte sehr geringfügig überschritten. Eine Kompensation durch einen höheren Wärmedurchgangswiderstand der Wände ist dabei möglich.

19 Sonnenschutz und Lichtlenkung

> Anders als bei Fenstern gibt es bei Oberlichtern gegenwärtig nur eine vergleichsweise kleine Zahl von praktisch anwendbaren Möglichkeiten, den Raum darunter gegen Blendung und Erwärmung durch die Sonne zu schützen. Konventionelle Lösungen wie IR-reflektierende Bedampfungen, Beschichtungen, bewegliche Rollos, Lamellen, Jalousien und abgehängte Raster werden erläutert. Zurzeit noch exotisch anmutende Lösungen wie innovative elektrochrome und photochrome Verglasung, Spiegelprofile, lasergeschlitzte Acrylplatten und Prismenstrukturen werden vorgestellt. Auf anidolische Systeme, auf „Hohllichtleiter" für große Höhenunterschiede zwischen Dachoberfläche und Deckenuntersicht sowie auf den möglichen Einsatz von Heliostaten und holographisch-optischen Elementen wird hingewiesen.

■ Viel Sonne erhofft man sich zwar für den Urlaub, sie kann aber auch störend wirken. Im Innenraum kann sie eine unerwünscht starke Aufheizung und Direkt- oder Reflexblendung erzeugen. Der ideale Schutz gegen die Aufheizung des Raums sollte möglichst auf der Außenseite der Oberlichter wirken, damit diese sich nicht mehr als unvermeidbar selbst aufheizen und sekundär Wärme in den Raum abgeben (Treibhauseffekt). Bei Gewächshäusern kann man das Glas von außen weiß beschlämmen. Bei Oberlichtern scheidet diese Möglichkeit sicher aus; man soll und möchte nicht dauernd auf dem Dach herumlaufen, weil manche Dachkonstruktionen das nur schlecht vertragen.

Obwohl sich mit den §§ 53 und 54 der Arbeitsstättenverordnung (ArbStättV) einerseits eine regelmäßige Reinigung begründen lässt, sollten andererseits Reinigung und Wartung bei Oberlichtern wegen des Aufwands für die Sicherheit des Personals nicht zu häufig erforderlich sein. Die richtige Auswahl von Form und Material der Oberlichter kann längere Reinigungsintervalle ermöglichen. Wie auch bei Sonnenschutzvorrichtungen vor Fenstern muss sich außen liegender und dabei eventuell noch beweglicher Sonnenschutz über Oberlichtern durch besonders gute Witterungsbeständigkeit auszeichnen.

Für Oberlichter gibt es deutlich weniger real einsetzbare Arten von Sonnenschutz als für Fenster [99]. Aus den skizzierten Gründen ist er oft Teil der Verglasung und befindet sich unter deren Außenhaut. Wie alle anderen technischen Lösungen stellt er immer einen Kompromiss dar; es können nie alle Anforderungen gleichzeitig erfüllt werden. Nicht für alle im Folgenden erwähnten Prinzipien – vor allem für die innovativen – gibt es bereits fertige Produkte; viele von ihnen haben (noch) einen für Standard-Anwendungen prohibitiven Preis.

Sowohl als Blend- und Wärmeschutz als auch zur Erhöhung der nächtlichen Wärmedämmung werden gelegentlich horizontal **bewegliche Rollos** (Bild 19.1), aber auch Baldachine, Vertikaljalousien, Rollläden, Plissee, abnehmbare Segel u. ä. (→ http://www.sonnenschutz.com) verwendet.

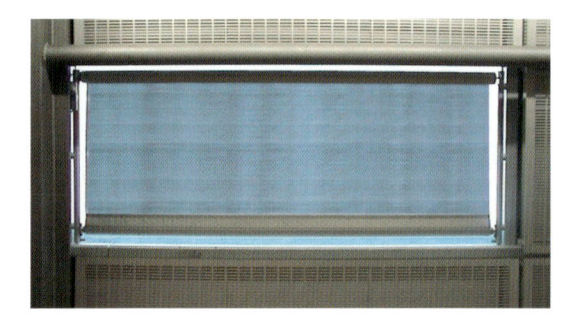

Bild 19.1:
Rollo unter einem horizontal verglasten Oberlicht

Sie können so dicht sein, dass beispielsweise auch eine Abdunklung des Raums für Projektionszwecke möglich ist. Die Funktion als Lüftungs- bzw. Rauch- und Wärmeabzugsklappe ist dann allerdings kaum noch möglich. Stets zu beachten sind bei der Planung mögliche Wechselwirkungen zu anderen Systemen, z. B. Lüftungs- und/oder RWA-Funktionen, was über Vorrangsteuerungen berücksichtigt werden kann.

Am unteren Rand des Lichtschachts oder unterhalb einer mit Leuchten, Lichtschächten und anderen Installationen versehenen Decke werden häufig **Blendschutzraster** aus wenig oder gar nicht lichtdurchlässigen, diffus reflektierenden Materialien abgehängt. Die Bilder 19.2 und 19.3 zeigen als Beispiel dafür die Gestaltung eines Museumsbereichs

Bilder 19.2 und 19.3 :

Blendschutzraster machen Deckenkonstruktion, Lichtschächte und Installationsdetails unsichtbar

Außenliegende **Lamellen**, die den Einfall direkter Sonnenstrahlung auf Oberlichter verhindern, lassen sich – wie in Kapitel 6 geschildert – für jede Oberlichtform und Oberlichtanordnung individuell konstruieren.

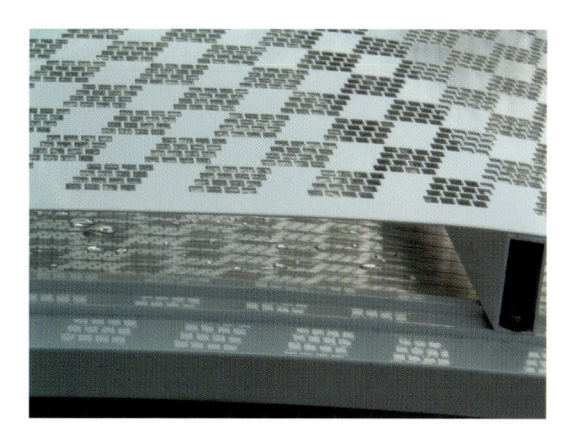

Bilder 19.4 bis 19.6:

Sonnenschutz von ebenen oder einseitig gekrümmten Oberlichtern durch Lochbleche

Eine besonders einfache Variante von Sonnenschutzvorrichtungen sind spezielle Lochbleche, die die Beleuchtungs- und die Bestrahlungsstärke im Raum reduzieren ([157], Bilder 19.4 bis 19.6). Sie werden in geringem Abstand über ebenen oder einsinnig gekrümmten Oberlichtern montiert. Die Größe der Löcher ist so bemessen, dass es bei üblichen Raumhöhen bei Sonnenschein nicht mehr zu deren Abbildung auf der Nutzebene kommen kann (vgl. Bild 3.15 und (13)). Die Bleche bieten zusätzlich Schutz gegen Hagel, Durchsturz, Flugfeuer und strahlende Wärme. Allerdings sind zum Erreichen eines vorgegebenen Tageslichtquotienten größere Flächen der Oberlichter erforderlich als ohne die Lochbleche.

Oberlichter | Licht und Sehen | Tageslicht und Globalstrahlung | Materialien und Herstellung | Planung und Dimensionierung | Spezielle Objekte

Vor Sonnenschutz-Prinzipien, die hauptsächlich auf chemischen Vorgängen basieren, sollen zunächst physikalische, geometrisch-optisch stabile Prinzipien vorgestellt werden. Für unterschiedlich geneigt eingebaute ebene Verglasungen werden **reflektierende Profile** verwendet, die entsprechend dimensioniert und distanziert fest im Luftzwischenraum eingebaut sind. Sie sorgen dafür, dass Sonnenstrahlen nicht direkt in den Raum gelangen können und größtenteils wieder nach außen reflektiert werden.

Die diffuse Strahlung vom Himmelsgewölbe gelangt deutlich weniger behindert in den Raum; sie kann allerdings – wie die Strahlung der Sonne – aus dem „gesperrten" Teil des Himmelsgewölbes nur in geringem Maße eintreten. Von einer gewissen Entfernung an sind die einzelnen Profile für das Auge nicht mehr voneinander zu trennen, die Durchsicht durch eine gemäß Bild 19.7 veränderte Isolierverglasung erscheint relativ wenig beeinträchtigt. Man erkennt aus dem Bild, dass die Sonnenstrahlen durch die Formgebung der Profile bei einer Orientierung der Verglasung nach Süden zu keiner Jahreszeit direkt in den Raum eindringen können. Mit derartigen Verglasungen lässt sich die Erwärmung großflächig lichtdurchlässig überdachter Hallen deutlich reduzieren [80]. Weiterentwicklungen dieses Prinzips sind durchaus zu erwarten [81].

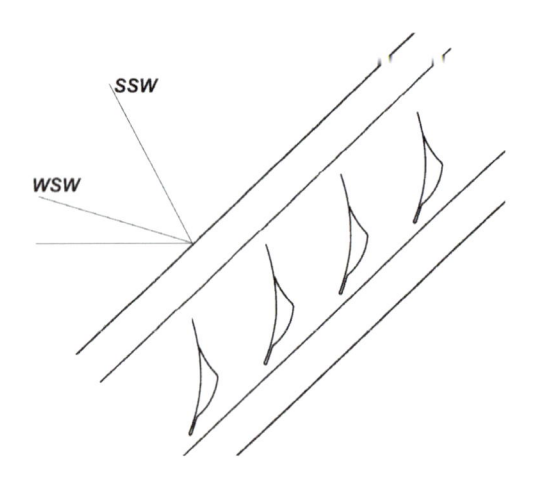

Der Einsatz ebener farbloser **lasergeschlitzter Platten** nutzt die Totalreflexion für das Ausblenden der sommerlichen Sonnenstrahlung aus ([82], [107], [108]). Bild 19.8 zeigt die prinzipielle Wirkungsweise: Die Strahlen der niedrig stehenden Wintersonne werden in den Raum, die der hoch stehenden Sommersonne hingegen wieder nach außen gelenkt. Um eine gute Gleichmäßigkeit zu erreichen, sollte die deckenseitige Öffnung des Lichtschachts lichtstreuend abgeschlossen werden.

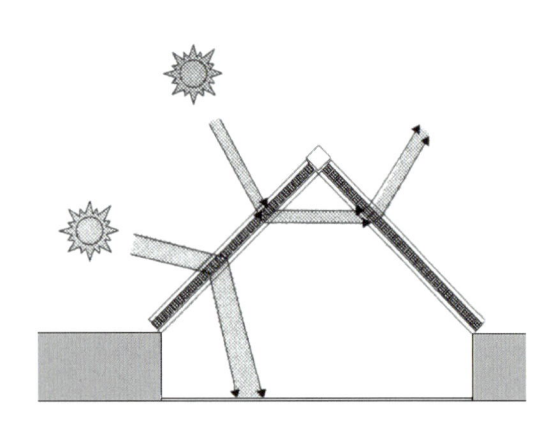

Bild 19.8:

Ablenkung der Sonnenstrahlen durch lasergeschlitzte farblose PMMA-Platten

Bild 19.7:

Spiegelprofile in Isolierverglasung als ständiger Sonnenschutz (WSW: Wintersonnenwende, SSW: Sommersonnenwende)

Üblich ist das Einbringen feiner Schlitze mit glatter Oberfläche durch Laser in 6 mm dickes Acrylglas, die voneinander einen Abstand von etwa 4 mm haben. Die Neigung der Verglasung sollte in Deutschland zwischen 25° und 35° liegen, wenn die winterliche Ausnutzung der Sonnenstrahlen gemäß Bild 19.8 gewünscht wird. In tropischen Breiten sorgt eine Neigung zwischen 45° und 55° für ein Ausblenden der steil einfallenden Sonnenstrahlen. Der Nutzen in Gebieten mit vorherrschend bedecktem Himmel ist – wie auch beim zuvor erwähnten Verfahren – begrenzt; Hauptanwendungen sind großflächige Verglasungen klimatisierter Gebäude, beispielsweise Einkaufszentren. Hier können die sommerlichen Kühllasten deutlich reduziert werden.

Eine weitere unveränderliche Möglichkeit, das Eindringen von Sonnenstrahlen weitgehend zu verhindern, ist der Einbau von Platten mit **Prismenstruktur**. Zwei Produktionsverfahren sind üblich, nämlich Spritzguss und spezielle, besonders konturenscharfe, etwa 1 mm dicke Folien. Im Spritzguss werden vier unterschiedliche Strukturen angeboten, die in Bild 19.9 skizziert sind ([83], [106]). Manche Prismen sind einseitig mit Aluminium bedampft, um in einer Richtung eine gerichtete Reflexion zu bekommen (Bild 19.10).

Diese sind für feststehende Schattiervorrichtungen besonders geeignet, die direkte Sonneneinstrahlung in einem gewissen Winkelbereich verhindern sollen, etwa für hohe Sonnenstände im Sommer. Der im Bild 19.10 rechts skizzierte Fall eignet sich für nachführbare Schattiervorrichtungen. Prinzipiell sind nicht nur lineare Prismenstrukturen möglich, sondern auch nach Art der retroreflektierenden „Katzenaugen" gestaltete.

Die Bilder 19.11 und 19.12 zeigen ein anderes Prinzip; dicht aneinander sind dünne Kapillarröhrchen mit ca. 3,5 mm Durchmesser aus farblosem Acrylglas angeordnet, die Sonnenstrahlen nur dann fast ungehindert passieren lassen, wenn sie nahezu in Achsrichtung auftreffen. Da dies nur während eines extrem kurzen Zeitraums möglich ist, wird infolge der Reflexionen an den Wänden der Röhrchen stets eine diffuse Beleuchtung erreicht und somit die Direktblendung durch die Sonne vermieden. Üblicherweise werden sie zwischen zwei Scheiben Einscheibensicherheitsglas in einer Isolierverglasung eingebaut [138].

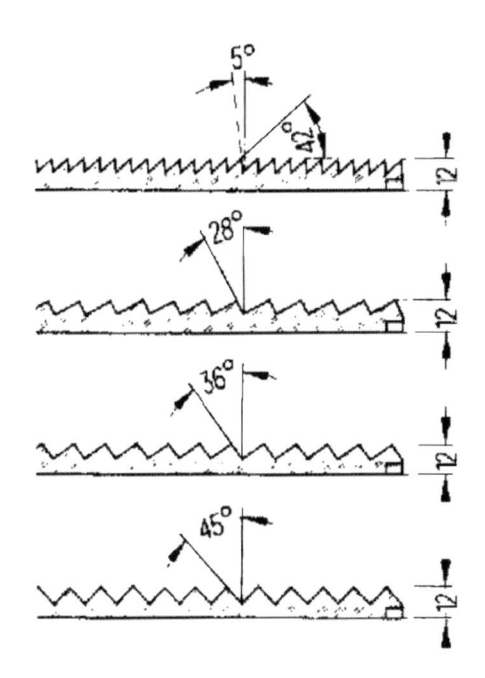

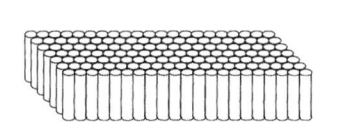

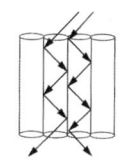

Bild 19.9:
Handelsübliche Prismenplatten

Bilder 19.11 und 19.12:
Kapillarröhrchen und ihre Wirkungsweise

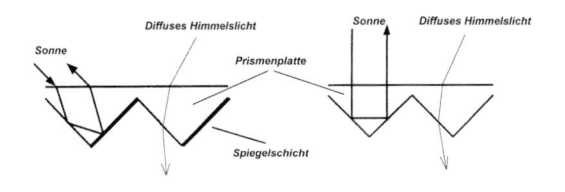

Bild 19.10:
Strahlengänge bei fester Prismeneinstellung mit Spiegelschicht und bei beweglicher Prismeneinstellung ohne Spiegelschicht; unterschiedliche Sonnenhöhe

Kommt es vor allem auf den Schutz vor Einstrahlung im infraroten Teil des Sonnenspektrums an, kann man **selektive Verglasungen** verwenden. Häufig findet man Isolierverglasungen, die auf der Innenseite der Außenscheibe goldbedampft sind. Sie reflektieren deutlich stärker im langwelligen sichtbaren und im infraroten Spektralbereich, was man durch ihre rötlich-gelbe Wirkung nach außen erkennen kann. Im damit verglasten Raum bieten sie einen freien Durchblick nach außen, allerdings wirken sie quasi als Grünfilter. Dieser Effekt stört – bedingt durch die Fähigkeit des Auges, sich farblich umzustimmen – nicht sehr, wenn alle Tageslichtöffnungen des betreffenden Raums derartig verglast sind. Allerdings können derartige Sondergläser einen Einfluss auf das Wachstum von im Raum befindlichen Pflanzen haben. Wegen der begrenzten Haftung aufgedampfter Schichten kann es nach einiger Zeit vor allem dort zu Ablösungen der Schicht kommen, wo starke Temperaturschwankungen auftreten.

Eine Alternative sind Überzüge (etwa auf Acrylglas), die **Perlglanzpigmente** enthalten; auch eine komplette Einfärbung des Halbzeugs ist möglich ([118], [119]). Infolge der parallelen Ausrichtung der plättchenförmigen Partikel bei der Aufbringung bzw. durch entsprechende Bewegungen bei der Herstellung lässt sich durch Interferenz der unerwünschte infrarote Strahlungsanteil bereits an der Außenoberfläche selektiv reflektieren. Es ergibt sich eine Perlmutt-ähnliche Wirkung. Auch hier ist der eben beschriebene Grünstich nicht zu vermeiden, wie man Bild 19.13 (für PLEXIGLAS GS 1988) entnehmen kann. Die Selektivitätskennzahl (vgl. Kapitel 11) beträgt bei Einfachverglasung 1,28 und ist damit etwa gleich groß wie bei goldbedampftem Glas.

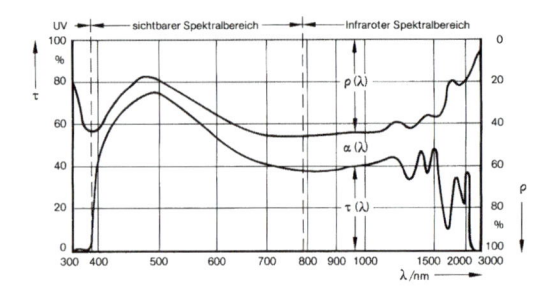

Bild 19.13:
Spektrale Stoffkennzahlen von PMMA mit Perlglanzpigmenten

Naturgemäß ist der maximal mögliche Transmissionsgrad aller derartiger Vorrichtungen stets begrenzt; das macht größere Oberlichtflächen erforderlich. In vielen Fällen könnte es wirtschaftlicher sein, Standardlösungen ohne zusätzlichen Sonnenschutz anzustreben und den Blendschutz durch entsprechende Lichtschachtgestaltung zu bieten, statt wegen der mit dem zusätzlichen Sonnenschutz verbundenen Vergrößerung der lichtdurchlässigen Fläche mehr sommerlicher Wärmeeinstrahlung und mehr winterlichen Wärmeverlusten ausgesetzt zu sein. Bei großflächigen Überdachungen und besonderer Gestaltung repräsentativer Anlagen können dagegen andere Argumente stichhaltiger sein.

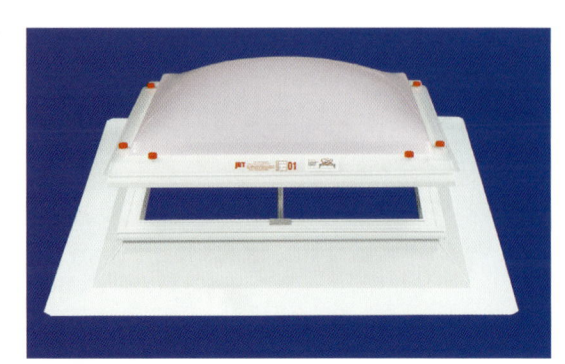

Bild 19.14:
Rötlich schimmernde Lichtkuppelschale durch eingebrachte Perlglanzpigmente

Besonders elegant ist eine **elektrochrome** Verglasung [88]. Durch Anlegen einer elektrischen Spannung ist eine langsame Umschaltung bzw. Einstellung des Transmissionsgrades und der Farbe einer durchsichtigen Schicht innerhalb einer speziellen Doppelverglasung möglich. Auf dem Glas werden zunächst durchsichtige leitfähige Schichten als Elektroden aufgebracht. Dazwischen liegt eine leitfähige Polymerfolie, die als Elektrolyt bzw. als Ionenleiter wirkt. Bei Anlegen einer Spannung (3 V, max. 15 W/m^2 während der Umschaltung) ändern sich die optischen Eigenschaften. Beispielsweise wechselt bei dem Produkt „EControl" [78], das als elektrochromes Oxid WO_3 (Wolframoxid) enthält, die Farbe zwischen nahezu farblos und durchsichtig blau. Dabei bleibt der erreichte Zustand auch nach Abschalten der Spannung erhalten. Die Transmissions- und Gesamtenergiedurchlassgrade lassen sich um einen Faktor ändern, der über 3 liegt. Hauptsächlich wegen der grundsätzlich begrenzten Lichtdurchlässigkeit leitfähiger Schichten ist der Transmissionsgrad in der Stellung „hell" maximal etwa 50 %. Das maximal lieferbare Format ist 40 x 200 cm, die Standarddicke ist 29 mm. Wärmedurchgangskoeffizienten von 1,1 W / (m^2·K) sind erreichbar. Spezielle Einbauvorschriften sind zu beachten.

Gaschrome bzw. hydrochrome Verglasungen zeigen die gleiche Wirkung. Hierbei erfolgt die Einfärbung aber nicht durch den elektrischen Strom, sondern durch eine Einlagerung von Wasserstoffgas. Die Transmission kann in Verbindung mit Blaufärbung über die Wasserstoffkonzentration im Glasspalt einer Verbundscheibe verringert werden. Entfärbt wird durch Überströmen der aktiven, porösen Wolframoxidschicht mit Sauerstoff. Die Wasserstoff- und Sauerstoffversorgung kann als geschlossenes System integriert werden, und zwar inklusive der Wiederaufbereitung des entstehenden Wassers. Bisher wurden nur Pilotverglasungen bis zu einer Fläche von 1,8 m x 1,5 m hergestellt.

Reversible **photochrome** Gläser oder Kunststoffe, wie man sie von hochwertigen Brillen kennt, würden sich zwar prinzipiell als automatisch reagierender, d. h. bei Bestrahlung optisch dichter werdender und dabei recht farbneutraler Sonnenschutz hervorragend eignen, doch ist der Preis für großflächige Anwendungen prohibitiv. Verwendung finden vor allem Silberhalogenide. Eigene Versuche, mit 0,1 % Chromhexacarbonyl in PMMA [79] eine preiswertere Lösung zu finden, ergaben zwar eine reversible Photochromie Farblos – Gelb – Farblos, doch war die Entfärbung für praktische Anwendungen viel zu langsam.

Photoelektrochrome Schichten kombinieren die Wirkungsmechanismen einer elektrochromen Schicht und einer elektrochemischen Solarzelle. Die Öffnung eines externen Schalters erlaubt die Verfärbung bei Bestrahlung, wird er geschlossen, dann entfärbt sich die Schicht. Man benötigt keine externe Stromversorgung, die Einfärbezeit ist flächenunabhängig und nicht durch die begrenzte Leitfähigkeit durchsichtiger Elektroden begrenzt. Bei den bisherigen Labormustern ließ sich der Transmissionsgrad zwischen 0,45 und 0,05 (... 0,007) verändern.

Thermochrome Schichten verändern temperaturabhängig ihre Farbe. Die praktische Verwendbarkeit etwa von Vanadiumoxid ist wegen des geringen Transmissionsgrades und dessen Veränderung vor allem im Infrarot sicher sehr begrenzt.

Thermotrope Verglasungen befinden sich ebenfalls noch im Versuchsstadium. Meist gibt es Veränderungen zwischen durchsichtig und stark streuend weiß. Verwendet werden Hydrogele, lyotrope Flüssigkristalle und mikroverkapselte Paraffine; die Schalttemperatur lässt sich durch chemische Modifikationen einstellen.

PDLC-Verglasungen (polymer-dispersed liquid crystals) sind schon als „Privacy Glass" erhältlich (Preis in 2002 ca. 1.700 €/m²). Sie erlauben lediglich eine Umschaltung durchsichtig / durchscheinend; der Transmissionsgrad ändert sich dabei nur wenig. **SPD**-Verglasungen (suspended particle devices) funktionieren ähnlich, hier ändert sich der Transmissionsgrad durch Ausnutzung der richtungsabhängigen Absorption zwischen 20 % und 60 % oder zwischen 10 % und 50 % oder zwischen 0,1 % und 10 %.

Weitere nicht ganz alltägliche Oberlichter sollen hier noch vorgestellt werden, die eine Blendwirkung durch die eindringende Sonnenstrahlung infolge ihrer Bauweise automatisch verhindern, nämlich so genannte **anidolische Systeme** (Bild 19.15, [84], [110]). Sie eignen sich für Dächer mit größerer Ausdehnung in Ost-West-Richtung; ihre Öffnungen sind in der nördlichen Hemisphäre nach Norden gerichtet. Lichteintritts- und Lichtaustrittsöffnungen sind verglast. Es gibt zwei parabolisch geformte, innen verspiegelte Bereiche, einen Konzentrator- und einen Dekonzentrator-Bereich. Veränderungen der Leuchtdichteverteilung des Himmels – etwa durch die Bewegung der Wolken – wirken sich im Raum kaum wahrnehmbar aus. Die Blendwirkung wird automatisch begrenzt. Auch bei diesen Oberlichtern ist eine größere Gesamtfläche der Öffnungen erforderlich.

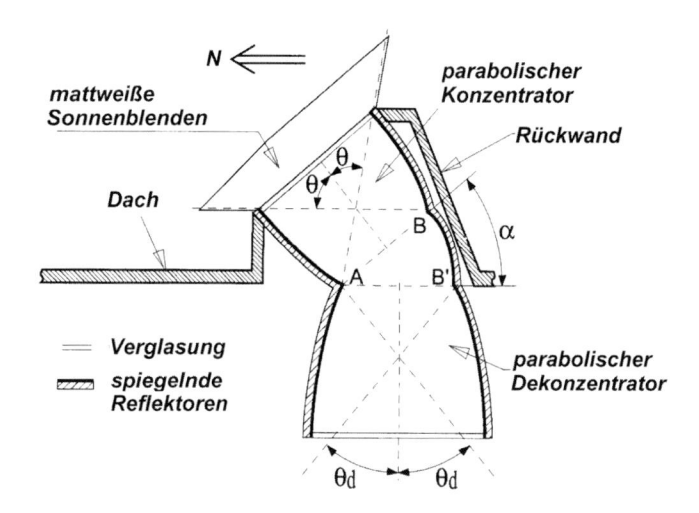

Bild 19.15:

Querschnitt eines anidolischen Systems

Verspiegelte Rohre oder **Hohllichtleiter** quasi als Lichtschacht unter einer äußeren, durchsichtigen Abdeckung sind eine Oberlichtvariante, die sich für besonders große Höhendifferenzen zwischen Dachoberfläche und Deckenuntersicht eignen. Als Belag der Hohllichtleiter werden auch die oben erwähnten Prismenfolien verwendet, wobei die Prismen innen liegen und von oben nach unten verlaufen.

Nach amerikanischen Erfahrungen mit „solar tubes" liegt die Grenze für einen Einsatz von Lichtschächten mit einem diffus reflektierenden weißen Anstrich bei maximal 2,6 m; höhere Lichtschächte sollten mit hoch reflektierenden Metallspiegeln oder Hohllichtleitern ausgekleidet werden. Ein seitlicher Versatz zwischen oberer und unterer Öffnung ist möglich. Der untere Abschluss sollte aus lichtstreuendem Material bestehen; das Aussehen könnte dabei dem einer Deckeneinbauleuchte entsprechen. Auch hier wird der direkte Blick auf die Sonne verhindert.

Bild 19.16 zeigt den Schnitt durch einen so genannten Tageslichtkamin (→ http://www.tageslicht.de). Ein Rohr aus stark reflektierendem Material wird durch die äußere Dachhaut inklusive Isolierung geführt. Es ist außen mit einer doppelschaligen Kuppel aus farblosem Acrylglas abgedeckt. Sein unteres Ende schließt bündig mit der Decke des Raumes ab und ist mit einer gewölbten Platte mit Prismenstruktur als Diffusor abgedeckt. Innenliegende, fensterlose Räume können durch unterschiedlich aufgebaute und geneigte Dächer und Decken hindurch mit Tageslicht versorgt werden.

Mit Hilfe der Formel (42) lässt sich abschätzen, dass ein solcher Kamin mit 0,3 m Durchmesser bei Außenbeleuchtungsstärken infolge Tageslicht von 5.000 bis 100.000 lx einen Lichtstrom von maximal etwa 250 bis 5.000 lm in den Raum abgeben kann. Das entspricht etwa dem Lichtstrom von Standard-Leuchtstofflampen mit einer Leistung von 6 W bis 58 W. Orientierung und Neigung der oberen Öffnung, Sonnenposition und Himmelszustand sowie die Länge und Durchmesser des Rohres beeinflussen den tatsächlich erreichbaren Wert.

Nicht unerwähnt sollte die Möglichkeit bleiben, über **Heliostaten** (also Spiegelsysteme, die dem Sonnenstand

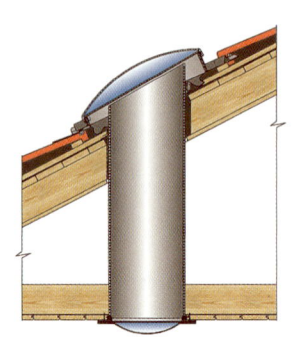

Bild 19.16:
Schnitt durch einen Tageslichtkamin zwischen Steildach und abgehängter Paneeldecke

Bild 19.17:
Beispiel eines Lichtkamins, hier eingesetzt zur Beleuchtung eines innenliegenden Bades

nachgeführt werden) die Sonnenstrahlen ggfs. fokussiert und stets optimal auf Oberlichter und durch sie und durch die eben erwähnten Rohre oder Hohllichtleiter hindurch in den Raum zu lenken [86]. Bild 19.18 zeigt den prinzipiellen Aufbau. Sonnenstrahlen gelangen auf den oberhalb des Daches angeordneten Parabolspiegel **1**, der sie – elektronisch gesteuert **2** und mechanisch nachgeführt **3** – konzentriert und auf einen ebenen Umlenkspiegel **4** richtet. Dieser Spiegel ist fest mit einer stabilen Unterkonstruktion 5 verbunden. Durch eine durchsichtig verglaste Dachöffnung fallen die nun senkrecht nach unten gerichteten Sonnenstrahlen auf weitere, bedarfsgerecht geformte und angeordnete Umlenkspiegel 6 bzw. Umlenkprismen 7.

Beim konzentrierenden System wird das Sonnenlicht auf lichtundurchlässige Bereiche gelenkt, wo es entweder nur absorbiert wird oder Wasser in dort angebrachten Rohren erwärmt oder auf photovoltaischem Wege (PV) Strom erzeugt (vgl. Bilder 19.20 und 19.21). Die in Bild 19.20 dargestellten Baugruppen sind so gestaltet, dass bei einer bestimmten Neigung eine einachsige Nachführung mit befriedigendem Wirkungsgrad möglich ist. Bei beiden Systemvarianten wird diffuses Himmelslicht relativ gut durchgelassen. Nachteilig ist der bei allen beweglichen Geräten notwendige Wartungsaufwand und die nicht immer einfache Reinigung.

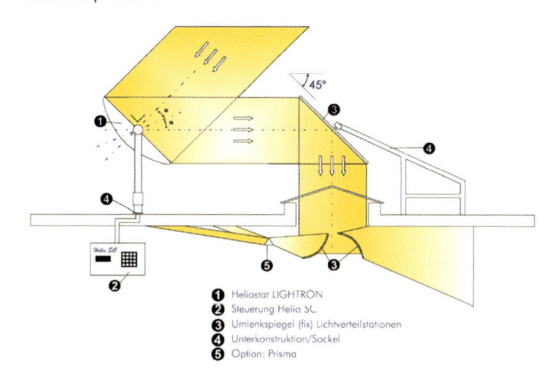

Bild 19.18:
Prinzipieller Aufbau eines Heliostaten

Sonnenschutz mit einem Zusatznutzen bieten die **holographisch-optischen Elemente** (HOE). Es handelt sich um holographische Brechungsgitter, die auf Filmen aufgebracht sind, die dann zwischen Glas eingebettet werden ([85], [109]). Man unterscheidet zwei Varianten; beide müssen dem Sonnenstand nachgeführt werden. Das transparente Schattiersystem reflektiert das Sonnenlicht innerhalb eines engen Winkelbereichs total und normal zur Oberfläche, transmittiert dagegen das diffuse Himmelslicht weitgehend, wie es die folgende Prinzipskizze (Bild 19.19) zeigt.

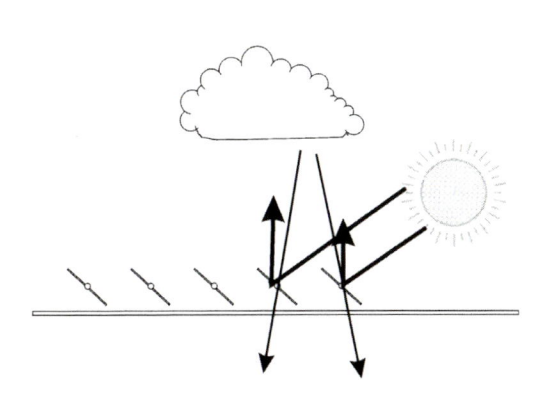

Bild 19.19:
Winkelabhängige Lichtlenkung eines transparenten Schattiersystems aus holographisch-optischen Elementen [85]

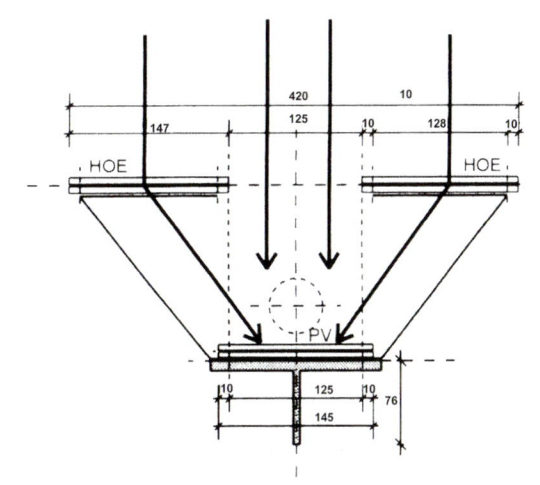

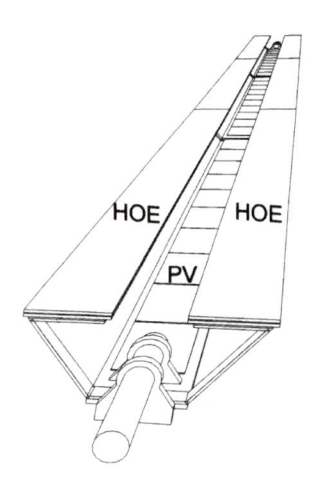

Bilder 19.20 und 19.21:
Querschnitt, Aufbau und Strahlengang konzentrierender holographisch-optischer Elemente (HOE)

20 Mögliche Kosteneinsparungen durch Tageslicht

> Die gegenüber einem völlig geschlossenen Dach entstehenden Mehrkosten für den Einbau von Oberlichtern amortisieren sich in aller Regel nach einigen Jahren durch die Einsparungen bei der Beleuchtung mit Kunstlicht. Dies ergibt sich durch den wesentlich reduzierten Stromverbrauch und durch die selteneren Lampenwechsel. Bei der Gegenüberstellung von Kosten und Nutzen von Oberlichtern muss zusätzlich beachtet werden, dass nachweislich in Räumen mit Oberlichtern weniger gesundheitliche Schäden und Unfälle auftreten, Arbeitsergebnisse, Umsätze und Lernerfolge wegen günstigerer Sehbedingungen messbar besser sind und der Aufenthalt ganz einfach angenehmer ist als in Räumen ohne Oberlichter. Kaufleute behaupten, die erste physikalische Größe, die die Verkaufsfähigkeit eines Produktes kennzeichnet, sei der Preis. Der auf den ersten Blick ungünstig wirkende Mehrpreis der Oberlichter (gegenüber dem völlig geschlossenen Dach) darf nicht allein, sondern muss relativiert, d. h. als Kosten-Nutzen-Analyse betrachtet werden: Einige Hinweise dazu zu geben, ist das Ziel dieses Kapitels.

■ Ausreichendes Tageslicht kann das Einschalten der künstlichen Beleuchtung zwar nicht vollständig, aber doch während beträchtlicher Teile der jährlichen Arbeitszeit überflüssig machen. Die Kosten für die Installation einer Kunstlicht-Beleuchtungsanlage treten zwar in jedem Fall auf; steht aber Tageslicht im Raum zur Verfügung, so reduzieren sich die jährlichen Kosten für Stromverbrauch und Lampenwechsel.

Dabei gibt es Unterschiede, die von der Art der Lampenschaltung bzw. der Art der Vorschaltgeräte abhängen. Elektronische Vorschaltgeräte (EVG), die ein kontinuierliches, durch Sensoren gesteuertes Dimmen der Lampen erlauben, sind wesentlich günstiger als konventionelle Vorschaltgeräte (KVG), die lediglich ein Ein- oder Ausschalten beim Erreichen einer vorzugebenden Beleuchtungsstärke ermöglichen.

Eine dem Autor vorliegende Beispielrechnung für eine Halle, die zwischen 6.00 und 22.00 Uhr genutzt wird, zeigt eine mögliche Reduzierung der Betriebskosten für die elektrische Beleuchtung durch entsprechendes Umrüsten auf nur noch 55 %! Dabei amortisieren sich die teureren Vorschaltgeräte innerhalb von vier Jahren. Zusätzlich sind allerdings die – meist geringen – Wartungskosten für die Oberlichter zu berücksichtigen. Die Summe daraus ist gegen den Preisunterschied aufzurechnen, der sich für den Aufbau des Daches mit und ohne Oberlichter ergibt.

In [76] wird beispielhaft eine Halle mit den Abmessungen 40 m x 20 m x 8 m mit und ohne Oberlichter verglichen, die einen Tageslichtquotienten von 10 % bewirken. Die zusätzlichen Investitionen für die Oberlichter in Höhe von ca. 80.000 € werden sich bei einer jährlichen Einsparung von Stromkosten von etwa 6.400 € und ohne Berücksichtigung von Zinsen bereits nach 12 ½ Jahren (bei einem Zinssatz von 5 % nach 20 Jahren) amortisiert haben. Dieser Zeitraum ist deutlich kürzer als die Lebensdauern der Oberlichter und des Gebäudes. Eine weitere Projektanalyse (20A.DOC) belegt, dass die Amortisation der Mehrkosten für Oberlichter – abhängig vom Zinssatz – innerhalb weniger Jahre möglich ist.

Der prinzipielle Rechengang für Kostenvergleiche der Beleuchtung eines Raumes mit und ohne Oberlichter soll hier aufgezeigt werden. Die Betriebskosten der Beleuchtung mit Kunstlicht ergeben sich nach [90] zu

$$K_B = n \cdot t_B \cdot [(K_L + K_W) / t_L + a \cdot P] \qquad (231)$$

mit

n	Anzahl aller Lampen,
t_B	jährliche Brennstunden der Lampen in h,
K_L	Preis einer Lampe in €,
K_W	Wartungskosten pro Lampe in €,
t_L	Lebensdauer einer Lampe in h,
a	Energiepreis in €/kWh,
P	Lampenleistung inklusive Vorschaltgerät in kW.

Sind keine Oberlichter vorhanden, ist die jährliche Brenndauer t_B der Lampen gleich der Summe der Betriebsstunden des Gebäudes. Gibt es aber Oberlichter, so reduzieren sich die Kosten für die künstliche Beleuchtung um den Faktor $(100 - t_{Nutz,a,rel})$ (in %) auf

$$K_T = 0{,}01 \cdot K_B \cdot (100 - t_{Nutz,a,rel}) \qquad (232)$$

$t_{Nutz,a,rel}$ (vgl. Bild 6.9) drückt aus, welcher Anteil der jährlichen Arbeitszeit mit der Beleuchtung durch Tageslicht allein auskommt. Dabei muss gewährleistet sein, dass die Beleuchtung durch Kunstlicht während der Zeit mit ausreichendem Tageslicht abgeschaltet ist.

Die zusätzlichen Konstruktionskosten (M) für die Oberlichter müssen richtig erfasst werden. Außerdem entstehen Kosten für ihre Reinigung und Wartung (W). Mit dem Zinssatz p in % erhält man die gesamten jährlichen Oberlichtkosten

$$K_M = M \cdot p / 100 + W \qquad (233)$$

Sind sie geringer als die erreichbaren Einsparungen bei Kunstlicht, lohnt sich der Einbau der Oberlichter allein schon wegen der Kosten für die Beleuchtung:

$$K_M < K_B - K_T \qquad (234)$$

Die elektrische Beleuchtung heizt den Raum auf. Bei Beleuchtung mit Leuchtstofflampen und einer mittleren Beleuchtungsstärke von 500 lx werden etwa 30 W/m² erzeugt. Das führt in der kalten Jahreszeit zu einer Verringerung der Heizkosten, in der warmen Jahreszeit u. U. zu zusätzlichen Kosten für Lüftung bzw. Klimatisierung. Gegenrechnen muss man entsprechend Kapitel 18 die Strahlungsflüsse und Wärmeströme infolge Oberlicht-Gesamtfläche, Bestrahlungsstärke, Gesamtenergiedurchlassgrad, Wärmedurchgangskoeffizient und Temperaturdifferenz zwischen innen und außen, und zwar unter Berücksichtigung ihrer zeitlichen Abhängigkeiten und für den jeweiligen Ort.

In [91] wurde für Fenster gezeigt, dass bei nächtlicher wärmedämmender Abdeckung während der kalten Jahreszeit sogar ansehnliche Wärmegewinne möglich sind. Für Oberlichter liegen die Verhältnisse noch günstiger, weil die Einstrahlung nicht nur vom halben, sondern vom ganzen Himmelsgewölbe erfolgen kann.

Bild 20.1:

Oberlichter nutzen die Einstrahlung des ganzen Himmelsgewölbes

Oberlichter | Licht und Sehen | Tageslicht und Globalstrahlung | Materialien und Herstellung | Planung und Dimensionierung | Spezielle Objekte

Völlig korrekt wird sich der zusätzliche wirtschaftliche Nutzen von Oberlichtern kaum erfassen lassen, wenn – wie weiter oben ausgeführt – außerdem berücksichtigt werden soll, dass

- die Raumnutzer weniger gesundheitliche Beeinträchtigungen oder gar Schäden haben,

- die Arbeitsergebnisse wegen besserer Sehbedingungen qualitativ hochwertiger sind,

- der Lernerfolg in Räumen mit Oberlichtern besser ist,

- vergleichsweise höhere Umsätze in Verkaufsräumen mit Oberlichtern gemacht werden,

- weniger Unfälle passieren oder

- darin einfach ein angenehmerer Aufenthalt geboten wird.

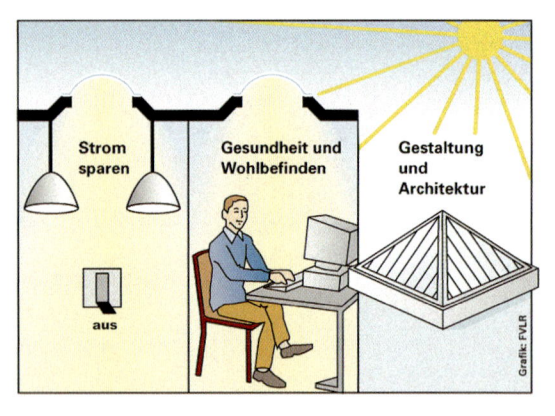

Bild 20.2
Mehrfachnutzen von Tageslicht

Amerikanische Untersuchungen zeigten die Auswirkungen dieser menschlichen Argumente: Jährlichen Energiekosten von ca. 20 \$/m² Grundfläche von Arbeitsräumen stehen jährliche Personalkosten von ca. 200 \$/m² gegenüber. Die eingesparten Kosten für krankheitsbedingte Abwesenheit übertreffen also die Kosten für den technischen Betrieb bei weitem!

Es spricht wohl für sich, wenn die Supermarktkette Wal-Mart in den USA alle neuen Filialen mit Oberlichtern ausstattet. Bei Vergleichen zwischen gleichartigen Gebäuden mit vergleichbarem Umfeld und vergleichbarem Publikum hat man für Geschäftslokale einer anderen Kette mit Oberlichtern bis zu 40 % mehr Umsatz gegenüber solchen ohne Oberlichter gefunden ([92], [93]).

Bild 20.3:
Satteloberlichter schaffen eine verkaufsfördernde Atmosphäre

Anders als in Deutschland, wo fensterlose Klassenräume nicht zulässig sind [50], gibt es in den USA offenbar sehr viele hauptsächlich mit Kunstlicht beleuchtete Klassenräume.

Die gesamten Energiekosten für die Schulen betragen etwa 6.000.000.000 \$; 40 % davon erfordert die Beleuchtung. Es ist verständlich, dass man diese Kosten auch durch den Einsatz von Oberlichtern reduzieren möchte. Deswegen gibt es dort viele einschlägige Untersuchungen, die quasi nebenbei die alten Erfahrungen nun auch in Zahlen ausdrücken, wonach infolge erhöhter Aufnahmebereitschaft und besserer Konzentrationsfähigkeit die Leistungen, die Motivation und das Betragen der Schüler selbst im Vergleich zu Räumen mit Fenstern messbar wesentlich besser werden, wenn Tageslicht von oben in stärkerem Maße als bisher für die Beleuchtung der Klassenräume genutzt wird ([45], aber auch [113] und [114]).

Bild 20.4
Klassenraum in den USA mit Oberlicht Typ A mit pyramidenförmigem Diffusor [45]

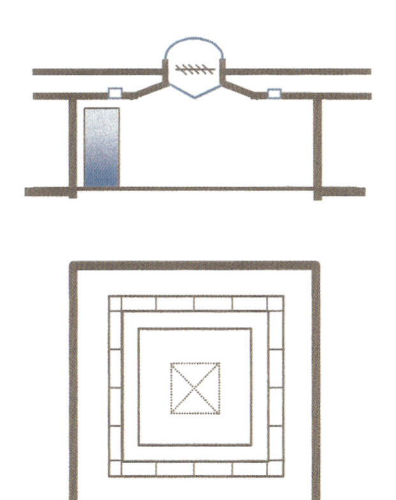

Bild 20.5
Grundriss des in Bild 20.4 dargestellten Oberlichts Typ A [45] mit umlaufendem Leuchtenband

Wegen der vielen möglichen Einflussgrößen werden alle Aussagen zu den erreichbaren oder erreichten Kosteneinsparungen infolge des Einsatzes von Tageslicht stets nur für einen individuellen Fall gelten und nur recht pauschal auf andere Fälle übertragen werden können. Aber auch wenn eine genaue quantitative Aussage zum Nutzen der Beleuchtung mit Tageslicht nicht immer leicht ist, so kann die qualitative Feststellung ihrer Überlegenheit gegenüber der Beleuchtung mit Kunstlicht nicht in Frage gestellt werden.

Unter [70], [100] bis [105], [111], [116] und [117] findet man weitere Literatur zu diesem Kapitel.

21 Messung der Beleuchtung mit Tageslicht

Die Anforderungen an die Messgeräte für Beleuchtungsstärke, Leuchtdichte, Tageslichtquotient und eine Reihe von lichttechnischen Kennzahlen der Verglasung, einige Hersteller solcher Geräte sowie einige praktische Hinweise zu deren Einsatz werden genannt.

■ Vertrauen ist gut, Kontrolle ist besser – dieser Satz gilt natürlich auch im Zusammenhang mit Oberlichtern. Der Wunsch nach Kontrolle kann vom Projektierenden ausgehen, der wissen möchte, wie seine Berechnungen und die praktische Ausführung bei seinem Objekt übereinstimmen. Der Bauherr könnte die Einhaltung von Vorgaben, die Baubehörden die Einhaltung von Vorschriften überprüfen wollen.

Auf die Messungen der rein geometrischen Größen muss hier nicht eingegangen werden, weil sie sich bereits aus deren Definition ergeben. Es bleiben also zwei Gruppen von Größen, die messtechnisch zu untersuchen wären, nämlich solche, die die Qualität und Quantität der Beleuchtung direkt betreffen und sich kurzfristig verändern können, wie Beleuchtungsstärke E, Leuchtdichte L und Tageslichtquotient D, und solche, die sich darauf auswirken und sich auch langfristig verändern können, wie die spektralen, lichttechnischen und strahlungsphysikalischen Stoffkennzahlen der beteiligten Materialien.

Die Messunsicherheit der Beleuchtungsstärke- und Leuchtdichtemessgeräte wird durch verschiedene Eigenschaften [121] bestimmt, vor allem durch die Güte der Anpassung der relativen spektralen Empfindlichkeit an V(λ), aber auch durch die Anpassung an den Cosinus des Lichteinfallswinkels, den $\cos^4$-Fehler, Linearitätsfehler, Temperaturabhängigkeit usw. Die zulässigen Gesamtfehlergrenzen sind in [122] festgelegt (Tabelle 15). Wünschenswert sind leichte Bedienbarkeit, Netzunabhängigkeit, Robustheit, kleine Abmessungen und Anschlussmöglichkeit von Registriergeräten. Die Messbereiche sollten zwischen 1 und mehr als 100.000 lx bzw. zwischen 1 und 100.000 cd/m^2 liegen.

Tabelle 15:

Zulässige Gesamtfehlergrenzen für Beleuchtungsstärke- und Leuchtdichtemessgeräte [122]

Klasse	Gesamtfehlergrenzen für		
	Anwendung	Beleuchtungsstärkemessgeräte	Leuchtdichtemessgeräte
A	Präzisionsmessungen	5 %	7,5 %
B	Betriebsmessungen	10 %	10 %
C	orientierende Messungen	20 %	20 %

Tabelle 16:

Anbieter geeigneter Beleuchtungsmeßgeräte

Messgeräte für:	Beleuchtungsstärke	Leuchtdichte	Tageslichtquotient	Farbe
http://www.gigahertz-optik.com	X	X		X
http://www.lmt.de	X	X	X	X
http://www.minoltaeurope.com	X	X		X
http://www.mx-electronic.com	X	(X)		
http://www.optronik.de	X	X		
http://www.prc-krochmann.de	X			X

Für die Messung der Horizontalbeleuchtungsstärke ist eine kardanische Aufhängung des Photometerkopfes oder die Kontrolle der Horizontalstellung mit einer Libelle zu empfehlen. Bei der Messung der vertikalen, der zylindrischen oder der halbräumlichen Beleuchtungsstärke ist ganz analog auf die jeweils korrekte Ausrichtung des Empfängers zu achten. Der Messwinkel des Leuchtdichtemessgerätes soll $\geq 1°$ und $\leq 5°$ ($\leq 10°$) sein. Es sollte auf einem Stativ befestigt werden können. Einige Anbieter geeigneter elektrischer Messgeräte geben weitergehende Informationen nach Kontaktaufnahme unter den oben genannten alphabetisch geordneten Internet-Adressen.

Tageslichtmessungen sollen bei vollständig bedecktem Himmel durchgeführt werden. Durch Leuchtdichtemessungen ist feststellbar, ob die relative Verteilung der Leuchtdichte des bedeckten Himmels gemäß (75) bzw. [13] gegeben ist. Das Warten auf den „richtigen" Himmelszustand ist wohl die größte Schwierigkeit bei der Durchführung von Tageslichtmessungen.

In vielen Fällen ist bei der Messung des Tageslichtquotienten auch die richtige Messung der Beleuchtungsstärke E_a im Freien schwierig. Der Empfänger für E_a muss so aufgebaut werden, dass sich eine eventuelle Verbauung nicht abschattend auswirken kann; das ist oft nur an Stellen möglich, wo die notwendige gleichzeitige Ablesung der Werte für E_a und E_P nicht von einer Person vorgenommen werden kann. (Bis zu einer mittleren Verbauungshöhe von etwa 20° bleibt der Fehler durch ihre Nichtberücksichtigung unter 10 %.) An entsprechende Kabellängen, an Funksprechgeräte usw. ist bei der Vorbereitung der Messungen zu denken. Eine andere Möglichkeit besteht darin, die E_a-Messung durch die Messung der Himmelsleuchtdichte L_γ unter einem bestimmten Höhenwinkel γ zu ersetzen, denn mit (75), (76) und Bild 7.4 erhält man den eindeutigen, in Bild 21.1 dargestellten Zusammenhang

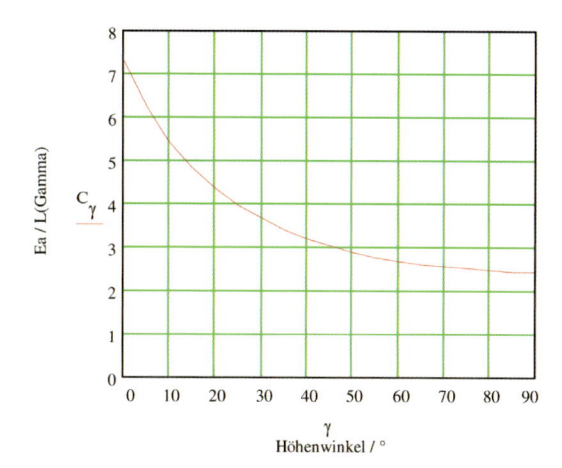

Bild 21.1:

Verhältnis der Beleuchtungsstärke E_a im unverbauten Freien zur Leuchtdichte L_γ des bedeckten Himmels unter dem Höhenwinkel γ

$$E_a = 7{,}33 \cdot L_\gamma / (1 + 2 \cdot \sin_\gamma) \qquad (235)$$

Die Beleuchtungsstärke im Freien ergibt sich also durch die Multiplikation der unter dem Höhenwinkel γ gemessenen Leuchtdichte mit dem entsprechenden Korrekturfaktor $7{,}33 \geq (C_\gamma = E_a / L_\gamma) \geq 2{,}44$. Die Leuchtdichtemessung muss durch eine freie Tageslichtöffnung erfolgen, um Verfälschungen durch Vernachlässigen des Transmissionsgrades zu vermeiden.

Sehr praktisch und schnell ist die Messung mit einem derzeit wohl nur von der Fa. LMT (siehe Seite vorher) angebotenen quotientenbildenden digitalen Messgerät (D-Meter, [126]). Hier kann sowohl E_a als auch L_γ als Bezugsgröße gewählt werden.

Vor der Durchführung der Messungen ist es zweckmäßig, Angaben zu machen über

- Maße des Raumes in Grund- und Aufriss,
- Verbauung,
- ggfs. Einrichtung des Raums,
- Anordnung und Größe der Tageslichtöffnungen,
- Art und Zustand der Verglasung,
- Art des Raumes bzw. der Tätigkeit im Raum,
- spezielle Arbeitsplätze und Gefahrenstellen,
- Vorhandensein temporärer Lichthindernisse (Laubbäume, Gerüste usw.),
- Lage der Messpunkte und
- Messgrößen.

Gemessen wird die Beleuchtungsstärke bzw. der Tageslichtquotient im allgemeinen in 0,85 m (in Sporthallen in 1,0 m) Höhe über dem Fußboden; Abweichungen davon sind anzugeben. Körperschatten und ähnliche Störeinflüsse müssen vermieden werden. Besonders anfällig für diese Fehler sind in der Hand zu haltende, kleine Beleuchtungsstärkemesser, die meistens Empfänger und Anzeige in die gleiche Richtung weisen lassen.

Je nach Raumgröße werden die Abstände zwischen den Messpunkten auf der Nutzebene gleichmäßig verteilt; ein Raster von maximal 2 m ist zweckmäßig. Aus dem jeweiligen arithmetischen Mittelwert, dem Minimal- und dem Maximalwert lassen sich die Gleichmäßigkeiten von Beleuchtungsstärke bzw. Tageslichtquotient berechnen:

$g_1 = D_{min} : D_m$ (bzw. $g_1 = E_{min} : E_m$) (178)

$g_2 = D_{min} : D_{max}$ (bzw. $g_2 = E_{min} : E_{max}$) (179)

Der Himmelslichtanteil und der Verbauungsanteil des Tageslichtquotienten sowie die mögliche Besonnungsdauer lassen sich direkt an jedem Punkt im Raum, aber auch in Modellen, mit Hilfe besonderer Geräte, z. B. mit dem Horizontoskop (Bild 6.7, [15]), leicht und schnell ermitteln.

Es gibt eine Behelfsmöglichkeit, die in vielen Kameras eingebauten Belichtungsmesser für die näherungsweise Messung von Leuchtdichten und Beleuchtungsstärken zu verwenden. Aus der Kalibrierformel [125] folgt, dass bei der Einstellung des Belichtungsmessers auf die Filmempfindlichkeit 21 °DIN (= 100 ASA) und die Blende 2,8 die mittlere Leuchtdichte innerhalb des Bewertungsfeldes (in cd/m²) dem Kehrwert der Belichtungszeit (in s) entspricht [79]:

$L / cd/m^2 \cong (1 / t) / 1/s$ (236)

Meist ist bei Kameras bereits der Kehrwert der Belichtungszeit markiert, beispielsweise „25" für 1/25 s, so dass bei den genannten Einstellungen bereits die Leuchtdichte abgelesen werden kann. Die relativ grobe Skalenteilung der Belichtungsmesser (1, 1/2, 1/5, 1/10, 1/25 s usw.) zeigt, dass man auf diese Weise ebenfalls nur recht grob die Leuchtdichte bestimmt.

Beleuchtungsstärken können ebenfalls mit Hilfe eines Belichtungsmessers bestimmt werden, indem sie auf eine Leuchtdichte zurückgeführt werden. Man visiert dazu ein möglichst dichtes, mattweißes Blatt Papier an der betreffenden Stelle an und findet bei Einstellung des Belichtungsmessers auf die Filmempfindlichkeit 21 °DIN und die Blende 2,8 (mit (46)):

$E / lx \cong (1 / t) / 1/s$ (237)

Einige der interessierenden Stoffkennzahlen können nur im Labor korrekt bestimmt werden, etwa das Streuvermögen σ, der Halbwertswinkel γ, die spektralen Transmissions- und Reflexionsgrade und der Gesamtenergiedurchlassgrad g.

Der Reflexionsgrad der Raumbegrenzungsflächen kann vor

Ort mit speziellen Messgeräten bei diffusem Lichteinfall gemessen werden [123]. Die Verwendung von Reflexionstafeln mit gedruckten farbigen Mustern erlaubt nur eine näherungsweise Bestimmung. Bild 21.2 zeigt, dass z. B. die

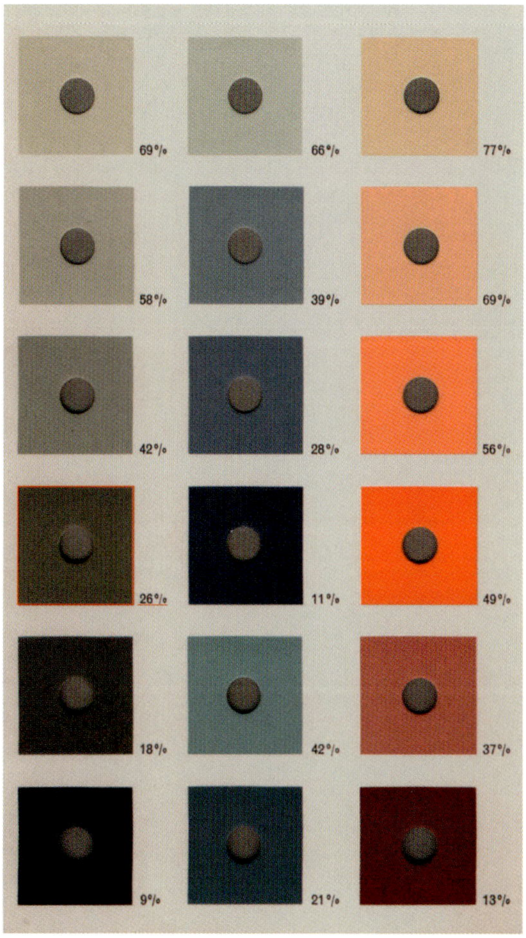

Bild 21.2:
Beispiel einer Reflexionstafel

untergelegte Probe am besten mit dem rot umrandeten Feld übereinstimmt, dessen Relexionsgrad mit 26 % angegeben ist.

Transmissionsgrade und Strahlungstransmissionsgrade werden zweckmäßigerweise an Materialproben der verwendeten Art im Labor mit den geeigneten Messgeräten ermittelt. Dabei ist die einschlägige Norm [29] zu beachten. Muss jedoch der Transmissionsgrad τ_{D65} der Verglasung am Einbauort bestimmt werden, so kann er auch als Quotient aus einer Beleuchtungsstärkemessung E_x mit Probe und einer Beleuchtungsstärkemessung E_0 ohne Probe vor dem parallel zur Verglasung aufgestellten Photometerkopf eines Beleuchtungsstärkemessers berechnet werden.

Entsprechendes gilt für den Strahlungstransmissionsgrad τ_e unter Verwendung eines Bestrahlungsstärkemessers. Diese Geräte sollen im Bereich 300 nm $\leq \lambda \leq$ 3.000 nm wellenlängenunabhängig und cos-getreu den auftreffenden Strahlungsfluss bewerten. Sie sollten temperaturkompensiert sein und eine Ansprechempfindlichkeit von 1 W/m^2 und darunter aufweisen [127].

Der Verminderungsfaktor k_2 kann wie der Transmissionsgrad bestimmt werden, wenn der Photometerkopf eines Beleuchtungsstärkemessers parallel zur Verglasung und hinter derselben aufgestellt wird und die Ergebnisse der Messungen der noch verschmutzten und der dann gereinigten Verglasung zueinander ins Verhältnis gesetzt werden.

22 Vorstellung einiger spezieller Objekte

In den folgenden Abschnitten wird auf recht unterschiedliche Dinge eingegangen, die sich in die bisherigen Kapitel nicht sinnvoll integrieren ließen, weil ihnen recht eng begrenzte Aufgabenstellungen zugrunde lagen. Sie erscheinen jedoch insgesamt als besonders interessant für den Leser und Benutzer dieses Buches. Eine sinngemäße Nutzung bzw. Abwandlung für andere Oberlicht-Anwendungen ist nach Meinung des Autors durchaus denkbar. Die lichttechnischen Auswirkungen der Gestaltung von Dächern über Stadien und Sporthallen werden dargestellt, über den Einsatz von Oberlichtern in Lärmschutz-Einhausungen sowie über ein solares multifunktionales Gebäudesystem wird berichtet und Aufnahmen einiger großflächiger Überdachungen werden gezeigt.

22.1 Teilbare Sporthallen mit unterschiedlichen Oberlichtern

In drei dreigeteilten Norm-Sporthallen 45 m x 27 m und einer ebenfalls teilbaren Halle 90 m x 27 m (bzw. 90 m x 34,8 m inklusive Tribünen) wurden die Verteilungen der Tageslichtquotienten in den Nutzebenen – in Sporthallen in 1 m Höhe, abweichend von der üblichen Höhe von 0,85 m – gemessen [57]. Gemeinsames Kennzeichen der ansonsten unterschiedlichen Hallen ist die Verglasung mit den gleichen, weiß durchscheinenden Stegdoppelplatten (PLEXIGLAS SDP 16 Weiß 03180). Die nähere Beschreibung ihrer Anordnung wird beim jeweiligen Objekt gegeben. Aus den wiedergegebenen Fotos erkennt man sofort, dass der visuelle Eindruck einer befriedigenden Gleichmäßigkeit nur bei möglichst gleichmäßiger Verteilung nicht zu großflächiger Oberlichter gegeben ist. Deswegen sollten auch die Wände und nicht nur Decke und Fußboden hell gestaltet werden.

In allen Fällen wurden die Messungen bei bedecktem Himmel durchgeführt. Zur Verfügung stand hierfür ein quotientenbildender digitaler Tageslichtquotientenmesser [126]. Da der jeweils im Freien und ohne Einfluss der Verbauung aufgestellte Empfänger die horizontale Beleuchtungsstärke im Freien E_a mit all ihren geringen zeitlichen Änderungen bestimmte, ergab sich aus der gleichzeitig gemessenen und gleichsinnig sich verändernden Beleuchtungsstärke E_P am jeweiligen Punkt P in der Halle der Tageslichtquotient

$$D = E_a / E_P \qquad (54)$$

bereits automatisch. Gemessen wurden im Raster von 1 m (längs in der Halle ausgelegter Schnüre mit entsprechenden Markierungen) die Tageslichtquotienten D_h für horizontale Lage des Empfängers und die vier Werte $D_{v,A}$, $D_{v,B}$, $D_{v,C}$ und $D_{v,D}$ für vertikale Lage des Empfängers, wobei dieser gegen die jeweilige Wand (A … D) gerichtet wurde. Die einander entgegengesetzten Richtungen A und C gelten für die Orientierungen gegen die Längsseiten, die einander entgegengesetzten Richtungen B und D für die Orientierungen gegen die Stirnwände. Der Mittelwert

$$D_z = (D_{v,A} + D_{v,B} + D_{v,C} \text{ und } D_{v,D}) : 4 \qquad (238)$$

aus diesen 4 jeweils am gleichen Punkt P gemessenen Werten ergibt praktisch den auf der zylindrischen Beleuchtungsstärke basierenden Wert des Tageslichtquotienten D_z.

Die Norm DIN 67526 [58] fordert einen mittleren horizontalen Tageslichtquotienten $D_h \geq 4\ \%$, einen minimalen horizontalen Tageslichtquotienten $D_{min} \geq 2\ \%$ und eine

Gleichmäßigkeit $g_{1,h} \geq 1 : 2$. Die Empfehlungen für die mittleren Reflexionsgrade der Raumbegrenzungsflächen lauten:

- Boden $\rho \geq 0{,}25$
- Wände, Türen,
  Trennvorrichtungen $\rho > 0{,}45$
- Decke $\rho > 0{,}5$, anzustreben: $\rho \geq 0{,}7$
- gesamte Raumbegrenzung $\rho > 0{,}45$.

Die tatsächlichen Reflexionsgrade wurden für Boden und Wände gemessen, für die Decke geschätzt.

Aus den folgenden Beschreibungen und Ergebnissen geht hervor, wie weit diese Vorgaben bei den untersuchten Hallen erreicht werden.

1. Sattelartige Oberlichter mit Krümmung im Firstbereich

Die Bilder 22.1 und 22.2 zeigen die Wirkung der Halle ohne und mit herabgelassenem Trennvorhang. Sie hat eine Grundfläche von 45 m x 30 m einschließlich der Teleskop-Tribünen. Die Raumbegrenzungsflächen sind relativ hell: $\rho_{Boden} \approx 0{,}35$, $\rho_{Wände} \approx 0{,}4$, $\rho_{Decke} \approx 0{,}6$. Die Deckenhöhe der Halle ist 7,40 m.

Gemessen wurden die in den Bildern 22.3 bis 22.6 dargestellten Tageslichtquotienten-Verteilungen. Die Verteilung des vertikalen Tageslichtquotienten für die Hauptrichtung A gilt – auch bei den folgenden Hallen – für eine

Bilder 22.1 und 22.2:
Halle mit 3 x 4 sattelartigen Oberlichtern, im Firstbereich gekrümmt, lichte Öffnung jeweils 12,9 m x 1,4 m

Orientierung des Empfängers im Grundriss nach links und für die Hauptrichtung B im Grundriss nach oben. Die Verteilung für die Hauptrichtung C ist die Spiegelung des in Bild 22.4 dargestellten Grundrisses an der vertikalen Achse; entsprechend gilt, dass die Spiegelung des Bildes 25.5 an der horizontalen Achse die Verteilung für die Hauptrichtung D ergibt.

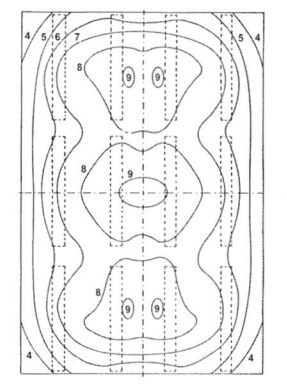

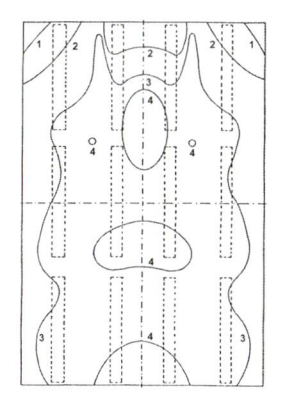

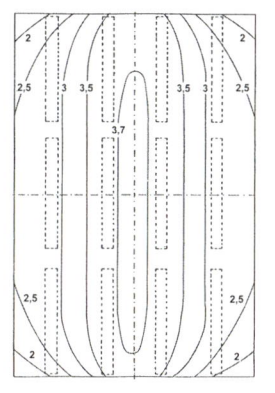

Bilder 22.3 bis 22.6:
Verteilungen von D_h $D_{v,A}$ $D_{v,B}$ D_z, jeweils in %

2. Walmdachartige Oberlichter

Über jedem der drei Hallenteile ist jeweils ein allseitig geneigtes Walmdach-Oberlicht mit einer lichten Öffnung von 5 m x 20 m angeordnet. Man erkennt aus den Bildern 22.7 und 22.8 – erwartungsgemäß – die recht geringe Gleichmäßigkeit. Trotz der Größe der Oberlichter werden diese nicht als blendend empfunden. Die Lichtschachthöhe beträgt 2,22 m, die Deckenhöhe genau 7,00 m.

Die Grundfläche misst hier genau 45 m x 27 m. Die Reflexionsgrade sind in dieser Halle: $\rho_{Boden} \approx 0{,}44$, $\rho_{Wände} \approx 0{,}33$ bzw. $0{,}09$, $\rho_{Decke} \approx 0{,}6$.

Bezüglich der Darstellung der Messergebnisse in den Bildern 22.9 bis 22.12 gilt auch hier das für das vorige Beispiel Ausgeführte.

Bilder 22.7 und 22.8:
Halle mit drei großflächigen walmdachartigen Oberlichtern

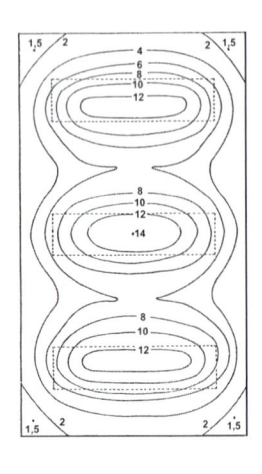

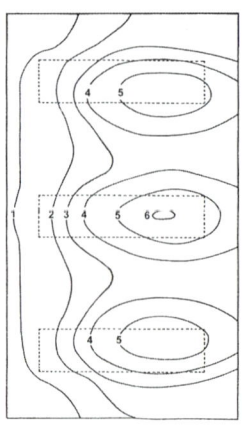

Bilder 22.9 bis 22.12:
Verteilungen von D_h $D_{v,A}$ $D_{v,B}$ D_z, jeweils in %

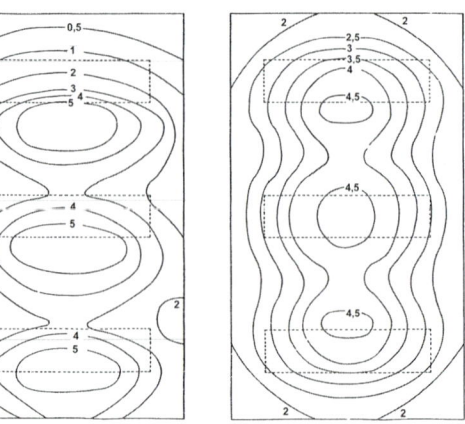

3. Satteloberlichter mit darunter angeordneter Tragkonstruktion

Hier werden 3 x 3 sattelförmige Oberlichter mit einer lichten Öffnung von 1,5 m x 10,2 m genutzt. Die unter der Dachhaut angeordnete Raumfachwerk-Tragkonstruktion, die dunkle Deckenuntersicht, die entlang den Wänden unter den Oberlichtern angeordneten Leuchtenbänder, der dunkle Fußbodenbelag und die dunklen Wände absorbieren einen großen Anteil des bereits relativ geringen durchgelassenen Lichtstroms. Die Grundfläche der in Bild 22.13 dargestellten Halle beträgt 45,4 m x 27,6 m, die Höhe der Unterkante der Deckenkonstuktion über dem Fußboden 7,00 m. In dieser Halle gelten für die Reflexionsgrade nur die sehr niedrigen Werte $\rho_{Boden} \approx 0{,}10$, $\rho_{Wände} \approx 0{,}04$ und $\rho_{Decke} < 0{,}05$.

Bezüglich der Darstellung der Messergebnisse in den Bildern 22.14 bis 22.18 gilt, dass die Verteilung für die Hauptrichtung D die Spiegelung des in Bild 22.16 dargestellten Grundrisses an der horizontalen Achse ist. Wegen der zur Längsachse der Halle unsymmetrischen Anordnung der Oberlichter sind dagegen die Verteilungen der vertikalen Tageslichtquotienten für die Hauptrichtungen A und C nicht spiegelbildlich gleich. Diese Unsymmetrie verursacht zudem eine unnötigerweise reduzierte Gleichmäßigkeit.

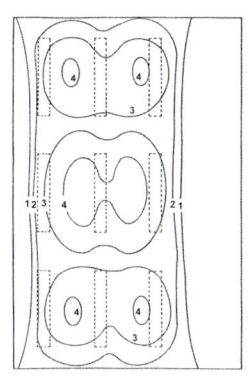

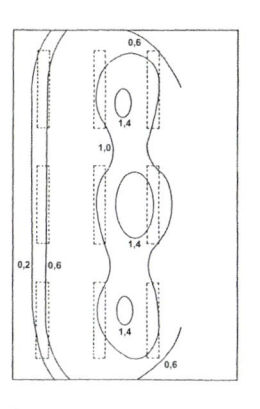

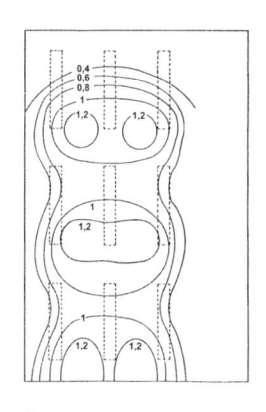

Bilder 22.14 bis 22.18:
Verteilungen von
D_h,
$D_{v,A}$, $D_{v,B}$,
$D_{v,C}$ und D_z,
jeweils in %

Bild 22.13:
Halle mit 3 x 3 sattelförmigen Oberlichtern und darunter angeordneter Tragkonstruktion

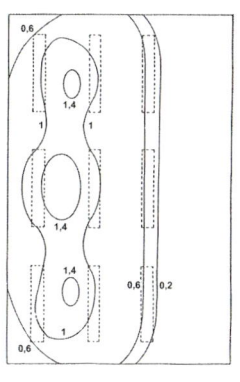

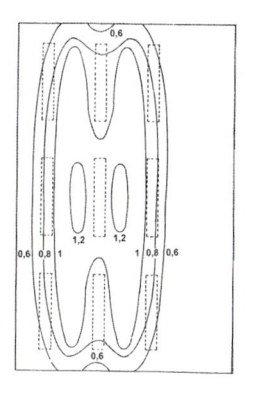

Bilder 22.19 und 22.20: Halle mit 18 65°-Sheds

4. Shed-Oberlichter

Die untersuchte Halle hat ein dreiteilbares Spielfeld von 90 m x 27 m. Nur auf einer der langen Seiten ist eine Tribüne angeordnet, so dass sich eine Gesamtgrundfläche von 90 m x 34,8 m ergibt. Die nach Norden weisende Shed-Verglasung ist 65° gegen die Horizontale geneigt. Sie erstreckt sich über die ganze Breite von 34,8 m, ist 1,71 m breit und besteht aus 18 einzelnen Bändern.

Weil sich bei den Messungen eine extrem gute Gleichmäßigkeit ergab, die durch die folgenden Bilder 22.19 und 22.20 belegt ist, wird hier auf die Darstellung der Verteilungen der Tageslichtquotienten auf dem Spielfeld verzichtet. Die Tabelle 16 enthält aber natürlich auch die Auswertung der Messergebnisse dieser Halle.

Die Halle 4 erfüllt die Anforderungen komplett, die Halle 1 nahezu. Eindeutig ist aus der Tabelle erkennbar, dass eine Aufteilung der gesamten Oberlichtfläche in viele Einzelöffnungen zu bevorzugen ist. Wenige große Öffnungen mögen geringere Baukosten verursachen, sie können aber nicht die zweckgerechte Gleichmäßigkeit schaffen. Die Überlegenheit der mit Shed-Oberlichtern versehenen Halle 4 wird mit einer größeren und damit bezüglich Wärmedämmung ungünstigeren Verglasungsfläche erkauft. Die Gleichmäßigkeit in dieser Halle wäre übrigens noch besser, wenn das letzte Shed – im Bild 22.19 rechts –

Tabelle 17:

Qualität der Beleuchtung in vier Sporthallen mit unterschiedlichen Oberlichtern im Vergleich mit den Forderungen der DIN 67526 [135]; nicht eingehaltene Werte von D_h (in %) und g_{1h}

Halle	1	2	3	4
Oberlichtform	Sattel	Walmdach	Sattel	65°-Shed
Gesamtfläche der lichten Öffnungen im Dach	216,72 m²	270,00 m²	137,70 m²	1071,14 m²
k_F = lichte Öffnungen / Grundfläche	0,16	0,22	0,11	0,342
$D_{h,min}$	3,1	1,5	0,6	3,8
$D_{h,mittel}$	7,2	7,0	2,8	5,1
$D_{h,max}$	9,1	14,0	4,4	6,5
g_{1h}	1 : 2,3	1 : 4,7	1 : 4,4	1 : 1,3

Tabelle 18:
Weitere Kriterien für die Güte der Beleuchtung der vier Hallen mit Tageslicht; gemäß DIN 67526 unzureichende Reflexionsgrade rot

Halle	1	2	3	4
$D_{v,a}$ (min / mittel / max)	0,7 / 3,1 / 4,4 %	0,5 / 3,2 / 6,0 %	0,03 / 0,9 / 1,46 %	0,5 / 1,7 / 2,9 %
$D_{v,b}$ (min / mittel / max)	0,8 / 3,3 / 4,6 %	0,4 / 3,2 / 6,4 %	0,02 / 0,8 / 1,44 %	0,8 / 2,0 / 3,3 %
$D_{v,c}$ (min / mittel / max)	0,7 / 3,1 / 4,4 %	0,5 / 3,2 / 6,0 %	0,03 / 0,9 / 1,46 %	0,5 / 1,7 / 2,9 %
$D_{v,d}$ (min / mittel / max)	0,8 / 3,3 / 4,6%	0,4 / 3,2 / 6,4 %	0,02 / 0,8 / 1,44 %	0,7 / 1,5 / 3,3 %
D_z (min / mittel / max)	1,7 / 3,1 / 3,9 %	1,4 / 3,2 / 4,9 %	0,3 / 0,8 / 1,2 %	1,0 / 1,7 / 2,5 %
$g_{1v,a}$	1 : 4,4	1 : 6,4	1 : 28,6	1 : 3,4
$g_{1v,b}$	1 : 4,1	1 : 8,0	1 : 40,5	1 : 2,5
$g_{1v,c}$	1 : 4,4	1 : 6,4	1 : 28,6	1 : 3,4
$g_{1v,d}$	1 : 4,1	1 : 8,0	1 : 40,5	1 : 2,1
g_{1z}	1 : 1,8	1 : 2,3	1 : 3,0	1 : 1,7
$100 \cdot k_F / D_{h,mittel}$	2,22	3,14	3,93	6,71
ρ_{Boden}	0,35	0,44	0,1	0,1
$\rho_{Wände}$	0,4	0,33 (0,09)	0,04	0,44
ρ_{Decke}	0,6	0,6	< 0,05	0,65

eine zusätzliche Öffnung nach Süden hätte und damit die Wand zusätzlich aufgehellt würde. Wäre die tragende opake Shed-Rückseite weniger steil ausgeführt worden, könnten das Himmelslicht besser ausgenutzt und die Verglasungsfläche deutlich verkleinert werden.

In Halle 3 sind der Anteil der Dachöffnungen an der Grundfläche und die Reflexionsgrade der Raumbegrenzungsflächen zu niedrig, so dass sich ein unzureichender Tageslichtquotient ergeben muss, der unnötig lange Zusatzbeleuchtung durch Kunstlicht notwendig macht.

Die Erkennbarkeit vertikaler Flächen (Sportler, Geräte …) ist natürlich besser, wenn auch die vertikalen Beleuchtungsstärken bzw. Tageslichtquotienten hoch sind. Statt vieler vertikaler Einzelwerte haben sich die zylindrischen Beleuchtungsstärken bzw. Tageslichtquotienten zur einschlägigen Kennzeichnung durchgesetzt; allerdings gibt es in Normen noch keine Empfehlungen zu den notwendigen Werten. Tabelle 17 enthält die relevanten Kennzahlen der Hallen, die sich aus den Messergebnissen ableiten lassen. Betrachtet man die Relationen zwischen den zylindrischen Tageslichtquotienten und den Reflexionsgraden der Raumbegrenzungsflächen, erkennt man sofort, wie nützlich eine helle Raumgestaltung bezüglich Erkennbarkeit vertikaler Gegenstände und Gleichmäßigkeit der Beleuchtung ist. Die grobe Dimensionierungsregel, wonach für jedes Prozent Tageslichtquotient etwa 2 % der Dachfläche mit Oberlichtern (mit nahezu waagerechtem Rand) versehen werden sollten, wird bei der recht hellen Halle 1 gut bestätigt. Das zeigt die Zeile „$100 \cdot k_F / D_{h,mittel}$"; statt des Faktors 2 ergibt sich ein Faktor 2,2. Große Schachthöhe und dunkle Wände bedingen mit einem Verhältnis von 3,14 : 1 einen deutlich höheren Bedarf an Oberlichtern. Erwartungsgemäß ist der Wert für Halle 3 mit 3,93 : 1 noch ungünstiger. Halle 4 ist mit Shed-Oberlichtern ausgestattet. Hier wirkt sich der Verminderungsfaktor k_γ aus, der berücksichtigt, dass nur ein Teil des Himmelsgewölbes beleuchtungstechnisch wirksam werden kann. Er ist nach DIN 5034 ([16], [52]) mit $k_\gamma \approx 0{,}58$ anzunehmen. Die Berichtigung des aus den Messergebnissen berechneten Wertes ergibt 6,71 · 0,58 = 3,89, einen unerwartet hohen Wert. Der Grund dafür ist in der ungünstigen Form der Betonrückseite der Sheds zu suchen, die den ausnutzbaren Teil des Himmelsgewölbes weiter einschränkt. Die Vermeidung der oben erwähnten lichttechnischen Konstruktionsschwächen würde zu besseren Ergebnissen führen, ohne dass sich höhere Baukosten ergeben müssten.

22.2 Tennishallen

Tennis als schnelles Spiel verlangt eine besondere Art der Beleuchtung [132]. Die Anforderungen ergeben sich aus den kleinen Sehwinkeln und dem Kontrast zwischen Ball und Hintergrund; die physiologisch-optischen Grundlagen (Unterschiedsempfindlichkeit und Unterschiedsempfindungsgeschwindigkeit) wurden bereits in Kapitel 4 dargestellt. Die Größe des Tennisplatzes ist 36,57 m x 18,27 m. Für einen Spieler erscheint der Ball bei einer Entfernung von 35 m unter 6,5', für einen Zuschauer bei einer Entfernung von 50 m unter 4,5'. Der Reflexionsgrad des Balles beträgt 0,4 bis 0,8, der Reflexionsgrad der Spielfläche sollte zwischen 0,15 und 0,3 liegen. Daraus ergeben sich Kontraste von $\Delta L / L = 0,5 ... 4$. Auch die Wände – zumindest hinter den Grundlinien – sollten diesen Reflexionsgrad aufweisen. Für Trainingsspiele wird eine horizontale Beleuchtungsstärke von 200 lx, für Wettkämpfe eine solche von 400 bis 800 lx empfohlen; die Planungswerte sollten um den Faktor 1,25 höher liegen. Fliegt der Ball von einer helleren in eine dunklere Zone oder umgekehrt, so scheint seine Geschwindigkeit zu- oder abzunehmen. Sprunghafte Helligkeitsunterschiede sind daher zu vermeiden. Die Gleichmäßigkeit soll deswegen mindestens $g_1 = 1 : 1,5$ bzw. $1 : 1,3$ betragen. Um die Blendung der Spieler möglichst zu begrenzen, sollen die Lichtquellen – also auch die Oberlichter – außerhalb der Spielfläche hinter deren beiden Längsseiten angeordnet werden (vgl. Bild 22.21). Eine maximale Leuchtdichte von etwa 4.000 cd/m^2 ist anzustreben.

Die Bilder 22.22 und 22.23 zeigen eine Tennishalle mit drei Spielfeldern. Die Beleuchtung mit Tageslicht durch eine senkrechte, lichtstreuende Verglasung mit zusätzlichen schrägen, diffusen Reflexionsflächen wird von den Spielern besonders gut beurteilt.

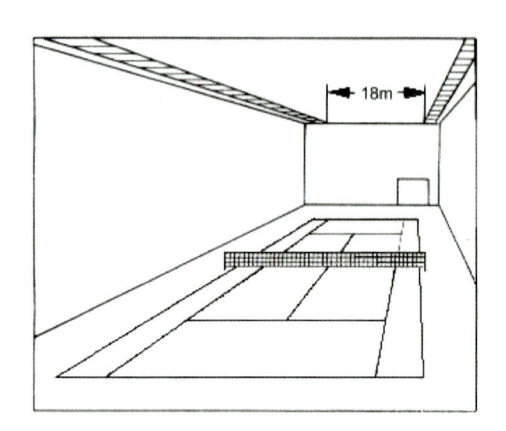

Bild 22.21:
Zweckmäßige Anordnung von Oberlichtern in Tennishallen

Deutlich geringer ist die Gleichmäßigkeit unter den in den Bildern 22.24 und 22.25 dargestellten Dächern über zwei anderen Hallen mit mehreren Spielfeldern. Die Lage der Oberlichter ist zwar korrekt, doch hätte eine hellere Gestaltung des Lichtschachtes die Beleuchtungsverhältnisse (Bild 22.22) wesentlich verbessern können. Die Schwachpunkte liegen – infolge der dort geringeren Deckenhöhe – besonders in der Nähe der Wände.

Bilder 22.22 und 22.23:
Halle mit tennisgerechter Beleuchtung durch Tageslicht

Bild 22.24 und 22.25:
Tennishallen mit Oberlichtern über Lichtschächten

22.3 Lichtdurchlässige Stadiondächer

Tele und herrsche! Die Abwandlung eines Wahlspruchs aus früheren Zeiten war für die Entwicklung des durchsichtigen Daches als eines riesigen Oberlichts über den olympischen Sportstätten in München von großer Bedeutung.

Nicht die optimalen Sehbedingungen für Sportler und Zuschauer gaben den Ausschlag für die Gestaltung des

Bild 22.26:
Sonderbriefmarken-Block zu den Olympischen Spielen 1972 in München

Daches mit etwa 80.000 m², sondern die durch Übertragungsgebühren untermauerten Forderungen des Fernsehens, optimale Übertragungsbedingungen vorzufinden [134]. Aufgrund der begrenzten Möglichkeiten, hohe Kontraste mit Fernseh-, aber auch mit Film- oder Fotokameras zu übertragen bzw. zu verarbeiten, werden für die in diesem Zusammenhang besonders wichtigen vertikalen Beleuchtungsstärken E_v in den vier Hauptrichtungen A bis D parallel zu den Spielfeldkanten und für die horizontalen Beleuchtungsstärken E_h auf der Sportfläche die folgenden Gleichmäßigkeiten verlangt:

$$g_{2,v,A...D} = E_{v,A...D,min} : E_{v,A...D,max} \geq 1 : 2,5 \qquad (239)$$

$$g_{2,h} = E_{h,min} : E_{h,max} \geq 1 : 2 \qquad (240)$$

Besonders bei hochstehender Sonne und klarem Himmel ergeben sich jedoch sehr viel geringere Werte, wenn ein Teil des Sportfeldes besonnt ist, während der Rest von dem – sich zudem langsam bewegenden – Schatten eines Daches erfasst wird (vgl. Bilder 7.10 bis 7.14). Im Interesse der Zuschauer und der Sportler wird in [135] für Wettkämpfe eine Gleichmäßigkeit

$$g_{1,h} = E_{h,min} : \overline{E}_h \qquad (241)$$

gefordert. Um das einzuhalten, ist zu vermeiden, dass Schatten von Tribünen oder lichtundurchlässigen Dächern auf die Sportfläche fallen, wenn die Sonne höher als 17° über dem Horizont steht (vgl. Bild 6.5). Dächer sollten deswegen zur Sportfläche hin geneigt sein. Dächer aus durchsichtigem farblosem Material, die „Schatten" auf das Sportfeld werfen können, sollten eine zum äußeren Stadionrand hin abfallende Flanke haben. Dann ergibt sich nämlich unter Berücksichtigung der in Bild 10.10 dargestellten Winkelabhängigkeit des Transmissionsgrads bzw. trotz der entsprechenden Reflexionsverluste immer noch die erforderliche Gleichmäßigkeit $g_{1,h} \geq 1 : 2$ der Leuchtdichteverteilung auf dem Spielfeld.

Durchscheinende Dächer (möglichst aus schwach streuendem Material mit hohem Transmissionsgrad) verursachen an der Kante zwischen besonnter und unbesonnter Fläche auf dem Sportfeld Kontrastüberhöhungen, weil ein Teil des auf den randnahen Dachbereich fallenden Lichtstroms zusätzlich in den bereits besonnten Teil gestreut wird. Bei jeder Art lichtdurchlässiger Überdachungen dürfen die verwendeten Materialien die Lichtart nicht verändern sowie selbst nicht vergilben und nicht nachdunkeln. Zur leichteren Reinigung durch Niederschläge sollen die Neigung ausreichend (> 5°) und die Oberfläche glatt sein.

Die folgenden Bilder wollen die Wirkung der unterschiedlichen Dachmaterialien bei Sonnenschein veranschaulichen. Dazu wurden die Sonnenhöhe auf 60° und das Verhältnis der Beleuchtungsstärke im Dachschatten zu der im Freien praxisgerecht auf 1 : 10 eingestellt.

Lichtundurchlässiges Dach:
τ_{D65} = 0, σ nicht bestimmbar, starker Schlagschatten, Spieler im Schatten nicht zu erkennen

Farbloses durchscheinendes Dach:
τ_{D65} = 0,85, σ = 0,5, starke Kontrastüberhöhung an Schattenkante, Spieler schon gut erkennbar

Weißes durchscheinendes Dach:
τ_{D65} = 0,45, σ = 0,85, Kontrastüberhöhung an Schattenkante, Spieler besser erkennbar

Farbloses durchsichtiges Dach:
τ_{D65} = 0,92, σ = 0, geringer Leuchtdichtesprung an der Schattenkante entsprechend dem Transmissionsgrad, Spieler einwandfrei erkennbar

Bilder 22.27 bis 22.30:
Wirkung unterschiedlicher Dachmaterialien auf die Verteilung der Beleuchtungsstärken

Tabelle 19:

Beleuchtungsstärkeunterschiede bzw. Gleichmäßigkeiten für verschiedene Materialien und Sonnenhöhen

Material	$g_{2,h}$ für $\varepsilon =$		
	60°	30°	10°
$\tau_{D65} = 0$	(1 : 9,23)	(1 : 4,63)	1 : 1,72
$\tau_{D65} = 0,5,\ \sigma = 1$	(1 : 5,16)	(1 : 4,21)	1 : 1,72
$\tau_{D65} = 0,92,\ \sigma = 1$	(1 : 3,85)	(1 : 3,88)	1 : 1,73
$\tau_{D65} = 0,5,\ \sigma = 1$	(1 : 2,17)	1 : 2,00	1 : 1,56
$\tau_{D65} = 0,92,\ \sigma = 0$	1 : 1,33	1 : 1,45	1 : 1,54

Die Beleuchtungsstärkeverläufe sind in [136] für Sonnenhöhen von 10°, 30° und 60° und idealisierte Materialien mit vorgegebenen lichttechnischen Stoffkennzahlen detailliert berechnet worden und stimmen mit der Anschauung gut überein. Es ergeben sich daraus die in Tabelle 19 zusammengestellten Gleichmäßigkeiten $g_{2,h}$; die eingeklammerten Werte liegen unterhalb des in [134] geforderten Minimalwerts. Erwartungsgemäß fällt der Vergleich der unterschiedlichen Dachmaterialien eindeutig zugunsten des farblosen durchsichtigen Materials aus.

Beim Olympiadach in München wurde ein Kompromiss für den Transmissionsgrad τ_{D65} der Dachhaut gefunden. Statt des eigentlich zweckmäßigen und empfohlenen $\tau_{D65} = 0,92$ wurden die Hauptflächen mit Material eingedeckt, das $\tau_{D65} = 0,7$ hat. Nur die „Augenflächen" weisen $\tau_{D65} = 0,92$ auf (vgl. Bild 22.30). Man hatte die unbegründete Angst, dass es zu Beschwerden des Publikums über fehlenden Sonnenschutz kommen könnte. Bild 14.9 zeigt die wesentlichen Konstruktionsdetails des Münchner Olympiadaches.

Bild 22.31:

Ausschnitt aus dem Münchner Olympiadach mit grau eingefärbten Hauptflächen

Für die Fußballweltmeisterschaft 1974 wurden in Deutschland eine Reihe von Stadien mit durchsichtigen Dächern ausgestattet, beispielsweise das Berliner Olympiastadion (Bilder 22.32 und 22.33). In vielen Ländern hat man sich diesem Trend angeschlossen.

Inzwischen findet eine aufwändige Weiterentwicklung statt: mit beweglichen, bei schlechter Witterung geschlossenen Dächern versucht man nun, bestmögliche Spiel-, Beobachtungs- und Übertragungsbedingungen zu schaffen. In [137] findet man eine aktuelle Aufstellung der anstehenden Projekte.

Bilder 22.32 und 22.33: Dach des Berliner Olympiastadions

Bilder 22.34 und 22.35: Farblose PC-Stegdoppelplatten in den Stadiondächern von Leverkusen (im Bau) und Nürnberg

22.4 Hillside Escalator Cover

Das wahrscheinlich längste durchgehende Oberlicht der Welt kann man in Hongkong sehen. Über zunächst etwa 0,8 km steigt dieser überdachte Fußweg – zum Teil mit Rolltreppen – vom Stadtteil Central mit seinen vielen Arbeitsplätzen bergauf bis zum Bereich Mid-Levels und seinen Wohngebieten. Die Menschen können bequem oberhalb des Autoverkehrs den Weg zurücklegen, ohne zweimal täglich im Stau auf den Serpentinen der steilen Straßen stecken zu bleiben. Ca. 40 t weiß eingefärbtes Polycarbonat wurden zur Eindeckung verwendet, weil es ausreichend sicheres Brandverhalten, Sonnenschutz und gute Sicherheit vor Gegenständen bietet, die aus den benachbarten Häusern fallen könnten.

Bilder 22.36 bis 22.39:
Hillside Escalator Cover, Hongkong

22.5 Lichtdurchlässige Lärmschutzeinhausungen

Ebenfalls in Hongkong ist ein anderes besonderes Bauwerk entstanden. Durch den Flughafen-Neubau ergaben sich andere Verkehrsströme, die zu einem Stadtautobahn-Neubau im Norden der Insel Tsing Yi veranlassten. Wegen der bereits vorhandenen Hochhausbebauung war Lärmschutz für diese teilweise aufgestelzte Strecke zwingend notwendig; ein künstlicher Tunnel ergab sich als einzig mögliche Lösung. Nach ersten Erfahrungen mit Tageslichtöffnungen in Wänden und Decke einer Lärmschutzeinhausung (Choi Hung Interchange nahe dem früheren Flughafen Kai Tak), die mit 18 mm dickem Acrylglas versehen worden waren, ist jetzt eine wesentlich größere Anlage in Betrieb. Die nahezu 500 m lange Strecke (Tam Kon Shan Flyover) mit dem in Bild 22.40 dargestellten Querschnitt hat durch die Betonträger unterbrochene durchscheinende, fast 3 m breite Lichtbänder über den schnelleren Innenspuren und seitliche durchsichtige Fensterwände. Die Verwendung von mehr als 20 mm dickem Acrylglas bewirkt die erforderliche Reduzierung des Schallpegels, sorgt für eine einwandfreie Erkennbarkeit des Verkehrsgeschehens und verringert die immensen Stromkosten auf etwa die Hälfte. Hinsichtlich des Materialverhaltens übernahm man die Anforderungen der deutschen Vorschriften (ZTV-Lsw 88, [131]). Es wurden spezielle Dimensionierungs-Tabellen und ein universelles Software-Paket für derartige Bauwerke (mit Veränderungsmöglichkeiten für jede einzelne Tageslichtöffnung) entwickelt, die inzwischen auch an anderer Stelle geplant werden ([128], [129]). Die Regeln zur Gestaltung von Tunneln hinsichtlich des örtlichen bzw. zeitlichen Adaptationsverlaufs [130] sind bei Lärmschutzeinhausungen der beschriebenen Art leicht einzuhalten.

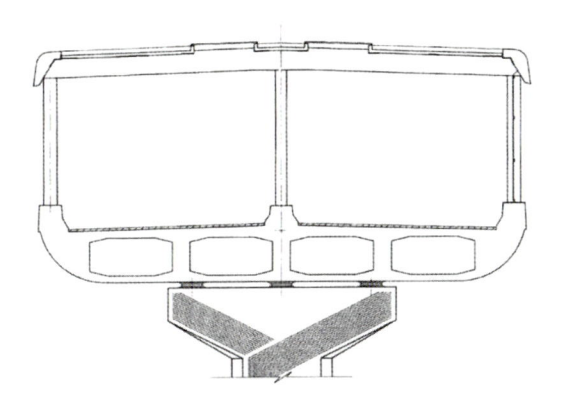

Bilder 22.40 bis 22.43:
Lärmschutzeinhausung einer Stadtautobahn auf der Insel Tsing Yi, Hongkong

Bilder 22.44 und 22.45:
Durchsichtig verglaste Lärmschutzeinhausungen am Monte Barro

Eine andere Lösung für das gleiche Problem „durchsichtiger Lärmschutz" wurde in Italien gefunden. Die Bilder 22.44 und 22.45 zeigen die Halbzylinder aus 15 mm dickem farblosen Acrylglas vor der Tunnelein- bzw.-ausfahrt am Monte Barro (Lecco).

Man hat dabei allerdings nicht die Chance genutzt, durch eine zum Tunnelmund hin dichter werdende Einfärbung die Adaptation an die geringere Leuchtdichte im Tunnel bereits vor der eigentlichen Strecke im Innern des Berges zu beginnen und damit die elektrische Beleuchtung zu reduzieren. Für Hochgebirgstunnel in Österreich war diese zusätzliche Idee bereits bis zur Präsentation eines Modells gediehen (Bilder 22.46 und 22.47). Hier war innerhalb kurzer Zeit mit Schneeverwehungen vor der Tunneleinfahrt zu rechnen. Gebaut wurde schließlich eine Strecke ähnlich einer üblichen Lawinengalerie mit seitlicher Verglasung.

Bei Aschaffenburg ist gerade eine ganz andere Konstruktion im Entstehen, die in jeder Fahrtrichtung jeweils drei Spuren überspannen wird. Zumindest über der inneren Fahrbahn, streckenweise auch auf beiden Seiten ist eine etwa 45° geneigte, durchscheinende, leicht grünstichige Verglasung vorgesehen. Die Einhausung wirkt – noch unverglast – recht düster; den Bauzustand Anfang des Jahres 2003 zeigen die Bilder 22.48 bis 22.51.

Bilder 22.46 und 22.47:
Adaptationsstrecken vor Alpentunneln (Modell)

Bilder 22.48 bis 22.51:

Bautenstand einer Lärmschutzeinhausung an der A3 bei Aschaffenburg Anfang des Jahres 2003

22.6 Solares multifunktionales Gebäudesystem (SMG)

In diesem Abschnitt soll ein äußerst interessant erscheinendes, aus vorgefertigten Bauelementen schnell und mit üblichen Baukosten zu errichtendes, passiv- und aktivsolares Leichtbau-Gebäudesystem mit speziellen Oberlichtern vorgestellt werden, das ursprünglich für ein Forschungsvorhaben entwickelt wurde.

Das in Bild 22.52 als Modell dargestellte, weitgehend vorgefertigte, eingeschossige Gebäude mit einer modular erweiterbaren Grundfläche von 16 m x 16 m stellt eine fast völlig lichtdurchlässige Klimahülle dar. Eine mehrfache Wiederverwendbarkeit ist bei einem Standortwechsel aufgrund der überwiegenden Fertigteibauweise problemlos möglich.

Das Gebäude bietet die Voraussetzungen für tageslichttechnisch optimierte Arbeit und verlangt nur minimalen Aufwand für die Heizung. Ein behagliches Innenraumklima wird zu jeder Zeit durch regelbare Schattier- und Dämmelemente ermöglicht.

Geplant wurde bisher der Einsatz als temporäres Gebäude für eine Bankfiliale und als Kindergarten.

Bild 22.52:

Modellfoto eines SMG-Hauses

Oberlichter I Licht und Sehen I Tageslicht und Globalstrahlung I Materialien und Herstellung I Planung und Dimensionierung I Spezielle Objekte

Im Folgenden soll unter Bezug auf die Querschnittszeichnung in Bild 22.53 die Wirkungsweise grob erläutert werden. Für detaillierte Auskünfte kann der Leser sich per E-Mail direkt an den Architekten [141] wenden: oleiko@t-online.de.

Die Versorgung des Gebäudes (Wasser, Abwasser, Strom, Gas, Telefon) erfolgt über einen zentralen Versorgungskanal 1, der gleichzeitig Fundamentfunktionen erfüllt.

Die großflächige Verglasung in Verbindung mit Speichermassen aus porösen und mit innen liegenden Hohlräumen versehenen Recycling-Keramik-Elementen 2 reduziert die Heiz- und Betriebskosten; auch die Warmwasserversorgung ist auf diese Weise möglich.

Die großen lichtdurchlässigen Dach- und Fassadenflächen erlauben eine Aufstellung des Gebäudes unabhängig von der Himmelsrichtung. Die Forderungen der Arbeitsstättenrichtlinie nach ausreichender Größe von Ausblicksöffnungen werden dadurch automatisch eingehalten. Der große Abstand zwischen der äußeren 3 (Sicherheits-) und der inneren 4 senkrechten Verglasung erfüllt die Funktion eines Klimapuffers mit regelbaren Zuluftöffnungen 5.

Die mehrschalige, lichtdurchlässige Dachkonstruktion 6 ist deutlich geneigt, und im oberen Teil des Daches befinden sich besonders geformte, bei Bedarf zu öffnende Lufthutzen 7 (vgl. Bild 22.54). Dadurch werden auch bei Windstille eine natürliche Thermik und damit eine gute Abfuhr der überschüssigen Wärmemenge bewirkt. Der Treibhauseffekt (d. h. die in inkonsequent geplanten Gebäuden manchmal auftretenden unerträglichen raumklimatischen Bedingungen) lässt sich bei diesem Gebäudetyp weitgehend verhindern.

Das lichtdurchlässige Hohlkammersystem 8 im Dachbereich (Querschnitt jeweils 0,5 m x 2,0 m im Sparrenfeld) hat bewegliche, reflektierende Isolierklappen, die sowohl die gezielte Reduzierung der Wärmeeinstrahlung, als auch Blendfreiheit im Gebäudeinneren ermöglichen. In der Dachkonstruktion optional angeordnete Solarmodule 9 können die netzunabhängige Stromversorgung für die Bewegung der Klappen gewährleisten.

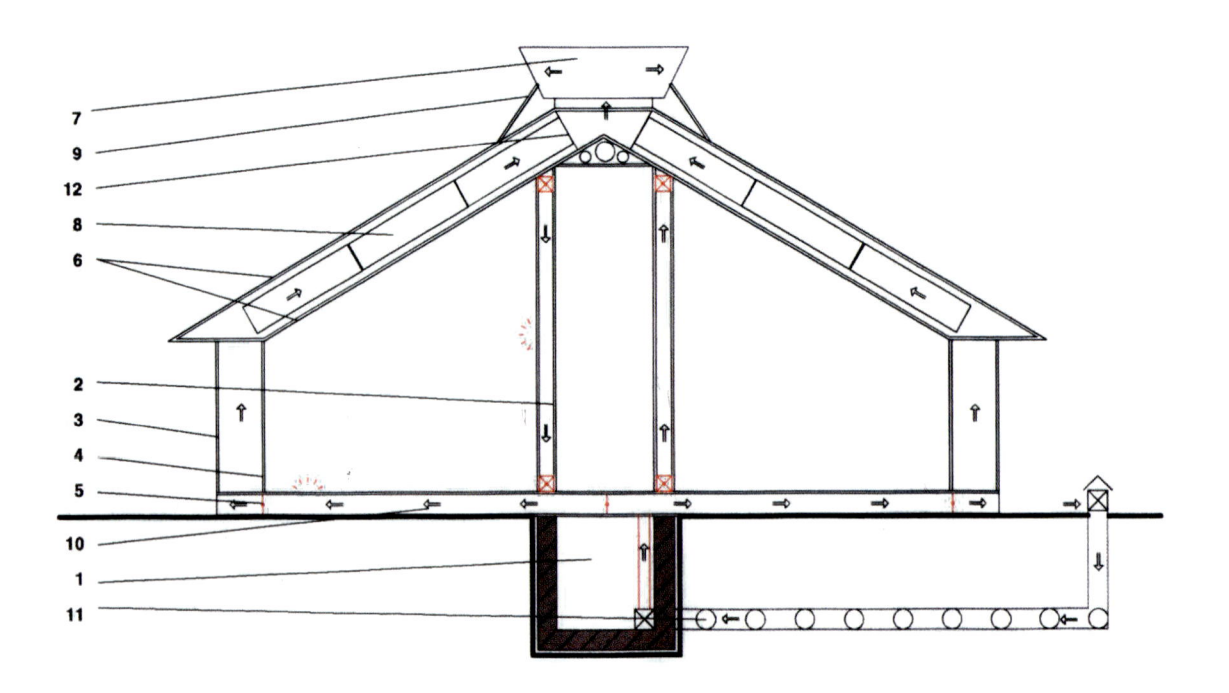

Bild 22.53: Querschnitt des SMG-Hauses und Erläuterung der Wirkungsweise

Bild 22.54:
Lufthutzen an einem ausgeführten SMG

Am unteren Ende der äußeren Glasfassade tritt Außenluft ein. Sie steigt in der Klimapufferzone nach oben und durchströmt dann unter weiterer Erwärmung die Hohlkammern im Dachbereich. Die im Firstbereich befindlichen Lufthutzen lassen die erwärmte Luft im Sommer beschleunigt wieder austreten. Ihr großer Querschnitt erlaubt das Durchströmen großer Luftmengen und eine Kühlung des Dach-Luftraums nahezu auf die Temperatur der Außenluft. Auch eine zugfreie Querlüftung des Gebäudes ist möglich, wenn die Deckenklappen und die Lufteintritts- und Luftaustrittsöffnungen geöffnet werden. Im Winter wird man die Klappen möglichst lange offenhalten und die Lufteintritts- und -Luftaustrittsöffnungen verschließen, um die eindringende Globalstrahlung kostensparend zur Raumheizung zu nutzen.

Die Tragkonstruktion des Gebäudes besteht aus Holzleimbindern bzw. aus Stahlleichtbau-Elementen. Die Außenwände bilden wetterbeständige abgesperrte Holzbauplatten. Zwischen ihnen und den Innenwänden befindet sich eine gut wärmedämmende Schicht.

Der Fußboden besteht aus nach unten isolierenden Betonplatten 10, in die mäandrierende Rohre eingelassen sind. Sie dienen der Niedertemperatur-Heizung durch Warmluft – ähnlich der Hypokausten-Heizung aus römischer Zeit. Ein Teil des Fußbodens und der Wände wird aus speicherfähigen Hohlkammer-Bauteilen (Beton- bzw. Ziegelhohlkörper) hergestellt, die ein gleichmäßiges behagliches Raumklima schaffen.

Spezielle großflächige, poröse, mit Hohlkammern versehene und speicheraktive Fertigbauteile 2 aus einer Recycling-Keramik werden hauptsächlich als Innentrennwände eingesetzt. Sie stehen in Verbindung mit den mäandrierenden Rohren im Fußboden 10 und den Hohlräumen im Dachbereich. Im Sommer wird Außenluft durch im Erdreich befindliche und damit kühle Rohre 11 in das Gebäude transportiert. Die Sogwirkung der Lufthutzen 7 unterstützt diese Luftbewegung.

Das Bild 22.55 zeigt die Energiebilanz – bezogen auf 1 m^2 Grundfläche und die meteorologischen Daten von Berlin – zwischen durchgelassener Globalstrahlung und Wärmedurchgang infolge Temperaturunterschieds zwischen 20 °C innen und der Außentemperatur. Deutlich erkennt man die durch das Schließen der Klappen 12 erzielbare extreme Reduzierung des winterlichen Bedarfs an Zusatzheizung und den damit verbundenen Einspareffekt.

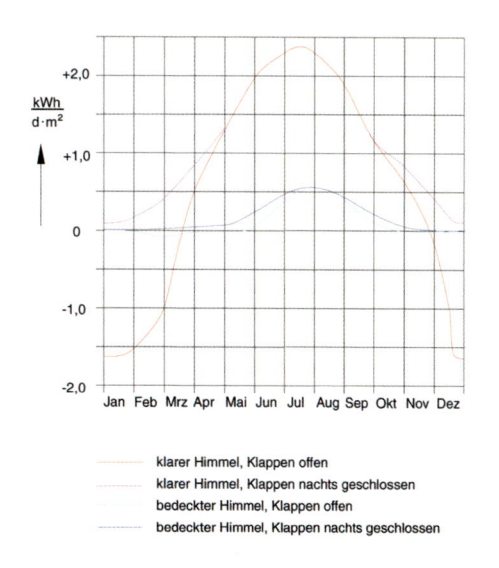

klarer Himmel, Klappen offen
klarer Himmel, Klappen nachts geschlossen
bedeckter Himmel, Klappen offen
bedeckter Himmel, Klappen nachts geschlossen

Bild 22.55:
Energiebilanz für 1m^2 Grundfläche des SMG-Hauses

22.7 Großflächige Überdachungen

Bis zum Ende der ersten Hälfte des 20. Jahrhunderts wurden große Gewölbe für Einkaufspassagen, Bahnhofshallen, Schaugewächshäuser usw. ausschließlich mit Glas, und zwar aus Sicherheitsgründen oft mit Drahtglas, lichtdurchlässig gestaltet. Dabei verlangt die Verwendung von Glas (Bilder 22.56 bis 22.58) eine sehr steife Unterkonstruktion.

Im anschließenden Kunststoffzeitalter wurde zwar das Prinzip der weit spannenden Traggewölbe übernommen, die anderen Materialeigenschaften der Kunststoffe (geringere Bruchempfindlichkeit, niedrigerer Elastizitätsmodul und damit Biegbarkeit, thermische Formbarkeit) führten jedoch zu wesentlich filigraner wirkenden Konstruktionen (Bilder 22.65 bis 22.77). Sehr häufig werden Einkaufszentren, Tankstellen, Bahnhöfe und Sportstadien einladend hell und gegen Witterungseinflüsse schützend mit Überdachungen aus Kunststoffen versehen.

Neue Techniken im Glasbau brachten dann wiederum eine Renaissance auch beim Einsatz dieses Materials bei noch sehr jungen Bauwerken, etwa beim Fernbahnhof Frankfurt-Flughafen, bei der Haupthalle der Leipziger Messe oder beim Bahnhof Berlin-Spandau, wie es die Bilder 22.59 bis 22.64 zeigen.

Einige Bildbeispiele sollen diese Entwicklungstendenzen illustrieren; das Spektrum reicht von der oft zitierten Galeria in Mailand bis zum 5.500 m² großen Sonnenschutzgewölbe aus grau eingefärbtem Polycarbonat im Einkaufszentrum am Bahnhof Tai Wo in Hongkong.

Bilder 22.56 bis 22.58:
Großflächige Überdachungen mit Glas in traditioneller Bauweise

Bilder 22.59 bis 22.64:

Großflächige Überdachungen mit Glas in neuerer Bauweise

Oberlichter | Licht und Sehen | Tageslicht und Globalstrahlung | Materialien und Herstellung | Planung und Dimensionierung | Spezielle Objek

Bilder 22.65 und 22.66:

Polycarbonat (hinten) statt Glas (vorn); Umrüstung der Oberlichter im Leipziger Hauptbahnhof

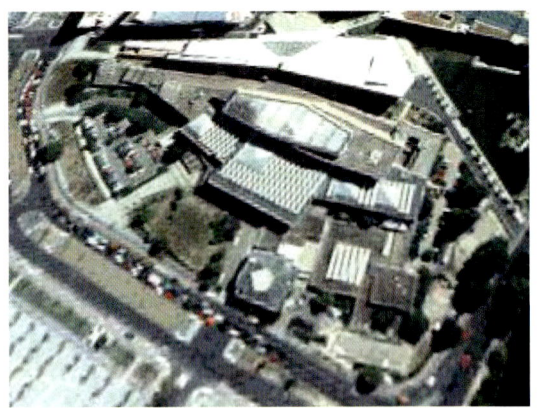

Bilder 22.67 bis 22.69:

Große Oberlichter verschiedener Art auf der Staatsbibliothek in Berlin und Lichtverteilung im Inneren

Bilder 22.70 bis 22.77:

Verschiedene großflächige Überdachungen mit Kunststoffen

Inhalt der beiliegenden CD

Die umfangreichen Detailinformationen zum Thema „Oberlichter" werden aus Platzgründen auf der beiliegenden CD zusammengefasst. Im Buch wird mit „123..." auf die Dateien zum jeweiligen Thema hingewiesen. Alle Dateien basieren auf Microsoft Office 97. Die WORD-Dateien (*.DOC) sind zusätzlich als *.PDF-Dateien mit gleicher Bezeichnung enthalten, so dass sie auch mit Acrobat Reader gelesen werden können. Das folgende Inhaltsverzeichnis ermöglicht die Auswahl von Informationen ohne vorherige Suche im Buch. Zusätzlich sind alle Bilder separat abgespeichert. Deren Dateien haben sehr ähnliche Bezeichnungen wie im Buch, wenn sie dessen Bilder betreffen; es wurde lediglich der Punkt durch einen Bindestrich ersetzt, also wird z. B. aus **Bild 19.7** → 19-7.TIF. Der jeweils dargestellte Inhalt ist in Bilder.DOC aufgelistet. Die darüber hinaus in den Präsentationen auf der CD zusätzlich verwendeten Bilder haben andere Bezeichnungen. Deren Zuordnung von Bildnummern und Bezeichnungen ist in Liste.DOC enthalten.

Inhalt der Zusatzinformationen auf der CD

In manchen Fällen ergibt sich bedingt durch die verwendete Software eine gegenüber dem gedruckten Text etwas abweichende Schreibweise, z. B. erscheinen Mehrfach-Indices auf der Grundlinie.

3A.DOC	Spektraler Hellempfindlichkeitsgrad für Tagessehen V(λ) und Nachtsehen V'(λ)
3B.DOC	Bezeichnungen optischer Strahlung und Spektralbereiche
7A.DOC	Graphische Ermittlung des Sonnenstands für beliebige geographische Orte, Jahres- und Tageszeiten nach Chroscicki
7B.DOC	Sonnenaufgangs- und Sonnenuntergangszeiten sowie Tageslängen für 54°, 51° und 48° nördlicher Breite, also für nördliches, mittleres und südliches Deutschland
8A.DOC	Horizontale Beleuchtungsstärke E_a in klx unter dem unverbauten bedeckten Himmel für 54°, 51° und 48° nördlicher Breite
8B.DOC	Horizontale Beleuchtungsstärke E_H in klx allein durch den klaren, unverbauten Himmel und durch Sonne und Himmelsgewölbe für 54°, 51° und 48° nördlicher Breite (Einzeldarstellungen in 8B-1.JPG bis 8B-6.JPG)

8C.DOC	Jahresgang der Bestrahlungsstärke der extraterrestrischen Sonnenstrahlung (Solarkonstante)
9A.DOC	Bestrahlungsstärke in W/m² bei bedecktem Himmel für 51° nördlicher Breite in Abhängigkeit von der Jahres- und der Tageszeit auf unter verschiedenen Winkeln gegen die Horizontale geneigten Flächen (Einzeldarstellungen in 9A-1.JPG bis 9A-5.JPG)
9B.DOC	Bestrahlungsstärke in W/m² bei klarem Himmel für 51° nördlicher Breite in Abhängigkeit von der Jahres- und der Tageszeit für verschiedene Orientierungen α_F und Neigungen γ_F der jeweiligen Flächen
9C.DOC	Relative spektrale Strahlungsverteilung der Globalstrahlung für Luftmasse m = 2, multipliziert mit der spektralen Bandbreite
9D.DOC	Tägliche Bestrahlung einer 1 m² großen, ν = 0°, 15°, 30°, 45°, 60°, 75° und 90° gegen die Horizontale geneigten und in die jeweils angegebene Richtung orientierten Fläche bei klarem und bei bedecktem Himmel im Jahresverlauf
10A.DOC	Relative spektrale Strahlungsverteilung $(S_{\lambda,D65})_{rel}$ der Normlichtart D65 und Produkt $[S_{\lambda,D65} \cdot V(\lambda)]_{rel}$ aus dieser Verteilung und dem relativen spektralen Hellempfindlichkeitsgrad des menschlichen Auges für das Tagessehen $V(\lambda)$
10B.DOC	Einige typische lichttechnische und strahlungsphysikalische Kennzahlen lichtdurchlässiger Materialien (einschalig)
10C.DOC	Wirksame Transmissionsgrade $Tau_{\alpha,\gamma}$ liegender Halbzylinder bzw. gewölbeförmiger Oberlichter aus unterschiedlichen Verglasungsmaterialien bei Beleuchtung durch die Sonne in Abhängigkeit von der Azimutdifferenz α zwischen Sonne und Normaler zu dessen Achse und für verschiedene Sonnenhöhen γ (zweiter Index)
10D.DOC	Mittlerer wirksamer Transmissionsgrad eines horizontal liegenden, mit farblosem Acrylglas einfach verglasten Halbzylinders im Jahresverlauf; berechnet für 51° nördlicher Breite und unterschiedliche Orientierungen der Normalen auf seine Achse (Azimut α = 0°: N, α = 90°: O ...)
11A.DOC	Graphische Ermittlung der strahlungsphysikalischen aus den spektralen Stoffkennzahlen; Gesamtfläche 200 cm² (Planimetrier-Vorlage)
12A.DOC	Auswahl der maximalen Abmessungen und Toleranzen einiger typischer Glasprodukte
12B.DOC	Auswahl der maximalen Abmessungen einiger typischer Kunststoffprodukte
12C.DOC	Physikalische Kennwerte von Verglasungsmaterialien
12D.DOC	Europäische Klassen des Brandverhaltens von Bauprodukten (mit Ausnahme von Bodenbelägen)

14A.DOC	Bauaufsichtliche Zulassungen von Oberlichtbändern
14B.DOC	Eine Auswahl berufsgenossenschaftlicher Regeln, Grundsätze und Informationen mit Belang für Oberlichter
16A.DOC	Für Oberlichter relevante Regeln der bis Oktober 2002 gültigen Musterbauordnung
16B.DOC	Besonnbarkeit von Shed-Öffnungen, die um γ_F gegen die Horizontale geneigt sowie in nördliche Azimutrichtungen α orientiert sind, in Abhängigkeit von Jahres- und Tageszeit sowie die jeweiligen Lichteinfallswinkel
17A.DOC	Graphische Ermittlung von $D_{H,r}$ in einer horizontalen Ebene unter einem horizontalen Oberlicht aus den geometrischen Verhältnissen $p = l / h$ und $q = b / h$
17B.DOC	Graphische Ermittlung von $D_{H,r}$ in einer vertikalen Ebene unter einem horizontalen Oberlicht aus den geometrischen Verhältnissen $p = l / h$ und $q = b / h$
17C.DOC	Graphische Ermittlung von $D_{H,r}$ in einer horizontalen Ebene hinter einem vertikalen Fenster aus den geometrischen Verhältnissen $p = h / l$ und $q = b / l$
17D.DOC	Sonnenstandsdiagramme für südliches, mittleres und nördliches Deutschland (48°, 51° und 54° nördlicher Breite) in stereographischer Projektion; nutzbar zusammen mit dem Hilfsdiagramm zur Projektion horizontaler und vertikaler Kanten in das Sonnenstandsdiagramm (⊚17E.DOC)
17E.DOC	Hilfsdiagramm zur Projektion horizontaler und vertikaler Kanten in das Sonnenstandsdiagramm (⊚17D.DOC)
17F.DOC	Zur Handhabung des Dow-Bowley XY Sky Factor Protractor [63]
17G.DOC	Graphisches Verfahren zur näherungsweisen Ermittlung des Tageslichtquotienten unter Oberlichtern nach Sain, Rockwell und Davy [69]
17H.DOC	Himmelslichtdiagramm
17I.DOC	Verminderungsfaktor k_e zur Berücksichtigung der Wirkung eines Lichtschachtes mit unterschiedlichen Neigungswinkeln γ_W (ke45 für $\gamma_W = 45°$, ke60 für $\gamma_W = 60°$ und ke90 für $\gamma_W = 90°$), für einen Reflexionsgrad $\rho_S = 0{,}55$ und verschiedene Kombinationen von lichter Länge a_S und lichter Breite b_S der Schachtöffnung (jeweils in m); Schachthöhe $h_S = 0{,}5$ m und $h_S = 1{,}0$ m

18A.DOC	Durch eine Einfachverglasung pro Flächeneinheit hindurchtretender Strahlungsfluss		
	Orientierung	Neigung	Himmelszustand
18A-1.DOC	0° (N)	0°, 15°, ... 90°	klar und bedeckt
18A-2.DOC	45° (NO)	0°, 15°, ... 90°	klar und bedeckt
18A-3.DOC	90° (O)	0°, 15°, ... 90°	klar und bedeckt
18A-4.DOC	135° (SO)	0°, 15°, ... 90°	klar und bedeckt
18A-5.DOC	180° (S)	0°, 15°, ... 90°	klar und bedeckt
18A-6.DOC	225° (SW)	0°, 15°, ... 90°	klar und bedeckt
18A-7.DOC	270° (W)	0°, 15°, ... 90°	klar und bedeckt
18A-8.DOC	315° (NW)	0°, 15°, ... 90°	klar und bedeckt

18B.DOC   Bilanzen von Strahlungsfluss und Wärmestrom durch 50 m² flache Oberlichter für bedeckten und für klaren Himmel in Berlin und München

20A.DOC   Projektkostenanalyse (Payback-Rechnung) am Beispiel einer Versandhalle der Firma Baby-Walz in Bad Waldsee

5034-6.PPT   Oberlichter dimensionieren

OBERLICHTER.PPT   Oberlichter und Überdachungen – Eine Fotosammlung

GROSSDACH.PPT   Großflächige lichtdurchlässige Überdachungen

HONGKONG.PPT   Bildbeispiele von Oberlichtern in Hongkong

Glossar

In diesem Abschnitt sollen einige lichttechnische Fachausdrücke ohne ausführliche normgerechte oder mathematische Definitionen kurz erläutert werden.

Absolutblendung
Eine unzweckmäßige Verteilung von Leuchtdichten im Gesichtsfeld macht das Sehen durch Einsetzen von natürlichen Schutzreflexen unmöglich

Absorptionsgrad
Verhältnis des von einem Material in sich aufgenommenen und letztlich in Erwärmung umgesetzten Lichtstroms bzw. Strahlungsflusses zum auftreffenden Lichtstrom bzw. Strahlungsfluss

Adaptation
Anpassung der Empfindlichkeit des Auges an die jeweilige Umgebungshelligkeit

ähnlichste Farbtemperatur
Temperatur des Planckschen bzw. Schwarzen Strahlers, bei der dessen Farbe derjenigen einer anderen Lichtquelle am ähnlichsten ist

Akkomodation
Änderung der Brennweite des Auges, um Dinge in unterschiedlichen Entfernungen scharf sehen zu können

Außentageslichtquotient
Verhältnis der Beleuchtungsstärke auf der Außenseite des Oberlichts zur Beleuchtungsstärke im Freien unter dem unverbauten Himmelsgewölbe

Azimut
Winkel zur Kennzeichnung einer Richtung in der Ebene des Horizonts

bedeckter Himmel
Gleichmäßig bedeckter Himmel; im Zenit dreimal heller als am Horizont; üblicherweise vorausgesetzter Himmelszustand bei der Dimensionierung von Tageslichtöffnungen

Beleuchtungsstärke
Quotient aus dem auf eine Fläche auftreffenden Lichtstrom und der **beleuchteten** Fläche; Einheit: lx (= lm/m^2; Lux = Lumen pro Quadratmeter). Man unterscheidet je nach Bewertung praxisbezogen horizontale, vertikale, zylindrische, halbräumliche und Raumbeleuchtungsstärke

Belichtung
Produkt aus Beleuchtungsstärke und Dauer des Beleuchtungsvorgangs; Einheit: lx·s oder lx·h (Luxsekunde oder Luxstunde)

Besonnbarkeit
Längstmögliche Dauer, während der ein Punkt bei klarem Himmel von Sonnenstrahlen erreicht werden könnte

Bestrahlung
Produkt aus Bestrahlungsstärke und Zeit des Bestrahlungsvorgangs; Einheit: W·s/m²

Bestrahlungsstärke
Quotient aus dem auf eine Fläche auftreffenden Strahlungsfluss und der **bestrahlten** Fläche; Einheit: W/m²

Beugung
Abweichung von der geradlinigen Ausbreitung elektromagnetischer Wellen, die durch Löcher oder Spalte treten

Blendung
Verschlechterung der Sehbedingungen durch Objekte mit hoher Leuchtdichte nahe der Blickrichtung zur eigentlichen Sehaufgabe

Brechung
Änderung des geradlinigen Strahlenverlaufs an der Grenzfläche zweier unterschiedlicher Materialien

Candela
Lichttechnische Grundgröße im Internationalen Maßsystem (Kurzzeichen cd, lateinisch für „Kerze")

circadianes System
Noch nicht völlig erforschte Zusammenhänge zwischen Beleuchtungsstärke einerseits und speziellen Photorezeptoren im Auge andererseits „triggern" den Wach-Schlaf-Rhythmus, passen also die „innere Uhr" des Menschen an den 24h-Tag an

Dehnungsspiel
Notwendiger Unterschied zwischen Rahmen- und Verglasungsabmessungen zur Aufnahme der verschiedenen Längenänderungen infolge von Temperaturwechseln

Deklination
Jahreszeitlich unterschiedliche Neigung der Erdachse

diffus
Transmission und Reflexion abweichend von der regulären Richtung der Lichtstrahlen

Dunkeladaptation
Anpassung der Augenempfindlichkeit an eine geringere Leuchtdichte; dauert länger als die Helladaptation

durchscheinend
Lichtstreuend durchlässig

durchsichtig
Nicht lichtstreuend durchlässig

Elastizitätsmodul
Verhältnis der Zugspannung in einem Material zu der dadurch hervorgerufenen Dehnung

Entfernungsgesetz
Das photometrische oder quadratische Entfernungsgesetz sagt aus, dass die von einer punktförmigen Lichtquelle mit einer bestimmten Lichtstärke erzeugte Beleuchtungsstärke mit dem Quadrat der Entfernung abnimmt, wenn der Einfallswinkel gleich bleibt

Farbtemperatur
Temperatur des Schwarzen Strahlers, bei der dieser die gleiche Farbart hat wie der betrachtete Strahler

Fenster
Lichtdurchlässig gegen den Außenraum abgeschlossene Öffnung in einer Außenwand zur Versorgung des Innenraums mit Tageslicht und zum Blick nach außen

gerecktes Acrylglas
Nach Erwärmung biaxial verstrecktes PMMA mit verbesserten mechanischen Eigenschaften

gerichtet
Transmission von Lichtstrahlen unter Beibehaltung der Richtung, Reflexion von Lichtstrahlen unter dem Spiegelwinkel zur Flächennormalen

Gesamtenergiedurchlassgrad
Summe aus Strahlungstransmissionsgrad für Globalstrahlung und sekundärem Wärmeabgabegrad nach innen

gestreut
Transmission und Reflexion abweichend von der regulären Richtung der Lichtstrahlen

Gleichmäßigkeit
Verhältnis von minimalem zu mittlerem (g_1) oder minimalem zu maximalem (g_2) Wert von Beleuchtungsstärke, Leuchtdichte oder Tageslichtquotient innerhalb einer zu definierenden Fläche

Globalstrahlung
Summe von direkter und diffuser Sonnenstrahlung im gesamten Wellenlängenbereich der optischen Strahlung

Halbwertswinkel
Kennzeichnung das Lichtstreuverhalten eines schwach streuenden Materials durch den Winkel zur Flächennormalen, bei dem nur noch die Hälfte der Leuchtdichte bei senkrechter Beobachtung festgestellt wird

Helladaptation
Anpassung der Augenempfindlichkeit an eine Leuchtdichte von mehr als 30 cd/m^2

Himmelszustand
Bedeckter und klarer sowie – unter Berücksichtigung der lokalen Sonnenscheinwahrscheinlichkeit – mittlerer Himmel sind die für tageslichttechnische Fragestellungen üblichen Himmelszustände

Horizontoskop
Einfaches Hilfsgerät zur Darstellung der Besonnbarkeit eines Punktes im Jahresverlauf und zur schnellen Gewinnung unterschiedlicher tageslichttechnischer Daten

Infrarot
Optische (elektromagnetische) Strahlung im Wellenlängenbereich von 780 nm bis 1 mm

Interferenz
Überlagerung zweier von der gleichen Lichtquelle ausgehenden Wellenzüge, die zur Erhöhung oder Verringerung der Amplitude führt

klarer Himmel
Wolkenloser Himmel; unterschiedliche atmosphärische Trübung ist möglich

Kontrast
Maß für den Helligkeitsunterschied zwischen Objekt und Umfeld

Lambertscher Strahler
Strahler (oder Reflektor) mit einer von der Ausstrahlungsrichtung unabhängigen Leuchtdichte

Leuchtdichte
„Helligkeit" einer **leuchtenden** Fläche; Quotient aus dem durch eine Fläche in einer Richtung durchtretenden Lichtstrom und dem Produkt aus dem durchstrahlten Raumwinkel und der Projektion der Fläche auf eine Ebene senkrecht zur betrachteten Richtung; Einheit: cd/m^2 (= $lm/(m^2 \cdot sr)$, Candela pro Quadratmeter)

Leuchtdichtefaktor
Leuchtdichte eines Materials zur Leuchtdichte eines nicht selbstleuchtenden, ideal mattweiß reflektierenden Körpers unter gleichen Beleuchtungsbedingungen

Leuchtdichtekoeffizient
Verhältnis der Leuchtdichte eines nicht selbstleuchtenden, ideal mattweiß reflektierenden Körpers zur Beleuchtungsstärke an der gleichen Stelle unter vorgegebenen Beleuchtungs- und Beobachtungsbedingungen

Licht
Optische (elektromagnetische) Strahlung im Wellenlängenbereich von 380 bis 780 nm, die mit dem relativen spektralen Hellempfindlichkeitsgrad des menschlichen Auges für das Tagessehen $V(\lambda)$ bewertet wird

Lichtart
Relative spektrale Strahlungsverteilung von Lichtquellen; genormte Lichtarten heißen Normlichtarten

Lichtausbeute
Quotient aus abgestrahltem Lichtstrom und zu seiner Erzeugung aufgewandten (meist elektrischen) Leistung; Einheit: lm/W

Lichtkuppel
Abdeckung von Tageslichtöffnungen mit unterschiedlichen Grundrissen, Größen und Stichhöhen in nahezu flachen Dächern, fest oder beweglich, auf Aufsetzkränzen

Lichtmenge
V(λ)-getreu bewertete Strahlungsmenge; Einheit: lm·s oder lm·h (Lumensekunde oder Lumenstunde)

Lichtschacht
Konstruktion aus Aufsetzkranz und Deckendurchbruch unter Oberlichtern

Lichtstärke
Quotient aus dem von einer Lichtquelle in eine bestimmte Richtung ausgehenden Lichtstrom und dem durchstrahlten Raumwinkel; Einheit: cd (Candela)

Lichtstrom
Quotient aus Lichtmenge und Zeit; Einheit: lm (= cd·sr; Lumen)

lichttechnische Größen
Ergeben sich durch Integration der entsprechenden spektralen Größen innerhalb des sichtbaren Spektralbereichs unter Berücksichtigung von V(λ) und dem Maximalwert des photometrischen Strahlungsäquivalents

Mindestbelichtung
Aus gesundheitlichen Gründen erforderlicher Mindestwert des Produkts aus Beleuchtungsstärke und Zeit im Winterhalbjahr

mittlerer Himmel
Unter Berücksichtigung der örtlichen Sonnenscheinwahrscheinlichkeit aus bedecktem und aus klarem Himmel berechenbarer Himmelszustand; wichtig für die Berechnung von Nutzungszeit, Nutzbelichtung und Wärmeeinstrahlung

Netzhaut
Lichtempfindliche Schicht auf der Augenrückseite

Normlichtart
International standardisierte, relative spektrale Strahlungsverteilung

Nutzbelichtung
Integral der Beleuchtungsstärke durch Tageslicht an einem Punkt im Innenraum über die Arbeitszeit (Überschreitungen der Nennbeleuchtungsstärke zählen nicht)

Nutzebene
Bezugsebene in Innenräumen in 0,85 m Höhe über dem Fußboden und mit 1 m allseitigem Wandabstand

Nutzungszeit
Die relative jährliche Nutzungszeit beschreibt den Anteil des Jahres, während dessen (bei vorgegebenem täglichem Zeitraum der Nutzung eines Raumes) eine Beleuchtung allein durch Tageslicht möglich ist

Oberlicht
Lichtdurchlässig gegen den Außenraum abgeschlossene Öffnung im Dach zur Versorgung des Innenraums mit Tageslicht, z. B. Lichtkuppel oder Lichtband

optische Strahlung
Elektromagnetische Strahlung im Wellenlängenbereich von 100 nm bis 1 mm

Photometrie
Lichtmessung

Photometrisches Grundgesetz
Zusammenhang zwischen der Geometrie einer mit einer bestimmten Leuchtdichte leuchtenden und einer beleuchteten Fläche einerseits und dem übertragenen Lichtstrom andererseits

photometrisches Strahlungsäquivalent
Verhältnis von Lichtstrom zu Strahlungsfluss der jeweiligen Lichtquelle

photopisches Sehen
Tagessehen mit dem relativen spektralen Hellempfindlichkeitsgrad $V(\lambda)$ des menschlichen Auges

physiologische Blendung
Messbare Herabsetzung der Leistungsfähigkeit des Auges durch unzweckmäßige Leuchtdichteverteilung im Gesichtsfeld

Polarisation
Wellenzüge optischer Strahlung, die bevorzugte Schwingungsrichtungen aufweisen

psychologische Blendung
Störend oder unangenehm empfundene Wirkung unzweckmäßiger Leuchtdichteverteilung im Gesichtsfeld

Raumwinkel
Quotient aus der Zentralprojektion eines Gegenstands auf eine Kugel um deren Ursprung als Mittelpunkt und dem Quadrat des Radius dieser Kugel; Einheit: sr (Steradiant)

Raumwirkungsgrad
Verhältnis des Lichtstroms, der auf die Nutzebene trifft, zu dem gesamten durch Oberlichter (oder andere Tageslichtöffnungen oder aus Leuchten) in den Raum gelangten Lichtstrom

Reflexionsgrad
Verhältnis des – unter festzulegenden geometrischen Randbedingungen – von einem Material zurückgeworfenen Lichtstroms bzw. Strahlungsflusses zum auftreffenden Lichtstrom bzw. Strahlungsfluss

Reintransmissionsgrad
Verhältnis des spektralen Strahlungsflusses, der die Austrittsfläche einer homogenen, nicht streuenden Schicht erreicht, zum spektralen Strahlungsfluss, der durch die Eintrittsfläche eingedrungen ist (Transmission ohne Berücksichtigung der Brechzahl-bedingten Reflexionsverluste)

Schatten
Bereich, in den infolge der geradlinigen Ausbreitung kein Strahl von einem Punkt einer Lichtquelle gelangen kann, weil sich dazwischen ein absorbierendes oder reflektierendes Material befindet

Schleierleuchtdichte
Leuchtdichte des infolge der Lichtstreuung im Auge erzeugten Lichtschleiers, die sich den Leuchtdichten von Objekt und Umfeld überlagert und dadurch den Kontrast verringert

Schwarzer Strahler
Temperaturstrahler, dessen spektrale Strahldichte bei jeder Temperatur unabhängig von der Richtung für alle Wellenlängen den maximal von allen Temperaturstrahlern erreichbaren Wert hat

Schwellenwerterhöhung
Heraufsetzung der Unterschiedsschwelle, d. h. der nachweisbaren Leuchtdichtedifferenz, infolge Blendung

Sehschärfe
Vermögen des Auges, dicht nebeneinander liegende Konturen unterschiedlicher Leuchtdichte getrennt wahrzunehmen

sichtbarer Bereich
Wellenlängenbereich von 380 bis 780 nm

Sichtverbindung
Möglichkeit, durch durchsichtige Verglasungen im Stehen oder Sitzen ins Freie sehen zu können, um das Gefühl des Eingeschlossenseins zu verhindern und dem Auge Erholung durch Fernakkomodation zu bieten

Silhouetteneffekt
Scherenschnittartige Wahrnehmung des raumseitigen Teils eines Sehobjekts beim Blick gegen das helle Fenster

skotopisches Sehen
Nachtsehen mit dem relativen spektralen Hellempfindlichkeitsgrad $V'(\lambda)$ des menschlichen Auges

Solarkonstante
Bestrahlungsstärke der extraterrestrischen Sonnenstrahlung

Sonnenhöhe
Winkel, unter dem sich der Mittelpunkt der Sonne über dem Horizont befindet

Spannungsrisskorrosion
Rissbildung bei thermoplastischen Kunststoffen bei gleichzeitiger Einwirkung von Zugspannungen und Korrosionsmitteln (Crazing)

spektral
Größen oder Eigenschaften, die von der Wellenlänge abhängen

Stäbchen
Farbuntüchtige Sehzellen im Auge, die in dunkler Umgebung aktiv sind

Stegdoppelplatten (auch Stegdreifach- und Stegvierfachplatten)
aus thermoplastischem Material extrudierte Hohlkammer-Profilplatten, die geringes Flächengewicht, hohe Steifigkeit und gute Wärmedämmung aufweisen

Stoffkennzahlen
Kennzahlen zur Charakterisierung der Veränderung des auf ein Material auftreffenden Lichtstroms bzw. Strahlungsflusses durch Transmission, Reflexion, Absorption, Streuung und Brechung

Strahldichte
Quotient aus dem durch eine Fläche in einer Richtung durchtretenden Strahlungsfluss und dem Produkt aus dem durchstrahlten Raumwinkel und der Projektion der Fläche auf eine Ebene senkrecht zur betrachteten Richtung; Energieflussdichte; Einheit: $W/(sr \cdot m^2)$

Strahlstärke
Quotient aus dem von einer Strahlungsquelle in eine bestimmte Richtung ausgehenden Strahlungsfluss und dem durchstrahlten Raumwinkel; Einheit: W/sr

Strahlungsfluss
Quotient aus Strahlungsenergie und Zeit; Einheit: W

Strahlungsmenge
Während einer bestimmten Zeit in Form von Strahlung auftretende Energie; Einheit: $W \cdot s$

Strahlungstransmissionsgrad
Wellenlängenunabhängig bewerteter Anteil der Globalstrahlung, der von einem Material durchgelassen wird

Streuung
Änderung der geradlinigen Lichtausbreitung durch Brechung und/oder Reflexion an kleinen Partikeln

Streuvermögen
Kennzeichnet das Lichtstreuverhalten eines Materials durch ein Verhältnis von Leuchtdichten, die unter verschiedenen Winkeln gemessen werden

Tageslichtquotient
Verhältnis der Summe der direkten und indirekten Beleuchtungsstärke an einem Punkt einer Ebene im Innenraum zur gleichzeitig im unverbauten Freien vorhandenen horizontalen Beleuchtungsstärke, die – ohne direktes Sonnenlicht – durch die vorgegebene oder tatsächliche Leuchtdichteverteilung des Himmelsgewölbes hervorgerufen wird; der Tageslichtquotient setzt sich aus Himmelslicht-, Außenreflexions- und Innenreflexionsanteil zusammen

Taupunkt
Temperatur, bei deren Unterschreitung es bei einer bestimmten relativen Luftfeuchte zur Bildung von Kondenswasser kommt

Transmissionsgrad
Verhältnis des – unter festzulegenden geometrischen Randbedingungen – von einem Material durchgelassenen Lichtstroms bzw. Strahlungsflusses zum auftreffenden Lichtstrom bzw. Strahlungsfluss; „Lichtdurchlässigkeit"

Trübungsfaktor
Maß für die Klarheit der Atmosphäre; Verhältnis der vertikalen optischen Dicke einer getrübten Atmosphäre zu derjenigen der reinen und trockenen Atmosphäre bezogen auf das gesamte Sonnenspektrum

Ultraviolett
Optische (elektromagnetische) Strahlung im Wellenlängenbereich von 100 bis 380 nm

Unterschiedsempfindlichkeit
Erkennbarkeit von Objekten, die von deren Ausdehnung und ihrem Leuchtdichteunterschied zum Umfeld abhängt

$V(\lambda)$
Relativer spektraler Hellempfindlichkeitsgrad des menschlichen Auges für das Tagessehen

$V'(\lambda)$
Relativer spektraler Hellempfindlichkeitsgrad des menschlichen Auges für das Nachtsehen

Verbauung
Flächen außerhalb des Innenraums, die von einem Bezugspunkt aus den Blick auf die dahinter befindlichen Teile des Himmelsgewölbes verhindern

Vergilbungszahl
Differenz der Gelbwerte einer Probe vor und nach Bewitterung

Verteilungstemperatur
Temperatur des Schwarzen Strahlers, bei der dieser die gleiche relative spektrale Strahlungsverteilung hat wie die betreffende Lichtquelle

Volumenstreuung
Streuung infolge Reflexion an Pigmentpartikeln in einem lichtdurchlässigen Material

Vorwärtsstreuung
Streuung infolge von Brechzahlunterschieden zwischen einem durchsichtigen Material und darin enthaltenen Partikeln eines anderen durchsichtigen Materials

Wärmestrom
Auf Wärmeleitung beruhender Leistungstransport zwischen Innen- und Außenraum

Wirkungsfunktion
Kennzeichnung unterschiedlicher spektraler Anregbarkeit biologischer oder photochemischer Vorgänge

Wirkungsgradverfahren
Rechenverfahren zur Beleuchtungsplanung, bei dem der Raumwirkungsgrad (Reflexionsgrade der Raumbegrenzungsflächen, Geometrie) durch entsprechende Tabellenwerte berücksichtigt wird

Zapfen
Farbtüchtige Sehzellen im Auge, die in heller Umgebung aktiv sind

Zenit
Höchster Punkt des Himmelsgewölbes (senkrecht oberhalb des Beobachterstandorts)

Literaturverzeichnis

[1] DIN 5031, Teil 7: Strahlungsphysik im optischen Bereich und Lichttechnik, Benennung der Wellenlängenbereiche

[2] DIN 1349, Teil 1: Durchgang optischer Strahlung durch Medien; Optisch klare Stoffe; Größen, Formelzeichen und Einheiten

[3] DIN 5031, Teil 8: Strahlungsphysik im optischen Bereich und Lichttechnik; Strahlungsphysikalische Begriffe und Konstanten

[4] DIN 5033, Teil 7: Farbmessung; Messbedingungen für Körperfarben

[5] DIN 5031, Teil 3: Strahlungsphysik im optischen Bereich und Lichttechnik; Größen, Formelzeichen und Einheiten der Lichttechnik

[6] DIN 5031, Teil 10: Strahlungsphysik im optischen Bereich und Lichttechnik; Größen und Formelzeichen für photobiologisch wirksame Strahlung

[7] U. Fischer: Grenzen der Leuchtdichtemessung, Dissertation TU Berlin, 1969, S.15

[8] CIE-Publikation No.19: A Unified Framework of Methods for Evaluating Visual Performance Aspects of Lighting, Paris, 1972

[9] DIN 5031, Teil 4: Strahlungsphysik im optischen Bereich und Lichttechnik; Wirkungsgrade

[10] DIN 5034, Teil 1: Tageslicht in Innenräumen; Allgemeine Anforderungen

[11] DIN 5031, Teil 5: Strahlungsphysik im optischen Bereich und Lichttechnik; Temperaturbegriffe

[12] DIN 5033, Teil 8: Farbmessung; Messbedingungen für Lichtquellen

[13] DIN 5034, Teil 2: Tageslicht in Innenräumen; Grundlagen

[14] CIE-Publikation No. 16: Daylight, 1970

[15] F. Tonne: Besser bauen mit Besonnungs- und Tageslichtplanung, Karl-Hofmann-Verlag, Schorndorf, 1954

[16] DIN 5034, Teil 3: Tageslicht in Innenräumen, Berechnung

[17] DIN 4701: Heizungen; Regeln für die Berechnung des Wärmebedarfs von Gebäuden

[18] Rüschenschmidt, Reidt: Licht, Gesundheit, Arbeitsschutz; Verlag Technik Information, 2002

[19] FVLR: Tageslicht und Ergonomie, Leben und Arbeiten mit Tageslicht, Fachverband Lichtkuppel, Lichtband und RWA e. V., Detmold, 2001

[20] CIE-Publikation 20: Empfehlung für die Gesamtbestrahlungsstärke und die spektrale Verteilung künstlicher Sonnenstrahlung für Prüfzwecke, Paris, 1972

[21] DIN EN 410: Glas im Bauwesen – Bestimmung der lichttechnischen und strahlungsphysikalischen Kenngrößen von Verglasungen (bzw. DIN 67507: Lichttransmissionsgrade, Strahlungstransmissiongrade und Gesamtenergiedurchlassgrade von Verglasungen)

[22] CIE-Publikation 22: Standardization of luminance distribution on clear skies, 1973

[23] S. Aydinli: Über die Berechnung der zur Verfügung stehenden Solarenergie und des Tageslichts, Fortschrittsberichte der VDI-Zeitschriften, Reihe 6, Nummer 79, VDI-Verlag, Düsseldorf, 1981

[24] R. W. Schulze: Strahlenklima der Erde, Steinkopf-Verlag, Darmstadt, 1970

[25] F. Kasten: A simple parameterization of the pyrheliometric formula for determining the Linke turbidity factor, Meteorologische Rundschau 33, 124 – 127, 1980

[26] H. W. Bodmann, R. Jantzen: Ein registrierendes Spektralradiometer für Lichtquellen, Lichttechnik 16, Nr. 11 (1963)

[27] DIN 5036, Teil 1: Strahlungsphysikalische und lichttechnische Eigenschaften von Materialien; Begriffe, Kennzahlen

[28] prEN 1873: Prefabricated accessories for roofing – Individual rooflights plastics with upstand – Product specifications and test methods

[29] DIN 5036, Teil 3: Strahlungsphysikalische und lichttechnische Eigenschaften von Materialien; Messverfahren für lichttechnische und spektrale strahlungsphysikalische Kennzahlen

[30] U. Fischer, P. Hoffmann: Der Transmissionsgrad lichtdurchlässiger Materialien für nicht senkrechten Strahlungseinfall, Lichttechnik 24 (1972), H. 8

[31] IEA International Energy Agency: Daylight in Buildings, A Source Book on Daylighting Systems and Components, Abschnitt 6: Design Tools, 2000

[32] D. Balkow et al.: Glas am Bau, Deutsche Verlags-Anstalt, Stuttgart, 2. Auflage, 1990

[33] H. Saechtling: Kunststoff-Taschenbuch, Hanser-Verlag, München und Wien, 1986

[34] F. Czerny: Tafeln für gleichmäßig voll belastete Rechteckplatten, Bautechnik-Archiv, Heft 11, 1955

[35] DIN 1055, Lastannahmen für Bauten
Teil 4: Verkehrslasten, Windlasten nicht schwingungsfähiger Bauwerke
(auch Entwurf April 2002)
Teil 5: Schnee- und Eislasten, Entwurf April 2001

[36] DIN 18056: Fensterwände, Bemessung und Ausführung

[37] DIN 18361: Verglasungsarbeiten

[38] Handbuch des Architekten, Band 1: Technische Informationen, Röhm GmbH, Darmstadt, 1988

[39] DIN 4102, Teil 1: Brandverhalten von Baustoffen und Bauteilen; Baustoffe, Begriffe, Anforderungen, Prüfungen

[40] DIN 4102, Teil 7: Brandverhalten von Baustoffen und Bauteilen; Bedachungen, Begriffe, Anforderungen, Prüfungen

[41] DIN 6167: Beschreibung der Vergilbung von nahezu weißen oder nahezu farblosen Materialien

[42] A. Laouadi, M. R. Atif: Transparent domed skylights: optical model for predicting transmittance, absoptance and reflectance, Report NRCC-41926 des National Research Council Canada, 1998

[43] A. Laouadi, M. R. Atif: Prediction model of optical characteristics for barrel vault skylights, Report NRCC-44743 des National Research Council Canada, 2001

[44] European Daylighting Atlas

[45] Heschong Mahone Group: Daylighting in Schools, Condensed Report, Pacific Gas and Electric Company, 1999

[46] R. Kuller, C. Lindsten: Health and Behaviour of Children in Classrooms with and without Windows, Journal of Environmental Psychology, No. 12, 1992

[47] R. Ulrich: View Through Window may influence Recovery from Surgery, Science, Vol. 224, 1983

[48] Architectural Aluminium Manufacturers Association: Voluntary Thickness Specifications for Acrylic Plastic - Skylight Domes, Publication AAMA 1601.1 – 1976

[49] Verordnung über Arbeitsstätten (Arbeitsstättenverordnung – ArbStättV) vom 20.3.1975, Bundesgesetzblatt I, 1975, Nr. 32

[50] Arbeitsstättenrichtlinie ASR 7/1 – Sichtverbindung nach außen

[51] DIN 5035, Teil 2: Beleuchtung mit künstlichem Licht, Richtwerte für Arbeitsstätten in Innenräumen und im Freien

[52] DIN 5034, Teil 6: Tageslicht in Innenräumen; Vereinfachte Bestimmung zweckmäßiger Abmessungen von Oberlichtöffnungen in Dachflächen

[53] U. Fischer: Gleichmäßigkeit der Beleuchtungsstärke unter sonnenbeschienenen Lichtkuppeln, Lichttechnik 30, 1978, H. 5

[54] E. Hartmann: Abschnitt I-2 „Licht und Mensch", Handbuch für Beleuchtung, ecomed-Fachverlag, Landsberg, 5. Auflage, 1992

[55] A. Çakir und G. Çakir: Abschnitt „Licht und Ergonomie", Tageslicht nutzen – Bedeutung von Dachlichtöffnungen für Ergonomie, Architektur und Technik, Kleffmann-Verlag, Bochum, 2001

[56] V. Schultz: Abschnitt „Licht und Architektur", Tageslicht nutzen – Bedeutung von Dachlichtöffnungen für Ergonomie, Architektur und Technik, Kleffmann-Verlag, Bochum, 2001

[57] U. Fischer: Zweckmäßige Oberlichtformen für teilbare Norm-Sporthallen 45 x 27 m, Sportstättenbau und Bäderanlagen, November 1982, S. 354

[58] DIN 67526, Teil 3: Sportstättenbeleuchtung; Richtlinien für die Beleuchtung mit Tageslicht

[59] K. Eberbach, H. Johanni: Ein Verfahren zur Berechnung des Himmelsanteils und des Außenreflexionsanteils des Tageslichtquotienten, Lichttechnik 21 (1969), H. 6, S. 68A ff.

[60] CIE Draft Standard 011.3/E:2002: Spatial distribution of daylight – CIE standard general sky

[61] LiTG-Publikation 3.5: Projektierung von Beleuchtungsanlagen nach dem Wirkungsgradverfahren, Berlin, 1988

[62] R. Rattunde: Optimierung der Tageslichtbeleuchtung großer Räume durch Oberlichter unter Berücksichtigung des zur Verfügung stehenden Tageslichts, Dissertation TU Berlin, 1980

[63] U. Fischer: Tageslichttechnik, Verlagsgesellschaft Rudolf Müller, Köln, 1982

[64] J. Gilg, J. Krochmann: Über die Berechnung des Tageslichts in Räumen mit Oberlicht nach der Wirkungsgradmethode, Lichttechnik 23, 1971, H. 6, S. 353

[65] H. Erhorn, J. de Boer: Tageslichttechnische Planungswerkzeuge, entwickelt im Subtask „Daylighting Design Tools" des internationalen Projektes IEA Task 21, Tagungsband LICHT 2000, Goslar, S. 550, herausgegeben von der Deutschen Lichttechnischen Gesellschaft LiTG, Berlin, 2000

[66] M. Dirksmöller: ADELINE 3 – Documentation, Fraunhofer-Institut für Bauphysik, Stuttgart, 1999

[67] J. de Boer, H. Erhorn: Tageslichtplanung mittels der internationalen Lichtberechnungssoftware ADELINE, Tageslicht, 1/2001, S. 80

[68] ICI: Planned Daylight, The Kynoch Press, Birmingham

[69] A. Sain, P. Rockwell, J. Davy: Energy Nomographs as a Design Tool for Daylighting, Energy and Buildings, Vol.6, Nr. 2-4, 1984, S. 197

[70] M. Seidl et al.: Abschnitt II-1.1.3.2.4 „Jährliche relative Nutzbelichtung", Handbuch für Beleuchtung, ecomed-Fachverlag, Landsberg, 5. Auflage, 1992

[71] U. Fischer, A. Mibus, K. Spengler: Winkelabhängigkeit des Gesamtenergiedurchlassgrades, Lichtforschung 3 (1981), H. 1, S. 17

[72] DIN 4710: Meteorologische Daten zur Berechnung des Energieverbrauchs von raumlufttechnischen Anlagen (Überarbeitung unter dem neuen Titel „Statistiken meteorologischer Daten zur Berechnung des Energiebedarfs von heizungs- und raumlufttechnischen Anlagen in Deutschland" in Vorbereitung)

[73] W. Serres, J. Murdoch: On the Efficiency of Skylight Wells, Journal of the Illuminating Engineering Society, Winter 1990, S. 73

[74] DIN 4108: Wärmeschutz im Hochbau

[75] Verordnung über energiesparenden Wärmeschutz und energiesparende Anlagentechnik bei Gebäuden (Energieeinsparverordnung – EnEV); gültig ab 1.2.2002

[76] M. Kischkoweit-Lopin: Abschnitt 3 „Licht und Technik" in „Tageslicht nutzen", Kleffmann-Verlag, Bochum, 2001

[77] CHPS Best practices Manual 2002, Daylighting, CHPS Inc., → info@chps.net

[78] -: Dieses Glas stellt alles in den Schatten, Pilkington-Flabeg, Fürth

[79] U. Fischer: Grenzen der Leuchtdichtemessung, Dissertation TU Berlin 1969, S. 39

[80] -: Okasolar, Isolierglas mit optisch geregeltem Sonnenschutz, Okalux Kapillarglas, Marktheidenfeld

[81] H. Köster: Tageslichtumlenksysteme – Neuester Stand der Technik, Licht, 2000, H. 7/8, S. 798

[82] International Energy Agency: Abschnitt 4.7 „Angular Selective Skylight (Laser-Cut Panel)", Daylight in Buildings, 2000, herausgegeben von Lawrence Berkeley National Laboratory, Berkeley

[83] dto.: Abschnitt 4.5 „Prismatic Panels"

[84] dto.: Abschnitt 4.13.1 „Anidolic Zenithal Openings"

[85] dto.: Abschnitt 4.11 „Directional Selective Shading Systems Using Holographic Optical Elements"

[86] Heliostat, BOMIN SOLAR GmbH, Lörrach

[87]   M. Buck: Was sind Minimalflächen?, Kunststoffe im Bau, 1983, H. 3, S. 105

[88]   F. G. K. Baucke et al.: Elektrochrome Schichtsysteme mit variierbaren optischen Eigenschaften, Physik in unserer Zeit, 1987, H. 1, S. 21

[89]   A. Jahn: Das Test-Referenzjahr, HLH 28 (1977), H. 6, S.199 + H.7, S.257 + H.8, S.295

[90]   DIN 5035, Teil 1: Innenraumbeleuchtung mit künstlichem Licht; Begriffe und allgemeine Anforderungen

[91]   K. Gertis, G. Hanser: Energieeinsparung infolge Sonneneinstrahlung durch Fenster, Klima- und Kälteingenieur, 1979, H. 3, S. 107

[92]   -: Daylighting initiative; design tools and informations from PG & E, Pacific Gas and Electric Company, - San Francisco, 1999

[93]   L. Heschong: Skylighting for Commercial Buildings, EEI National Accounts Fall 2000 Workshop, California Board for Energy Efficiency

[94]   G. C. Brainhard et al.: Action Spectrum for Melatonin Regulation in Humans. Evidence for a Novel Circadian Photoreceptor, Journal of Neuroscience, 21 (2001), H. 16, S. 6405

[95]   Ch. Schierz: Leben wir in der biologischen Dunkelheit?, Tagungsband Licht 2002, Maastricht, S. 381

[96]   K. Thapan: An action spectrum for melatonin suppression; evidence for a novel non-rod, non-cone photoreceptor system in humans, Journal of Physiology 535 (2001), H. 1, S. 261

[97]   W. Ehrenstein: Das Auge stellt die biologische Uhr des Menschen, Tagungsband Licht und Gesundheit, Berlin, 2002, S. 197

[98]   D. Gall: Circadiane Lichtgrößen und deren messtechnische Ermittlung, Licht 2002, H. 11-12, S. 1292

[99]   BINE Themeninfo I/02: Schaltbare und regelbare Verglasungen, Fachinformationszentrum Karlsruhe, Eggenstein-Leopoldshafen, 2002

[100] S. Aydinli, M. Seidl: Determination of the economic benefit of daylight in interiors concerned with the fulfilment of visual tasks, Proceedings I, International Daylight Conference, California, 4. – 7. November 1986

[101] S. Aydinli et al.: Tageslichtabhängige Steuerung von Beleuchtungsanlagen – ein Gewinn für alle?, Tagungsberichte Licht 1992, Saarbrücken

[102] H. Belendorf et al.: Ein praxisorientiertes analytisches Verfahren zur energetischen und lichttechnischen Bewertung tageslichtabhängiger Kontrollsysteme, Licht 2000, Goslar

[103] B. Andersson et al.: Effects of daylighting options on the energy performance of two existing passive commercial buildings, Building and Environment 22 (1987), H. 1, S. 3

[104]   K. Opdal, B. Brekke: Energy savings in lighting by utilisation of daylight, Proceedings of Right Light Three, 1995, Vol. 1, S. 67

[105]   L. Zonneveldt, S. Mallory-Hill: Evaluation of Daylight Responsive Lighting Control Systems, Proceedings „Daylighting", 1998, S. 223

[106]   M. E. Aizlewood: Innovative daylighting systems, Lighting Research & Technology, 1993, H. 14, S. 4

[107]   L. R. Edmonds: Performance of laser-cut deflecting panels in daylighting, Solar Energy and Solar Cells, 1993, H. 29, S. 1

[108]   J. Reppel, L. R. Edmonds: Angle selective glazing for radiant heat control in buildings, Solar Energy, 1998, H. 62, S. 245

[109]   H. Müller: Erprobung einer anpassungsfähigen Fassade für die ganzjährige Solarenergienutzung, Bauphysik, 1996, H. 1

[110]   G. Courret et al.: Anidolic zenithal openings, daylighting and shading, Lighting Research and Technology 28, 1996, H. 1, S. 11

[111]   F. Rubinstein et al.: 50 % energy savings with automatic lighting controls, IEEE-IAS Transactions on industry applications, 1991

[112]   CIE-Publikation No. 51 (1981): A method for assessing the quality of daylight simulators for colorimetry

[113]   H. Firgau, K. Aurin: Kurzbericht über die Untersuchung der Schülerleistung bei unterschiedlichen Beleuchtungsverhältnissen, Der Schulpsychologe 1966, S. 19

[114]   Studiengemeinschaft Licht e. V. für fortschrittliche Lichtanwendung: Untersuchungen über Leistung und Ermüdung des Menschen bei verschiedenen Lichtbedingungen, Lichttechnik, 1956, S. 296

[115]   B. Steck et al.: Abschnitt I-4 „Photobiologische und photochemische Wirkungen optischer Strahlung", Handbuch für Beleuchtung, ecomed-Fachverlag, Landsberg, 5. Auflage, 1992

[116]   J. Krochmann: Über einen Kostenvergleich der Beleuchtung mit künstlichem Licht und Tageslicht durch Oberlichter, Die Bauverwaltung, H. 10, 1971

[117]   K. Gertis, H. Werner: Zur Wahl der Kalkulationsmethoden bei der Ermittlung der Wirtschaftlichkeit von Energieeinsparmaßnahmen, Baumaschine und Bautechnik, 26, 1979, Nr. 2, S. 65

[118]   U. Fischer: Wärmereflektierendes Plexiglas, Röhm Spektrum 21, Darmstadt, Mai 1978, S. 33

[119]   P. Bauer, U. Fischer, L. Hosch: Infrarot-reflektierendes Verglasungsmaterial, Patentschrift DE 2544245 C3

[120] DIN 5034, Teil 5: Tageslicht in Innenräumen; Messung

[121] DIN 5032, Teil 6: Lichtmessung; Photometer, Begriffe, Eigenschaften und deren Kennzeichnung

[122] DIN 5032, Teil 7: Lichtmessung; Klasseneinteilung von Beleuchtungsstärke- und Leuchtdichtemessgeräten

[123] J. Krochmann: Über die Messung des Reflexionsgrades ρ_{dif} bei diffusem Lichteinfall, Optik 49, 1978, S. 453

[124] W. Adrian: Der Kontrastwiedergabefaktor CRF, Licht, 1987, H. 6, S. 446

[125] DIN 19010, Teil 1: Lichtelektrische Belichtungsmesser; Skalen, Kalibrieren

[126] J. Krochmann et al.: A New Daylight Factor Meter, Proceedings of the Symposium on Daylight der CIE, Berlin, 9.-10.Juli 1980, S. 69

[127] G. Bauer: Strahlungsmessung im optischen Spektralbereich, Verlag Friedrich Vieweg & Sohn, Braunschweig, 1962

[128] U. Fischer, H. Hubert, A. Stockmar: Modell zur Bestimmung mittlerer Beleuchtungsniveaus in Lärmschutz-Einhausungen, Licht 2002, Maastricht, S. 179

[129] N. C. Cheung et al.: Design of Light Transmitting Noise Enclosures, Light and Engineering, 2003, H. 1, S. 63 und Svetotechnika, 2003, H.1, S. 15

[130] CEN / TC 169 / WG 6: Tunnel Lighting, Final Draft of Technical Report, 8.6.2001

[131] Bundesministerium für Verkehr: Zusätzliche Technische Vorschriften und Richtlinien für die Ausführung von Lärmschutzwänden an Straßen (ZTV Lsw 88), Bonn, 1988

[132] LiTG-Fachausschuss „Sportstättenbeleuchtung": Beleuchtung für Tennis, Lichttechnik 20, 1968, H. 1, S. 6A

[133] LiTG-Fachausschuss „Sportstättenbeleuchtung": Beleuchtung von Sportstätten für das Farbfernsehen, Lichttechnik 21, 1969, H. 11, S. 123A

[134] DIN 67526, Teil 2: Sportstättenbeleuchtung; Beleuchtung für Fernseh- und Filmaufnahmen; Anforderungen

[135] DIN 67526, Teil 3: Sportstättenbeleuchtung; Richtlinien für die Beleuchtung mit Tageslicht

[136] U. Fischer: Lichtdurchlässige Stadiondächer, Lichttechnik 23, 1971, H. 1, S. 26

[137] -: Moving marvels – design trends in retractable roofs, Stadia, Januar 2001, S. 21

[138] -: Kapilux Transparente Wärmedämmung, Okalux Kapillarglas, Marktheidenfeld, 1997

[139] FVLR: Tageslicht und Wärmedämmung, Heft 8 der FVLR-Schriften, Detmold, 2002

[140] K. Petry: Zur Bewertung der Mindestbeleuchtungsstärke und der Nutzungszeit von tageslichtorientierten Arbeitsplätzen mit Hilfe des Kontrastwiedergabefaktors und der äquivalenten Kugelbeleuchtungsstärke, Dissertation TH Darmstadt, 1984

[141] Architekt Dr. Oleiko: Solares, multifunktionales Gebäudesystem, Bonn, 1992

[142] E. W. Laue: Glasfaserverstärkte Polyester und andere Duromere, Zechner Hüthig, Speyer, Wien und Zürich, 1969

[143] DIN EN ISO 1182: Prüfung zum Brandverhalten von Bauprodukten, Nicht-Brennbarkeits-Prüfung

[144] DIN EN ISO 1716: Prüfung zum Brandverhalten von Bauprodukten, Bestimmung des Wärmepotenzials

[145] DIN EN 13823: Prüfung zum Brandverhalten von Bauprodukten, Thermische Beanspruchung durch einen einzelnen brennenden Gegenstand für Bauprodukte mit Ausnahme von Bodenbelägen (SBI-Test)

[146] DIN EN 11925, Teil 2: Prüfung zum Brandverhalten von Bauprodukten, Entzündbarkeit bei direkter Flammeneinwirkung

[147] DIN EN 13238: Prüfung zum Brandverhalten von Bauprodukten, Konditionierungsverfahren und allgemeine Regeln für die Auswahl von Trägerplatten

[148] DIN EN 13501: Klassifizierung von Bauprodukten und Bauarten zu ihrem Brandverhalten
Teil 1: Klassifizierung mit den Ergebnissen aus den Prüfungen zum Brandverhalten von Baustoffen
Teil 2: Klassifizierung mit den Ergebnissen aus den Feuerwiderstandsprüfungen (ohne Lüftungsanlagen)
Teil 3: Klassifizierung mit den Ergebnissen aus den Feuerwiderstandsprüfungen von Installationsanlagen und deren Bestandteilen (ohne Entrauchungsanlagen)
Teil 4: Klassifizierung mit den Ergebnissen aus den Feuerwiderstandsprüfungen von Anlagen zur Rauchfreihaltung
Teil 5: Klassifizierung mit den Ergebnissen aus den Dachprüfungen bei Feuer von außen

[149] DIN EN 12464 Teil 1: Beleuchtung von Arbeitsstätten, Arbeitsstätten in Innenräumen

[150] G. van den Beld: Light and Health, Light & Engineering, 2003, H. 1, S. 5

[151] DIN V EN V 1187: Prüfverfahren zur Beanspruchung von Bedachungen durch Feuer von außen

Sachregister

„⊙" weist auf eine Datei auf der beiliegenden CD hin.

Seite bzw. Datei

Abmessungen	
Glas	⊙12A.DOC
Kunststoffe	⊙12B.DOC
Absolutblendung	37
Absorption	74
Absorptionsgrad	72, 74
Abstandsflächen	113
Abstand zwischen Oberlichtern	131
Acrylglas	84, 88, 95
Adaptation	35
ähnlichste Farbtemperatur	51
Akkomodation	34
Amortisation	154, ⊙20A.DOC
anidolische Systeme	150
Apostilb	47
äquivalente Schleierleuchtdichte	38
astronomische Einheit	52
Aufsetzkranz	101, 102
Auge	34
Ausbreitungsgeschwindigkeit	25, 28
Ausdehnung	86, 100
Außentageslichtquotient	126
Außenreflexionsanteil des Tageslichtquotienten	119
Azimut	52
Bahnhofsdächer	224
bauaufsichtliche Zulassung	⊙14A.DOC
Bauproduktenrichtlinie	107
bedeckter Himmel	56, ⊙8A.DOC
Belastung	87
Beleuchtungsstärke	49
bedeckter Himmel	⊙8A.DOC
klarer Himmel	⊙8B.DOC
Beleuchtungsstärke auf geneigten Flächen	
bedeckter Himmel	61
klarer Himmel	67
Beleuchtungsstärkemesser	157
Belichtung	47
Belichtungsmesser	159
Berechnung	

einzelne Oberlichter	119, ⊙17A.DOC, ⊙17B.DOC
Fenster	121
mehrere Oberlichter	124
Programme	134
vereinfacht (DIN 5034-6)	129, ⊙5034-6.PPT
Wirkungsgradverfahren	127
Besonnbarkeit	132, ⊙17D.DOC, ⊙17E.DOC
Shed-Öffnungen	⊙16A.DOC
Beständigkeit	95
Bestrahlung	46, 71, ⊙9D.DOC
Bestrahlungsstärke	46
bedeckter Himmel	69, ⊙9A.DOC
klarer Himmel	70, ⊙9B.DOC
Bestrahlungsstärke auf geneigten Flächen	
bedeckter Himmel	70
klarer Himmel	70
Beugung	33
Bewitterungsdauer	96
Bewölkung	67
b-Faktor	84
Biegeradius	89
Bildbeispiele	
Oberlichter + Überdachungen	⊙OBERLICHTER.PPT, HONGKONG.PPT
große Dächer	⊙GROSSDACH.PPT, 177
Blendschutzraster	146
Blendung	37, 112
Blindsparren	101
Blondel	47
Brandsicherheit	91
Brandverhalten	91, 115
Brechung	28
Brechungserscheinungen	28
Brechungsgesetz	28
Brechungswinkel	28
Brechzahl	28
Breitengrad	53
brennbare Baustoffe	91
Candela	47

Candle per square-foot	47	Flächenbegrenzung	86, ⊚12A.DOC, ⊚12B.DOC
Candle per square-inch	47		
chemische Beständigkeit	95	Flächenlast	100
Chlorophyllsynthese	32	Fließen	87
Chroscicki-Diagramm	⊚7A.DOC	Flugfeuer	108
Circadiane Sensoren	40	Footcandle	47
Circadiane Wirkung, c(λ)-Kurve	38	Footlambert	47
Dachausstieg	103	Formate	⊚12A.DOC, ⊚12B.DOC
Dehnungsspiel	86	Formgedächtnis	105
Deklination	54	Fraunhofersche Linien	32
Dichtkappe	100	Fresnelsche Reflexionsgrade	30
Dicke	110	Gelbwert	96
Glas	⊚12A.DOC	Gelcoat	95
Kunststoffe	⊚12B.DOC	gerecktes Acrylglas	105
Dimensionierung	⊚DIN 5034.PPT	gerichtet	73
Glas	87	Gesamtenergiedurchlassgrad	82, ⊚9C.DOC, ⊚18A.DOC
Kunststoffe	88		
pauschal	116	gestreut	73
Doppelverglasung	80, 83, 142	Gesundheit	40
Dunkeladaptation	36	Gewölbe	90
durchgelassener Strahlungsfluss	⊚18A.DOC	Gewölbegeometrie	90
durchscheinend	76	glasfaserverstärktes Polyesterharz	95
durchsichtig	76	Gleichmäßigkeit	111, 112
ebene Verglasung	14	unter Stadiondächern	170
Einbruch- und Absturzsicherung	103	Globalstrahlung	68, ⊚9C.DOC
Einfallswinkel	28	Glühlampe	31
Einheiten	46	Graffiti	98
Elastizitätsmodul	87, ⊚12C.DOC	Grenzentfernung	50
elektrochrom	149	Größen	46
elektrostatische Ladung	98	Gütekriterien	111
Emission	29	Halbschatten	33
endliche Raumabmessungen	130	Halbwertswinkel	75
Energieeinsparverordnung	141	Halbzylinder	78, 79
Entladungslampen	31	Heliostat	152
extrudiert	86	Helladaptation	35
Farbtemperatur	51	Hellempfindlichkeitsgrad	35
Fata Morgana	24	Hillside Escalator Cover	171
Feuerwiderstand	114	Himmelslichtanteil des Tageslichtquotienten	119
Flachdachrichtlinien	105, 130	Himmelslichtdiagramm	138, ⊚17H.DOC

Höhenüberdeckung	100	Leuchtdichteverteilung	
Hohlkammerprofilplatten	90, 99	bedeckter Himmel	60
Hohllichtleiter	151	klarer Himmel	62
holographisch-optische Elemente	152	Leuchtstofflampenarten	31
horizontale Beleuchtungsstärke	47	Licht	26
bedeckter Himmel	61	Lichtarten	32
klarer Himmel	64	Lichtausbeute	50
Sonne	64	Lichtband	17, 109, 130
Horizontoskop nach Tonne	54, 137	Lichtdurchlässige Lärmschutzeinhausungen	172
Immission	97	Lichteinfallswinkel	28
Infrarot	27	Lichterzeugung	29
Innenreflexionsanteil des Tageslichtquotienten	119, 125	Lichtgeschwindigkeit	28
Insektenschutz	103	Lichtkuppel	15, 101, 103
Interferenz	29	Lichtmangel	40
jährliche Nutzungszeit	67	Lichtmenge	47
Kapillar-Röhrchen	148	Lichtquant	27
Kerbwirkung	105	Lichtschacht	112, 117, 125, ⊙171.DOC
Kernschatten	33		
klarer Himmel	63	Lichtstärke	47
Kondenswasserbildung	97	Lichtstrom	47
Kontinuum	31	lichttechnische Größen	47
Kontrast	36	lichttechnische Grundgröße	47
Kosteneinsparung	139, 153	Lösungsmittel	97
kratzfeste Beschichtung	98	Lufthutze	176
Kristallspiegelglas	84	Luftmasse	68
Lambert	47	Masse-Energie-Äquivalenzprinzip	27
Lambertscher Strahler	50	Materialeigenschaften	⊙12C.DOC
Lamelle	146	lichttechnische Kennzahlen	⊙10B.DOC
Längengrad	53	physikalische Kennwerte	⊙12C.DOC
Lärmschutzeinhausungen	172	strahlungsphysikalische Kennzahlen	⊙10B.DOC
lasergeschlitzte Platten	147	Maxwell-Relation	28
Lauge	97	Melatonin	40
Leistungsfähigkeit	41	Messgeräte	
Lernerfolg	42	Beleuchtungsstärke	158
Leuchtdichte	47	Leuchtdichte	158
Leuchtdichtefaktor	75	Tageslichtquotient	158
Leuchtdichteinvarianz	51	Messung	158
Leuchtdichtekoeffizient	75	Minimalflächen	106
Leuchtdichtemesser	157	Mindestbelichtung	42

Mitteleuropäische Zeit	53	physiologische Blendung	37
mittlere jährliche Bestrahlung	87	Planckscher Strahler	30
mittlerer Himmel	65	Plancksches Wirkungsquantum	27
Musterbauordnung		Planimetrieren	83
alt	⊚16A.DOC	Planungsablauf	118
neu (Stand: Nov. 2002)	113	Polarisation	30
Nennmaß	129	Polycarbonat	88
Netzhaut	34	Prismenplatte	148
Netzhautgrube	35	privacy glass	150
Newtonsche Ringe	29	psychologische Blendung	37
Niederschlag	96	punktförmige Lichtquelle	50
Nit	47	Pupille	34
Normlichtarten	32	Pyramidenkuppeln	21, 103
D65	⊚10A.DOC	quadratisches Entfernungsgesetz	49
Nutzbelichtung	139	Quant	27
Nutzebene	111	Rauchentwicklung	91
Nutzungszeit	58, 139	Raumbeleuchtungsstärke	49
Oberflächenschutz	98, 122	Raumwinkel	44
Oberlicht	12	Raumwinkelprojektion	45
Arten	⊚OBERLICHTER.PPT	Raumwirkungsgrad	51, 128
gewölbeförmig	17	Rechenprogramme	134
Nutzen	12	Reflexionsgrad	72
sattelförmig	23	Reflexionstafel	160
walmdachartig	22	Regenbogen	28
Oberlichtabstand	16	Reinigung	98
offene Überdachung	19	Reinigungsmittel	97
Olympiadach	93, 106	Reintransmissionsgrad	75
Optische Strahlung	27	relative Sonnenscheindauer	57
Perlglanzpigment	84, 149	relative spektrale Strahlungsverteilung	30, 51
Pfettenabstand	100	Relativitätstheorie	27
Phot	47	Rissbildung	89
photochrom	150	Rohbaumaße	120
photoelektrochrom	150	Rohrhaken	100
photometrisches Entfernungsgesetz	49	Rollo	145
photometrisches Grundgesetz	49	Rost	96
photometrisches Strahlungsäquivalent	46	sattelförmige Oberlichter	23
der Gesamtstrahlung	51	Sattelkuppel	106
photopisches Sehen	35	Säure	97
Photosynthese	33	Sauermilcheffekt	91

Schachtindex	125	Spannungsrisskorrosion	89, 97
Schatten	33	spektrale Empfindlichkeit	31
Schattenberechnung	55	spektrale Größen	46
schlagzäh	89	spektrale Strahlungsverteilung	30
Schleierleuchtdichte	38	der Globalstrahlung	68, 9C.DOC
Schule	42	Spiegelprofil	147
Schwächungsfaktoren	161	Sporthallen-Vergleich	161
Schwarzer Strahler	51	Sprosse	33
Schwarze Temperatur	51	Stäbchen	35
Schwellenwerterhöhung	38	Stadiondächer	168
Schwerentflammbarkeit	97	Staubniederschlag	123
Sehpurpur	33	Stegdoppelplatten	81, 90, 97, 104
Sehschärfe	36	Steradiant	44
Seitenüberdeckung	99	stereographische Projektion	132, 17E.DOC
Sekundärer Wärmeabgrad	82	Stichhöhe	103
selektive Verglasung	149	Stilb	47
Selektivitätskennzahl	84	Stoffkennzahlen	72, 10B.DOC
shading coefficient	84	Stoffwechsel	41
Shed-Oberlichter	112, 129, 16A.DOC	Strahldichte	46
Sichtverbindung	111, 118	Strahlstärke	46
Sky Factor Protractor	137, 17F.DOC	Strahlung	26
skotopisches Sehen	35	Strahlungsäquivalent	46
Software-Programme	135	Strahlungsdruck	52
Sogsicherung	101	Strahlungsfluss	46, 144, 154
solares Gebäudesystem	174	durchgelassener	18A.DOC
Solarkonstante	65	Strahlungsmenge	46
Sommerzeit	53	Strahlungsphysikalische Größen	46, 48
Sonne (Kenndaten)	52	graphische Ermittlung	11A.DOC
Sonnenaufgang	54, 7B.DOC	Strahlungsreflexionsgrad	74
Sonnendeklination	54	Strahlungstransmissionsgrad	74, 82
Sonnenhöhe	53, 56	Streuung	75
Sonnenscheindauer	57	Streuvermögen	75
Sonnenscheinwahrscheinlichkeit	56	Tageslänge	54, 7B.DOC
Sonnenschutz	145	Tageslicht	60
Sonnenstandsberechnung	53, 7A.DOC	Tageslichtquotient	51
Sonnenstandsdiagramm	134, 17D.DOC, 17E.DOC	horizontal hinter Fenster	123, 17C.DOC
Sonnenuhr für Modelluntersuchungen	55, 7C.DOC	horizontal unter Oberlicht	122, 17A.DOC,
Sonnenuntergang	54, 7B.DOC		5034-6.PPT

nach Sain, Rockwell, Davy	⊙17G.DOC	Versprossung	125
vertikal unter Oberlicht	123, ⊙17B.DOC	Verteilungstemperatur	51
Tageslichtquotientenmesser	158	vertikale Beleuchtungsstärke	48
Tagessehen	26, 35	bedeckter Himmel	61
Tageszeitempfinden	41	$V(\lambda)$-Kurve	26, 35, ⊙3A.DOC
Taupunkt	96	$V'(\lambda)$-Kurve	35, ⊙3A.DOC
teilbare Sporthallen	161	Volumenstreuung	75
Temperaturbegriffe	51	Vorwärtsstreuung	75
Temperaturunterschied	94	Wahre Ortszeit	53
Temperaturstrahler	30	Wahrnehmungsgeschwindigkeit	37
Tempern	97	Wärmebilanz	144, ⊙18B.DOC
Tennishallen	163	Wärmedurchgang	141
thermochrom	150	Wärmedurchgangskoeffizient	144
thermotrop	150	Wärmestrom	144, 154
Toleranz	⊙12A.DOC, ⊙12B.DOC	Wärmeübergangszahlen	82
Transmissionsgrad	72	Wasserlaufrichtung	100
bedeckter Himmel	77	wasserspreitend	97
Dickenabhängigkeit	76	weiche Bedachung	115
Halbzylinder	78, ⊙10C.DOC, ⊙10D.DOC	Wellenlängenbereiche	27, ⊙3B.DOC
Materialien	⊙10B.DOC	Wellplatten	99
Treibhauseffekt	85	Windlast	87, 10
Trübungsfaktor	58, 63	Winkelabhängigkeit	
Tyndall-Effekt	30	des Brechungswinkels	28
Überdachungen	177, ⊙GROSSDACH.PPT	des Gesamtenergiedurchlassgrads	84
Ultraviolett	27	des Transmissionsgrads	76
Umfeldleuchtdichte	36	Winterdepression	41
Unfallgefahr	41	Wirkungsfunktionen	32
Unterschiedsempfindlichkeit	36	Wirkungsgrade	50
Unterschiedsempfindungsgeschwindigkeit	37	Wirkungsquantum	27
UV-Beständigkeit	95	Zapfen	34
Verdunkelung	103	Zeitgleichung	54
Vergilbung	96	Zugspannung	89, 94
Vergilbungszahl	96	Zusatzheizung	222
Vergleich Oberlicht-Fenster	121	Zusatznutzen von Oberlichtern	155
Verlegerichtlinien	105	zylindrische Beleuchtungsstärke	49
Verminderungsfaktoren	129		
Verminderungsfaktor für Lichtschacht	126		
Versammlungsstätten	93		
Verschmutzung	125, 160		

Firmendarstellung

Die Indu Light GmbH in Deilingen wurde am 01.01.1986 gegründet und beschäftigt sich seither mit der Projektierung, Herstellung sowie Montage von Lichtbandsystemen aus Kunststoff und Glas, sowie dem vorbeugenden Brandschutz.

Nach der politischen Wende wurde im Hinblick auf den Wiederaufbau Ostdeutschlands Anfang 1991 die Indu Light Tageslichtsysteme GmbH in Halle/Saale gegründet. Dieses Unternehmen hat die gleichen Strukturen wie das Stammhaus in Deilingen. Das Fertigungs- und Vertriebsprogramm beider Unternehmen beschränkt sich nicht nur auf Standardsysteme, sondern es werden auch Sonderkonstruktionen für nahezu alle Anwendungsbereiche im Dachlichtsektor entwickelt und gebaut.

In den vergangenen Jahren wurde durch laufende Entwicklungen ein ansprechendes Produktprogramm geschaffen, welches zu einem soliden Marktanteil im Kunstglassektor von 15 % geführt hat. Im Jahre 1994 wurde das bestehende Produktionsprogramm mit der Herstellung von Jalousien erweitert und seit Anfang 1995 der Handel mit Lichtkuppeln als Handelsprodukt in das Vertriebsprogramm mit aufgenommen. Im Jahre 2001 wurde das komplette Klappensystem überarbeitet, sowie ein neues Dachlicht entwickelt. Im Jahre 2003 wurde mit der Entwicklung eines Mehrzwecklüfters begonnen und im Jahre 2004 möchten wir eine eigene Lichtkuppel auf den Markt bringen.

Die Firma Indu Light ist Mitglied im FVLR (Fachverband Lichtkuppel, Lichtband-, Rauch und Wärmeabzugsanlagen). Dieser Verband betreibt auch aktiv die Mitgestaltung der neuen Euro-Norm. Die Indu Light Systeme wurden diversen Prüfungen und Zertifizierungen unterzogen. Die wichtigsten davon sind: DIN 18232, DIN 4102, VDS-Zulassung und IfBT-Berlin Zulassung. Des weiteren sind wir seit 1998 nach DIN EN ISO 9001 : 2000 zertifiziert.
Seit dem 01.07.1997 wurden die bisherigen Firmen Indu Light Deilingen GmbH und Indu Light Tageslichtsysteme GmbH Halle/Saale zur Indu Light Produktion und Vertrieb zusammengeführt. An beiden Standorten werden derzeit 70 Mitarbeiter beschäftigt. Durch eine Vielzahl von Vertriebsstandpunkten innerhalb Deutschland ist eine optimale Marktpräsenz vorhanden. Weiter bestehen Vertriebstöchter in der Schweiz, Österreich, Ungarn, Tschechien und Polen. In diesen Ländern sind Indu Light Systeme länderspezifisch zertifiziert.

www.indu-light.de

Dachlichtbänder und Pyramiden in allen Bauformen
Lüftung · Brandschutz

INDU LIGHT

Topline
Luft und Brandschutz. Die Allround-Lichtstrasse für moderne Produktionsstätten.

Proline
Standard und Preis. Die preisgünstige Lösung zur Ausleuchtung von Lagerhallen.

Skyline
Tradition und Klassik. Das formschöne Lichtband in modernster Aluminium-/Kunststoff - Technologie.

Mehrzwecklüfter
Der Allwetter-Profi. Lüftung bei jedem Wetter mit Flächenlüfter oder Jalousie in einem Gerät.

Sonderbau
Kreativität und Individualität. Jahrelange Erfahrungen für jeden Wunsch.

Lichtkuppel
Licht, Lüftung und Brandschutz. Der Lichtpunkt - setzt Massstäbe in Schönheit, Funktion und Sicherheit.

VdS

INDU LIGHT
Ihr Partner für Tageslichtsysteme

DIN ISO 9001

Shedline
Optimierung durch Platzierung. Kompromißlos zum Tageslicht durch 60°/30° Nord/Süd-Anordnung.

Jalousie
Exakte Anpassungen an bauliche Gegebenheiten in Dach und Wand.

Pyramide
Vier oder vieleckig von 15° bis 60° mit Polycarbonat oder Glas. Lüftungs- und RWA-Klappen integrierbar.

Cityline
Fortschritt und Leichtigkeit. Neue Dimensionen und viel Gestaltungsfreiheit. Eine runde Sache.

RWA & Brandschutz
Prüfung, Qualität und Sicherheit. RWA nach DIN 18232-3 und VdS 2098.

Dachlicht
Die Alternative zur Lichtkuppel auch wenn es um den Einbau jenseits der 25° geht. Optimiert in Preis und Leistung.